O PRISIONEIRO, O AMANTE E AS SEREIAS

(Instituições económicas, políticas e democracia)

PAULO TRIGO PEREIRA

O PRISIONEIRO, O AMANTE E AS SEREIAS

(Instituições económicas, políticas e democracia)

(Reimpressão)

ALMEDINA

O PRISIONEIRO, O AMANTE E AS SEREIAS
(Instituições económicas, políticas e democracia)

AUTOR
PAULO TRIGO PERREIRA

EDITOR
EDIÇÕES ALMEDINA. SA
Rua Fernandes Tomás, nºs 76-80
3000-167 Coimbra
Tel.: 239 851 904 · Fax: 239 851 901
www.almedina.net
editora@almedina.net

PRÉ-IMPRESSÃO
EDIÇÕES ALMEDINA. SA

IMPRESSÃO | ACABAMENTO
DPS - DIGITAL PRINTING SERVICES, LDA

Outubro, 2020 (Setembro, 2008)

DEPÓSITO LEGAL
283443/08

Biblioteca Nacional de Portugal – Catalogação na Publicação

PEREIRA, Paulo Trigo

O prisioneiro, o amante e as sereias : instituições
económicas, políticas e democracia
ISBN 978-972-40-3659-5

CDU 338
32
35
061

Aos que servem o
interesse público
e aspiram por
instituições mais justas.

Índice Geral

PARTE II

Administração, grupos de interesse, rendas e regulação

PARTE III

Instituições, Escolhas Colectivas e Democracia

Índice de Figuras

Índice de Quadros

Apresentação e agradecimentos

Será que Portugal, um país semi-periférico, tem um futuro económico e social relevante numa Europa cada vez mais alargada? Será que a Europa política tem futuro? É difícil de saber[1]. Tudo depende da razoabilidade dos respectivos cidadãos e das elites, da capacidade de, entre outras coisas, compreenderem e alterarem as instituições económicas e políticas e melhorarem a qualidade da democracia. Uma coisa é certa, quer as instituições portuguesas quer as da União Europeia apresentam, por um lado, bloqueios de difícil solução e por outro, mudanças substanciais cujo alcance é ainda cedo para conhecer, mas que interessa analisar. Este livro é sobre instituições, os seu bloqueios, a sua dinâmica, a sua evolução e por fim a sua possibilidade de reforma.

Observa-se uma crise na justiça e no sistema prisional. Existe um certo descrédito, junto dos cidadãos, da instituição parlamentar e da actividade política. O poder dos lóbis e dos grupos de pressão é uma realidade sobretudo sob governos minoritários. Estes, independentemente da cor partidária, têm dificuldade em implementar o programa com que foram eleitos e ir contra interesses instalados. Os cidadãos dedicam-se progressivamente a actividades privadas e distanciam-se da vida pública e política. A realidade do funcionamento das instituições democráticas parece, assim, ir-se afastando dos ideais democráticos de liberdade, igualdade e participação.

Vivemos uma época de profunda mudança. A Europa já não é o motor do crescimento económico no mundo, apresentando, pelo contrário, baixos níveis de

---

[1] Estas questões são inspiradas na pergunta que um estudante terá feito a Hegel sobre se a América seria o país do futuro, e ao que este terá respondido irritado: "Como país de futuro, a América não me diz respeito. O filósofo não cuida de profecias (...). A filosofia ocupa-se daquilo que eternamente é, ou seja da razão, e isso já nos dá bastante que fazer" (citado em Bobbio 1988, p.21)

crescimento. A tendência para o envelhecimento da população, a manter-se até 2050, faz com que se prevejam substanciais subidas nas necessidades de despesas sociais (em particular saúde e pensões) e exige o aumento do papel do Estado nas funções sociais, o que estará inevitavelmente associado à redução da intervenção pública noutros sectores, mesmo que apenas para manter o actual peso do Estado na economia.[2] A globalização económica põe também pressões crescentes sobre as economias e o mercado de trabalho, obrigando a repensar as funções tradicionais do Estado e o seu modo de funcionamento. Estas mudanças têm implicações no funcionamento do sector público, no "terceiro sector" e no sector privado, assim como nas relações que estabelecem entre si.

O que explica estas mudanças institucionais? Quais as consequências destas transformações? São elas na direcção desejável?

Não pretendemos com este livro dar uma resposta a estas questões, mas permitir apenas que o leitor, como cidadão, encontre a *sua*. Até porque para algumas destas questões não há uma *única* resposta, sobretudo para a terceira que é uma questão *normativa*. Saber se estas transformações são desejáveis, pressupõe responder a outras questões. Desejável em relação a quê? A construir uma sociedade mais *justa*? A utilizar os recursos colectivos e individuais de forma mais *eficiente*? A desenvolver uma sociedade em que os indivíduos sejam mais *livres*? Equidade, eficiência e liberdade são valorizadas de forma diferente por diferentes indivíduos, numa sociedade democrática, livre e plural, pelo que haverá sempre diferentes *preferências individuais* sobre qual a sociedade desejável e as transformações necessárias para a alcançar. Apesar de não haver consenso quer sobre os bloqueios quer sobre a mudança institucional, são necessárias *decisões colectivas,* decisões *políticas*, acerca desta mudança. É pois essencial perceber como funcionam as instituições democráticas, desde simples regras de votação para tomar decisões colectivas (maioria simples, absoluta, qualificada, unanimidade) até regras e sistemas eleitorais mais complexos.

Já as duas primeiras questões são sobretudo de *natureza positiva*, ou de explicação e previsão. Em relação a estas pretendemos divulgar um quadro teórico para as abordar, desenvolvido na segunda metade do séc. XX, por um conjunto de cientistas sociais de diversas áreas (economia, ciência política, sociologia, direito). Insatisfeitos com os limites estreitos da sua disciplina procuraram dialogar com disciplinas afins, precisamente porque reconheceram não haver

[2] Para uma análise da estrutura e funções económicas do sector público em Portugal, ver Pereira, P.T *et al.* (2007). Para mais dados empíricos, consultar Pereira, P.T. (2008).

soluções teóricas para esses *problemas* no âmbito estrito das suas respectivas disciplinas.[3]

A perspectiva essencial deste livro é a de que as instituições são importantes e podem ser objecto de análise económica. É possível estudar como surgem, como se estruturam, como evoluem. É desejável, em relação às organizações, avaliar como satisfazem (ou não) os objectivos que pretendem alcançar, e avaliá-las de acordo com uma análise institucional comparada. Economia das Instituições, ou nova economia política, é uma área de investigação interdisciplinar e existe como disciplina em várias universidades europeias e americanas, com conteúdos diferentes, consoante a inclinação dos seus mentores. A perspectiva aqui desenvolvida tenta abranger áreas de conhecimento afins ao novo institucionalismo, embora com uma concepção mais alargada do comportamento humano.

*

Este livro introdutório de economia das instituições, embora escrito a pensar sobretudo em alunos de economia, ciência política e sociologia, é propositadamente não técnico para poder ser acessível a todos os que acham que instituições mais justas podem e devem ser concebidas, tendo em conta os impulsos para a mudança e os factores de bloqueio. Porém, antes de se enveredar por qualquer tipo de reforma institucional há que desenvolver uma análise institucional aprofundada.

*

O prisioneiro, o amante e as sereias são personagens de três dilemas fundamentais que afligem sociedades, organizações e indivíduos. Os dilemas do prisioneiro, do liberal paretiano e de Ulisses estão, conforme se verá no capítulo 2, estreitamente relacionados com os problemas e as mudanças institucionais de que acima falámos. O *dilema do prisioneiro* expressa o conjunto vasto de situações em que a interacção entre indivíduos agindo racional e isoladamente, leva a resultados socialmente ineficientes. Por outras palavras, todos poderiam ficar melhor com uma actuação *conjunta* alternativa, mas não conseguem seguir esse curso de acção. O dilema do *liberal paretiano* traduz a situação de não ser

---

[3] Os mais relevantes, na área da economia são os prémios Nobel: Kenneth Arrow e Amartya Sen (teoria da escolha social), James Buchanan (teoria da escolha pública), Douglas North (economia dos custos de transacção) e Vernon Smith (economia experimental). De entre outros economistas, cientistas políticos, sociólogos e filósofos importantes importa salientar: Albert Hirschman, John Elster, Mancur Olson, Steve Brams, Ernest Fehr e Oliver Williamson. Para o fim deixamos o mais abrangente e muito importante John Rawls e o mais crítico e radical, mas sem dúvida interessante, Jurgen Habermas (ver capítulo 14).

possível satisfazer as exigências da democracia, e das liberdades individuais simultaneamente. O dilema de *Ulisses e das Sereias* mostra como por vezes a melhor forma de satisfazer as preferências individuais é desenhar auto-restrições à própria liberdade individual. As instituições existem para tentar lidar com estes e com outros dilemas.

*

Este livro resulta dos tópicos que foram merecendo a minha atenção na última década e meia. Destaco a importância da estrutura de voto num grupo de interesse (Associação Nacional de Municípios) para explicar as transferências do Estado para os municípios (Pereira 1993, 1996a), as instituições associadas ao processo de regionalização administrativa (Pereira (1998c) e Pereira *no prelo*) as forças versus fraquezas do Estado relativamente à "sociedade civil" (Pereira 1996b), o papel e a importância dos grupos de interesse (Pereira 1998a e 2000a); a evolução da divisão de poderes na democracia constitucional portuguesa (Pereira 1998b); os aspectos processuais e substantivos da democracia (Pereira 2000b); a instituição do referendo (Côrte-Real e Pereira 2004); a estrutura dos boletins de voto e a liberdade de escolha dos votantes (Pereira e Silva, *no prelo*); a importância da qualidade das instituições para a felicidade humana (Mota e Pereira 2008) e, por último, mas não menos importante, a relevância da reciprocidade na conduta humana (Pereira, Silva e Silva 2006). Há um fio condutor nesta investigação que pretendo realçar nesta obra. Mesmo tratando de problemas de economia ou de finanças, é necessário estudar o papel das instituições, pois de pouco servem as recomendações dos economistas se os responsáveis pela sua implementação política prática não têm condições, ou vontade para as implementar. É necessário pois integrar a análise económica com a análise política, isto é desenvolver uma análise político-económica.

A investigação realizada beneficiou dos contributos de um conjunto de co-autores e amigos a quem gostaria de agradecer: João Andrade e Silva, Nuno Silva, Paulo Corte-Real, Raquel Pereira, Teresa Bomba, João Dias, Manuel Maria Braga. Outros amigos e especialistas em várias áreas, deram contributos que me apraz reconhecer: Isabel Fonseca Santos, Manuela Arcanjo e Raquel Rego.

*

Este livro é, não só o resultado da minha própria investigação, mas também do que fui aprendendo com os trabalhos de colegas e alunos na disciplina de Economia das Instituições que criei no Instituto Superior de Economia e Gestão (ISEG, Universidade Técnica de Lisboa) no já longínquo ano de 1995. O facto de estar agora no Mestrado em Economia e Políticas Públicas gera uma nova responsabilidade de sistematização de ideias. No ISEG agradeço o apoio de Vítor Martins, na criação desta disciplina, e de Rafael Marques, que me "abriu as portas" da reciprocidade, um conceito central para o tipo de institucionalismo económico que tento desenvolver.

O objectivo desta disciplina é desenvolver conhecimentos teóricos para o estudo das instituições económicas e políticas, realizar estudos de caso concretos da sociedade portuguesa e desenvolver a curiosidade e o espírito crítico. Em suma exercer a prática de cidadania. O pressuposto base é o de que o desenvolvimento económico e social português passa por várias reformas institucionais, bem desenhadas, e pelo aprofundamento da democracia através de uma melhor deliberação pública.

Ao meu entusiasmo teórico correspondeu, em geral, igual, ou ainda maior, entusiasmo dos alunos em analisarem instituições concretas, e as mais variadas, na sociedade portuguesa. Desde associações de cidadãos (GEOTA, DECO, Associação de Apoio à Vítima, AMI, UNICEF), sindicatos e confederações sindicais (Bancários, CGTP), associações de empresas (CELPA), ou organizações de nações (CPLP), ordens profissionais, organismos da administração pública (Institutos públicos, Inspecções-Gerais), instituições políticas (partidos políticos, parlamento, juventudes partidárias) variadíssimas foram as instituições analisadas pelos jovens finalistas do 4º ano. Neste sentido os agradecimentos devidos são muitos. Não só aos dirigentes e funcionários de todas estas organizações, que tiveram a gentileza de os receber, como aos próprios alunos que têm mantido viva, e actuante, esta disciplina.

Vários ex-alunos contribuíram para este projecto, quer pela leitura crítica de partes do manuscrito quer pelos testes empíricos das suas principais teorias. Gostaria de agradecer a Catarina Castro, Catarina Varges, Luís Pêcego, Pascal, Mónica, Nuno Palma, Paulo Rosário e Sandro Mendonça. É com satisfação que verifico que nas suas diferentes actividades são competentes e dedicados profissionais em Portugal e em vários cantos do mundo. Dessas investigações, realizadas no terreno, talvez um dia surja uma obra colectiva. O material existe, falta a coordenação de vontades e a disponibilidade de algum(a) empreendedor(a) para o concretizar. O presente livro, contudo, limita-se aos aspectos teóricos subjacentes à análise das regras e instituições assim como aos casos concretos da minha própria investigação.

A divulgação e confronto dos resultados de investigação em seminários e conferências nacionais e internacionais é, para além de estimulante, um importante desafio. Neste sentido beneficiei de um *workshop* na Universidade Católica do Porto a convite de Alberto Castro e Miguel Cadilhe, de um seminário para alunos de doutoramento na Faculdade de Economia de Coimbra a convite de

José Reis e de uma sessão no Instituto de Ciências Sociais a convite de Pedro Magalhães. A esta comunidade académica estendo também os meus agradecimentos.

Queria ainda agradecer às várias instituições que, pelo apoio financeiro dado, facilitaram várias sabáticas em Universidades estrangeiras bem como a participação em conferências internacionais: Fundação para a Ciência e Tecnologia (POCTI/0436/2003) que co-financia a UECE (centro de investigação do ISEG), Fundação Luso-Americana para o Desenvolvimento e Fundação Calouste Gulbenkian. Um agradecimento é também devido à Editora Almedina e em particular a Paula Valente pelo apoio dado à publicação desta obra.

O trabalho de finalização do livro seria muitíssimo mais árduo sem a ajuda do António, da Helena, da Mariana e em especial do Vasco, a quem quero também agradecer.

Oscar Wilde terá dito que "o problema do socialismo é que toma muitos serões"[4]. Não sei se é o problema do socialismo, mas foi decerto o problema deste livro pelo que agradeço à Guida a compreensão, pelos serões ausentes, o apoio na revisão do livro, as férias de 2008 que não tivemos, e tudo o resto.

Arrábida 21 de Agosto de 2008

[4] Não é, contudo, fácil de identificar a fonte pelo que a mesma frase é atribuída por vezes a Bernard Shaw e a George Orwell.

1. Uma visão de conjunto

1.1. Introdução

O quadro de Pieter Breughel (o Velho) reproduzido na capa, mostra um grupo de cegos apoiados uns nos outros, caminhando de forma algo desordenada e em que aquele que lidera o grupo está caído no chão o que o segue parece estar prestes a cair e presumivelmente, antecipamos nós, cairão todos os restantes.

A primeira vez que vi este quadro causou-me uma impressão forte que se revelou duradoura. Ele inspirou-me e levou-me a reflectir sobre o contraste entre a *confiança* depositada por muitos num líder, e a cegueira deste e de todos os que o seguem, o que os levará para uma queda final; a forma desordenada, titubeante e algo caótica com que se desenrola a marcha, quando não se consegue ver. A dimensão religiosa e simbólica deste quadro só mais recentemente se me tornou clara. Pode ser que este quadro de Breughel seja uma metáfora à parábola dos cegos em que Cristo diz: "Se um cego guia um cego ambos acabarão por cair num buraco" (Lucas 6:39). Num plano mais simbólico, actual e político, poder-se-á dizer que qualquer sociedade coesa necessita da confiança dos cidadãos nos seus líderes, mas que a cegueira destes, e daqueles, poderá levar à esclerose institucional, à decadência, à violência e à injustiça social.

Este ensaio parte do pressuposto que "ver", nas sociedades contemporâneas exige, cada vez mais, o uso aturado e disciplinado da razão. Não que a razão, só por si, e o seu uso na análise científica da realidade social, seja suficiente para se ultrapassarem os problemas com que nos defrontamos. Mas se não é suficiente, ela é definitivamente necessária. Ter um bom diagnóstico não resolve só por si uma doença, mas é com certeza um elemento indispensável para um melhor tratamento e uma eventual cura.

Este livro pretende contribuir para fazer a ponte entre alguns resultados importantes da investigação e uma audiência mais vasta que os círculos estritamente académicos onde ela se tem vindo a desenvolver. Na realidade é apenas da difusão e apreensão destes conhecimentos que se poderão esperar melhorias na forma de organização social.

Aquilo que geralmente não é discutido nem analisado entre nós, porque aparentemente evidente, é o papel das instituições na evolução das sociedades, das organizações e dos próprios indivíduos. A razão é simples; muitas instituições já existiam antes de nascermos e suceder-nos-ão. O Estado, certas empresas, algumas organizações internacionais e nacionais, alguns partidos políticos, certas universidades, a família são instituições que nos antecederam. Daí que, por vezes, subsista a ideia de que elas são estáveis e inevitavelmente imutáveis. Se, por um lado, é muito difícil mudar certas instituições, por outro, um olhar mais atento mostra que elas são objecto de uma evolução, nuns casos mais lenta, mas mesmo assim substantiva e duradoura, noutros mais rápida. No contexto da evolução das instituições, é essencial uma análise das regras de tomada de decisão, de como elas são importantes para explicar uma maior, ou menor, flexibilidade organizacional, ou seja uma maior, ou menor, adaptabilidade a condições em mudança.

O que é necessário compreender é que há certas regras que propiciam certos resultados e que ao se conceber, ou modificar, instituições se deve ter bem presente os efeitos dessas regras e instituições. A possibilidade de ratificar primeiro a Constituição Europeia, e agora o Tratado de Lisboa, numa Europa com vinte e sete Estados – e já não com quinze – foi travada em referendo (a primeira por diversos países europeus e a última pela Irlanda).

A questão essencial a ser formulada é a de saber quais as regras que levarão ao declínio inevitável da Europa e quais as que levarão à sua maior eficácia. Há regras de decisão, nomeadamente as aprovadas no Tratado de Nice ainda em vigor, que contêm em si mesmas o bloqueio efectivo da União Europeia numa Europa alargada a vinte e sete.[5]

Haverá regras do sistema político que propiciam uma maior participação dos cidadãos no processo democrático, e outras que favorecem o alheamento em relação à *res publica*? A resposta é afirmativa. Procurar-se-á mostrar que, por

[5] Ver Felsenthal e Machover (2001) "The Theory of Nice and Qualified Majority Voting", Social Choice and Welfare.

exemplo, as regras que definem o referendo, em Portugal, sendo paradoxais não estimulam a participação dos cidadãos. Uma alteração dessas regras favoreceria, assim, o uso deste instrumento de democracia directa (ver capítulo 12).

Haverá regras do sistema eleitoral que propiciam a selecção de certos candidatos (carácter, honestidade, inteligência, lealdade)? Será que há sistemas eleitorais, e regras parlamentares, que levam a que certas propostas sejam mais conflituosas e outras mais consensuais? Certamente que sim. Numa análise comparativa da liberdade de voto dos cidadãos portugueses (relativamente aos partidos políticos) na escolha de candidatos a deputados, conclui-se que Portugal é dos países em que essa liberdade é menor, e em que o peso da escolha partidária é maior. Trata-se de uma consequência directa do sistema eleitoral (ver capítulo 13).

Será que há regras de votação que seleccionam certos candidatos em concursos para cargos públicos e outras que seleccionam diferentes candidatos? Assim é, e aquilo que surge como algo paradoxal é precisamente o facto de, sendo tão importantes, estas regras não serem objecto de debate público. Antes de se poder optar por certas regras em detrimento de outras, é necessário conhecer as suas propriedades (ver capítulo 11).

Muito do que consta deste livro tem a ver com uma análise positiva, isto é, com os efeitos previsíveis de certas regras e certas instituições em resultados que tanto poderão ser de natureza económica, como política ou social. Esta análise deve ser preliminar a qualquer análise valorativa, ou seja normativa, do que se está a analisar. Retomando o exemplo da Europa, uma coisa é afirmar que certas regras produzem a esclerose das instituições europeias, outra é fazer juízos de valor normativos a partir desta conclusão.

Para os eurocépticos, a ideia que as regras adoptadas em Nice levam ao bloqueamento e ao declínio da União (se não forem alteradas), será com certeza uma boa nova. Para os europeístas, onde me incluo, a leitura dos mesmos resultados será diametralmente oposta. Haverá que pensar numa reorganização institucional da União que torne possível o aprofundamento da cidadania europeia e a eficaz tomada de decisão política, para que problemas eminentemente europeus como, por exemplo a instabilidade nos Balcãs, a situação no Afeganistão, ou eventuais problemas que se venham a agudizar na África Mediterrânica sejam resolvidos por europeus e não por americanos.

Apesar de se desenvolver aqui sobretudo uma análise institucional comparada, avaliando os efeitos diferenciais de regras e organizações diversas, convém salientar que o objectivo deste livro é contribuir para um melhor entendimento das instituições. Este tem em vista compreender alguns bloqueios da sociedade portuguesa e europeia, e encontrar algumas vias para a sua superação através da modificação das regras, e do aprofundar da deliberação democrática. Daqui o sub-título desta obra – *instituições económicas, políticas e democracia.*

1.2 As instituições na perspectiva do Institucionalismo Económico

O institucionalismo económico tem duas correntes principais: a do "velho" e a do "novo" institucionalismo.[6] Se estas designações são, de certo modo, clarificadoras de duas diferentes abordagens, elas afiguram-se redutoras pelo que, embora com maiores afinidades com o "novo" institucionalismo, a nossa abordagem distingue-se nalguns aspectos essenciais deste.

O quadro teórico do *Institucionalismo Económico* (IE)[7] que temos vindo a desenvolver, e que é expresso neste livro, resulta de uma investigação sobre o papel das instituições e das suas regras, não só a partir da matriz conceptual da economia, mas também a partir dos contributos da sociologia, ciência política e filosofia. É possível resumir algumas proposições centrais desta abordagem: *i)* As instituições são importantes; *ii)* as instituições podem ser objecto de análise económica e devem ser objecto de análise institucional comparada; *iii)* os agentes têm *objectivos* e dispõem de capacidades cognitivas e de uma *racionalidade limitada* e usam-nas, a par de outros recursos escassos, na tentativa de adequar as

[6] O "velho" institucionalismo desenvolveu-se no primeiro quartel do séc. XX com autores como Veblen, Ayres e Commons. Esta perspectiva de análise realçava o papel das instituições e, na economia, foi uma forte crítica à abordagem económica neoclássica e ao marginalismo. Utilizou conceitos holistas ou orgânicos e recusou o individualismo metodológico. Um dos seus representantes actuais mais importantes é Geoffrey Hodgson (1994). O "novo" institucionalismo, desenvolveu-se sobretudo a partir dos trabalhos de Coase, Williamson e Douglas North. Caracteriza-se pela aplicação do *individualismo metodológico* ao estudo das instituições. Sobre o novo institucionalismo ver, por exemplo, Williamson (2000) e sobre a comparação entre o velho e o novo institucionalismo ver Rutherford (1994, 2007).

[7] As razões porque não designamos a nossa abordagem de "*novo* institucionalismo económico" são sobretudo duas. Em primeiro lugar, porque o uso da expressão "novo" tem geralmente um efeito de *retórica* persuasiva nas ciências sociais, implicando uma crítica ao "velho"; em segundo lugar, porque há algumas diferenças significativas em relação ao "novo" institucionalismo, em particular à versão desenvolvida por Oliver Williamson (ver nota a seguir).

suas *acções* aos seus *objectivos*; *iv)* o *comportamento* dos agentes adequa-se ao contexto institucional em que actuam; *v)* os agentes têm *capacidades morais; vi)* as instituições evoluem (ou não) por razões de melhoria da eficiência (minimização de custos de transacção) e por razões distributivas; *vii*) as instituições estão imersas (*embedded*) em culturas específicas. [8]

Não subscrevemos nenhum dos extremos das abordagens institucionalistas. De um lado, está a concepção de que as instituições poderiam ser moldadas de forma deliberada e intencional, e que todas as consequências dessa *engenharia institucional* poderiam ser previstas. Esta perspectiva esteve, como se sabe, por detrás da maior tentativa de substituir a sociedade capitalista actual por outra – a sociedade comunista – baseada em pressupostos irrealistas acerca da natureza humana. Entre estes o de que seria possível construir um "homem novo" com uma moral superior. Apesar de, neste momento, não existirem já muitos adeptos deste tipo de sociedade, há, no entanto, vários autores que continuam a acreditar na viabilidade da engenharia institucional.

No extremo oposto, temos a posição dos *darwinistas institucionais* que acham que as melhores instituições, as melhores regras, as melhores organizações perduram sempre, num processo competitivo em que as que melhor se adaptam sobrevivem sempre. Neste caso, a sociedade, tal qual a conhecemos hoje, seria o melhor dos mundos possíveis e nem se justificaria nenhum estudo das instituições pois elas evoluiriam espontaneamente. Esta é a posição genérica de autores da escola austríaca, em particular a de Friedrich von Hayek, bem como de alguns autores do novo institucionalismo e da economia dos custos de transacção, que acham que as instituições vão evoluindo espontaneamente no sentido de se tornarem mais eficientes.

Como se terá ocasião de analisar, se há instituições que evoluem para se adaptar às mudanças do meio em que estão inseridas, outras há que permanecem ineficientes e resistentes a essa mudança. Aliás, a razão porque certas instituições económicas e políticas perduram, é muitas vezes porque aqueles que delas

---

[8] Aquilo que distingue a nossa abordagem do "novo" institucionalismo são as proposições *iv), v), vi)* e *vii)*. Em particular na proposição *iv)*, a ser discutida em profundidade no capítulo 4, note-se que usamos a expressão "*comportamento*" e não "*motivação*". A proposição *v)* deriva da análise de John Rawls e é completamente alheia ao novo institucionalismo. A proposição *vii),* é referida por Williamson (2000), mas não tem sido objecto da sua análise, mas antes da sociologia económica.

beneficiam (em rendas, *poder* ou prestígio) perderiam vantagens com uma alteração institucional.

A análise positiva e normativa das instituições é, assim, obviamente difícil, o que não quer dizer que não possa, e não deva, ser feita de forma sistemática.[9]

1.3. A estrutura do livro

Na primeira parte do livro apresenta-se um quadro teórico para o estudo das instituições. Na segunda aplica-se esse quadro de análise ao estudo de algumas instituições não mercantis e não políticas (no sentido de não pertencerem ao sistema político formal). Isto inclui quer instituições da administração pública, quer grupos de interesse e lóbis, e a sua inter-relação no contexto da regulação pública e da auto-regulação (ordens). Na terceira parte, abordam-se regras e instituições que permitem tomar decisões colectivas: desde simples regras de votação até sistemas eleitorais e referendos.

A Parte I, desenvolve o enquadramento teórico em quatro momentos. No capítulo 2 esclarecem-se os dilemas fundamentais do prisioneiro, do liberal paretiano e de Ulisses e as sereias, e como eles nos elucidam em relação a problemas fundamentais, que poderão ser resolvidos com instituições. No capítulo 3 esclarece-se o que são as instituições e porque e para que surgem. Distinguem-se *instituições informais* (convenções, normas partilhadas) de *instituições formais* (regras e organizações) e refere-se o papel que ambas desempenham na estruturação da interacção humana. Através de alguns exemplos simples da teoria de jogos, clarifica-se que as instituições existem para resolver problemas de cooperação, de coordenação ou de conflito. Aqui se consideram, também, os diversos níveis em que se pode realizar a análise institucional.

Um modelo realista de comportamento humano é essencial para a análise dos efeitos previsíveis das instituições, no mercado, na vida cívica e associativa ou num contexto de competição política. O capítulo 3 desenvolve ainda o confronto entre a abordagem económica do "novo" institucionalismo económico,

[9] Em Portugal, as análises de institucionalismo económico estão pouco desenvolvidas. Ver, contudo, em perspectivas diversas de "velho" e "novo" institucionalismo, de economia e de história, as obras de José Reis, Nuno Garoupa e José Tavares, Leonor Costa, Nuno Madureira, P. Correia e P. Magalhães, entre outras, citadas na bibliografia.

que se baseia no postulado de que os agentes são racionais e egoístas – ainda que com racionalidade e capacidades cognitivas limitadas – e perspectivas mais abrangentes de sociólogos e de um número crescente de economistas, que consideram que as pessoas têm emoções e que se comportam, em certos contextos institucionais, de acordo com normas de confiança e de reciprocidade. A forma como se considera o comportamento humano é tida como essencial para prever os efeitos de certas regras e instituições.

As instituições facilitam as *trocas*. Nos *mercados*, as trocas baseiam-se em *direitos de propriedade* dos agentes, cuja transferência se realiza através de *contratos*. Os contratos são necessariamente *incompletos*, e isto potencialmente gera problemas que serão analisados no capítulo 4. A elaboração destes contratos envolve *custos de transacção económicos*. O "terceiro sector" e a actividade política envolvem também *trocas*. Da estrutura destas actividades surge, também, como relevante, o conceito de *custos de transacção políticos*.

No capítulo 5 estende-se a análise dos importantes casos de *informação assimétrica*, no quadro de uma relação de agência entre duas entidades com preferências distintas (o *principal* e o *agente*), e de como os contratos podem, ou não, atenuar os problemas de *risco moral* e *selecção adversa* associados. Também aqui se analisa como, numa óptica de reciprocidade e confiança, estes problemas podem ser vistos a outra luz.

Estruturas de *governação* são a forma como se tentam alinhar os *incentivos* dos agentes. A elas se dará alguma importância neste capítulo, que terminará com algumas questões que se colocam à análise institucional comparada.

Entre as instituições *não mercantis* podem-se distinguir as instituições que não pertencem formalmente ao sistema político (administração pública e associações e grupos de interesse diversos) e as que pertencem à esfera da decisão colectiva e política (regras de votação, sistemas eleitorais, etc.). Estes dois tipos de instituição serão objecto, respectivamente, das partes II e III do presente livro.

A Parte II começa com uma abordagem introdutória ao estudo da administração pública. No capítulo 6 considera-se a administração *weberiana* ideal, a análise económica da burocracia e as teorias da nova gestão pública (*new public management*). Isto fornece o contexto teórico para uma breve incursão à situação da administração pública em Portugal, aos problemas que enfrenta, e à tentativa de reforma em curso. No capítulo 7, desenvolve-se a análise das condições propícias ao desenvolvimento de grupos organizados, qualquer que seja a sua natureza: grupos de indivíduos, de empresas ou de nações. É preocupação central clarificar uma tipologia de grupos de interesse a partir de uma clarificação do conceito. Apresentam-se as principais teorias dos grupos de interesse, distinguindo os autores que têm uma visão essencialmente optimista, em relação à sua actuação, daqueles que têm uma visão mais céptica.

Um marco fundamental na análise económica dos grupos de interesse é a obra de Mancur Olson (1965, 1982) a que será dado algum destaque no capítulo 7. Privilegiar-se-á a teoria dos incentivos selectivos e a análise das principais consequências da existência de grupos organizados (ver ainda Anexo no final do livro). De acordo com este autor, alguns grupos de interesse têm interesses privados (rendas derivadas de restrições à concorrência e proteccionismo), outros interesses públicos, outros ainda mistos. Aqui se avalia qual a relação que os poderes públicos devem ter com os grupos de interesse. No capítulo 8 analisa-se, em primeiro lugar, a racionalidade da regulação pública e depois a actuação dos grupos de interesse para contrariar essa acção. Merecerá especial destaque a teoria da regulação (Stigler e Peltzman), a teoria da procura de rendas e a análise da forma como as instituições reguladoras públicas tentam ultrapassar os problemas de agência. Uma potencial alternativa à regulação pública é a auto-regulação. Este é o caso das ordens profissionais em Portugal, que será objecto do capítulo 9.

A Parte III do livro debruça-se sobre a análise económica de algumas instituições da democracia formal directa e representativa. Por *formal* quer-se apenas dizer que se está somente a considerar aqueles agentes que, formalmente, actuam nas escolhas colectivas, isto é, os cidadãos enquanto votantes. Numa fase inicial, ignora-se o papel dos grupos de interesse e considera-se que os agentes perseguem os seus interesses pessoais de forma ora honesta ora estratégica. No capítulo 10, começa-se pela análise da possibilidade de passagem de preferências individuais para decisões colectivas, e explica-se o resultado (pessimista), de Arrow e Sen, mostrando que não há, nem nunca poderão ser inventadas, regras satisfatórias para realizar essa agregação de preferências. Esta situação tem consequências importantes na pluri-dimensionalidade do espaço político que propicia instabilidade, ciclos de votação, decisões estratégicas de votação e manipulação da agenda, como se verá no capítulo 11. Daqui o papel fundamental das instituições, enquanto formas de restringir o espaço das escolhas colectivas, para gerar equilíbrios e estruturar as decisões colectivas. No capítulo 12 analisa-se o efeito do *quorum* nas tomadas de decisão em comités; as regras de referendo em Portugal e noutros países, os vários modelos de estrutura de representação política, em particular os regimes presidenciais e parlamentares em Estados unitários ou federações. O capítulo 13, considera a engenharia dos sistemas eleitorais, as características do sistema eleitoral português assim como os bloqueios à sua modificação.

Finalmente, o capítulo 14 conclui toda a análise com um confronto entre a realidade do funcionamento das democracias, ou o seu *modus operandi*, e o *ideal* democrático. Uma importante teoria explicativa desse *modus operandi*, é a teoria elitista ou minimalista de democracia (Schumpeter, Downs) que o vê como um *processo* de competição política pelo poder. Por seu turno, um ideal democrático é desenvolvido no âmbito da concepção *deliberativa* de democracia (Elster, Habermas e Rawls) que considera que a democracia deve ser organizada de modo a constituir um *forum* de deliberação para a procura do *interesse público*. Isto exige o desenvolvimento de instituições que favoreçam o debate, a negociação e a argumentação entre indivíduos a quem é dada autonomia e capacidades semelhantes para participar nessa deliberação. Dessa teoria deliberativa decorrem as condições ideais para se definirem as regras essenciais de uma democracia constitucional. A essa situação ideal contrapõe-se a realidade da revisão constitucional em Portugal.

1.4. Como ler este livro?

As três partes que constituem o livro são relativamente autónomas, assim como cada capítulo dentro de cada parte. Isto significa que para além da forma tradicional, e morosa, de ler do princípio ao fim, poder-se-ão adoptar outros formatos. Quem gosta de perceber os fundamentos teóricos da análise institucional deverá considerar ler toda a Parte I, antes das seguintes. No capítulo 3 clarifica-se o que se entende por instituições, quais as suas funções mais importantes e como evoluem. Aqui se analisa também qual o modelo ideal para se considerar o comportamento humano, no entendimento que um modelo comportamental razoável é indispensável à previsão dos efeitos de qualquer reforma institucional. Contudo, consoante os interesses específicos do leitor diferentes trajectórias são possíveis.

Os capítulos 4 e 5, na sua globalidade, parecem essenciais para a compreensão dos debates actuais na sociedade portuguesa e em boa verdade em várias sociedades contemporâneas. No fundo clarificam-se os objectivos e os instrumentos teóricos para uma análise institucional comparada. Quais as actividades que estão no sector público, quais as que estão no sector privado e no terceiro sector? O que explica a mudança institucional, ou seja a transferência de direitos de propriedade essencialmente do público para o privado? Será que se justifica essa transferência? As duas primeiras questões são de natureza de análise positiva, a última de análise normativa.

Para quem se interesse pelos problemas da administração pública e sua reforma poderá transitar directamente para o capítulo 6, mas beneficiará bastante se primeiro ler a teoria da agência e os problemas de informação assimétrica no seio das organizações (capítulo 5).

Um interesse específico na análise dos grupos de interesse, lóbis e seus possíveis efeitos nas políticas públicas, pode levar directamente aos capítulos 7, 8 e 9. A compreensão do dilema do prisioneiro nas secções 2.1 e 3.2 poderá ser útil para o enquadramento geral do problema da acção colectiva.

O leitor que esteja curioso sobre a variedade de regras de decisão, o seu funcionamento, as suas consequências diferenciadas, poderá saltar directamente para os capítulos 10 e 11. Em certa medida estes dois capítulos são importantes para se perceberem os problemas com que hoje se defrontam as instituições democráticas e as possíveis formas de os resolver. Para uma análise da tomada de decisões em comités ou o uso do referendo deverá consultar-se o capítulo 12. Para quem queira, sobretudo, uma análise global acerca da democracia representativa os capítulos centrais são os 13 e 14. O capítulo 13 fornece instrumentos para se compreender a "engenharia eleitoral", as dimensões e características do sistema eleitoral português e de como alterações das regras do sistema afectariam o seu funcionamento.

1.5. A quem se destina o livro?

Uma questão frequente quando se abre um livro, é saber se é necessário alguma competência técnica especial para o ler. Esforçámo-nos por escrever de forma a tornar acessível teorias que têm sido publicadas em livros e revistas científicas. O leitor julgará do eventual sucesso desta empreitada. Pensamos, contudo, não ser necessária nenhuma competência especializada.

O livro é dedicado, e destina-se *a todos os que servem o interesse público, e aspiram a instituições mais justas*, e nesse sentido dirigi-me a todos os que pretendam conhecer melhor o funcionamento das instituições, sejam elas do sector público, associativo ou privado.

PARTE I

Um quadro teórico para o estudo das instituições económicas e políticas

2. O Prisioneiro, o Amante e as Sereias

2.1. O dilema do prisioneiro

O prisioneiro, o amante e as sereias são personagens de histórias que ilustram três dos dilemas mais importantes com que se podem defrontar indivíduos, organizações (associações, empresas ou grupos de interesse) ou mesmo países. Em todos eles há situações paradoxais que resultam do uso da racionalidade individual. A compreensão destes dilemas é um primeiro passo para o entendimento da necessidade de criação de instituições ou de regras.

O dilema do prisioneiro é um dos famosos jogos acerca da interacção entre agentes que não podem comunicar entre si (ou que, podendo, estão incapacitados de estabelecer acordos credíveis) e explica o possível fracasso da cooperação quando ela se afigura como mutuamente vantajosa.[10] Uma ilustração simples do dilema relaciona-se com o potencial fracasso de contribuições voluntárias para uma *acção* que gera benefícios colectivos, ou para a *criação de uma organização*: associação, movimento cívico, sindicato, partido político.

Para ilustrar esta situação convido o leitor a admitir que no local onde habita a quantidade de lixo que vê em espaços públicos o incomoda. Poderia avançar com uma iniciativa colectiva, digamos uma jornada de limpeza do pequeno jardim que está em frente à sua casa e à do seu vizinho. É claro que, se o seu vizinho tomar a iniciativa, tanto melhor pois evitar-lhe-á custos, beneficiando ao mesmo tempo da limpeza efectuada. Também é claro que se ambos pensarem da mesma

[10] O exemplo do dilema do prisioneiro é geralmente atribuído a Albert Tucker. Trata-se de dois prisioneiros em celas separadas em que um deles é suspeito de ter cometido um crime de roubo. Nesta situação e supondo que confessar o crime é sempre individualmente melhor que não confessar, *independentemente* do que o outro venha a dizer, ambos acabarão por confessar ficando com uma pena significativamente superior à que teriam se *ambos* não confessassem.

maneira o jardim permanecerá sujo e isso é eventualmente pior do que se *ambos* fizessem a limpeza. Finalmente, admita que prefere o jardim sujo a limpá-lo sozinho, pois isso significa que o seu vizinho está a beneficiar à sua custa. Se a forma de avaliar a situação for a descrita acima, estamos na presença de um dilema do prisioneiro e, muito provavelmente, o jardim permanecerá sujo, embora *ambos* preferissem contribuir *mutuamente* para a sua limpeza.[11] Como se chega a este resultado, algo paradoxal, de a decisão colectiva ser contrária ao que ambos preferem?

Para se perceber melhor designe-se por *cooperativa* a acção de limpar e *não cooperativa* a de não limpar, e considerem-se dois indivíduos hipotéticos: o António (A) e a Beatriz (B).

No quadro que segue, em cada uma das células está, por ordem decrescente (4>3>2>1) a valorização referida acima. À esquerda da vírgula está a valorização para o António e à direita para a Beatriz. Ou seja, por exemplo, a célula de sudoeste (4,1) é o resultado da não cooperação do António e da cooperação de Beatriz, sendo o "melhor" resultado possível para o primeiro (4) e o pior para a segunda (1).

		B	
		Coopera	Não Coopera
A	Coopera	3,3	1,4
	Não Coopera	4,1	2,2

Quadro 2.1 – O dilema do prisioneiro

Assim, em termos genéricos, António poderá pensar, racional e egoisticamente, nos seguintes termos: "Se Beatriz limpar fica o assunto resolvido sem eu ter que fazer algo. Se Beatriz não limpar eu também não vou cooperar limpando. Em qualquer dos casos ficarei melhor *não* cooperando." Como a situação de ambos é simétrica, ambos pensarão da mesma maneira, o que significa que a previsão que é possível fazer, nesta situação, é a de que ambos não irão limpar o jardim *ficando assim pior (2,2) do que ficariam (3,3) se ambos cooperassem.*

---

[11] Para se alcançar este resultado é crucial a hipótese de modelização da conduta humana de acordo com o modelo do *homo oeconomicus* (racional e egoísta) e que a interacção seja única (*one shot*) ou repetida um número limitado de vezes. Essa hipótese será discutida na secção 3.4. .

Outra forma de encarar o problema é pensar em convencer a edilidade a dinamizar a iniciativa, o que aliás lhe compete. Só que o problema seria novamente o mesmo. Seria melhor se um vizinho seu avançasse com a iniciativa, fizesse os contactos, organizasse os materiais de limpeza necessários, falasse com a Junta de Freguesia, enfim, fizesse o papel de empreendedor. Então, eventualmente, aderiria à jornada! Claro que se todos pensassem desta forma, nada se faria. Na ausência de empreendedores não haveria nem associações, nem movimentos cívicos, nem sindicatos, nem partidos políticos, nem empresas.

As situações que podem ser pensadas, em termos do dilema do prisioneiro, são sempre situações em que cada um dos intervenientes ganharia se ele, mas apenas ele, não cooperasse enquanto todos os outros cooperam. A este indivíduo, que beneficia da cooperação dos outros sem contribuir, se chama *free rider*[12], ou aquele que vai à boleia.

Embora tendo sido apresentado com apenas dois agentes, o dilema do prisioneiro adquire proporções consideráveis quando o número de indivíduos é muito grande. De facto se o número é elevado, a contribuição de cada um, em proporção da contribuição total, é menor, pelo que o incentivo para se ser *free rider* pode ser maior.

A separação do lixo doméstico entre vários tipos (orgânico, vidros, papel, etc.) é hoje prática corrente em vários países europeus. Nada impede que, espontaneamente, isto é, sem nenhuma lei que a isso obrigue, as pessoas comecem lenta, mas sustentadamente, a adoptar o hábito de separar os vários tipos de lixo e a colocá-los nos sítios apropriados. Contudo, aquilo que se prevê, tendo em conta o dilema do prisioneiro, é que isso não aconteça generalizadamente. De facto, a acção cuidada de um indivíduo, se for isolada, não afecta significativamente o resultado final. De que adianta eu separar o lixo se todos os outros não o fazem? Adianta pouco. O problema ocorre, então, quando existirem muitos indivíduos a fazer esta pergunta. Se existirem é porque estamos na presença do dilema do prisioneiro.

A importância deste dilema tem a ver com o facto de ilustrar muitas situações sociais relevantes, desde o microcosmo constituído por dois sujeitos, a situações envolvendo muitos indivíduos ou mesmo a interacção entre empresas, países, exércitos, etc. O que têm em comum todas estas situações é que a defesa racional de interesses individuais por parte dos intervenientes leva a resultados *para ambos* que são piores do que cada um poderia obter.

---

12 A expressão *free rider*, consagrada na literatura, não tem equivalente na língua portuguesa, pelo que será dos poucos anglicismos que serão utilizados.

A própria génese do Estado moderno, enquanto instituição com o monopólio do uso legítimo da violência, também pode ser racionalizada através deste dilema. Para tal recue-se até à Idade Média e pense-se numa situação em que diferentes senhores feudais, proprietários de terras, possuíssem os seus exércitos próprios; ou recorde-se os pequenos reinos do Norte de Itália com os seus exércitos em permanente conflito. Se se assumir que as acções possíveis visam assegurar a paz ou provocar a guerra atacando o vizinho, é possível racionalizar a emergência do Estado moderno considerando a ordenação do melhor (4), ao pior cenário (1). A melhor situação (4), pensavam muitos, seria um fazer a guerra quando o outro procurava a paz, pois aqui a probabilidade de sucesso seria grande; um alargando, deste modo, o seu território à custa da subjugação dos derrotados. A segunda melhor possibilidade (3) é que ambos procurem a paz, pois assim poderá viver cada um no seu território sem perturbações de maior. A terceira possibilidade (2) é estarem ambos permanentemente preparados para a guerra e fazê-la sempre que necessário. Isto significa, nas palavras de Hobbes, que a vida seria "miserável, bruta e feia", mas, em todo o caso, esta situação apresentar-se-ia como preferível àquela que resultaria de uma total subjugação (1).

Facilmente se verifica que o equilíbrio, nesta interacção, resultaria de uma situação de guerra permanente e de instabilidade (2,2) muito embora a paz (3,3) fosse algo claramente preferível. É neste contexto que se pode explicar a emergência de uma organização que force os potenciais beligerantes à cooperação e ao desarmamento mútuo. Essa organização é o Estado que pode ser racionalizado como emergindo voluntariamente do acordo entre senhores feudais, ou entre pequenos reinos que aceitam deixar de exercer, de forma autónoma e soberana, o poder da violência (ou de cunhar a própria moeda). Esses poderes serão assim transferidos para uma entidade que territorialmente os engloba, entidade essa que passa a deter o monopólio do uso da violência, da cunhagem de moeda, da cobrança de impostos e da política externa. No fundo a emergência do Estado moderno é um processo semelhante à emergência de uma federação de Estados como se realizou com a primeira Constituição Americana.

É importante realçar que racionalizar a emergência do Estado ou de um super-Estado, através desta forma, não tem nada a ver com uma eventual concordância em relação a esse processo. Hobbes foi talvez o primeiro que percebendo a necessidade do Estado, alertou para os perigos que daí poderiam advir pois, livre de quaisquer restrições, essa entidade poderia crescer e tornar-se mesmo um monstro – o *Leviatã* – que poderia usurpar direitos dos seus súbditos, em seu benefício próprio. Numa perspectiva diferente, os contratualistas defendem que é possível restringir esta nova entidade através de restrições apropriadas, de natureza constitucional (separação de poderes, eleições periódicas).

Este dilema tem também implicações muito relevantes do ponto de vista ético.

Considere-se uma organização pública com boa reputação junto dos cidadãos porque cumpre as funções de serviço público, para que foi criada com parcimónia, lealdade e sentido do dever. Se um agente, sem que se saiba, se aproveitar das suas funções para obter remunerações e outros benefícios, à margem da lei, ele beneficiará quer da boa reputação da organização, quer dos benefícios extra desta (pequena) corrupção. Actuar como *free rider* no seio de uma organização é pois uma tentação a que muitos, por sentido ético, não sucumbem, mas a que alguns não conseguem resistir. E na medida em que estes são por ela atraídos, outros, que inicialmente se mantiveram leais à organização, começarão a comparar-se com eles, a ver os seus sinais exteriores de riqueza e possivelmente os seguirão, neste processo de corrupção crescente, que, a não ser travado, levará ao descrédito completo da organização. Esta situação final, caso seja alcançada, poderá acabar, sendo o resultado pior *para todos*, quando comparado com a situação inicial, em que *todos* tinham um comportamento de "serviço público". Este processo de degenerescência das organizações públicas (que se pode aplicar também às privadas) existe porque tem subjacentes comportamentos estratégicos no contexto de "dilemas do prisioneiro."

Voltar-se-á a este dilema no capítulo 3, quando se desenvolver a análise em termos de teoria dos jogos e se discutir diferentes motivações da conduta humana no capítulo 7 em ligação com o problema da acção colectiva no âmbito de grupos de interesse e no capítulo 14 ao abordar os partidos políticos.

2.2. O amante de Lady Chatterley

2.2.1. *O dilema do liberal paretiano*

"O amante de Lady Chatterley", um dos romances mais conhecidos de D. H. Lawrence, foi editado em 1926 por uma pequena editora em Florença. A sua circulação foi várias vezes proibida no Reino Unido por se considerar incluir material obsceno e ofensivo da moral pública.[13] Trata-se da história da

[13] Ver D. H. Lawrence (1960). Editado em português pela Europa América em 2002.

jovem Connie (Constance Chatterley) casada com o barão Clifford, que devido a ferimentos de guerra fica paralisado da cintura para baixo. O pai de Connie, vendo-a deprimida, sugere que tenha alguns casos amorosos extra-conjugais. O próprio marido a eles não se oporia se fosse do mesmo grupo social, pois isso permitiria vê-la feliz, sem que fosse considerado uma ofensa, por se tratar de um *par*. Aquilo que ele jamais poderia tolerar é que esse *affaire* fosse com um subordinado – o seu guarda-caça. E foi precisamente isso que aconteceu. A mistura de pormenores sexuais com o facto destes serem realizados por um amante de baixa condição social, pôs em causa as convenções sociais daqueles que tinham o poder de autorizar a circulação do livro, e fez com que só a partir de 1960 este circulasse livremente no Reino Unido.

O livro de D. H. Lawrence foi utilizado pelo Prémio Nobel da economia Amartya Sen, num dos seus artigos mais célebres (Sen, 1970a) para explicar um dos dilemas fundamentais que se colocam às sociedades contemporâneas e que se traduz num conflito entre os valores de liberdade individual, por um lado, e de decisões democráticas, por outro.

Em todas as sociedades têm existido actividades que são permitidas e outras que são proibidas. Embora o domínio das actividades permitidas se tenha vindo a alargar, com a liberalização dos costumes, é previsível que, em consequência do desenvolvimento científico, hajam acções cuja proibição seja aventada. Exemplos recentes neste domínio, são a proibição da interrupção voluntária da gravidez, da clonagem humana e outras no âmbito da biotecnologia. Doutra natureza tem-se ainda, entre nós, a proibição do consumo de drogas, da pedofilia, da edição de vídeos com material violento ou lutas de animais. Finalmente, certos aspectos que têm a ver com direitos, liberdades e garantias individuais, são também limitados. Na maioria dos países está vedado a pessoas do mesmo sexo o casamento e a adopção de crianças.

Para além de *proibir* certas actividades *privadas,* as sociedades democráticas *regulam* muitas outras, não só ao nível da produção, como da distribuição e do consumo. É possível ouvir música em casa, mas dentro de certos limites compatíveis com a Lei do Ruído, para não incomodar vizinhos. Podem-se realizar fogos em matas, mas só em certas alturas do ano e em condições especiais. Pode-se guiar automóveis, mas apenas com cinto de segurança e dentro de certos limites de velocidade. A pesca e a caça são actividades a que muitos se podem dedicar, mas existem espaços próprios para a sua prática e regulamentos.

As proibições e as regulamentações são fruto de decisões colectivas democráticas, ou seja, fruto de leis aprovadas pelos deputados num parlamento ou de decretos-lei aprovados em conselhos de ministros.

A questão que se pode colocar é a seguinte: deve haver *certas* decisões sobre as quais os indivíduos devem ser soberanos e sobre as quais a sociedade não se deve pronunciar? Admitindo que sim, Sen formula o seguinte critério que designamos como critério liberal:

> *"Aceitação da liberdade pessoal: há certos assuntos pessoais, sobre os quais cada pessoa deve ser livre de decidir o que deverá acontecer, e na sequência dessas escolhas, o que quer que ele ou ela pensa que é melhor, deve ser tomado como melhor para a sociedade como um todo, independentemente do que os outros pensem."*[14]

É neste contexto que surge o exemplo da leitura de um único exemplar disponível de *O Amante da Lady Chatterley*, entre dois indivíduos: um púdico e outro lascivo[15]. As opções são: ou nenhum deles lê o livro (proibição) ou um deles lê. O que Sen demonstra é que, para uma certa configuração de preferências individuais, ou se satisfaz o critério liberal, e isto viola a decisão democrática (unânime), ou se toma uma decisão democrática e isso viola as liberdades individuais.[16] Dar primazia ao critério liberal significa que o lascivo lê o livro. Contudo, *ambos* prefeririam que só o púdico lesse o livro. Logo, a decisão democrática seria diferente (ver Apêndice 2).

O que o artigo de Sen clarifica é que pode existir um conflito insanável entre democracia e direitos e liberdades individuais em todos os países.[17] Na Irlanda, em 2008, não é legalmente permitida a interrupção voluntária da gravidez (IVG). Em Portugal, no momento em que escrevemos, não é permitido o casamento entre

---

[14] Sen, Amartya (1976), p. 217. Tradução nossa.

[15] Em Mueller (2003), capítulo 27, os termos utilizados são "prude" e "lascivious"

[16] Ver Apêndice 2 deste capítulo. O artigo de Sen (1970a) e o resultado a que chega – o *teorema do liberal paretiano* – são facilmente compreensíveis para quem tiver uma boa base de conhecimento em *Lógica*. Para tornar a compreensão mais acessível, prefere-se seguir, em apêndice, a exposição dada por Dennis Mueller (2003, p. 644), embora com uma notação diferente.

[17] Note-se que Amartya Sen, é um economista que muito tem escrito sobre pobreza e desigualdade. Para alguns surge pois como uma surpresa ter elucidado este problema da democracia.

pessoas do mesmo sexo. Trata-se do resultado das últimas decisões democráticas sobre os assuntos. Dado que as decisões de realizar uma IVG ou de casar respeitam sobretudo às pessoas envolvidas, o critério liberal iria aqui no sentido de permitir respectivamente a IVG e o casamento entre homossexuais.

O que este dilema clarifica é não só o conflito que poderá existir entre direitos individuais e decisões democráticas, como também o próprio problema de qual deve ser o domínio das decisões colectivas (políticas) e o das decisões privadas.

2.2.2. *Paradoxos e Impossibilidades: Condorcet e Arrow*

Quando uma decisão colectiva não é consensual, ela envolve usualmente a adopção de um processo, ou regra, para se passar de opiniões diferentes a uma decisão final única. Trata-se neste caso de agregar preferências, o que pode levar a algumas situações paradoxais. O dilema a que Sen chegou é um ponto alto num percurso intelectual de quase dois séculos em que várias mentes brilhantes se têm dedicado a analisar essas regras, as suas propriedades e os eventuais paradoxos associados à sua utilização. Dois desses paradoxos (ou impossibilidades) merecem ser aqui referidos.

O Marquês de Condorcet[18], em 1785, quatro anos antes da revolução francesa, dava conta de um paradoxo associado ao uso da regra da maioria. O uso desta regra poderia levar a decisões inconclusivas caso se verificassem certas configurações quanto às preferências dos votantes. Se todas as propostas fossem votadas entre si, a assembleia poderia ser incapaz de alcançar uma decisão. Para se perceber melhor o *paradoxo de Condorcet* pense-se numa assembleia municipal que delibera sobre o uso a ser dado a um dado terreno camarário e que admite três possibilidades diferentes para esse terreno: a *proposta P* é que ele seja para uma piscina municipal, a *proposta J* que seja para um jardim público e a *proposta E* para uma escola primária. A assembleia encontra-se dividida, em partes iguais, por deputados de três partidos (A, B e C) que têm opiniões diferentes sobre as propostas, sendo a ordenação das mesmas dada pela tabela seguinte.

[18] Ver, De Condorcet, M. (1785).

Ordem	Partido A	Partido B	Partido C
1º	Piscina	Jardim	Escola
2º	Jardim	Escola	Piscina
3º	Escola	Piscina	Jardim

Quadro 2.2 – O paradoxo de Condorcet

O partido A tem preferência pela piscina, seguida do jardim e da escola primária, já o partido *B* põe em primeiro lugar o jardim, em segundo a escola e em último a piscina. Facilmente se verificará que, se todos os partidos votarem honestamente, isto é, de acordo com as suas preferências, *P* ganhará a *J* (apoiado pelos partidos A e C), por sua vez *J* ganhará a *E* (apoiado por A e B) e finalmente *E* ganhará a *P*. Não há pois uma proposta que ganhe a todas as outras. Tem-se então um ciclo de votação conhecido por *paradoxo de Condorcet,* caracterizado pela intransitividade da escolha colectiva, embora baseado em ordenações individuais transitivas. Este resultado é paradoxal pois significa que se as propostas forem votadas duas a duas, nunca se conseguirá chegar a uma decisão final.

Durante cerca de cento e setenta anos após Condorcet, tentaram-se desenhar regras que evitassem esta intransitividade da escolha colectiva, e que satisfizessem adicionalmente outros critérios considerados plausíveis. Coube a Kenneth Arrow (1951) formular, de forma rigorosa, o problema e dar-lhe uma resposta clara. Arrow partiu de cinco critérios plausíveis que qualquer regra deve satisfazer. Primeiro, deve ser admitido que os votantes possam ter qualquer tipo de ordenação de propostas. Segundo, não se deve aceitar a existência de um ditador, ou seja, de um indivíduo que, pelo facto de escolher individualmente uma proposta, a torne uma escolha social. Terceiro, o resultado da escolha não deve depender de alternativas irrelevantes. Logo, ao votar-se entre piscina e jardim só deve interessar a forma como os votantes ordenam *estas duas* possibilidades, e não como consideram a escola. Quarto, a regra deve assegurar que, se todos preferem uma dada proposta, então essa deve ser a escolha colectiva. Finalmente, a escolha colectiva deve ser transitiva, ou seja, não deve permitir *paradoxos de Condorcet.*

Arrow demonstrou, na sua tese de doutoramento, que mais tarde o levaria a receber o prémio Nobel da economia, que não há, nem nunca poderá ser criada, nenhuma regra de escolha colectiva que satisfaça os cinco critérios, ou axiomas, definidos. Este resultado ficou conhecido como teorema *da impossibilidade de*

Arrow. O *dilema do liberal paretiano* (Sen) não é, assim, mais que um desenvolvimento da análise de Arrow, mostrando que se pode chegar, também, a um paradoxo apenas com três (e não cinco) critérios.

Muito se tem escrito acerca das "saídas" para estes dilemas, embora, não haja verdadeira saída, mas antes duas vias para lidar com eles.[19] A primeira é analisar as consequências dos problemas detectados, o que se fará nos capítulos iniciais da parte III deste livro. A segunda é saber de qual (ou quais) dos critérios se pode abdicar, para manter outros considerados mais importantes.

2.3. Ulisses e as Sereias

Navegando no seu barco e sabendo que seria irremediavelmente atraído pelas sereias cujo canto o levaria à morte, Ulisses pediu aos seus marinheiros que o atassem ao mastro e que tapassem os ouvidos com cera. Desta forma, quando chegados perto das tão temidas sereias, Ulisses teria o gosto de ouvir o seu canto, mas os marinheiros não ouviriam os seus pedidos de libertação, não correndo assim o risco de cair na armadilha.

Há várias interpretações possíveis do dilema de Ulisses, mas a que parece mais interessante é esta: Ulisses sabia que não conseguiria resistir à tentação *no momento* em que escutasse o belo canto das sereias. Em certa medida, o seu *eu* nesse instante seria algo diferente do seu *eu* na altura em que dá as suas instruções aos marinheiros, sendo que ele dá primazia ao seu *eu* inicial em relação ao seu *eu* final. Ele poderia ter resolvido o dilema em que estava envolvido de outra maneira, tapando os seus próprios ouvidos com cera. Nesse caso, não ouviria o canto, mas por outro lado não se atormentaria. Ao optar por não tapar os seus próprios ouvidos, assumiu que iria sofrer a tensão resultante de estar preso. Muito provavelmente, nessa situação ter-se-á, amaldiçoado e lamentado ter dado as instruções que deu. Naquele momento o seu desejo era ser livre. Será que não poderia ter ido ao encontro das sereias, ter o prazer da sua companhia, do seu

[19] Ao contrário do que alguns pretendem fazer crer, não há soluções para os problemas equacionados pelos teoremas de impossibilidade de Arrow ou de Sen. Na medida em que se aceitem os axiomas de base, os teoremas estão logicamente correctos. Toda a literatura da *escolha social (social choice)* tem procurado arranjar justificações para se relaxar este ou aquele axioma e assim "resolver" a impossibilidade (para além de desenvolver outros teoremas). Essa literatura pode ser consultada na revista científica *Social Choice and Welfare*.

canto e dos seus favores e, mesmo assim, no final resistir e salvar-se? Esta pergunta, que ficará sem resposta e que, o deverá ter atormentado no momento em que ouvia as sereias, *acompanhá-lo-á o resto da sua vida.*

O dilema de Ulisses é uma metáfora para explicar a necessidade de instituições que auto-limitem indivíduos, grupos, empresas, sociedades, governos. A corda que o atou ao mastro é uma auto-restrição voluntária. Há vários exemplos de aplicações práticas destas restrições voluntárias. Uma delas diz respeito a organizações (estatutos), governos (tratados), sociedades (constituições) e indivíduos (auto-restrições). Na realidade, estatutos, pactos, tratados, constituições e outros documentos são uma forma de limitar a discricionariedade daqueles que, porventura, exerçam o poder dentro de certas instituições ou tenham a possibilidade de tomar medidas nefastas para terceiros. A garantia de uma certa estabilidade nestas restrições deriva da dificuldade da sua alteração, pois são em geral necessárias maiorias qualificadas para esse efeito, como se verá na parte III do livro.

Um exemplo importante é a criação de instituições com mandatos claros e elevada independência, em que os políticos delegam certas competências. Assim, serão incapazes de interferir nas decisões, ou se o conseguem será com dificuldade e claros custos políticos. À escala europeia, este é o caso do Banco Central Europeu (BCE) cujo mandato essencial é garantir a estabilidade dos preços. Mesmo que os políticos europeus desejem uma descida da taxa de juro para estimular o investimento e o emprego, o BCE opor-se-á visto que esta medida teria efeitos nefastos na inflação. A ideia é que a credibilidade da política monetária exige a independência do BCE. Com ela, contudo, veio a inflexibilidade e incapacidade de compromissos em relação a outros objectivos de política económica. À escala nacional, temos o exemplo das entidades reguladoras. De forma semelhante, trata-se aqui de uma auto-limitação da liberdade dos políticos interferirem numa regulação que deve ter como fundamento sobretudo uma racionalidade técnica, e não política, em sectores como a água e os resíduos, a energia (electricidade e gás) ou as telecomunicações.[20]

Um outro exemplo relevante e não despiciendo, atendendo à situação económica nacional, é o caso do Pacto de Estabilidade e Crescimento, um pacto

---

[20] Claro que também há outras razões para esta auto-restrição. Ao delegar as competências de regulação nas entidades reguladoras, ficam "libertos" do ónus político de eventuais medidas impopulares, ainda que eventualmente necessárias.

subscrito pelos países da União Europeia para, entre outras coisas, garantir a sustentabilidade das finanças públicas dos países da União e, deste modo, a estabilidade do Euro. Este pacto, na sequência do Tratado de Maastricht, estabelece valores de referência para o défice e a dívida pública em percentagem do produto interno bruto, determinando objectivos de médio prazo para o equilíbrio das contas públicas. Estas regras auto-impostas e subscritas pelos líderes europeus, são auto-restrições que limitam a discricionariedade dos governantes pois, caso excedam os limites impostos, sujeitam-se a elevadas sanções económicas.

Para se perceber a necessidade de certas auto-restrições, vale a pena recuar três décadas até ao choque petrolífero de 1973 em que os países da OPEP decidiram subir os preços do petróleo provocando com isso uma crise económica. Desde a década de setenta até meados da de oitenta, os países europeus foram acumulando dívida pública a níveis cada vez maiores. De tal forma que, com taxas de juro elevadas, uma proporção considerável da despesa pública era usada para pagar os juros dessa dívida. Dito por outras palavras, uma parcela considerável dos impostos pagos pelos cidadãos não se destinavam ao financiamento de bens e serviços públicos (estradas, portos, justiça, defesa nacional, educação, saúde), nem à redistribuição de rendimento, mas sim ao pagamento de uma dívida contraída por gerações passadas. Esta situação resultou não do choque petrolífero em si, que apenas agravou as coisas, mas antes da própria natureza do processo político democrático no qual a "sereia" da vitória eleitoral tem levado, muitas vezes, os políticos a descer impostos e a aumentar a despesa pública (ou seja a aumentar o défice), para ganhar eleições.

O passado mostrou que, embora os políticos percebam os perigos do défice excessivo, têm sido genericamente incapazes de o controlar. Daí, a necessidade de se aprovarem certas regras que, por serem universalistas, são mais facilmente aceitáveis, evitando que se caia, novamente, em situação de elevado desequilíbrio das contas públicas.[21] Não é aqui obviamente o local apropriado para analisar se *estas* regras em concreto são as ideais, mas parece inequívoco que sejam necessárias. Ou dito de outro modo, uma "corda" para atar ao "mastro" é decerto necessária, mas poderá, e deverá, haver debate sobre qual o grau de "aperto" ideal.

[21] Vale a pena registar aqui que o Conselho de Ministros de Economia e Finanças (ECOFIN) de Novembro de 2003 decidiu, por maioria, contra uma recomendação da Comissão, suspender a aplicação do Pacto para os casos específicos da Alemanha e da França, o que minou, seriamente, a credibilidade do mesmo e fez iniciar o processo da sua revisão a qual foi completada em 2005.

Outra aplicação importante deste trecho da Odisseia de Homero reside no campo da ética. Um jovem que se recusa a experimentar drogas duras tem exactamente o mesmo comportamento que Ulisses. Ele sabe que, muito provavelmente, se consumisse essas drogas ficaria eternamente dependente e que isso o levaria à degradação física e mental. É claro que ele não *sabe* isso com toda a certeza, pois só *depois* de experimentar poderia sabê-lo ainda que tarde de mais. Contudo, a observação de outros jovens toxicodependentes, provavelmente não menos lúcidos que ele, e que apesar disso sucumbiram à tentação, leva-o a prever que seja elevada a probabilidade de lhe acontecer o mesmo. Visto a ética não ser o tópico central deste livro deixaremos a abordagem individual da aplicação do dilema de Ulisses de parte.

Na parte final do livro retomar-se-á esta problemática aplicada sobretudo ao poder político, mais concretamente à Constituição, em regimes democráticos.

Apêndice 2 – O dilema do liberal paretiano

Sen (1970a) admite que existe apenas uma cópia do livro *O Amante da Lady Chatterley* e que há dois indivíduos. O indivíduo A é púdico e prefere que ninguém leia o livro, mas se alguém tiver que o ler, que seja ele próprio, que é moralmente "sólido", e não o indivíduo *B,* pois pensa que este mais facilmente será afectado negativamente pelo livro. Por seu turno, o indivíduo *B é* lascivo e algo perverso pois prefere que A leia o livro, sabendo que irá chocar com os seus valores morais. Seguidamente prefere ser ele a lê-lo e só por último defende que ninguém o leia. Temos então três possibilidades (propostas) distintas:

Proposta *a.* Apenas o púdico (A) lê o livro.
Proposta *b.* Apenas o lascivo (B) lê o livro.
Proposta *c.* Nenhum lê o livro.

Se definirmos a relação de *escolha social* por *P* (sem índice), e as preferências individuais de A e B respectivamente por P^A e P^B (com índices denotando os indivíduos A e B respectivamente) então podemos ordenar as preferências transitivas individuais do seguinte modo:

Para o púdico (A): $\boldsymbol{cP^A}aP^Ab$
Para o lascivo (B): $aP^B\boldsymbol{bP^Bc}$

Vejamos o que se pode concluir se aceitarmos a regra liberal (a ***negrito***). Segundo esta regra o púdico (A) pode votar se *ele* quer ler o livro (proposta *a*), mas não pode votar que o lascivo leia (*b*). O púdico prefere que ninguém leia a que *ele* leia, logo esta opção privada torna-se a escolha social: ***cPa.*** Do mesmo modo, o lascivo, na sua escolha pessoal prefere ler o livro a que ninguém leia, logo a escolha colectiva para esta opção será ***bPc.*** Daqui deriva que da aplicação da regra liberal o resultado seria ***bPcPa***, ou seja, quem leria o livro seria apenas o lascivo. Contudo, da aplicação da regra da unanimidade (ou Pareto) vê-se que ambos prefeririam ***a*** (que apenas o púdico leia o livro) a ***b*** (que apenas o lascivo o leia). Mais, *aPb* é a única escolha colectiva *unânime,* pois temos aP^Ab *e* aP^Bb. Se quisermos simultaneamente satisfazer o critério liberal e o critério democrático de Pareto, chegamos a um ciclo ou impossibilidade: *bPcPaPb,* ou seja a um problema semelhante ao do paradoxo de Condorcet.

3. Instituições: o que são, para que servem e que efeitos têm?

3.1. Restrições para estruturar interacções

3.1.1. *Instituições* formais *e* informais

Há tantas definições de instituições que seria moroso enumerá-las, mas uma definição permite precisar o objecto desta análise e por isso adopta-se a de um famoso institucionalista, Douglas North, que as considera desta maneira: "*Instituições* são restrições desenvolvidas por indivíduos de forma a estruturar a interacção humana".[22] Há aqui três ideias fundamentais: em primeiro lugar, trata-se de restrições, o que não contraria necessariamente a ideia de liberdade. Pode-se adoptar voluntariamente uma regra, ou aderir a uma instituição que limita a nossa liberdade, mas que, em contrapartida, permite ter outros benefícios que não se poderiam alcançar se não nos *submetêssemos* a essa instituição.

Em segundo lugar, são desenvolvidas por indivíduos. Nada é dito se são desenvolvidas intencionalmente ou não, nem sobre a forma como surgem, diz-se apenas que há indivíduos envolvidos. Poder-se-á dizer que há instituições que são criadas por outras instituições pelo que a definição estaria incorrecta. A Comunidade de Países de Língua Portuguesa (CPLP) foi criada por um conjunto de países, assim como uma associação de empresas é uma instituição criada pelas empresas que a constituem. Estas ideias não são contudo precisas, pois por detrás dos países estão pessoas, líderes políticos, que decidiram criar a CPLP, e subjacente à acção de empresas estão empresários. A tónica posta nos indivíduos serve para reforçar a ideia de que, não só o surgimento das instituições, mas

---

[22] Em Douglas North (1990). North ganhou o prémio Nobel da Economia pela sua contribuição para a história económica.

também a sua eficácia, e dinâmica, estão fortemente dependentes das pessoas, quer as que ocupam os lugares cimeiros das organizações, quer as que ocupam posições subalternas.

Finalmente, a ideia de que as instituições têm como objectivo estruturar a interacção humana, ou seja, sem elas a interacção seria bastante mais difícil. Convém distinguir entre as instituições *formais* e *informais*. As formais consistem em *restrições escritas* – regras, regulamentos, leis, constituições, contratos, direitos de propriedade, acordos de negociação – ou *organizações,* que são definidas, antes de mais, por um sistema de regras, regulamentos e ou leis determinando a posição e funções que cada agente ocupa numa estrutura hierárquica. O conceito de instituição definido por certa literatura anglo-saxónica, e que aqui adoptamos, é um conceito lato pois não se resume a organizações (a acepção mais usual da palavra), incluindo também todo o tipo de documentos escritos que estruturam a interacção humana.

As *instituições informais* são todo o tipo de restrições não escritas, como sejam normas de comportamento, convenções, códigos de conduta. Pode parecer algo estranho considerar estas normas como instituições. Contudo, muitas leis apenas vieram tornar obrigatórias certas normas de conduta, certas convenções que já eram seguidas por um número significativo de indivíduos. Assim, embora as instituições *informais* não sejam propriamente instituições no sentido usual do termo, elas têm características comuns, na substância, às regras escritas, pois a qualquer momento uma convenção, um costume, um código de conduta pode tornar-se numa lei, num regulamento.

3.1.2. *Porque são necessárias?*

As instituições existem e são necessárias porque, sem elas, os objectivos que os indivíduos valorizam não poderiam ser alcançados. O alcançar desses objectivos pressupõe uma certa forma de *coordenação* entre os agentes. Note-se que não se está a incluir qualquer valoração positiva ou negativa dos objectivos. A máfia, enquanto "instituição", permite coordenar a acção de inúmeros indivíduos para levar a cabo os *seus* objectivos.

Há sobretudo quatro tipos de *mecanismos de coordenação* que funcionam de forma diversa. O *mercado* é a forma de coordenação mais descentralizada, tendo-se celebrizado a expressão que Adam Smith usou para o descrever: a "mão invisível". A ideia intuitiva de Smith (no séc. XVIII) e que só foi formalizada matematicamente no séc. XX, é a de que, embora os indivíduos defendam de forma egoísta os seus interesses, o bem-estar da sociedade pode, em certas circunstâncias, ser alcançado.[23] Estas condições exigem, entre outros factores, que os mercados sejam competitivos (que não haja poder de monopólio quer do lado da oferta quer da procura) e que haja informação perfeita e simétrica entre todos os agentes económicos. Neste contexto, a produção de *bens privados* é realizada de forma eficiente pelos mercados. Pode-se, pois, concluir que o mercado é um bom mecanismo de coordenação dos agentes económicos, no interior da qual a transmissão de informação se faz, de forma quase instantânea e exclusiva, através do sistema de preços.

Contudo, há um certo tipo de situações em que os mercados fracassam. Isto acontece quando se pretende fornecer bens públicos (defesa nacional, certas infra-estruturas), quando as decisões de certos agentes afectam o bem-estar de outros e esse efeito externo não é transmitido pelo sistema de preços (externalidades, cujo caso típico é a poluição), ou quando certos agentes têm muito mais informação do que outros acerca dos bens transaccionados (carros em segunda mão, ou habitações antigas). Desta forma, verifica-se que quando se trata de bens desta natureza, o mercado, enquanto mecanismo de coordenação, fracassa.

Embora se trate, por vezes, de um local (físico ou virtual) onde interagem inúmeros indivíduos (com preferências, e valores, distintos) e inúmeras empresas com combinações de factores produtivos diversos, o mercado, para existir e para se desenvolver, necessita de um conjunto de instituições. É necessária a existência de propriedade privada, contratos, leis de defesa da concorrência, tribunais que dirimam litígios e polícias. As próprias empresas são, na óptica de vários economistas, instituições.[24] Construir mercados é algo que muitas vezes não é de geração espontânea e a prová-lo estão as dificuldades emergentes em certos países do Leste Europeu para fazer nascer economias de mercado.

Embora necessite de um conjunto de instituições, não há dúvida de que o mercado é um poderoso mecanismo de coordenação para bens privados. Contudo, o seu fracasso, total ou parcial, na provisão de bens públicos ou na correcção de externalidades, leva a considerar outros mecanismos de coordenação.

---

[23] Trata-se do primeiro teorema fundamental da economia do bem-estar.

[24] Esta é a abordagem do novo institucionalismo económico, com o trabalho pioneiro de Ronald Coase (1937), como se verá na Secção 5.7.

A *cooperação informal (não organizada)* traduz-se na situação em que indivíduos partilham valores ou normas de comportamento Esta é, assim, outra forma de coordenação da interacção que pode, em certas condições, levar ao fornecimento de bens públicos, coisa que o mercado dificilmente consegue. Considere-se um restaurante caracterizado por um ambiente formal. A adesão a normas de comportamento que regem a forma como se deve estar em restaurantes (não falar alto, não cuspir no chão, não limpar a boca à manga da camisa) não é mais do que um bem público, de que todos beneficiam se todos aderirem a essa norma.[25] Da mesma forma, a adesão generalizada à norma "não se deve deitar lixo para o chão" faria com que houvesse um fornecimento voluntário de um bem público (ou se quisermos, faz evitar um mal público), sem que fosse necessária uma organização voluntária ou pública para o assegurar. Pense-se no que se pouparia se, nas praias portuguesas, a generalidade de cidadãos e turistas aderisse a esta norma. Parece não existirem dúvidas de que ter uma praia limpa é algo que todos valorizam. A partilha de normas e valores comuns é algo que não deve ser desprezado, mas muitas vezes fracassa devido a comportamentos de *free rider* de certos indivíduos.

A *cooperação formal (organizada)* é uma forma de coordenação mais forte porque é institucionalizada em organizações voluntárias, e formais, de vários agentes com um ou vários objectivos em comum. Através da criação de uma empresa, de uma associação cívica, de um partido político ou de uma colectividade local é possível coordenar a acção de múltiplos agentes.

Finalmente, o *controlo* é uma forma de coordenação em que um agente tem o poder de tomar decisões e impô-las aos outros, mesmo contra a sua vontade. A coordenação exercida pelo controlo não parte dos indivíduos, ou de alguns *de entre eles* que coordenam as acções do grupo, mas é antes um terceiro elemento, exterior ao grupo, que comanda e coordena as acções dos agentes. Tipicamente associa-se esta relação de controlo e comando à forma de coordenação operada no sector público. Talvez o caso mais extremo seja no campo da instituição militar. No teatro das operações de guerra, a estratégia é definida no topo da hierarquia militar e apenas são transmitidas a oficiais subalternos as informações específicas dos alvos a alcançar, sem lhes dar conhecimento do enquadramento global estratégico das mesmas.

[25] A evolução das normas de comportamento é uma das características do processo civilizacional como nos ensina Norbert Elias nessa obra magistral que é *O Processo Civilizacional* (ed. Dom Quixote).

Os mecanismos de coordenação funcionam melhor em certos contextos do que noutros e pode-se usar o dilema do prisioneiro, analisado no capítulo anterior, para perceber a distinção entre as diferentes formas de coordenação. A interpretação clássica do dilema parte da situação de dois indivíduos racionais e egoístas, que não podendo comunicar entre si acabam numa situação ineficiente, pois são incapazes de obter os benefícios individuais e colectivos associados à solução cooperativa (objectivo de *eficiência*).

Todos podem querer melhorar o ambiente, mas poucos irão aplicar um catalisador especial no tubo de escape do carro para o melhorar, pois pensarão que os outros não o vão fazer e, portanto, essa acção individual não teria efeitos práticos. Em geral, com um grande número de indivíduos não há cooperação na presença de bens colectivos. Deste ponto de vista, mesmo existindo um altruísta no meio de egoístas, é para ele irracional cooperar pois da sua acção não resultaria nenhum benefício social tangível.

	Mecanismo de Coordenação	**Instituição**	**Resultado da Interacção na presença de bens públicos**
1	Mercado	Mercado	Não vai haver cooperação
2	Cooperação Informal	Mercado + Convenção	Indivíduos cooperam sem necessitar de organização
3	Cooperação Formal	Associação/ Empresa	Indivíduos criam uma *organização* que os leva a cooperar
4	Controlo	Estado	Uma *organização já existente* força a cooperação

Quadro 3.1 – Mecanismos de coordenação e *eficiência*

Há, contudo, uma possibilidade de indivíduos poderem partilhar valores ou normas sociais, ou inventarem e aderirem a uma convenção. Neste caso, eles cooperam sem necessidade de nenhuma instituição. A limpeza de uma cozinha comum numa residência universitária é um caso típico de dilema do prisioneiro, que pode resultar perfeitamente na falha da cooperação, ou seja, na cozinha ficar completamente suja. Contudo, nada impede que se desenvolva uma convenção que defina uma regra de partilha dos encargos da limpeza, e que as pessoas adiram a ela. Este é o nível da cooperação informal.

Noutras situações, há a necessidade de se criar uma instituição que leve à cooperação dos indivíduos. Quando um grupo de pessoas criou a associação de apoio à vítima (APAV) fê-lo por considerar que a criação de uma *organização* seria a forma de alcançar os objectivos que os elementos do grupo partilhavam.

Finalmente, há situações em que a contribuição para os bens colectivos é imposta. Quando os jardins públicos são financiados por impostos, o que basicamente acontece é que os indivíduos são obrigados a contribuir para um bem público, quer o desejem ou não. Nestas situações é necessário um "terceiro" agente (a administração central ou local) para forçar a cooperação (quadro 3.1).

	Mecanismo de Coordenação	**Instituição**	**Resultado da Interacção e a possibilidade de redistribuição**
1	Mercado	Mercado	Não vai haver pagamento voluntário de impostos (*free rider*)
2	Cooperação Informal	Mercado + Convenção	Indivíduos podem *contribuir* se houver norma social do tipo "deves dar se puderes"
3	Cooperação Formal	Associação/ Empresa	Indivíduos criam uma *organização* que os leva a dar *donativos*
4	Controlo	Estado	Uma *organização já existente* força o pagamento dos impostos

Quadro 3.2 – Mecanismos de coordenação e *redistribuição*

Há uma outra interpretação do dilema do prisioneiro que parece interessante. Pense-se que há agora três agentes (A, B e C), mas só *dois* tomam decisões (A e B). Estes indivíduos estão relativamente bem económica e socialmente e são racionais e altruístas, mas exclusivamente em relação a um terceiro indivíduo carenciado C. A questão é saber se eles vão ou não contribuir para financiar a redistribuição para o indivíduo C.

O quadro 3.2 ilustra que a resposta a este problema depende do contexto institucional em que se movimentam os indivíduos. Numa situação de mercado atomística, sem partilha de valores comuns, não vão existir contribuições redistributivas. Se houver, contudo, uma norma social que leve os indivíduos a contribuir, a situação será diferente. Uma hipótese alternativa para aumentar a eficácia da redistribuição é a criação de uma organização que fomente os donativos (um banco alimentar por exemplo). Finalmente, tem-se a contribuição que é operada por um terceiro agente (o Estado) com autoridade para impor a redistribuição, mesmo que os indivíduos não tenham vontade de o fazer.

3.1.3. *Como avaliá-las?*

A avaliação das instituições faz-se através de critérios normativos, sendo que os mais utilizados são os de eficiência, equidade e liberdade. O critério da *eficiência* corresponde à capacidade de melhorar o bem-estar de vários agentes, sem que a melhoria de bem-estar de um qualquer agente seja feita através da diminuição do bem-estar de outro qualquer agente.[26] Uma transacção, envolvendo um bem privado, é pois o paradigma de uma melhoria na eficiência. Sendo voluntária, ambos os agentes antecipam uma melhoria no seu bem-estar resultante da troca.

O critério de equidade ou justiça relaciona-se com a capacidade de cobrir situações de risco e de implementar resultados justos. Não existe uma única concepção de equidade mas várias e, neste sentido, é necessário especificar em relação a que critério de justiça nos estamos a referir para analisar instituições específicas. O critério de liberdade (negativa) indica a capacidade de preservar a esfera de *liberdade* individual, de interferências de terceiros. No essencial traduz a ideia de ausência de coerção por parte de um elemento estranho ao indivíduo (geralmente o Estado cuja acção interfere frequentemente na liberdade individual).[27]

O quadro 3.3 resume a avaliação normativa dos diferentes tipos de instituições. A concepção de equidade subjacente passa por não aceitar como justa a situação que resultaria do funcionamento livre dos mecanismos de mercado, a partir da distribuição de direitos de propriedade privada iniciais. Ou seja, considera-se que existe uma desigualdade nesta situação inicial, desigualdade esta que é parcialmente injusta.[28]

---

[26] Definido desta maneira há vários conceitos *distintos* que estão relacionados com o critério de eficiência. *Eficiência de Pareto*, ou *alocativa*, descreve a situação em que não é possível melhorar o bem-estar de um agente sem diminuir o bem-estar de outro. *Eficiência técnica*, é a capacidade de produzir um máximo de *output* para um nível dado *de input* (ou a capacidade de produzir um dado *output* para um nível mínimo de *input).*

[27] A distinção entre liberdades negativas e positivas deve-se a Isaiah Berlin (1969).

[28] Nem todas as desigualdades são incompatíveis com princípios de justiça. A este respeito ver *a Teoria da Justiça* de John Rawls (1971).

	Instituições	Eficiência		Equidade (justiça)	Liberdade (negativa)
		Bens Privados	*Bens Públicos*		
1	Mercado	+	-	-	+
2	Convenções/ Normas	-	+/-	+/-	+
3	Associações/ Empregados	-	+/-	+/-	+
4	Estado	-	++	+	-

Quadro 3.3 – Instituições, eficiência, equidade e liberdade (negativa)

O *mercado* é eficiente no fornecimento de bens privados, mas fracassa nos bens públicos e na justiça social pois tende a reproduzir a distribuição dos direitos de propriedade iniciais.[29] Se esta distribuição de direitos é, à partida, muito desigual (alguns com muitos direitos e outros com muito poucos), o funcionamento do mercado tende a reproduzir essas desigualdades. Preserva contudo a liberdade (na sua acepção negativa) enquanto ausência de coerção externa.

As *convenções* ou *normas* que respeitam a liberdade individual, podem contribuir para a melhoria da justiça social, mas são ineficientes na provisão de bens públicos, embora indivíduos que partilhem normas possam fornecer alguns desses bens.

As *organizações voluntárias*, precisamente por o serem, respeitam a liberdade individual, são parcialmente eficientes na provisão de bens públicos, pelo menos para os seus membros, e podem contribuir (se esse for o seu objectivo) para aumentar a justiça social, ainda que possam também ter o efeito contrário. Contudo, enfrentam o problema do borlista (*free rider*) e isso dá origem ao problema da acção colectiva, a ser analisado no capítulo 7.

---

[29] A nossa afirmação de que o mercado fracassa em promover a justiça social, sendo claramente maioritária entre economistas ou filósofos políticos, não é, contudo, consensual. Numa obra influente, Nozick (1974) argumentou que desigualdades que tenham sido geradas pelo funcionamento dos mercados, sem roubo, extorsão ou outras actividades ilícitas, são justas. Em contrapartida, resultados recentes de economia experimental mostram que os sujeitos aceitam algumas desigualdades na distribuição inicial de direitos de propriedade (geradas pela sorte no lançamento de um dado), mas reagem negativamente quando alguém está disponível apenas para oferecer uma parte ínfima da sua riqueza. Ver mais à frente neste capítulo.

O *Estado* é mais eficiente na provisão de bens públicos e, potencialmente, na correcção de desigualdades, porque combate eficazmente os *free rider,* ainda que à custa de uma interferência na liberdade (enquanto ausência de coerção). Obviamente que, se mal orientada, a intervenção do Estado pode ser longe do desejável e é menos eficiente na provisão de bens privados.

3.2. Instituições para promover a cooperação

3.2.1. *Conceitos básicos de teoria dos jogos.*

As instituições são necessárias para estruturar a interacção humana com vista a alcançar certos objectivos. Contudo, há vários tipos de contextos de interacção que importa distinguir e, ao fazê-lo, é possível compreender melhor as próprias funções das instituições. Uma forma simples de analisar as situações de interacção e o possível comportamento estratégico dos indivíduos é a utilizada pela teoria dos jogos. Cada jogo representa um contexto institucional diferente que pode incentivar ou não a cooperação, podendo esta incluir conflito de interesses ou uma tendência para a harmonia. Já foi analisado acima o dilema do prisioneiro; convém agora introduzir alguns conceitos adicionais que permitam apresentar jogos diferentes e perceber como a interacção humana se desenrola em contextos institucionais diferenciados.

Diz-se que um indivíduo tem uma *estratégia dominante* se ele adoptar uma certa estratégia, ou acção, independentemente do que o outro fizer. A razão, pela qual o faz, é porque ficará sempre melhor adoptando uma determinada acção independentemente do que o outro faça. Diz-se que há um *equilíbrio de estratégias dominantes* quando, pelo menos, um jogador tiver uma estratégia dominante, de forma que o outro sabe sempre o que irá escolher. Esse par de estratégias será de equilíbrio. A noção de equilíbrio é bastante importante pois se um jogo não tiver um equilíbrio não é possível prever o resultado da interacção. Quando existe *um, e um só,* equilíbrio é então possível prever o resultado da interacção. Prever significa que se pode antecipar o que irá acontecer, de forma clara, assumindo que ambos os jogadores são racionais e que consideram que o outro também o é. Claro que a existência de um equilíbrio nada diz sobre o carácter desejável, ou não, da situação de equilíbrio.

Adicionalmente, diz-se que há um *equilíbrio de Nash,* quando, para um certo par de estratégias, nenhum jogador tem um incentivo para *unilateralmente* alterar a sua estratégia. Ou seja, caso o outro mantenha a sua acção ele em nada ganhará alterando a sua escolha. Note-se que um equilíbrio de estratégias dominantes é sempre um *equilíbrio de Nash*, mas nem todos os *equilíbrios de Nash* são de estratégias dominantes.

Finalmente, como se verá de seguida, pode ocorrer um problema, quando existe *mais do que um* equilíbrio pois, neste caso, voltamos à situação em que não é possível prever o resultado da interacção.

Do ponto de vista normativo podem-se avaliar os diferentes resultados da interacção através do conceito de *eficiência*. Um par de acções é eficiente se não existe nenhum outro em que seja possível melhorar a situação de um indivíduo, sem que piore a situação de outro.

Os conceitos de teoria de jogos apresentados permitem analisar diferentes contextos de interacção, o que será feito de seguida.

3.2.2. *O dilema do prisioneiro: extensões*

Já se viu que, no contexto do dilema do prisioneiro, há incentivos para comportamentos *free-rider* pelo que o resultado de uma interacção de indivíduos, não comunicando entre si, em situações de uma única interacção (*one shot*), é o de não cooperação de ambos. Existe pois um único *equilíbrio de Nash* neste jogo, a não cooperação mútua (0,0), mas ele é ineficiente, pois ambos ficariam melhor se cooperassem (3,3). O dilema do prisioneiro ilustra assim um problema fundamental que é o da incapacidade de se alcançarem soluções cooperativas. O que acontecerá se o jogo for repetido, uma, duas, dez vezes?

		Indivíduo B	
		C	NC
Indivíduo A	C	3,3	-2,8
	NC	8,-2	0,0

Quadro 3.4 – Dilema do prisioneiro: extensões

A resposta pode alcançar-se por indução retrospectiva, ou seja, do fim para o princípio. Começando na última jogada, por tratar-se da última não haverá incentivos para jogar de modo cooperativo, logo ambos os jogadores não irão cooperar. E na penúltima? Na penúltima, como ambos sabem que na última não irão cooperar, cada um pensa que ficará melhor se não cooperar. E assim, retroactivamente, chega-se à primeira jogada sem que alguém tenha incentivo para cooperar. Isto significa que se o indivíduo souber, com toda a certeza, ou com elevado grau de probabilidade, qual será a última jogada, a previsão de uma interacção repetida entre dois agentes em situação de dilema do prisioneiro é a de não cooperarão em nenhuma das jogadas da primeira à última.

A introdução de sucessivas jogadas entre os mesmos jogadores é de certa forma uma maior aproximação à realidade do que o *jogo único*. Em muitas situações, o que se verifica é que as mesmas pessoas interagem repetidamente, sem saber com grande probabilidade quando essa interacção acabará pelo que, nesta situação, o dilema poderá ser voluntariamente resolvido pela cooperação mútua.

Como referimos, há essencialmente duas formas de tentar superar o resultado negativo da não cooperação associado ao dilema do prisioneiro. A primeira é um processo de *evolução,* e sustentação, de normas sociais de cooperação, a segunda é a criação de uma *organização* que leve os indivíduos a cooperar. Como se verá de seguida a *evolução da cooperação* é possível em certos contextos institucionais, mas não noutros.

3.2.3. *A evolução da cooperação*

A importância do dilema do prisioneiro (DP) para várias ciências sociais levou a que fosse realizado um torneio internacional, aberto a todo o tipo de académicos (economistas, matemáticos, cientistas políticos, filósofos) com o objectivo de perceber qual a "melhor" estratégia para jogar o DP. Este torneio foi implementado por Robert Axelrod e ficou célebre na comunidade científica, pelos seus resultados surpreendentes. O contexto definia que cada participante jogasse o DP cem vezes com cada um dos outros, ganhando aquele que, no agregado, somasse a maior quantidade de pontos. Cada participante teria, à partida, que delinear a sua estratégia ao longo do jogo, em função, eventualmente, das estratégias do outro jogador. No fundo, tratava-se de escrever um programa de computador, que definiria as escolhas, em cada interacção, de um jogador envolvido no dilema do prisioneiro. Muitas estratégias seriam possíveis, desde a mais simples (a de nunca cooperar), passando por outras mais complexas que retirariam informação das últimas jogadas do outro jogador, para decidir a escolha seguinte.

Embora fossem submetidos inúmeros programas, alguns de elevada complexidade, aquele que acabou por ganhar o torneio foi o apresentado por

Anatole Rapopport cuja estratégia era muito simples. Na primeira jogada, coopera-se. Na seguinte observa-se o que fez o oponente: se ele cooperou coopera-se outra vez, se ele não cooperou então não se coopera. Esta estratégia, conhecida por *tit for tat*, ou "olho por olho, dente por dente", foi a que melhores resultados obteve ao defrontar todas as restantes estratégias submetidas. Isto não quer dizer que em cada jogo ela tenha sempre ganho mais pontos que a estratégia adversária. Pense-se no resultado do indivíduo que adopta o *tit for tat* a jogar, com um "egoísta" que, usando a previsão da indução retrospectiva, decidiu nunca cooperar.[30] Perderia o que adoptasse a estratégia *tit for tat,* pois teria cooperado na primeira jogada. Contudo a perda seria pequena. Em contrapartida, teria ganhos elevados com quem predominantemente cooperasse.

Após concluído o torneio e divulgados os resultados pela comunidade científica, Axelrod anunciou que iria repetir o torneio, podendo os participantes submeter novas estratégias. Muitos neurónios terão sido queimados no processo de pensar engenhosas estratégias. Rapopport decidiu submeter a mesma estratégia e, ..., voltou a ganhar! Muitas interpretações se fizeram sobre os resultados e o livro que resultou destes torneios (Axelrod, 1984) contem várias ilações importantes. A interpretação mais comum é a de que podemos associar o *tit for tat* com a ideia de *reciprocidade*, na sua dupla vertente positiva e negativa. Se és meu amigo e cooperas, eu também coopero, mas se, por acaso, não quiseres cooperar eu também não o farei. O conceito de reciprocidade é muito importante e tem sido explorado na última década, sobretudo por sociólogos e economistas, como se verá na secção 3.4. Há, contudo, outra ideia que convém reter. No fundo quando se interage com múltiplos indivíduos com motivações diferentes, não se sabendo o que cada um irá fazer e sendo impossível *racionalizar* um melhor modo de acção, regras simples de acção (*rules of thumb*) são por vezes a melhor forma de lidar com a incerteza.

A solução de problemas de cooperação de forma evolucionista, pelo desenvolvimento de formas de sustentabilidade de comportamentos recíprocos cooperativos é a ideal já que não envolve custos. Nessa situação, os indivíduos convergem nas melhores práticas. Contudo, para que haja reciprocidade é necessário que seja observável o comportamento dos agentes, o que não acontece na realidade em muitos contextos. Daí a necessidade de se criarem organizações que promovam essa cooperação.

---

[30] Na secção 3.4 iremos clarificar o que entendemos por egoísmo.

3.2.4 *Acção colectiva organizada vs. Estado na promoção da cooperação*

Se a cooperação não emergir espontaneamente, uma possibilidade é criar uma instituição para alcançar a solução cooperativa. Contudo, só valerá a pena criar essa instituição se os custos com a sua criação forem inferiores aos ganhos da acção colectiva. Voltando ao exemplo do quadro 3.4, os ganhos da acção conjunta são iguais à diferença entre os ganhos conjuntos da cooperação menos os da não cooperação (ou seja 6 unidades). Das instituições que poderão promover a cooperação sobressaem duas: uma é uma *organização voluntária* (por exemplo associação, empresa) promovida pelos próprios; é uma possibilidade, mas como se verá no capítulo 7, existe um problema associado (o problema da *acção colectiva*) que, no fundo, não é mais que a aplicação do dilema do prisioneiro à criação de uma organização. Como veremos, nem sempre é fácil criar novas organizações para obter os benefícios da acção colectiva.

A outra possibilidade é usar uma instituição alternativa já existente, *o Estado*, para forçar a solução cooperativa. No entanto, ao introduzir um "terceiro" agente na relação, nada obriga a que ele conduza a interacção para a solução cooperativa.[31]

3.3. Facilitar a coordenação e evitar conflitos

3.3.1 *Promover a coordenação*

As instituições são, por vezes, necessárias para realizar a *coordenação* dos agentes quando, na sua ausência, todos ficam pior. Uma abordagem simples, em termos de teoria de jogos, ajuda a clarificar, em primeiro lugar, os problemas potenciais de coordenação e, em seguida, quando e como se tornam necessárias.

A primeira situação em que espontaneamente emerge cooperação, não sendo necessário nenhum tipo de instituições, é o jogo designado por harmonia. Pode ser ilustrado com a situação da tropa em que num regimento se fazem exercícios. Com vista a criar um espírito de corpo, os soldados sabem que, se um qualquer deles ficar para trás, *todos* serão "praxados". Claro que aqui a interacção

---

[31] Conforme discutimos em Pereira (1996b) a vantagem comparativa do *Estado* em relação a uma *associação voluntária* é a possibilidade de combater eficazmente os *free rider*, mas a sua desvantagem comparativa é o desconhecimento das preferências dos agentes envolvidos na interacção.

é entre múltiplos agentes: os soldados e o oficial que comanda o regimento. Existe uma sanção *colectiva* por parte do oficial, independentemente de quem foi o soldado responsável pela *má performance*, e existirá uma sanção individual, por parte dos camaradas de armas que, depois de serem "praxados" pelo oficial. arranjarão maneira de se vingar do camarada faltoso. Assim, se a magnitude da sanção *colectiva* (número de flexões, por exemplo) for tanto maior quanto maior o número de soldados que não cooperam, está-se na presença de uma interacção que se pode associar ao jogo da harmonia.

Isso pode-se perceber melhor com o caso de dois soldados, ilustrado na matriz do Quadro 3.5. Se ambos cooperam, ambos ficarão melhor. Se um não cooperar, *ambos* ficam pior do que se tivessem cooperado, sendo que um deles recebe, para além da sanção colectiva, a sanção individual do colega. Se ambos não cooperarem, o número de flexões que terão que fazer será máximo.

Neste caso não há conflito, pois a estratégia dominante assumida por ambos os jogadores é cooperar. Isto porque ambos ficam melhor se cooperarem, independentemente do que o outro faça.[32] Interacções desta natureza não necessitam de instituições formais, já que, espontaneamente, os indivíduos convergiriam para uma situação óptima. Eventualmente, neste contexto, desenvolvem-se instituições informais na forma de normas sociais. No caso do pelotão, todos sabem que *todos* têm que cooperar, pelo que a existência dessa norma de comportamento facilita a harmonia. Infelizmente, a maioria das interacções não caem nesta categoria de harmonia preservada por instituições informais (normas) que se auto-implementam.

		Indivíduo B	
		C	NC
Indivíduo A	C	8,8	3,-1
	NC	-1,3	0,0

Quadro 3.5 – Harmonia

[32] Para se perceber isto note-se que o beneficio de cooperar para A é sempre maior do que não cooperar (8 > -1 e 3 > 0), independentemente da estratégia de B (cooperativa ou não cooperativa).

Uma segunda situação de interacção é a que envolve dois equilíbrios, havendo, contudo, que coordenar as acções dos agentes num ou noutro par de estratégias. Quando uma chamada telefónica cai, se ambos tentam ligar de novo estarão os telefones impedidos e não chegarão à fala. Mas se ficarem os dois à espera que o outro telefone, poderão esperar eternamente que o outro ligue (Quadro 3.6). As situações desejáveis são pois que os agentes adoptem *acções diferentes,* se um liga, o outro não deve ligar, ou vice-versa, sendo estes os dois equilíbrios. Mas é preciso saber quem liga primeiro, havendo aqui, então, um problema de coordenação que é geralmente resolvido através de uma *convenção* – quem ligou primeiro volta a ligar. Uma convenção é pois uma forma de resolver problemas de coordenação.

		Indivíduo B	
		C	NC
Indivíduo A	C	0,0	1,2
	NC	2,1	0,0

Quadro 3.6 – Coordenação I (telefonar)

A forma como se conduz na estrada necessita também de coordenação sendo indiferente se se escolhe conduzir pela esquerda (por ex., Reino Unido) ou pela direita (por ex., Europa continental), desde que se tome e se implemente uma opção. A *Lei* estabelece uma regra que, no fundo, é uma forma de resolver o problema da selecção de um entre os dois equilíbrios possíveis (Quadro 3.7).

Estes dois exemplos, ilustram dois problemas de coordenação semelhantes, um resolvido apenas com uma simples convenção outro com uma lei. Muitas leis, antes de o serem eram convenções mais ou menos generalizadamente assumidas. Uma lei é tanto mais importante quanto o custo para a sociedade da não observância da regra for elevado. É precisamente o valor deste custo que é muito

		Indivíduo B	
		Esquerda	Direita
Indivíduo A	Esquerda	1,1	-x,-x
	Direita	-x,-x	1,1

Quadro 3.7 – Coordenação II (Conduzir à esquerda ou direita)

diferente no caso do telefonema e no caso da forma de conduzir na estrada, razão pela qual não existe lei para resolver o problema da coordenação de uma chamada, mas existe para resolver o da condução na estrada.

Outro tipo de situação de coordenação caracteriza-se por não ser indiferente o equilíbrio que é alcançado. Isto é, ambos os agentes preferem alinhar no equilíbrio cooperativo (C, C) do que no não cooperativo (NC, NC).

		Indivíduo B	
		C	NC
Indivíduo A	C	2,2	0,0
	NC	0,0	1,1

Quadro 3.8 – Coordenação III

Aqui se vê que a coordenação se faz adoptando a mesma estratégia e que embora a melhor situação (a única eficiente) seja ambos cooperarem, nada garante que isso aconteça, pois há dois *equilíbrios de Nash*, na cooperação e na não cooperação mútua, embora só um deles seja óptimo. O facto de neste caso haver um equilíbrio ineficiente (1,1) e outro eficiente (2,2), sugere que é mais *provável* que a coordenação se faça no segundo e não no primeiro. Contudo, a própria noção de equilíbrio indica que uma vez alcançado ele é estável, mesmo sendo ineficiente.

Do ponto de vista formal pode-se ver, então, que há vários aspectos comuns aos problemas de coordenação: *i)* têm vários equilíbrios, *ii)* não há estratégias dominantes, *iii)* ou não há nenhum conflito de interesses (casos II, III) ou há pouco (I), *iv)* qualquer par de estratégias fora dos equilíbrios é ineficiente (I, II, III) e mesmo um equilíbrio o pode ser (caso (1,1) em III).

Daqui deriva que uma das funções das instituições é a da coordenação da interacção entre agentes económicos, sejam elas regras informais (convenções, normas sociais) ou formais (leis), organizações voluntárias (associações) ou coercivas (Estado).

Se as leis se identificam com as convenções reforçam-se mutuamente de modo que se tornam menos necessárias outras instituições para as fazer cumprir. Se existir divergência, então ou há outras instituições que fazem com que a lei seja cumprida, através da monitorização e sanções em caso de incumprimento, ou a lei pura e simplesmente não será cumprida.

Em Portugal foi publicada uma lei acerca das travessias dos peões fora das passadeiras, apesar de poucos terem tomado dela conhecimento. Esta lei não corresponde, pelo menos em Lisboa, a uma convenção, pois muitas pessoas atravessam fora das passadeiras. Visto que não tem havido fiscalização, a lei não tem sido cumprida, pelo que não só não se resolveu um problema como se contribui para mais um pequeno enfraquecimento do Estado democrático de direito.

Um caso muito falado foi o das touradas de morte no concelho de Barrancos, acontecimento ilegal que, ano após ano, atormentou políticos, talvez menos as autoridades, e encheu noticiários e páginas dos jornais. Esta situação culminou com a alteração da lei, para aceitar como excepção a existência das touradas de morte em locais em que essa tradição se exercia de forma contínua e de forma duradoura. Existia pois uma tradição local que contradizia uma lei da República. A não coincidência dos costumes locais com a lei fez com que fosse necessário activar outras instituições, quer do lado dos que queriam ou deveriam querer fazer cumprir a Lei (GNR, Movimentos de Defesa dos Animais) quer dos que queriam manter a tradição local (activistas locais, o próprio município). O que é certo é que o problema surgiu precisamente da não coincidência de costumes locais com a lei. A alteração legislativa que veio permitir tornar legal touradas de morte em Barrancos, foi pois no sentido da coincidência de lei e costumes, com o ganho de se acabar com a contradição de haver um Estado de direito em que leis são ostensiva e publicamente violadas, mas com o custo de se perder o carácter de universalidade da lei, que passou a admitir excepções; assim como o custo, para os defensores dos animais, de se continuarem a praticar actos violentos sobre animais indefesos.

Existe uma lei que estabelece uma percentagem mínima de música portuguesa que deve ser transmitida pelas rádio em Portugal. Essa lei não é, no geral cumprida, havendo pequenas rádios que passam 100%, outras cerca de 30% e outras claramente abaixo disto, nos 2 a 5%. Qual a percentagem que deveria estar consignada na lei? Aquela que leve a um acréscimo de música portuguesa, mas que seja realista, ou seja, cumprida por todas as rádios.

3.3.2. *Resolver conflitos*

Há outro tipo de situações que envolvem um potencial conflito entre agentes, que poderão adoptar uma atitude mais agressiva (falcão) ou mais pacífica (pomba). Este tipo de situações é muito característico nas relações internacionais. Não é por acaso que a teoria dos jogos se tenha desenvolvido nos E.U.A., precisamente para lidar com o então Pacto de Varsóvia, na época da chamada "guerra fria". Aliás, um exemplo que é por vezes dado para clarificar o jogo, que agora se vai introduzir, é precisamente o da crise dos mísseis que foi talvez o momento histórico em que a humanidade esteve mais perto de uma guerra nuclear. Krushchev, na altura líder do Politburo do Comité Central do partido comunista da U.R.S.S. decidiu enviar e instalar em Cuba, onde estava o seu amigo Fidel Castro, mísseis nucleares capazes de atingir o território americano. Foi um avião de reconhecimento U-2 que deu conta da existência de alguns mísseis em Cuba, enquanto o Ministro dos Negócios Estrangeiros soviético, Andrey Gromyko negava a sua existência. John F. Kennedy, então Presidente dos E.U.A., foi forçado a tomar uma decisão. As opções eram várias: invadir Cuba com o exército, atacar e destruir os mísseis por ar, ou deixar instalar esses mísseis, o que significava que a União Soviética podia a qualquer momento atacar os E.U.A. . Esta última hipótese parece não ter sido considerada por Kennedy, mas foi-o concerteza por Krushchev.

Depois de algumas hesitações e após ter consultado os especialistas em teoria dos jogos, Kennedy, sabendo que mais mísseis se encontravam a caminho de Cuba, decidiu tomar uma posição de força: ordenou um bloqueio naval da ilha para impedir a chegada de mais mísseis e materiais de construção. Face a esta resposta, Krushchev autorizou os seus comandantes militares em Cuba a lançarem um ataque nuclear aos E.U.A., caso a ilha fosse atacada. Por seu lado, Kennedy elevou os níveis de segurança militar ao máximo preparando-se para uma guerra nuclear. Durante sete dias (22 a 28 de Outubro de 1962) a situação manteve-se explosiva. Finalmente, Krushchev decidiu-se pela retirada dos mísseis.

Esta situação de interacção, que é comum a muitas situações reais envolvendo conflitos potenciais, pode ser melhor apreendida através de um jogo conhecido na literatura por "jogo do franganote" (*chicken game*).

		Indivíduo B	
		Pomba	Falcão
Indivíduo A	Pomba	50,50	10,90
	Falcão	90,10	-100,-100

Quadro 3.9 – Jogo do "franganote": a crise dos mísseis

Krushchev estava a tentar alcançar uma posição de dominação em relação aos E.U.A., adoptando uma atitude agressiva (falcão). Caso estes se comportassem como um "franganote" estariam, do ponto de vista estratégico, a aceitar uma posição de inferioridade em relação aos soviéticos. Note-se que as características deste jogo são diferentes das analisadas anteriormente. Há duas situações de equilíbrio (de Nash) que são altamente desiguais, e que passam pelo maior benefício para o agente que adopta a estratégia agressiva e menor para o que adopta uma atitude pacifista (Quadro 3.9). A expectativa dos soviéticos era que se alcançasse esse equilíbrio, assumindo a posição dominante. Tendo sido os primeiros a avançar, sabiam que se os E.U.A. avançassem com uma guerra nuclear seria muito pior para eles e portanto esperavam que fraquejassem. Tal não veio contudo a acontecer.

O não armamento unilateral não é uma situação de equilíbrio porque se todos se desarmarem, o "ganho" (em termos estratégicos) para um país que se arme sozinho quando todos os vizinhos estão desarmados é muito grande.[33] Daqui deriva a necessidade de regras, nestes casos de tratados, que evitem a escalada de armamentos, como foram o SALT I e II. Só estes tratados poderão forçar um resultado (50,50 no quadro) que seja bom para ambos, não existindo, contudo, uma situação previsível se se assumir unilateralidade dos dois lados.

Um exemplo, completamente diferente, de aplicação deste jogo é o de muitas situações que envolvem questões distributivas, como é o caso das convenções colectivas entre entidades patronais e trabalhadores. A entidade patronal pode tentar uma entrada em força para obter claramente condições vantajosas para si, à custa dos trabalhadores, condições que estes poderão eventualmente aceitar (um equilíbrio). Por seu turno, os trabalhadores podem também adoptar uma atitude reivindicativa muito forte e chegar a um acordo que os favorece, no imediato, forçando a entidade patronal a ceder (outro equilíbrio). Contudo, se ambos adoptarem a estratégia de "falcão" é possível que não se chegue a acordo, que haja greves, instabilidade laboral e que a médio prazo a empresa acabe por fechar, sendo esta a situação pior para ambos (-100,-100).

*

Os jogos analisados são talvez os mais completos para se perceber importantes contextos de interacção. A partir deles torna-se mais fácil compreender quais as funções desempenhadas pelas regras e instituições. Elas servem para evitar que se caia no dilema do prisioneiro de modo a alcançar soluções cooperativas, para coordenar a acção de múltiplos agentes em problemas de

[33] A História tem vários exemplos disto. Veja-se o caso da Alemanha de Hitler, mas não só.

coordenação, ou para resolver situações de conflito, em que a ausência de regras levaria a situações muito desiguais e potencialmente tensas.

Na secção seguinte apresentar-se-ão resultados de experiências que permitem testar as previsões da teoria dos jogos, e a partir daí tirar algumas conclusões importantes acerca das motivações e do comportamento humano, em situações de incerteza. Isto permite desenvolver a análise dos efeitos de regras, em particular dos contratos, como forma de estruturar as relações entre os elementos das organizações e a própria *performance* institucional.

3.4. Acerca do comportamento humano

Quando se analisa uma organização há basicamente duas possibilidades que têm sido adoptadas pelos cientistas sociais. Uma é encará-la como um organismo, com identidade e vontade própria, independente dos indivíduos que a compõem. Esta perspectiva organicista dá primazia ao todo em relação às partes constituintes. É nesta perspectiva holística, que se pode falar em conceitos como "povo", "vontade do povo" e "consciência social", não referenciáveis a "indivíduos".

Outra perspectiva é considerar as organizações como um conjunto estruturado de indivíduos, com capacidade de raciocinar, com emoções, com sentimentos, mas acima de tudo centrando a análise no indivíduo, nas suas acções, na sua racionalidade, ainda que limitada pelas suas capacidades cognitivas. Esta é a perspectiva adoptada pelo *individualismo metodológico* e a que é aqui utilizada para o estudo das instituições[34, 35]. Uma organização é pois uma estrutura onde interagem indivíduos, integrados num sistema de governação que incorpora incentivos diferenciados. Isto não significa que não se possa *chegar* a conceitos

[34] Como referido no capítulo 1, a perspectiva desenvolvida neste livro é uma variante significativa do "novo" institucionalismo. Enquanto este considera os postulados de racionalidade (limitada) e egoísmo como de aplicação universal, a posição defendida aqui é a de que esse modelo é válido em situações de interacção atomística, mas não em pequenos grupos onde o postulado de reciprocidade parece mais adequado a descrição do comportamento individual.

[35] Os críticos do *individualismo metodológico*, costumam utilizar uma sua forma *específica* para centrar as suas críticas – aquela que não só considera uma abordagem individualista, mas *também* adopta o modelo de *homo oeconomicus* (racional e egoísta) como o postulado motivacional em relação à conduta humana. Como se verá, ao longo desta secção, é possível, e até necessário, ir para além do pressuposto de comportamentos egoístas em todas as situações de interacção, mas isso não põe necessariamente em causa o método de análise.

que se referem a entidades colectivas como "comunidade", "normas sociais", "capital social", "decisões colectivas", "grupos de interesse", "vontade popular", mas numa perspectiva de que resultam, respectivamente, de sentimento de pertença a um grupo, normas partilhadas, rede de relações sociais, decisões alcançadas com certas regras de decisão, grupos de indivíduos que partilham um interesse comum, ou vontade da maioria da população. Adoptar o individualismo metodológico pressupõe, pois, considerar algum modelo relativamente aos comportamentos individuais.

Quando um trabalhador subscreve um *contrato* numa dada empresa ou num organismo público, esse *contrato* é sempre *incompleto* no sentido que raramente são identificadas completamente as tarefas que ele deverá desempenhar. Por outro lado, o grau de monitorização dessas tarefas, poderá ser maior ou menor, mas nunca total. Neste sentido, existe sempre uma esfera de liberdade que pode ser utilizada pelo trabalhador ao serviço dos seus interesses, dos da organização ou de ambos. A motivação deste é pois essencial para se perceber os efeitos das regras.

As questões a que importa dar resposta são, pois, as seguintes: apesar da diversidade da natureza humana e da pluralidade natural das suas motivações, existirá algum padrão de comportamento único que possa ser utilizado para análise institucional comparada sem incorrer em erro? Em caso afirmativo, qual é esse padrão? Em caso negativo, como lidar com essa pluralidade de comportamentos e motivações quando o objectivo é perceber os efeitos de regras e instituições distintas?

Aquilo que tem sido considerado como característico da análise de várias correntes de investigação sob o termo de "nova" economia das instituições, ou "nova" economia política ou teoria da escolha pública, é uma resposta afirmativa à primeira questão.[36] Em resumo, há autores que assumem que não só no mercado, mas em todas as organizações empresariais, políticas e sociais se pode modelizar os indivíduos como *agentes racionais* e *egoístas*, no sentido de motivados pelo interesse pessoal de natureza essencialmente material. Há até autores que fazem uma distinção entre ter uma motivação para satisfazer apenas

[36] Acerca da teoria da escolha pública ver (Pereira, 1997). Na *public choice* regista-se o prémio Nobel atribuído a James Buchanan; o seu principal divulgador e investigador é Dennis Mueller (2003). A economia dos custos de transacção tem como figura proeminente Oliver Williamson e a nova história económica de enfoque institucional teve também um autor galardoado com o Nobel (Douglas North).

os seus interesses materiais de forma *simples* (*egoísmo*) ou mesmo de forma oportunista (*egoísmo forte*).[37]

Há, por outro lado, crescente evidência empírica, nomeadamente de natureza experimental, que clarifica que, em certos contextos, o padrão de *comportamento* de acordo com uma norma de reciprocidade é mais adequado para a análise da conduta humana. No que toca à racionalidade torna-se também mais claro que as pessoas possuem um tipo de racionalidade limitada, decorrente de capacidades cognitivas também limitadas ao nível da percepção e do processamento da informação recebida.

Na medida em que os efeitos de certas regras sobre os comportamentos dependem da motivação individual, é essencial ter uma perspectiva acerca da natureza humana o que inclui não só a motivação individual como a capacidade cognitiva. Vão ser considerados, num primeiro momento, os argumentos dos que consideram que o modelo de *homo oeconomicus* (racional e egoísta) é adequado a todos os contextos institucionais. Depois ver-se-á quais os contextos institucionais em que tal abordagem será mais relevante e quais em que será menos. Finalmente considera-se um modelo mais abrangente, o do *homo reciprocans* (racional e com reciprocidade como norma) e os contextos em que a sua acção é mais relevante.

3.4.1. *Homo oeconomicus: indivíduos racionais e egoístas*

De forma quase natural, os economistas têm utilizado, desde meados do século XVIII, o modelo do *homo economicus* para o estudo do comportamento dos agentes nos mercados. É célebre a ideia de Adam Smith que a distribuição do leite à porta de casa resulta do egoísmo, e não do altruísmo, do leiteiro.[38] Já se referiu, no capítulo anterior, como a "mão invisível" de milhões de consumidores e de milhões de produtores, cada qual seguindo os seus interesses pessoais, leva, em certas condições, a uma forma de coordenação descentralizada. A questão é saber em que medida este modelo comportamental se pode estender a outras esferas que não sejam mercantis, por exemplo, comportamentos no seio de organizações (públicas ou privadas), escolhas políticas, decisões de cidadania

---

37 Williamson, 1985.

38 Até à terça parte do século XX, os economistas curiosamente deram importância apenas ao livro de Smith *A Riqueza das Nacões*. Só nas últimas décadas outra grande obra de Smith – *A Teoria dos Sentimentos Morais* – vem ganhando o devido relevo. O conceito de simpatia, aqui desenvolvido, relaciona-se com o de reciprocidade, a ser analisado nas subsecções seguintes.

envolvendo a eventual participação em movimentos sociais, ou mesmo decisões tão simples como o número de filhos que se deseja ter.

Um número significativo de proeminentes economistas americanos das universidades de Maryland (Olson), Virginia (Buchanan e Tullock) e Chicago (Becker, Stigler), têm vindo a defender que de facto é possível estender o modelo económico a outros contextos sociais.[39] Há, contudo, vários argumentos diferentes que justificam este "imperialismo" da economia, ao aplicar-se a outros contextos de análise. Para Stigler ele justifica-se não porque os indivíduos sejam sempre egoístas, mas porque, em situação de conflito entre uma acção egoísta e outra altruísta, escolhem, as mais das vezes, a acção egoísta.

Para outros, este imperialismo da economia justifica-se por razões de unicidade do método de investigação. Se, como diz Buchanan, assumimos que os agentes económicos são racionais e egoístas no mercado, qual a razão porque quando as mesmas pessoas passam a ocupar lugares públicos, deixam de estar preocupadas com os seus interesses materiais e passam a estar apenas preocupadas com o serviço público? E vai mais longe, ao afirmar que, por uma questão de precaução, se deve presumir que os agentes públicos *podem* utilizar o poder em seu benefício, orientando, deste modo, a investigação no sentido de conceber regras que não só evitem esses abusos do poder, como também orientem o comportamento desses agentes para o serviço público, ainda que prosseguindo objectivos individualistas. É neste sentido que, quando os economistas da escola da *escolha pública* afirmam que o objectivo dos políticos é basicamente maximizar votos para alcançar o poder político, tal não significa *necessariamente* uma contradição com *servir o interesse público*. No seu entender, um político muito popular *pode* sê-lo porque satisfaz os desejos dos cidadãos e, como o voto é uma forma de expressar os seus interesses e o conjunto dos votos traduz o interesse do público, então ele estará a servir o interesse público. Aliás, no cerne dos regimes democráticos está precisamente a ideia que é através do voto que se transmite a informação acerca das qualidades dos políticos e das políticas (no duplo sentido da palavra)[40].

---

[39] Becker, Stigler e Buchanan foram todos prémios Nobel da economia. Identificamos os autores com as "escolas" a que pertencem (Chicago, Virginia) e não com as em que trabalham actualmente, pois uns já faleceram (Stigler e Olson) ou mudaram há muito de Universidade.

[40] Para uma crítica a Buchanan, e à escola da teoria da escolha pública, ver esta secção e o último capítulo do livro. Para uma separação entre os aspectos ideológicos da *escolha pública* e aqueles que têm a ver com o programa de investigação ver Pereira (1997). Aqui se argumenta que há um aproveitamento ideológico do programa de investigação, mas que é conveniente fazer uma separação entre ambos. Para uma mistura e defesa de ambos ver Alves e Moreira (2004).

Esta abordagem económica da motivação dos agentes teve, e continua a ter, muito impacto na análise das instituições. Sobretudo em sociedades como a contemporânea, em época de globalização e concorrência desenfreada, a procura de benefícios pessoais tem sido relevante. Contudo, há elementos que não são explicados por esta abordagem e que merecem ser realçados.

3.4.2. *Altruísmo*

Uma possibilidade alternativa de encarar a motivação humana seria a partir do conceito de altruísmo. Na realidade, algumas pessoas dão voluntariamente sangue, o que mostra que se preocupam com a situação dos outros. O sangue é um bem privado e escasso mas que o mercado fornece mal. Vários estudos indicam que, quando o sangue é pago, a sua qualidade é pior (há mais casos de infecções com hepatite, por exemplo) do que quando ele é dado gratuitamente. Por outras palavras, uma lógica privada parece ter efeitos perversos.

Algumas pessoas dão donativos a organizações que se ocupam da fome, da miséria, da doença de pessoas que vivem a milhares de quilómetros de distância. A existência de altruísmo não significa que não se coloque o problema da sua racionalidade. Hoje em dia existe uma grande variedade de organizações humanitárias. Admitindo que alguém quer contribuir para uma organização com fins humanitários para qual contribuirá? Há que escolher. Não há dúvida que o altruísmo existe e que poderá explicar, em parte, a disponibilidade de participação em certas organizações específicas. Há pois que identificar essas organizações e perceber porque é que as pessoas escolhem umas e não outras. Contudo, escolher o altruísmo como motivação central da conduta humana levaria à incapacidade de explicar grande parte dos comportamentos que se observam no dia a dia.

3.4.3. *Homo Reciprocans: resultados experimentais*

Para além da observação casual acerca do comportamento individual, uma forma de analisar o comportamento e as motivações individuais é através da realização de experiências. No fundo, trata-se de testar as previsões de equilíbrio da teoria dos jogos, apresentadas na secção anterior, na hipótese de os agentes serem racionais e egoístas. Caso os resultados a que se chega refutem as previsões da teoria, deverá ser posta em causa a hipótese de racionalidade dos agentes, ou o seu egoísmo, ou ainda ambos. Os resultados de experiências têm mostrado que se o modelo de *homo oeconomicus*, racional e egoísta, é relevante em certos contextos institucionais, nomeadamente em mercados competitivos e atomísticos, noutros contextos os indivíduos mostram reciprocidade, confiança, aversão à desigualdade e sentido de justiça. Estes resultados são muito importantes para a análise institucional comparada, pois mostram que, no essencial, os comportamentos se adaptam ao contexto institucional e cultural em que os indivíduos estão inseridos (*embedded*) e que poderá existir uma diferença fundamental entre interacção com poucos agentes e interacção com muitos agentes.

Têm sido realizadas experiências laboratoriais um pouco por todo o mundo, sobretudo com estudantes do ensino superior, para testar comportamentos em contextos diferenciados. Um "laboratório" é neste caso um local em que os estudantes não podem comunicar entre si, e têm na sua frente um computador onde recebem as informações relevantes do jogo e nos quais introduzem as escolhas que mais tarde serão comunicadas a todos os restantes participantes. Nestes laboratórios realizam-se experiências onde os sujeitos recebem as suas instruções por escrito, têm um pequeno exercício que deverão realizar antes da experiência começar, para revelar se entendem o jogo, e depois fazem as suas escolhas, na certeza de que, no final, receberão um pagamento em função das escolhas que fizeram. A existência deste pagamento é um incentivo material para a realização do jogo de forma dedicada e não de forma diletante, e é uma condição necessária, mas não suficiente, para que uma experiência em economia seja considerada científica.[41]

Na realidade as experiências têm mostrado essencialmente que, em mercados competitivos, os postulados do *homo oeconomicus* não podem ser refutados pois os resultados são consistentes com as previsões.[42] Todavia, em várias

---

[41] A atribuição, em 2002, do prémio Nobel da economia a Vernon Smith (*ex aequo*) foi o final da legitimação científica deste programa de investigação, que já estava legitimado pelos artigos científicos de resultados experimentais publicados nas melhores revistas científicas de economia genéricas (*American Economic Review, Journal of Public Economics*), ou especializadas e com artigos predominante ou exclusivamente nesta área (*Experimental Economics, Journal of Economic Behavior and Organization, Games and Economic Behavior*).

[42] Há quem, sobretudo a partir do campo da sociologia, critique estes procedimentos e os respectivos resultados, dizendo que são não-sociais e que de maneira nenhuma replicam a realidade social onde os indivíduos podem comunicar entre si. Contudo, a esta crítica pertinente poder-se-á responder de duas maneiras: em primeiro lugar, que o custo eventual do carácter não-social da situação dos sujeitos é mais que compensado pelo benefício de uma experiência em que se controla o contexto institucional em que ela se desenrola. Com a possibilidade de comunicação entre os participantes (acordos, negociações, promessas, seduções) introduz-se uma dimensão de "ruído" que tornaria os resultados da experiência praticamente irrelevantes. Em segundo lugar, mesmo com este contexto não-social, há resultados muito interessantes, do ponto de vista de uma refutação parcial, quer do postulado da racionalidade quer do egoísmo em certos contextos institucionais.

situações não competitivas, ou em pequenos números, já é possível refutar esses postulados, nomeadamente o do egoísmo e o da racionalidade individual ilimitada.

Aquilo que é surpreendente nestas experiências é que certos resultados são imunes a diferenças culturais, de género, de país, e até a variações nos pagamentos materiais. Isto significa que replicando a mesma experiência em culturas diferentes, em homens e mulheres, na Europa ou em África, com pequenos pagamentos ou equivalentes ao salário mínimo nacional, chega-se a resultados semelhantes.

Uma experiência simples, que tem sido realizada, foi baptizada com o nome de "ultimato". Um indivíduo *A* tem uma determinada dotação monetária (digamos cinco euros) e decide quanto dessa dotação (*x*), irá dar a um indivíduo *B*, que está noutra sala. Este recebe a informação e tem duas opções: ou *B* aceita *x* e então *A* fica com *5-x*, ou não aceita e nenhum deles recebe o que quer que seja.

Se se estiver na presença do *homo oeconomicus* aquilo que se esperaria é que qualquer que seja a oferta positiva dada por *A* a *B* este a aceitaria, pois o "jogo" termina após *B* decidir se aceita, ou não, a oferta de *A*. Contudo, não é isso que se observa pois ofertas muito pequenas são em geral rejeitadas, o que significa que os recebedores preferem ficar sem nada a ter algo que consideram injusto. Note-se que cada par de indivíduos (*A, B*) nunca mais se irá encontrar no jogo, pelo que não poderão ter lugar estratégias evolutivas, nem se pode interpretar uma rejeição como sendo um sinal para, no próximo jogo, o indivíduo *A* fazer uma proposta mais substancial e deixar de ser tão egoísta. Tipicamente as ofertas aceites situam-se entre 50% e 20%, sendo a maior frequência no intervalo 40%--20%, ou seja no exemplo com cinco euros, entre dois euros e um euro. Outro aspecto interessante deste jogo é o seguinte: o sujeito da experiência ser o indivíduo *A* ou o indivíduo *B* é um puro resultado da sorte o que não deixa de causar uma situação desigual à partida. Embora o papel de cada sujeito na experiência seja resultante do acaso, ambos os indivíduos atribuem uma certa legitimidade à distribuição inicial, em que *A* tem 5 euros e *B* não tem nada. O facto de *A* ser o detentor desses direitos (5 euros iniciais) legitima, aos olhos de ambos, que fique com uma *maior* fatia do bolo, mas não com *todo* o bolo, precisamente porque a sua posição deriva da sorte, pelo que não é *justo* que *B* receba apenas uma migalha. Geralmente o indivíduo *B* rejeita ofertas de *A* inferiores a 1 euro por essa razão. Este resultado é interessante pois mostra, transpondo para o mercado, que os indivíduos aceitam como justas, em parte, as desigualdades resultantes do funcionamento do mercado, mas ao mesmo tempo acham que elas devem ser parcialmente corrigidas.

Um dos tópicos que têm sido substancialmente estudados experimentalmente é o dos comportamentos recíprocos tendo-se desenvolvido para tal uma experiência no Instituto Superior de Economia e Gestão, em Lisboa, designada na literatura por "jogo de troca de ofertas".[43] Estudantes foram divididos em duas salas fazendo uns o papel de empresas e outros o de trabalhadores, tendo sido sorteado o papel que coube a cada um. Toda a informação sobre o jogo é conhecida por todos os jogadores (*common knowledge*), sendo a empresa a primeira a jogar e a decidir qual o salário que irá atribuir ao trabalhador dentro de uma gama de salários possíveis entre 20 e 120 unidades monetárias experimentais.[44] A empresa sabe que o que irá ganhar (Pf) depende quer do salário oferecido (w) quer da decisão do trabalhador, a que chamamos esforço (e). Mais concretamente $Pf = (120 - w)e$. Por seu turno, o trabalhador irá receber a informação do salário oferecido pela empresa, e decidirá acerca do nível de esforço (e), sabendo que o seu pagamento (Pt) é agora função crescente do seu salário (w) e decrescente do esforço, ou seja $Pt = w - c(e) - k$, em que $c(e)$ é o custo do esforço e k uma constante. Assim, quanto maior for o esforço escolhido pelo trabalhador, maior o custo desse esforço e menor o seu pagamento final.[45] Nenhum trabalhador voltará a encontrar a mesma empresa, mas o jogo repete-se em cada sessão doze vezes.

A análise deste jogo faz-se por indução retrospectiva. O trabalhador, sendo o último a jogar, ganhará mais com o esforço mínimo e com isso diminuirá o pagamento da empresa. A empresa, prevendo que o trabalhador não se irá esforçar, oferecer-lhe-á o salário mínimo pois assim, apesar de tudo, consegue um pagamento superior. Ou seja, se a empresa assumir que o trabalhador é racional e egoísta, chegar-se-á neste jogo ao equilíbrio que é "salário mínimo, esforço mínimo".

Na realidade não é isto que se observa pois um número significativo de empresas oferece salários acima do salário mínimo e, mais relevante, um número apreciável de trabalhadores "esforça-se" mais do que o mínimo. No fundo, estas empresas confiam nos trabalhadores e estes têm um comportamento de reciprocidade positiva. Uma leitura apressada poderia levar a crer que a atitude de

---

[43] Para uma análise detalhada desta experiência ver Pereira, P. T.; Silva, N. e Silva, J. A.(2006).

[44] Apresentamos apenas o desenho de uma das sessões realizadas. As unidades monetárias experimentais são convertidas no final da experiência em dinheiro.

[45] Na prática o "trabalhador" tem que escolher um valor do "esforço" numa escala entre 0,1 e 1,8. Associado a esse valor do esforço está um valor do "custo de esforço", sendo que a função "custo do esforço" é crescente com o nível de esforço *e*.

confiança das empresas fosse uma atitude generosa. Tal pode acontecer, mas subjacente à oferta "generosa" pode estar apenas a crença de que o trabalhador vai agir em reciprocidade e, desta forma, a empresa consegue ficar melhor do que se tivesse oferecido um baixo salário. No que respeita à escolha do trabalhador, não há dúvidas que ele não é completamente egoísta, senão teria escolhido o esforço mínimo. Neste sentido, há aqui uma clara rejeição dos postulados dos economistas, rejeição que embora não se podendo generalizar para outros contextos, merece ser analisada e observada.

Finalmente também testámos a existência de reciprocidade positiva e negativa simultaneamente, ou seja, demos ao trabalhador a possibilidade de penalizar a empresa em resposta a um salário considerado injusto ou, pelo contrário, ser simpático face a uma oferta generosa. Os resultados denotam a existência de ambos os tipos de comportamento.

Das largas centenas de experiências realizadas, várias são as conclusões que se podem retirar. A primeira é que existe um certo grau de variabilidade nos comportamentos. Certos indivíduos actuam de acordo com os postulados da racionalidade e egoísmo, mas um número significativo denota conformidade com normas de reciprocidade (jogo de troca de ofertas) e aversão a desigualdades excessivas (jogo do ultimato), ou ainda comportamentos que revelam outras considerações de justiça distributiva. Mas o que é mais importante assinalar é que os comportamentos se alteram em função da configuração institucional, isto é, do tipo de interacções possíveis, da estrutura de incentivos em presença e da maior ou menor liberdade e autonomia individual.

3.4.4. *Reciprocidade e confiança*

Uma versão mais ampla da natureza humana é a que considera que os indivíduos não são *apenas* movidos por interesses materiais, quer no mercado quer na vida das organizações quer ainda na vida política. Quando lhes é dada possibilidade, certas pessoas são capazes de confiar noutras, recompensar acções amistosas de que foram alvo, punir acções que são entendidas como não amistosas.

Isto não significa negar que os indivíduos se preocupam com pagamentos materiais, mas reconhecer que *também* se preocupam com as intenções dos outros. Para além disso, comparam-se entre si e têm sentidos de justiça e de injustiça. Se alguém que não paga impostos se gabar de não o fazer e exibir sinais exteriores de riqueza, quem disso tomar conhecimento achará injusto. Mesmo em situações em que todos cumprem a lei, as pessoas comparam situações no que diz respeito, por exemplo, a remunerações e têm, cada um a seu modo, padrões de justiça distributiva.

Aliás, o que é efectivamente necessário, para analisar e prever como é que certas instituições alternativas funcionam para resolver o *mesmo* problema, é um modelo *comportamental* e não tanto o conhecimento da motivação das pessoas. O importante é saber se as pessoas *confiam* ou não noutras e não tanto a motivação que subjaz a essa confiança. Alguém pode *confiar,* apenas por considerar que a confiança é um valor em si. Outro poderá confiar apenas porque espera que aquele em quem confiou lhe dê algo em troca, ficando assim melhor do que se não tivesse confiado. Esta confiança é interesseira e claramente distinta da anterior, mas o importante é que, em ambos os casos, há confiança.

O mesmo em relação à reciprocidade. Há quem considere a reciprocidade exclusivamente como uma *motivação,* completamente distinta do egoísmo. Pode-se até designar a reciprocidade *pura* como aquela em que se dá algo sabendo que não se pode receber nada em troca.[46] É óbvio que a reciprocidade pura, assim como o altruísmo, existem. Só que do ponto de vista prático, há muito poucas situações em que se observe reciprocidade *pura,* pois as pessoas interagem no presente e, em muitos casos, têm a expectativa de virem a interagir no futuro. Há assim várias motivações que poderão estar por detrás de comportamentos recíprocos.

3.4.5. *Reciprocidade e egoísmo: que implicações na análise institucional?*

Considerar os indivíduos como apenas egoístas, ou comportando-se de acordo com uma norma de reciprocidade, é algo que tem implicações profundas no estudo das instituições e na sua constituição. Antes do mais há que esclarecer que não se trata de uma verdadeira opção (egoísmo *versus* reciprocidade), mas que adoptando uma abordagem comportamental o egoísmo pode ser considerado um caso particular da reciprocidade. É provável que o modelo do *homo oeconomicus* se adeque bem, em certos contextos institucionais, não só ao mercado, mas também a todos os contextos políticos em que predomine a competição e em que as decisões sejam de índole redistributiva (quando o ganho

[46] Esta a perspectiva desenvolvida, entre outros, pelo sociólogo Rafael Marques (2002) na sua dissertação de doutoramento. Foi na arguição desta dissertação de doutoramento que "descobri", e me comecei a interessar, pelo tema da reciprocidade.

de uns é a perca de outros). Situações caracterizadas por anonimato são também mais propiciadoras do *homo oeconomicus*, até porque nesse contexto institucional não é possível nem a confiança nem a reciprocidade. Quer uma quer outra pressupõem que se identifique a entidade em quem se confia ou com a qual existe reciprocidade, o que não é possível em situações de anonimato.

No entanto, a norma de reciprocidade é com certeza importante em contextos em que todos podem ganhar. O mesmo indivíduo pode ter um comportamento egoísta num contexto e recíproco noutro. O problema é que nem sempre os agentes estão cientes do tipo de jogo que estão a "jogar": se um jogo redistributivo, se um de soma positiva em que todos podem ganhar.

Apenas para retomar um exemplo, no mercado laboral todos os contratos são incompletos, no sentido de que não especificam completamente as atribuições de cada empregado. Se os trabalhadores forem basicamente egoístas será necessária uma elevada monitorização para garantir uma *performance* adequada, pois qualquer componente do trabalho que seja dificilmente observável e quantificável será usada pelo trabalhador em seu próprio benefício. As faltas serão bem fiscalizadas, assim como os tempos de uso dos lavabos, a intensidade de trabalho, etc. Os próprios contratos serão desenhados exclusivamente em termos de incentivos diferenciados consoante a *performance*, sempre que seja possível medi-la.

Numa lógica de reciprocidade os *mesmos* contratos e a *mesma* monitorização, que acabámos de referir, serão interpretados de maneira substancialmente diferente. O trabalhador pensará, e bem, que a entidade patronal não confia nele e numa lógica de, "já que se tem a fama que se tenha o proveito", passando a comportar-se tal qual acha que a entidade patronal o vê. Isto é um problema de expectativas que se tornam verdadeiras, antes de o serem ("*self fulfilling expectations*"). Este problema de despojamento de certos sentimentos que o trabalhador poderá ter no início (sentido do dever, ética pessoal, brilho), devido ao efeito dos incentivos externos, e substituição por outros, que se alinham com as expectativas que dele se tem, é designado por *crowding out.* A ideia é que, na presença de reciprocidade, o efeito dos incentivos externos é, pelo menos em parte, neutralizado pela adaptação a esses incentivos.

A lógica da reciprocidade abre pois uma via diferente para lidar com a própria elaboração dos contratos e para o tipo de incentivos que deverão estar operativos, no sentido de que deverão ser sobretudo positivos e não tanto negativos.

No campo das instituições políticas as implicações são também bastante importantes. Ignorar que os titulares de cargos políticos ou públicos podem ter objectivos pessoais que se distanciam do interesse público, parece de uma ingenuidade que ninguém de bom senso deverá subscrever. É isso que justifica, no plano financeiro da administração pública, o sistema de controlo interno, os órgãos de fiscalização externa e todos os mecanismos de controlo e fiscalização. Contudo, daqui a concluir – como certos autores da *teoria da escolha pública* o fazem – que se deve presumir, mesmo que por precaução, que os políticos e funcionários servem sobretudo os seus interesses pessoais, pode levar a consequências nefastas.[47] Antes do mais, porque as restrições que lhes serão impostas, no caso mais pessimista agora considerado, serão porventura excessivas. Depois, porque à força de serem assim considerados podem efectivamente começar a alinhar nos tais comportamentos que se querem evitar. Tópicos como a lei de incompatibilidades de cargos políticos, o financiamento de partidos políticos, os regimes de exclusividade e outros caiem na alçada do que se está a analisar.

3.5. A evolução das Instituições: capital social, confiança, governação e contratos

A evolução das instituições informais e formais não é feita nem à mesma velocidade, nem da mesma forma. Os costumes, as normas, as tradições *evoluem* de forma relativamente contínua, mas lenta durante séculos e milénios. Uma das fontes dessas várias instituições informais são as grandes religiões cuja evolução é, também ela, milenar.

As instituições formais estão imersas (*embedded*) nas instituições informais sendo por elas afectadas. É assim que Max Weber, no seu clássico livro *A Ética Protestante e o Espírito do Capitalismo,* argumentou pela maior adequabilidade da ética protestante ao espírito empreendedor do capitalismo do que a ética católica, deste modo tentando explicar diferenciais de crescimento económico a partir dessa diferença. Mais recentemente Putnam, Leonardi e Nanetti (1993) vêm chamar a atenção para a importância do "*capital social*" como factor diferenciador do Norte e do Sul de Itália, e como essa diferença de capital social explica, em grande medida, as diferenças de desenvolvimento local. O capital social é alimentado pelas redes de sociabilidade desenvolvidas pela pertença a agremiações locais com os mais variados objectivos (desportivos, defesa de direitos,

---

[47] Este tópico será retomado e desenvolvido, aplicando-o à administração pública (modelo de Niskanen), no capítulo 6 e à teoria da democracia no capítulo 14.

religiosos, musicais, etc.). São cada vez mais os autores que dão importância à preservação e desenvolvimento do capital social.[48] Fukuyama (2000, p.1) define-o do seguinte modo: "O capital social é uma norma informal que promove a cooperação entre indivíduos. Na esfera económica reduz os custos de transacção, e na esfera política promove o tipo de vida associativa que é necessária para o sucesso do governo limitado e da democracia moderna. Apesar do capital social surgir frequentemente associado a jogos repetidos do dilema do prisioneiro, é também um sub-produto da religião, da tradição, duma experiência histórica partilhada e outros tipos de normas culturais. Assim, enquanto que a consideração do capital social é crucial para se perceber o desenvolvimento, ele é gerado dificilmente através da política pública." Esta frase é interessante a vários títulos. Mostra duas formas distintas com que pode *evoluir* o *capital social*: pode emergir, "de baixo para cima", quando os indivíduos interagem repetidamente uns com outros, mesmo em situações de dilema do prisioneiro, de forma a desenvolverem normas de reciprocidade. Pode também emergir de "cima para baixo" pela influência da tradição, de experiências partilhadas ou da religião. É também importante para reduzir os custos de transacção "económicos" que assumem um papel crucial no estudo das instituições, como se verá no capítulo seguinte. É ainda essencial para o sucesso do governo (seja ele limitado, como sugere Fukuyama, ou não), da democracia e do desenvolvimento. Finalmente, uma ideia importante é a de que as políticas públicas não *criam* capital social, o que é consistente com a ideia de *evolução ascendente de longo prazo* no stock de capital social. A ser verdade, isto tem implicações importantes, pois há quem sugira que a *destruição* do capital social pode ser bastante mais rápida do que a sua "construção" (ver Putnam 1995). Se isso acontecer não há muito que as políticas públicas possam fazer para remediá-lo.

Williamson (2000) sumariza bastante bem os três níveis da análise institucional do ponto de vista do institucionalismo económico. O primeiro nível é o das instituições informais que temos vindo a falar (N1). O segundo nível, do ambiente institucional, diz respeito às regras formais e à clarificação da estrutura

---

[48] A abordagem inicial da importância do *capital social*, embora sem uso do conceito, deve-se a Alexis de Tocqueville [1981, (1835)] na sua extraordinária monografia sobre os E.U.A. Os estudos pioneiros conceptualmente rigorosos sobre capital social devem-se sobretudo a Bourdieu, *La Distinction* e a James Coleman (1988, 1990). Para abordagens de artigos clássicos e contemporâneos de autores que têm dado relevância ao conceito (Fukuyama, Ostram, Putnam, etc.) ver o livro de *readings* editado por Elinor Ostrom e T.K. Ahn (2003) *Foundations of Social Capital.* Ver ainda Svendson e Svendson (2004).

	Nível	Frequência (anos)	Objectivo
N1	**Imersão Institucional:** Instituições Informais, Costumes, tradições, Normas, Religião	100 a 1000	Não calculista; espontâneo
N2	**Ambiente Institucional:** Regras formais do Jogo em espec. Propriedade (Sistema Politico, a Judicatura, Burocracia)	10 a 100	Tornar correcto o ambiente institucional
N3	**Governação:** desenrolar do jogo - em especial contratos (alinhamento das estruturas de governação c/ transacções)	1 a 10	Tornar correctas as estruturas de governação
N4	**Afectação de Recursos e Emprego** (alinhamento de incentivos; preços e quantidades)	Contínuo	Tornar correctas as condições marginais

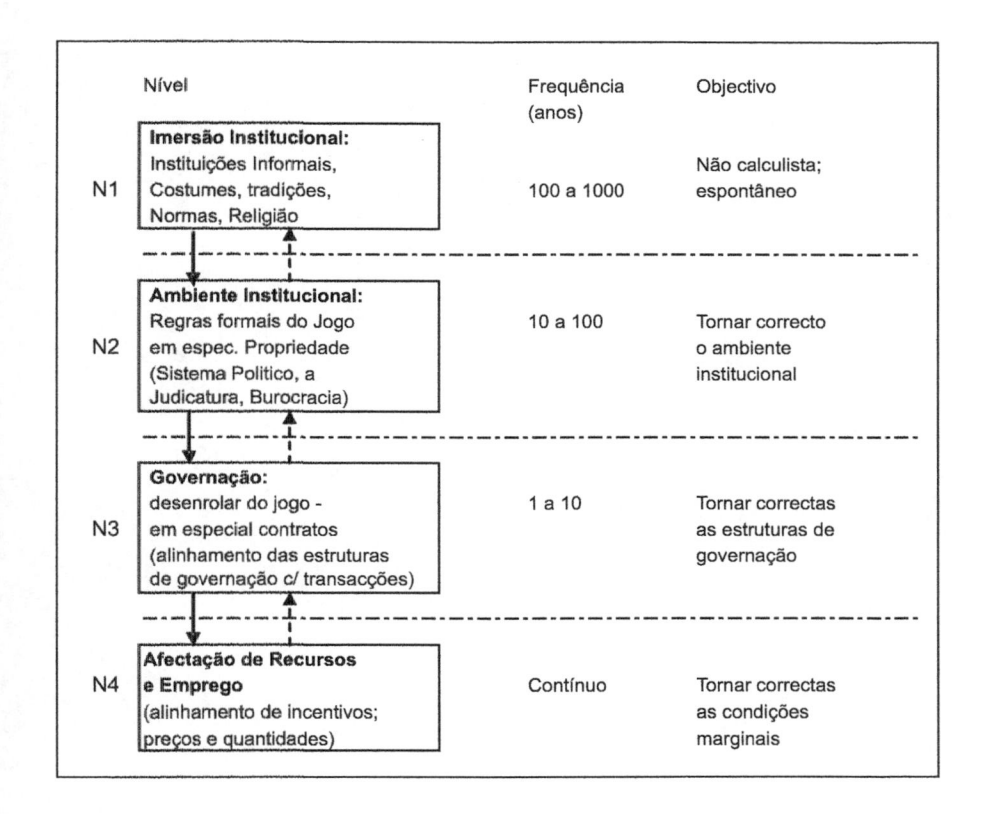

Figura 3.1 Economia das Instituições

Fonte: Williamson (2000); © *Journal of Economic Literature*

base dos direitos de propriedade bem como à estrutura do sistema político. É o nível das instituições formais de primeira ordem, que mudam com alguma lentidão. Ao nível do sistema político elas estão consagradas constitucionalmente (N2). A elas nos dedicaremos nos capítulos 4 (direitos de propriedade), 12 (sistemas eleitorais) e 14 (democracia e desenho constitucional). O terceiro nível é o nível da governação e das relações contratuais com vista ao alinhamento de incentivos, que se altera com bastante mais frequência (N3). Será abordado nos capítulos 4 (contratos), 5 (agência e governação), 6 (contratos na administração pública). Os níveis de análise N2 e N3 são os que têm merecido mais atenção no institucionalismo económico. Finalmente, o nível N4 é aquele com que usualmente se ocupam os economistas e que diz respeito ao funcionamento normal e quotidiano da economia. Dele não nos ocuparemos neste livro.

4. Instituições: porque existem e como evoluem?

As instituições existem para facilitar *trocas*. Nos *mercados* essas trocas assentam em direitos de propriedade privada e em contratos. As relações contratuais envolvem custos económicos *ex ante* (antes e até à elaboração do contrato) e custos de monitorização e implementação *ex post* (depois do contrato estar celebrado).

Os objectivos deste capítulo são: *i)* clarificar os direitos dos agentes económicos sobre os activos (direitos de propriedade), *ii)* desenvolver uma teoria sobre os custos de transacção "económicos" e as consequências da sua existência e da sua dimensão para o funcionamento dos mercados, *iii)* clarificar o conceito de custos de transacção políticos e os factores que o influenciam. Deste modo se estende a análise económica à esfera política.

Assim, na secção 4.1 analisam-se as características comuns às organizações, mercantis e não mercantis, da mais diversa natureza. Na secção 4.2 introduz-se o conceito de direitos de propriedade e aplica-se a dois casos particulares: a "tragédia dos comuns"[49], e a propriedade intelectual. Finalmente, na secção 4.3 aborda-se a teoria dos contratos e dos custos de transacção e de como eles estabelecem o enquadramento para a forma como se estruturam, como funcionam e como evoluem as instituições mercantis e não mercantis.

Em certas situações existe possibilidade de alteração dos direitos de propriedade, embora haja custos de transacção ou de atenuação desses direitos. Certos autores defendem que a alteração das formas que assumem as várias instituições tem a ver com a minimização dos custos de transacção, pelo que a mudança institucional seria norteada por razões de eficiência. Neste contexto o teorema de Coase, que será analisado nesta secção, surge como relevante. Contudo, argumentar-se-á que outro factor para se perceber a mudança institucional, ou a preservação do *status quo,* é de natureza distributiva o que

---

[49] O artigo pioneiro sobre o tema foi de Garret Hardin (1968).

apela para os interesses das partes em, respectivamente, mudar ou preservar o *status quo* institucional.

Para além dos custos de transacção "económicos", abordam-se os custos de transacção "políticos", distinguindo-se uns dos outros.

4.1. Tipos de organizações

Em geral o estudo de uma organização concreta, quer no sector privado, no sector público, ou mesmo no "terceiro sector" envolve a resposta a certas questões: como se estrutura, qual o seu "contrato social"? Que direitos têm os diferentes membros dessa organização? Como se escolhem os líderes da organização e que poder formal e informal têm? Como se distribui e circula a informação no seio da organização e que relação se estabelece entre os seus membros? Que incentivos têm os dirigentes e restantes trabalhadores? Quais os, *inputs*, o processo de transformação e os *outputs*? Qual o ambiente externo em que se move a organização? Estas serão algumas das questões analisadas nesta secção.

4.1.1. *O* imprint *inicial das organizações: o contrato social*

Uma característica comum a todas as organizações é a existência do que se poderá chamar genericamente um contrato social, a maioria das vezes explícito, mas por vezes implícito. As associações têm estatutos, assim como os partidos políticos ou as empresas. Os organismos da administração pública têm as leis orgânicas que definem a sua estrutura. A Assembleia da República tem o regimento que define as suas regras formais de funcionamento, a própria sociedade política tem uma espécie de contrato social – a Constituição.[50]

A doutrina do contrato social, inspirada em Jean Jacques Rousseau, tendo estado adormecida na filosofia política durante décadas recebeu um novo impulso nos finais de 60, inícios de 70, pela mão de um economista, James Buchanan, mas sobretudo de um filósofo – John Rawls. Buchanan não defende que a Constituição

[50] Numa das várias visitas à Assembleia da República para analisar o funcionamento das comissões parlamentares um dos técnicos de apoio a uma comissão referiu-nos, a propósito do regimento, que quando todos os líderes parlamentares estão de acordo em "ultrapassar" o regimento, que isso é feito. Do ponto de vista económico (eficiência) esta violação do regimento parece justificável, pois é um *melhoramento de Pareto* (ninguém fica pior).

seja um contrato social, mas que deve ser entendida como se *fosse*. Embora não haja uma adesão voluntária a uma sociedade, pois as pessoas apenas nascem neste ou naquele país, deve encarar-se a Constituição, de acordo com este autor, como se de um contrato (político) se tratasse e por isso a sua alteração deve estar subordinada a uma maioria qualificada. A razão que levaria as pessoas a subscreverem a Constituição seria a incerteza em relação ao futuro.[51]

Os elementos fundamentais para se perceber o essencial da ideia de contrato social, nos contextos mais variados, são os de que a adesão é *voluntária*, a aceitação dos termos iniciais do contrato é *unânime*, a existência de um contrato deriva da *incerteza* e apesar de haver ganhos e perdas esperadas, globalmente os indivíduos esperam vir a ganhar com o contrato. Na medida em que a adesão a uma organização é voluntária, espera-se que o indivíduo aceite as regras básicas que estruturam a organização.

Um contrato é um acordo entre duas ou mais pessoas especificando certos deveres, obrigações e direitos de cada uma das partes, recompensas e punições por cumprir ou violar os termos do contrato (respectivamente).[52] Esta noção usual de contrato, que se pode aplicar à relação entre dois indivíduos pode-se também aplicar, com as devidas adaptações, aos vários tipos de contratos sociais. Por exemplo no caso da Constituição política, existe uma incerteza de cada indivíduo em relação à evolução da sociedade em que vive, que passa pela incerteza em relação ao comportamento dos outros indivíduos da sociedade (em particular das maiorias políticas). Serei eu livre de expressar as minhas opiniões mesmo que minoritárias? Será o meu filho livre de professar a sua religião qualquer que venha a ser a sua escolha religiosa no futuro? Será aquele colega livre de ter as suas opções de orientação sexual? A Constituição, enquanto "contrato" pode pois ser entendida como o acordo possível entre indivíduos livres para preservar os direitos das *minorias* num regime democrático, onde a *maioria* é muitas vezes, pelas próprias regras do jogo democrático, quem decide, embora limitada pelos direitos e liberdades fundamentais.

Estando clarificada a estrutura de uma organização, a partir do seu acto constitutivo, é necessário clarificar os direitos que cada agente tem no seio da organização. Em geral poder-se-á dizer que quando se trata de instituições mercantis as relações sociais são dominadas pela distribuição dos direitos de

---

51 Esta temática será abordada em maior profundidade nos capítulos 10 e 14.

52 Para maiores desenvolvimentos sobre a noção de contrato ver 4.3.1 neste capítulo.

propriedade; quando se pensa em instituições de natureza associativa trata-se de direitos civis, estatutariamente definidos (do associado, do membro dirigente, etc.); e quando se trata de cidadãos de direitos cívicos e políticos consagrados constitucionalmente.

4.1.2. *Liderança , poder e regras*

A forma como é determinado quem é o *líder* de uma organização é relevante para a *sua autoridade e poder* no seio da organização. Há sobretudo quatro formas de seleccionar um líder. O *método tradicional* é baseado no *consenso*. É necessário que se trate de grupos relativamente homogéneos, que partilhem normas e valores comuns entre os quais está a forma como a tradição ou os costumes mais antigos fazem a selecção do líder. É a forma mais forte de reconhecimento de um líder pelos membros do grupo, ou organização, só que como exige uma certa partilha de valores é mais frequentemente encontrado em sociedades tradicionais do que em sociedades contemporâneas.

O método democrático é baseado na *eleição democrática*, pelos membros de um grupo (ou de um colégio eleitoral) em que cada membro tem o mesmo poder de voto. Em grupos com maior heterogeneidade, o voto é uma forma de selecção, usando em geral a regra da maioria absoluta ou relativa. Haverá indivíduos satisfeitos com a escolha do líder e outros derrotados (insatisfeitos). Contudo, na presença de heterogeneidade de preferências é inevitável que o líder não receba o apoio geral. De qualquer forma, o método democrático é um método relativamente importante que dá uma legitimidade forte à selecção do líder dependendo, contudo, do método de votação adoptado. Se a eleição for directa essa legitimidade é mais forte; se for indirecta (através de um colégio eleitoral, ou outros representantes eleitos) será mais fraca. Se for por maioria absoluta (a duas voltas) é mais forte, se for por maioria relativa é mais fraca.

O método administrativo baseia-se na *nomeação*. É o método que leva a uma legitimidade real mais fraca do líder. Os líderes são aqui nomeados por terceiros e a sua legitimidade é sempre indirecta pois provém duma legitimidade mais forte (eventualmente democrática) de quem os nomeou.

O método de quotas baseia-se na *eleição por quotas*, em que cada membro tem um número de votos em função da quota parte no capital social (ex: direitos de voto proporcionais às quotas, às acções, etc.) ou na nomeação em que quem detém a maior parte do capital nomeia. É o método tipicamente usado no seio das empresas para seleccionar o dirigente.

O poder de um líder está, em parte, associado à forma da sua selecção, mas também está relacionado com outros factores como sejam a autoridade natural que pode resultar de vários factores: competência, inteligência, conhecimento de leis, regulamentos e ou procedimentos de funcionamento da organização. De qualquer modo, dado que muitas das organizações não mercantis são democráticas e baseiam-se em decisões colectivas, quer na escolha dos líderes quer na tomada de decisão nos seus órgãos, importa conhecer as regras de votação e o seu modo de funcionamento, tópico a que se voltará na parte III do livro.

4.1.3. *A estrutura de incentivos*

Uma organização assegura a adesão dos seus membros aos seus objectivos através de uma estrutura de incentivos. Clark e Wilson (1961), num artigo já clássico, definiram três tipos de incentivos diferentes: incentivos *materiais*, incentivos de *sociabilidade* ou solidários e incentivos *direccionados*, que têm a ver com os objectivos da organização.[53] Há quem adira e esteja numa organização apenas pelo salário, há quem adira sobretudo pelo prazer de estar com outros, e há quem esteja em função dos objectivos que a organização persegue, humanitários ou outros.

Os incentivos materiais são pois "recompensas tangíveis; ou seja recompensas que têm um valor monetário ou que podem ser facilmente convertidas nesse valor. Estes incluem dinheiro na forma de salários ou remunerações, os benefícios tangíveis de uma associação de contribuintes fiscais para os seus membros, as mais valias nos valores das propriedades para uma associação de desenvolvimento de um bairro, ou o acréscimo de salários ou outros *'fringe benefits'* por parte de um sindicato."[54]

Os incentivos de sociabilidade, associados a "recompensas solidárias são intangíveis; isto é, a recompensa não tem valor monetário e não pode ser facilmente convertida em tal.(...) derivam essencialmente do acto de associação e incluem recompensas como socialização, sentido de pertença e identificação com um grupo; *status* resultante de ser membro, gozo e convivialidade, manutenção de distinções sociais, etc.".

Finalmente os incentivos direccionados são "intangíveis, mas derivam essencialmente dos objectivos últimos da associação e não do simples acto de se

---

[53] Não arranjámos melhor tradução para "*purposive incentives*".

[54] Esta e as citações seguintes são de Clark e Wilson (1961), p.134-135. Tradução nossa.

associar. Estes incentivos baseiam-se nos objectivos supra-pessoais da organização: a procura da aprovação de certa legislação ou de certas práticas (que *não* beneficiam os membros numa forma directa ou tangível), como seja a eliminação da corrupção ou da ineficiência de um serviço público, o embelezamento de uma comunidade, (...) Ao contrário dos incentivos solidários, os incentivos direccionados são inseparáveis dos objectivos que se pretende alcançar".

Há ainda autores que fazem uma distinção importante entre incentivos "extrínsecos" e tangíveis, em que o exemplo mais paradigmático é o dinheiro, ou algo que possa ser facilmente convertido em tal, e incentivos intrínsecos que têm sobretudo a ver com os valores individuais, com a concordância com normas éticas, religiosas ou outras, que o indivíduo tem porque pertence a um determinado grupo, a uma dada cultura, a uma dada religião.

A forma como as organizações distribuem incentivos é algo que claramente as diferencia. Embora os três tipos de incentivos estejam geralmente presentes em todas as organizações, elas podem-se distinguir pelo tipo de incentivos que é predominante.[55]

4.1.4. *Quem são os membros?*

A estrutura da organização pode resumir-se a um líder e membros de base da organização, mas em geral envolve posições intermédias entre ambos, o que corresponde a níveis de *decisão desconcentrada*. O grau de complexidade de uma organização depende da natureza dos objectivos que prossegue, das vantagens potenciais da divisão do trabalho interna à organização e da natureza da informação necessária à prossecução dos objectivos. A desconcentração a partir do líder pode resumir-se a uma direcção em que cada um dos membros tem competências distintas, ou pode integrar vários níveis.

Estas posições podem também ser ocupadas quer segundo métodos tradicionais, democráticos ou administrativos.

A forma como um indivíduo se torna membro da organização pode assumir essencialmente três tipos: uma primeira forma é *cooptação* ou *convite*, quando o líder, ou um membro da direcção, tem a possibilidade de co-optar outros membros ou convidá-los; uma segunda é *associação*, quando qualquer indivíduo que aceita

---

[55] A questão dos incentivos será retomada no capítulo 7, ao analisarmos os grupos de interesse e a lógica da acção colectiva e no capítulo 14 ao abordarmos os partidos políticos.

o "contrato social" manifesta o seu acordo explícito ou implícito e declara a sua intenção de se associar. A sua entrada depende, contudo, da prévia aceitação de uma assembleia geral, ou em alternativa do líder ou da direcção. Uma forma alternativa de entrar para uma organização é o *concurso*. Para se pertencer à organização é necessário participar num concurso (sujeito ou não a provas). Concursos estabelecem em geral dois tipos de *regras*: *i)* regras que definem que tipo de pessoas podem concorrer (regras para definir o domínio da escolha); e *ii)* regras para seleccionar o(s) candidato(s). A forma de adesão a uma organização terá influência na estrutura de incentivos dos indivíduos.

Tão importante como a forma como se adere a uma organização é a forma como se *permanece* e se pode *sair* da organização. No que toca à permanência, duas situações distintas são as que se traduzem: *i)* na capacidade de o indivíduo ficar indefinidamente na organização enquanto quiser; *ii)* na capacidade do indivíduo implementar certas funções e satisfazer os objectivos da organização.

4.1.5. *Qual o tipo de* inputs, outputs *e forma de financiamento?*

A natureza do tipo de serviço, ou bem, fornecido por uma organização é importante para se perceber o seu funcionamento. Aqui vale a pena colocar algumas questões. Fornece um bem ou um serviço? É mensurável ou não mensurável? Esta última questão é central pois dela depende a capacidade, em grande medida, de avaliar a eficiência de um serviço. Pode ser útil aqui saber se, não sendo mensurável o resultado final, há resultados intermédios mensuráveis.

É passível de ser fornecido com contrapartida pecuniária? É vendido ao preço de mercado ou muito abaixo deste? A distinção entre instituições mercantis e não mercantis é uma primeira distinção relevante que resulta essencialmente da resposta a estas questões. Uma instituição mercantil produz bens ou serviços mensuráveis, recebe uma contrapartida pecuniária relativamente a esses bens, contrapartida essa que é a preços de mercado ou não muito abaixo destes. Uma instituição não mercantil é financiada essencialmente por transferências, donativos, quotas ou outras contribuições, e não pelas contrapartidas pecuniárias daqueles que usufruem dos seus serviços ou bens.

Dentro das instituições *não mercantis* vale a pena distinguir as instituições públicas, financiadas essencialmente por contribuições coercivas (impostos, contribuições obrigatórias, ou transferências de organizações públicas) das instituições de tipo associativo, financiadas directamente por contribuições voluntárias dos seus associados e indirectamente por outras formas.

4.1.6. *Tipos de organização*

Os vários tipos de organização podem ser distinguidos pelas características atrás analisadas, isto é, quanto ao "contrato social", o tipo de liderança e de membros, o tipo de recursos e resultados assim como a forma com que fornecem bens ou serviços. Por vezes uma característica é suficiente para caracterizar o tipo de organização. Assim, nas organizações *tradicionais,* o líder é escolhido pelo método tradicional. Nas organizações *democráticas* os líderes são eleitos e demitidos pelos membros da organização, os membros são geralmente associados. Nas organizações *burocráticas* ou *administrativas* o líder é *nomeado* por alguém que tem legitimidade (democrática, tradicional ou outra). A organização em geral não vende os seus serviços no mercado, quer porque o *ouput* é dificilmente quantificável quer porque não é apropriado usar uma lógica mercantil por se tratar de funções de soberania. Finalmente, nas organizações de *mercado* (quotas), o líder é designado pelo sócio(s) maioritário(s), o *output* é vendido no mercado.

As diferenças entre organizações criam problemas específicos a cada uma delas. Contudo, há aspectos comuns a todas. Têm um contrato social que define uma estrutura de governação, objectivos explícitos e implícitos, um sistema de incentivos, uma hierarquia interna e problemas de produção, processamento e divulgação da informação, quer interna quer externa. Têm que tomar decisões, estabelecer contratos, acordos, monitorar uns e outros, zelando pelo seu cumprimento. Para isso necessitam de uma estrutura que atribua capacidades de deliberação e decisão a certos organismos. Para além das decisões estratégicas, todas as organizações têm que desenvolver actividades de carácter operacional.

As organizações, num estado democrático de direito, existem dentro de um quadro legal e estruturam-se e evoluem, *em parte,* em função da minimização de custos de transacção, através de um apropriado nexo de contratos explícitos ou implícitos, que facilitam a troca de informações no seu seio e a tomada de decisão.

4.2. Direitos de propriedade, tragédia dos comuns e propriedade intelectual

Em certo sentido todas as actividades económicas e mesmo políticas envolvem trocas, explícitas ou implícitas.[56] Para se realizarem trocas é necessário

[56] Para Karl Marx o cerne da troca económica era a mercadoria, pelo que a sua principal obra económica "O Capital" inicia-se precisamente com o estudo da mercadoria. Por seu turno Williamson põe no cerne da sua análise a "transacção" e os custos a ela associados.

que haja o objecto da troca e direitos estabelecidos sobre esse objecto, seja tangível ou intangível (bens, serviços, ou mesmo ideias). A troca pressupõe pois, em maior ou menor grau, direitos de propriedade.

4.2.1. *Direitos de propriedade*

Os direitos dos indivíduos em relação a activos (bens ou recursos) podem designar-se por direitos de propriedade. O valor de um bem, ou recurso, no mercado é definido pelas condições relativas de oferta e procura, mas é importante especificar que a procura define-se em relação a um conjunto de atributos ou características do bem em causa e *aos direitos que estão associados à posse do bem.*[57]

Embora usualmente se definam direitos de propriedade em relação a activos, a definição abarca também a própria força de trabalho individual. Neste sentido Douglas North define direitos de propriedade como sendo "os direitos que os indivíduos *apropriam* sobre o seu próprio trabalho e os bens e serviços que possuem. Esta apropriação é uma função das regras legais, das formas organizacionais, dos mecanismos de implementação e das normas de comportamento."[58]

Os direitos podem ter várias dimensões: primeiro, direito de utilizar um activo, o que tem a ver com todos os usos aceitáveis para um determinado activo, incluindo a capacidade de destruir ou transformar esse activo; segundo, direito de obter um rendimento periódico do activo a partir de contratos implícitos ou explícitos com terceiros que utilizam o activo; terceiro, o direito de alienar permanentemente esse activo a favor de terceiros e dessa forma conceder-lhes esses direitos.

Para melhor perceber esta distinção, considere-se um lote de terreno adquirido por um indivíduo. O seu valor dependerá obviamente da oferta e da procura, mas a procura está relacionada com os *direitos* que lhe estão associados. Quanto maiores (menos atenuados) são esses direitos, maior é o valor de mercado do bem (e inversamente). Quanto ao direito de uso, é possível na realidade ter várias situações desde o direito de construir em qualquer altitude, passando por

---

[57] O Código Civil (artº 1306) estabelece que "O proprietário goza de modo pleno e exclusivo dos direitos de uso, fruição e disposição das coisas que lhe pertencem, dentro dos limites da lei e com observância das restrições por ela impostas." No que toca a direitos reais sobre coisas corpóreas, distinguem-se os direitos de gozo, uso, superfície, propriedade horizontal, direito de demarcação (prédios), de tapagem (prédios).

[58] Douglas North 1990a, p.33 (tradução do autor).

direito de construir (no máximo) uma moradia ou a proibição de construção e uso exclusivamente agrícola.

Possíveis *direitos de rendimento periódico*, passam pela possibilidade de arrendar a um terceiro a exploração e obter uma renda. O direito de propriedade, para quem o detém, está associado à possibilidade de *exclusão* dos que não o detêm. A exclusão pressupõe uma delimitação clara dos direitos e, em geral, implica custos de implementação.

A exclusão pode resultar de pelo menos uma das formas seguintes:

- *normas sociais* que coincidam com a estrutura de direitos, caso em que não serão necessários outras formas (nem organizações) para implementar esses direitos. Se todos considerarem que a propriedade privada deve ser respeitada, basta um letreiro informativo para que esses direitos não sejam violados. Do mesmo modo um entendimento que a propriedade é pública, havendo normas que reforcem a estrutura de direitos, significa que essa propriedade será usada de forma responsável não havendo pois necessidade de mecanismos de exclusão.
- *acções* dos agentes que detêm os direitos. A coincidência entre a estrutura de direitos e as normas sociais nunca é perfeita havendo por isso frequentemente a necessidade que os detentores dos direitos tomem determinadas acções com vista à sua protecção. Nos casos de propriedade privada a exclusão é assegurada por restrições totais ao acesso ou pelo acesso condicionado ao pagamento de um preço. Em casos de propriedade pública vê-se hoje frequentemente em certos locais câmaras de filmar associados a circuitos internos de televisão com vista a monitorar a utilização de equipamentos públicos.
- *instituições públicas* (ou privadas) que não detêm os direitos, mas que protejem esses direitos. É o caso das polícias, dos tribunais, etc.

O *custo da exclusão* depende da forma como as normas sociais e os valores dos indivíduos numa sociedade se adequam (ou não) à estrutura e divisão dos direitos de propriedade. Geralmente os *direitos de propriedade*, são coincidentes com normas sociais, mas na medida em que haja indivíduos que não partilham essas normas, haverá necessidade de recurso a outra forma de exclusão.

Quando se considera um bem, ou um recurso, pode ter-se uma situação em que os direitos de propriedade estão *bem definidos e delineados*, caso em que se estará, consoante os seus detentores, perante uma das três formas possíveis de propriedade:

Propriedade privada quando os detentores dos direitos são agentes privados (pessoas individuais ou colectivas privadas). Propriedade pública, quando os detentores da propriedade são entes públicos: o Estado, Institutos Públicos, Autarquias Locais, etc. Propriedade comunitária, caso dos baldios, onde os cidadãos de uma certa comunidade detém os direitos (de limitar o acesso, de regular o uso, etc.).

Poderá também acontecer que esses direitos *não estejam bem delineados,* ou seja, que não se saiba exactamente quem detém os direitos. A definição clara dos direitos de propriedade é condição necessária, embora não suficiente, para o crescimento e o desenvolvimento económico.[59]

O Estado, ou outro organismo público, pode, sob diversas formas, *atenuar* os direitos de propriedade dos agentes. Os direitos de propriedade dir-se-ão *não* atenuados se os agentes puderem dispor de total liberdade de usar, arrendar ou alienar um activo sob as formas e condições que lhes aprouverem.

Os direitos de propriedade são sempre de certa forma "atenuados", no sentido de que, em geral, um agente não pode nunca gozar todos os usos possíveis e pensáveis do activo que detém. Quanto maior for o grau de atenuação dos direitos menor o valor económico desse activo. Em geral qualquer forma de *regulação* de uma actividade (económica, lúdica ou outra) provoca uma atenuação dos direitos de propriedade. Exemplos disso são os seguintes:

- O controle de rendas, limita o máximo de renda que um proprietário pode auferir do aluguer da sua propriedade.
- A fixação administrativa de preços abaixo de preços competitivos.
- O limite de velocidade numa estrada ou numa auto-estrada que é um limite aos direitos de usar (livremente) um carro.
- A altura máxima (cércea) de um prédio.
- O zonamento operado através de planos directores municipais.

O facto de decisões políticas ou administrativas afectarem a natureza dos direitos de propriedade, e com eles os valores dos activos, conduz certos agentes ou grupos a dedicarem recursos à obtenção de rendas originadas por alterações de direitos de propriedade.[60] A definição e protecção de direitos de propriedade

---

[59] Ver a este propósito o Relatório do Banco Mundial: *World Development Report (2002) Building institutions for markets.*

[60] É o caso por exemplo de alterações a planos directores municipais (PDM) em que zonas vedadas à construção urbana passam a permitir essa mesma construção. A afectação de recursos, por parte de promotores imobiliários para que se altere um PDM, é uma actividade de procura de rendas (*rent seeking*) a ser abordada no capítulo 8.

encoraja o uso dos recursos em actividades produtivas (investimento, produção, consumo) e desencoraja o seu uso em actividades improdutivas (roubo, violência, segurança).

Como se verá nas secções seguintes, qualquer reafectação de direitos de propriedade tem um impacto na eficiência e geralmente tem também efeitos distributivos. Há autores que têm vindo a defender que a evolução dos direitos de propriedade se explica *apenas* por melhorias na eficiência; ou seja, os direitos seriam canalizados para os agentes que mais os valorizam.[61] A perspectiva que defendemos é distinta. Melhorias na eficiência podem estar por detrás da evolução e transferência de direitos de propriedade, mas poderá também haver razões distributivas associadas a uma dada estrutura de direitos.

A transferência de direitos de propriedade entre agentes realiza-se de diversas formas, que se poderão agrupar em dois tipos de situações. Transferências voluntárias podem ser realizadas através de troca directa, doação, testamento ou contrato. Transferências involuntárias através de usucapião, expropriação, requisição ou outra decisão administrativa ou judicial.

Com vista a perceber melhor a importância dos direitos de propriedade, nomeadamente como factor de desenvolvimento, ir-se-á abordar o problema da *tragédia dos comuns,* associada a uma indefinição de direitos, assim como os problemas que se colocam à definição dos *direitos de propriedade intelectual.*

4.2.2. *A tragédia dos comuns e as formas de a evitar*

O dilema do prisioneiro, analisado nos capítulos 2 e 3 deste livro, está presente num tipo de situações que ficou conhecida como *tragédia dos comuns.* Para compreender a aplicação do dilema do prisioneiro a este caso, pense-se num património vasto, como os oceanos, e nas espécies animais que os habitam, em particular algumas bem valorizadas como baleias, golfinhos, bacalhau ou outros recursos marítimos. Cada barco de pesca, actuando isoladamente, pretende maximizar a quantidade de peixe, ou outro "recurso", obtida no oceano; e para cada armador os lucros serão tanto maiores quanto menos os outros pescarem.

---

[61] É o caso, entre outros, de Oliver Williamson ou Douglas North, numa primeira fase dos seus escritos. North acabaria por evoluir para a perspectiva, que é a que defendemos, que por detrás de alterações aos direitos de propriedade pode estar uma melhoria da eficiência, mas podem também estar razões distributivas. Mais concretamente, há uma série de instituições e estruturas de direitos ineficientes, que encontram a sua "justificação" no facto de fornecerem rendas a certos indivíduos ou grupos que delas beneficiam. Ver ainda nota 67 na página 83.

Claro que, se todos pensarem da mesma forma, e actuarem no sentido da maximização do pescado, chegar-se-á a uma situação em que todos os "recursos" serão esgotados; isto é, à extinção de espécies animais, o que é trágico pois não é possível recriar essas espécies e a biodiversidade da terra fica irremediavelmente mais pobre. Aquilo que está subjacente à tragédia dos comuns não é mais do que o dilema do prisioneiro aplicado a uma escala de grandes números. Sempre que há um recurso de uso comum (ar, espaço de estacionamento, etc.) existe uma potencial "tragédia", que só poderá ser resolvida através de uma instituição (formal ou informal).[62]

Os domínios de aplicação desta tragédia são todos os recursos comuns, em que não estejam definidos direitos de propriedade de qualquer natureza. Assim, ela pode aplicar-se às espécies animais ou vegetais em risco de extinção, aos oceanos, aos lagos, à atmosfera, aos pastos (cuja capacidade de renovação é pequena em relação ao número potencial de animais que lá se alimentam), ao conhecimento científico (na medida em que não estejam definidos direitos de propriedade intelectual) e ao espaço público.

Antes de mais, importa esclarecer que na presença de um recurso comum, cuja utilização individual, não coordenada, pode ser excessiva em relação à sua capacidade de renovação, a solução para evitar a tragédia passa necessariamente pela definição de *alguma* forma de direitos de propriedade. Historicamente, a forma dominante de evitar a tragédia dos comuns tem sido a transformação de recursos de uso comum em propriedade privada. Contudo, a propriedade pública pode ser, em certos contextos, melhor indicada para solucionar o problema; finalmente existe a solução da propriedade comunitária, o que passa necessariamente por alguma forma de acção colectiva, que coordene a acção dos agentes e evite assim a delapidação do recurso. Uma coisa é certa: a forma específica adoptada de atribuição de direitos terá implicações *diferenciadas* na eficiência, na equidade e na liberdade dos agentes.[63]

O que é importante, ao analisar a adopção de certa forma de direitos de propriedade em detrimento de outra, é compreender o que determinou a escolha dessa estrutura de direitos (privada, pública ou comunitária). Duas hipóteses

---

[62] Para um tratamento económico analítico da tragédia dos comuns ver Pereira *et al.* (2007). Para uma abordagem na óptica do Direito ver F. Araújo (2008) que prefere chamar-lhe a "tragédia dos baldios". Contudo, como os baldios são apenas um dos casos particulares dos "bens comuns", que incluem recursos naturais e bens de domínio público, como a água, preferimos a tradução à letra de *commons* para comuns.

[63] Para formas de lidar com os recursos que não envolvem nem o mercado (leia-se privatização) nem o sector público leia-se Ostrom e Walker (1997).

alternativas são: a minimização de custos de transacção, ou a existência e apropriação de rendas (ou a combinação das duas). A primeira hipótese remete claramente para ganhos de eficiência e a segunda para alterações na redistribuição.

4.2.3. *Os direitos de propriedade intelectual: patentes e* copyright

A protecção dos resultados da actividade intelectual é usualmente feita das seguintes formas: patentes, *copyright*, marcas (*trademark*), segredos de comércio ou negócio (*trade secrets*).

Há certas características comuns aos produtos do trabalho intelectual (obras literárias, musicais, plásticas, científicas, invenções, etc.). Todas elas incorporam *informação*, existe um grau elevado de *não rivalidade no consumo* (podem ser usufruídas por muitos indivíduos ao mesmo tempo) e o *custo de produção* da primeira unidade pode ser significativo, mas o *custo de disseminação* (ou produção de outras unidades) é incomparavelmente mais baixo. Assim, uma obra musical pode ser difícil de compor e de gravar, mas após a primeira gravação, as cópias de CDs são muito baratas.

A não rivalidade no consumo sugere que, do ponto de vista da eficiência não deveria haver exclusão, ou seja, deveria haver acesso livre. Isso maximizaria a utilização e disseminação das obras *já criadas*. Contudo, constituiria um muito pequeno incentivo para a criação de *novas obras*. Ou seja, *sem direitos de propriedade privada, há eficiente difusão, mas ineficiente (abaixo do óptimo) criação*.

A situação inversa seria haver direitos de propriedade sobre as obras, dando ao criador um poder de monopólio sobre esses direitos. Isso daria um incentivo grande para a criação de *novas obras*, mas diminuiria, substancialmente, a difusão e o uso ou beneficio das existentes ou a criar. *Ou seja, com direitos de propriedade privada há eficiente criação, mas ineficiente (abaixo do óptimo) difusão.*

Há várias possibilidade de resolver o problema: *i)* o Estado subsidiar ou produzir as obras; *ii)* estimular os contributos dos mecenas; *iii)* manter segredos industriais; *iv)* ou estabelecer direitos de propriedade intelectual. Na realidade o Estado e as autarquias subsidiam algumas obras, há também mecenas que contribuem, há segredos industriais que são mantidos, mas é sobretudo através do estabelecimento de direitos de propriedade temporários que se lida com o problema.

Os direitos de propriedade intelectual tentam estabelecer um equilíbrio entre os incentivos para a inovação e uma disseminação alargada. Quanto mais alargado o *âmbito* e a *duração* dos direitos de propriedade intelectual, maior o incentivo para criar e menor para disseminar.

No caso de um "invento", para se registar uma *patente* é necessária a candidatura a um organismo certificador, mostrando que o invento é "não óbvio" que tem utilidade prática (ou fundamental) e que é desconhecido do grande público por um período determinado de tempo. O *registo* da patente, dá ao seu possuidor o direito exclusivo dos benefícios associados, nomeadamente o de restringir o acesso ao invento mediante uma *licença* e o pagamento de uma *royalty* por terceiros.

As questões que qualquer sistema de patentes tem que resolver são sobretudo três: *i)* a duração da protecção dos direitos; *ii)* o âmbito (alargado ou estreito) dos direitos; e *iii)* eventualmente, a modalidade de pagamento pelo uso das patentes.

É possível argumentar que o custo adicional para a sociedade (custo marginal social) da patente aumenta com o tempo, embora a uma taxa decrescente. Este custo está associado às rendas de monopólio que a patente confere ao seu possuidor e à consequente redução das quantidades utilizadas (ou seja a perca de bem-estar associado à situação monopolista). Por outro lado, há quem defenda que o benefício marginal social da patente diminui com o tempo. Havendo alguns anos de protecção aumenta significativamente o incentivo à criação e ao investimento em desenvolvimento de "novos inventos". Contudo, esse aumento do investimento ocorre a uma taxa decrescente. A duração óptima da patente é aquela que iguala os benefícios e os custos marginais sociais em função do tempo.

O problema do âmbito (*breadth*) da patente é o de saber quão diferente (ou próximo) deve ser um "invento" para se poder, ou não, registar uma nova patente. Isto pode ser relevante por várias razões:

Há casos em que a investigação fundamental (I) não tem valor comercial, mas é *condição necessária* para a investigação aplicada (D) que tem. Deve aqui haver duas patentes "estreitas" ou uma patente "larga"? Se houver duas actividades separadas e desenvolvidas por entidades independentes, facilmente se verifica que não há incentivos para registar uma patente associada a I, pois não tem valor comercial, mas se esta não existir também não é possível desenvolver a patente associada a D. Uma solução é adoptar-se uma patente "larga" abarcando I&D.[64]

---

[64] O âmbito da patente só não é um problema: *i)* se quem desenvolver a investigação fundamental e aplicada for a mesma empresa (neste caso há "internalização" da externalidade) *ii)* Se, embora se trate de duas empresas diferentes (uma a fazer investigação fundamental e outra aplicada), os custos de negociação forem nulos. Neste caso aplica-se o Teorema de Coase (ver adiante neste capítulo) e as empresas negociarão entre si de forma eficiente. Cooter e Ulen (2004 p. 125) defendem que "Se o valor social do investimento em investigação fundamental exceder o valor social do investimento em desenvolver aplicações as patentes devem ser largas. Inversamente,...deverão ser estreitas."

Mesmo a investigação aplicada leva o seu tempo a ser implementada. Considere-se o caso dos medicamentos. Uma primeira razão para existir certa duração na protecção das patentes é que o tempo de desenvolvimento de um novo medicamento envolve diferentes fases: registo da molécula da patente, testes pré-clínicos em animais, desenvolvimento clínico em humanos em pequenos números, testes em populações mais alargadas, submissão e verificação por autoridades administrativas do cumprimento de normas internacionais e nacionais para obter aprovação em termos de segurança, eficácia e qualidade. Uma segunda razão é que o período de tempo adicional em que a patente está protegida, dá direitos de monopólio à empresa farmacêutica sendo os lucros, associados a preços mais elevados, um incentivo à inovação. Contudo, uma extensão em demasia da duração da patente faz com que se reduza a disseminação dos medicamentos, pois os preços são elevados. Terminada a protecção da patente é possível desenvolver medicamentos genéricos (com o mesmo princípio activo), a preços muitíssimos mais baratos, desta forma tornando mais acessível a sua compra. Em Portugal o tempo de protecção das patentes de medicamentos é de 20 anos. Uma estratégia que a indústria pode adoptar com patentes "estreitas" é desenvolver a patente *P1* no ano t, que será protegida por esse período, e registar uma molécula muito semelhante *P2* em t + 20. Assim se prolonga a duração da patente *P* por mais 20 anos. É claro que isto beneficia a indústria, mas penaliza os consumidores que pagam preços muito mais elevados gerando, em termos agregados, uma diminuição do bem-estar social. Uma possível forma de evitar este problema é que as patentes sejam mais "largas".

O *copyright* apresenta semelhanças com o tratamento dado às patentes. Sem uma protecção dos direitos dos autores de livros, filmes, peças de teatro, o mercado fracassaria ainda que não totalmente. Haveria seguramente indivíduos que criariam as suas obras só pelo prazer da criação, mesmo sem recompensa material. Mas a existência de direitos exclusivos, mesmo que temporários, é um poderoso incentivo material para que haja mais indivíduos a produzirem novas obras. As questões essenciais que se colocam ao *copyright* são as mesmas que se colocam às patentes: qual a *duração* óptima do direito de autor e qual a sua extensão ou âmbito. No que respeita à *duração* verifica-se que a extensão dos direitos de autor nos vários países (50 a 70 anos) é tipicamente superior à das patentes (em regra cerca de 20 anos). No que respeita ao *âmbito* pode-se distinguir um âmbito *alargado* em que nenhuma utilização não autorizada de uma obra é permitida e um âmbito *estreito* onde são admitidas algumas utilizações. Livros podem ser citados em recensões ou críticas, fotocopiados em parte para fins educacionais. Filmes podem ser reproduzidos em casa sem fins comerciais, etc.

O problema essencial na era digital actual, com a facilidade de realizar cópias e contrafacções de baixo custo, é que a protecção *legal* e a monitorização são muito complicadas, as normas sociais não estão muito conformes à lei, pelo que é mais eficaz alguma forma de encriptação (ou seja exclusão tecnológica) do que exclusão legal.

Esta secção mostra a importância económica da definição de direitos de propriedade. Como referido anteriormente, uma das formas de assegurar, e transferir, direitos de propriedade é através de contratos.

4.3. Contratos, custos de transacção económicos e políticos

4.3.1. *Contratos e lei contratual*[65]

Uma formulação simples de contratos é considerá-los como *promessas mútuas* que as partes *ex ante* querem ver *implementadas* e às quais estão associadas sanções em caso de incumprimento de pelo menos uma das partes. Estas promessas mútuas devem ser realizadas com *autonomia*, *liberdade* e *ponderação* entre partes habilitadas para o fazer.

As questões fundamentais a ser respondidas são estas: Quais os elementos constitutivos de um contrato? Quais os remédios para uma quebra de promessas? Quais os remédios óptimos tendo em conta o "cumprimento óptimo" "o investimento de confiança (*reliance*)" e a "informação relevante óptima"? Como considerar "normas ausentes" nos contratos? Que normas devem estar "omissas" nos contratos e quais devem constar?

Os elementos fundamentais dos negócios jurídicos e relações contratuais assumindo a forma escrita são os seguintes:

1. A autonomia das partes
2. As vontades das partes (carácter subjectivo)
3. A declaração (carácter objectivo) – que é a expressão material ou exteriorizada, fidedigna ou não, das vontades das partes.
4. Acções – comportamentos previstos na declaração atribuíveis às partes.
5. Tempos – tempos previstos ou na declaração escrita ou em outra relevante legislação para implementar as acções referidas no contrato.

---

65 Esta secção baseia-se na abordagem da análise económica do direito (AED) em particular de Cooter e Ulen (2004) donde são retiradas as citações. Para uma boa abordagem introdutória da AED o leitor deverá consultar, em português, Rodrigues (2007). O leitor que queira aprofundar estas matérias deverá consultar essas obras.

6. Consequências das acções – *benefícios* (se positivos) ou *danos* (se negativos) nas partes ou em terceiros.
7. Terceiros – não sendo partes do negócio, estão imediatamente ou mediatamente interessados nos efeitos do negócio.

As partes podem fixar livremente, nos limites da lei, o conteúdo dos contratos, nomeadamente o conteúdo das obrigações de ambas as partes, sendo que a impossibilidade da prestação produz a nulidade do negócio. Os contratos devem ser pontualmente cumpridos e só podem modificar-se ou extinguir-se por mútuo consentimento.

Para simplificar, considerar-se-á como caso genérico que os contratos envolvem apenas duas partes: uma designada por credor (ou 1º jogador) e uma segunda por devedor (ou 2º jogador). Um exemplo simples de uma relação contratual é pagar hoje (1º jogador) para receber uma mercadoria em dois meses. Sem contrato ou sem confiança mútua, não seria possível alcançar resultados desejáveis e eficientes. Caso não houvesse confiança entre as partes ninguém pagaria hoje uma mercadoria sem a garantia de a receber no futuro, ou seja obter-se-ia uma solução não cooperativa.

Se houver contrato, e a regra de compensação em caso de incumprimento for colocar o credor na situação em que teria estado se tivesse havido cumprimento do contrato, haverá um incentivo para cooperarem havendo assim um ganho de eficiência.

"O primeiro objectivo da Lei contratual é pois permitir às pessoas cooperarem convertendo jogos com soluções não cooperativas (ineficientes) em jogos com soluções cooperativas (eficientes)."

Uma outra importante função dos contratos é incentivar os agentes a procurar a melhor informação possível até à sua celebração. O desconhecimento de uma das partes, "erro" de informação do melhor uso económico de um recurso, não é fonte de nulidade de contratos pois nesse caso estes não se fariam.

"Uma segunda função económica dos contratos é encorajar a revelação eficiente de informação no seio da relação contratual."

O "remédio" em caso de incumprimento é aproximadamente (ignorando o custo de litigância) igual ao "preço" a pagar pela parte incumpridora (devedor). O custo social do incumprimento é igual ao "custo" imposto no credor mais o custo sobre terceiros. Um remédio eficiente para a potencial quebra de contratos é pois a reparação do interesse contratual positivo através da compensação perfeita por danos esperados (*perfect expectation damages*). O objectivo é colocar o "credor" na situação em que ficaria se o contrato tivesse sido cumprido.

A reparação do interesse contratual positivo (*perfect expectation damages*) cria incentivos óptimos para o cumprimento do contrato (quando este deve ser cumprido) e para o não cumprimento quando é mais eficiente não o cumprir. Nesta situação, o "devedor" internaliza os custos do não cumprimento, pelo que só irá *não* cumprir se o custo de cumprimento fôr superior ao benefício esperado pelo "credor".

"Uma terceira função económica da lei contratual é encorajar um empenho no cumprimento óptimo dos contratos ("optimal commitment to performing")

Há vários remédios para a quebra de promessas contratuais:

1. Compensação perfeita por danos (*perfect expectation damages*) que repara o interesse contratual positivo.
2. Cláusulas contratuais que prevejam penalização/compensação em caso de incumprimento de acções geradoras de benefícios (*liquidated damages*).
3. Compensação por danos de confiança (*reliance damages)* que visa a reparação do interesse contratual negativo. O objectivo é colocar o lesado ("credor") na situação em que estaria se não tivesse depositado confiança (*reliance*) na celebração do contrato.
4. A execução específica - sentença judicial que produz os efeitos da declaração negocial do faltoso ("devedor"). (exemplo: contrato promessa de compra e venda de prédio não registado em nome de promitente vendedor em que os réus, o promitente vendedor, recusaram a celebração de escritura).

Os remédios 1), 3) e 4) são remédios extra-contratuais enquanto que 2) é um remédio inserido no contrato.

No caso de se introduzir uma cláusula contratual (2) que preveja o incumprimento das acções relevantes do negócio, ambas as partes, *ex ante,* preferirão a compensação perfeita por danos esperados, pois induz comportamento eficiente das partes. Há, contudo, vantagens e inconvenientes de introduzir essa (e outras) cláusulas contratuais em contratos que são necessariamente incompletos. A execução específica, a maior parte das vezes, não é viável, mas quando é tem propriedades interessantes. A compensação por danos de confiança (*reliance damages*) toma, como situação de referência, o momento anterior à expectativa de negócio, enquanto a compensação perfeita por danos toma, como referência, a situação que adviria do cumprimento do negócio.

Em antecipação à celebração do contrato o "credor" faz geralmente um conjunto de investimentos associados ao objecto do contrato baseado na confiança depositada em que o contrato se vai concretizar. Estes investimentos podem ser em dinheiro, tempo, esforço ou em oportunidades perdidas (a perspectiva de uma viagem turística leva a comprar guias, estudar itinerários de viagem, etc.). Havendo incerteza sobre o cumprimento do contrato, é racional aumentar esses investimentos sempre que o acréscimo esperado de valor associado ao cumprimento supere o custo adicional desse investimento.

Qual o remédio óptimo para incumprimentos de contratos na presença de investimentos baseados na confiança, ou seja que evitem quer sobreconfiança (*overreliance*) quer subconfiança (*underreliance*)? Aqui duas possibilidades se oferecem: a compensação por danos simples, isto é a compensação pelos danos causados pelo nível efectivo de investimento derivado de confiança, ou, em alternativa, a compensação por danos perfeita, isto é a compensação pelos danos que seriam causados caso o "credor" tivesse adoptado o nível óptimo de investimento derivado de confiança.

A compensação por danos *simples* leva a que o "credor" esteja totalmente coberto do risco de investimento excessivo em confiança pois sabe que esse investimento, qualquer que seja, será recuperado em caso de incumprimento pelo "devedor"; leva a um nível excessivo de confiança, logo a um nível excessivo de danos em caso de incumprimento. Por seu turno a compensação por danos *perfeita* leva a um nível óptimo de investimento derivado da confiança; visto que o montante é fixo e não altera as condições marginais do credor, que optimiza para o mesmo nível de investimento.

"O quarto objectivo da lei contratual é incentivar um nível óptimo de investimento derivado da confiança."

Considere-se um *contrato completo* aquele que, após apreciação de todas as possíveis contingências futuras, estabelece cláusulas cobrindo a partilha de risco entre as partes, na eventualidade de algumas dessas contingências virem a ocorrer.

Não há, contudo, contratos completos, pois estes só se fariam se os custos de transacção fossem nulos. *Todos os contratos são assim incompletos*, ou imperfeitos. Não só é impossível prever todas as contingências futuras, como é muito custoso obter informação. Os contratos incompletos derivam pois de custos de transacção positivos e podem derivar também de irracionalidade de alguma (ou ambas) as partes.

Os contratos incompletos afectam e contemplam alguns riscos, mas são omissos relativamente a outros riscos. Caso *ex ante* os riscos não sejam previstos, e se verifiquem as respectivas contingências, então haverá lugar *ex post* a perdas de uma ou ambas partes. As omissões podem ser:

– não intencionais por desconhecimento de ambas as partes
– deliberadas por *mútuo acordo* entre as partes,
– deliberadas *por uma parte* com desconhecimento da outra parte.

Relativamente aos contratos incompletos podem-se colocar duas questões fundamentais:

- quando é que vale a pena introduzir claúsulas para contemplar riscos e quando é melhor não o fazer?
- como devem os legisladores e os tribunais actuar em relação às *lacunas* nos contratos?

Se o custo de afectar o risco for maior que o produto do custo de afectar a perda pela sua probabilidade, dever-se-á deixar uma lacuna no contrato. Em caso contrário, dever-se-á introduzir uma cláusula para cobrir o risco.

As "lacunas" nos contratos são por vezes preenchidas *por defeito* por outra legislação relevante. Nesse caso não se trata de verdadeiras lacunas pois aquilo que não está estipulado no contrato encontra-se vertido numa "lei geral" (por exemplo Código Civil). Se as normas contidas na lei são *imperativas* relativamente à consideração e partilha do risco que se está a considerar, então elas sobrepõem-se necessariamente a qualquer norma que possa estar no contrato e funcionam como regras imperativas. Caso as normas contidas na lei sejam *indicativas,* funcionam como regras por defeito, e podem ser contrariadas por normas estabelecidas nos contratos (com um custo de negociação).

Se a lei estabelece normas aplicáveis por defeito eficientes, então há poupança de custos de negociação pois não é necessário introduzir essas cláusulas. Se a lei estabelece normas aplicáveis por defeito ineficientes, então há necessidade de redigir essas cláusulas e haverá custos de negociação dessas cláusulas.

"O quinto objectivo da "lei contratual" é minimizar os custos de transacção associados com a elaboração de contratos."

4.3.2. *Custos de transacção "económicos"*

Na opinião de Kenneth Arrow os custos de transacção são o custo de fazer funcionar o sistema económico ou seja o equivalente à fricção no sistema económico. Por seu turno Douglas North define-os como "os custos de *medir os atributos* com valor daquilo que é trocado, os custos de *proteger direitos* e os custos de *implementar acordos*. Estes custos de medida e de implementação são as fontes das instituições sociais, políticas e económicas".[66] Como se verá o conceito de custos de transacção é essencial para o estudo das organizações.

---

66 *Itálico nosso.* Douglas North (1990a) p. 27.

Aos *custos de produção*, os únicos considerados na teoria económica neoclássica, a nova economia institucional adiciona *os custos de transacção.* Os custos de transacção dependem dos contratos e de outros factores e podem ser *ex ante* ou *ex post.*

Os primeiros são os custos que se incorrem até à celebração de um contrato e que incluem, entre outros, os custos em tempo e recursos envolvidos na negociação e na elaboração do contrato. É preciso ter uma ideia clara do que se está a negociar, as características do bem, do serviço ou do acordo. Em muitas situações existem custos consideráveis apenas para se determinar os atributos do bem ou serviço que é negociado. É necessário, quando duas partes beneficiam de um acordo, que haja um consenso acerca da divisão dos ganhos da troca e finalmente redigir as cláusulas desse contrato.

Custos de implementação do contrato que são essencialmente de *monitorização* e de negociação quando, *após* a realização de contrato, as condições se alteram havendo necessidade de revisão de preços ou de custos. Poder-se-á ainda incluir os custos de instalação e funcionamento de entidades mediadoras de conflitos.

Baixos	**Altos**
1. Bens estandardizados	1-Bem ou serviço único
2. Direitos simples e claros	2. Direitos complexos e incertos
3. Poucos agentes	3. Muitos agentes
4. Relações amigáveis	4. Relações hostis
5. Relações familiares	5. Relações não familiares
6. Comportamento razoável	6. Comportamento errático
7. Troca imediata	7. Troca diferida
8. Nenhuma contingência	8. Várias contingências
9. Baixo custo monitorização	9. Alto custo monitorização
10. Punição barata	10. Punição cara

Fonte: Cooter e Ulen (2004)

Quadro 4.1 – Factores que afectam os custos de transacção

Cooter e Ulen (2004) têm uma interessante classificação das situações em que os custos de transacção são baixos e altos. Embora só equacionem os custos de transacção "económicos" facilmente se verifica que também se aplicam aos custos de transacção políticos. Se um bem ou serviço é facilmente mensurável e é estandardizado, os custos de transacção serão obviamente mais baixos do que se tratar de um bem único (ex. obra de arte). Uma atribuição clara de direitos de propriedade relativamente a um bem facilita as transacções. Do mesmo modo têm custos de transacção menores, transacções em que a determinação dos termos contratuais envolvem poucos agentes, situações em que há relações amigáveis ou de familiaridade entre os agentes, pois propiciam a confiança mútua. Os custos são baixos também nos casos em que a troca é imediata, há poucas contingências possíveis, os agentes têm comportamentos razoáveis e previsíveis e é fácil a monitorização.

Quando há uma tarefa a fazer, um bem a produzir, um mal a evitar, ou um efeito externo a incentivar, todas estas acções podem realizar-se de diferentes formas: com contratos explícitos ou implícitos entre vários agentes, através do mercado (sistema de preços), através de uma organização de certo tipo (empresa, associação ou burocracia estatal), simplesmente através de uma rede de relações inter-pessoais ou, em última análise, de forma individual.

A *economia dos custos de transacção* sugere que a forma institucional com que se resolve o problema de como desempenhar uma tarefa, tem a ver com a *minimização de custos de transacção.* Ou seja, escolher-se-ia o arranjo institucional, o modelo de governação e o tipo de direitos de propriedade que minimizassem esses custos de negociação e monitorização, e de sancionar não cumpridores.

Esta abordagem tem sido bastante fecunda tendo mesmo norteado as pesquisas de alguns importantes economistas, pelo que vale a pena analisar o seu potencial poder explicativo. Como referimos em várias partes deste livro, a *tese* de que as estruturas de governação ou o desenho institucional das organizações (quer internamente quer na relação que estabelecem com outras) é norteado pelo objectivo de minimizar os custos de transacção será, por nós, considerado apenas como *uma* hipótese.[67]

---

67 Os autores que mais de perto associamos com esta abordagem são Ronald Coase e Douglas North. Este autor reconhece (North 1990a p. 52) que a ideia de que os direitos de propriedade se alteravam para se tornar mais eficientes norteou a sua pesquisa (North e Thomas 1973), Contudo, em 1981 alterou a sua abordagem (North, 1981) dando conta da persistência de direitos de propriedade ineficientes. Elinor Ostrom também defende que os direitos de propriedade podem ser ineficientes. Esta é também a nossa perspectiva (ver secção 4.4).

4.3.3. *O teorema de Coase e a importância dos custos de transacção*

Um importante resultado da economia dos custos de transacção é aquilo que ficou conhecido como "teorema de Coase". O seu argumento é que se os direitos de propriedade estiverem bem determinados e *se não houver custos de transacção* os recursos irão para quem mais os valorizar. O teorema pode ser ilustrado com o seguinte exemplo. Considere-se que um empresário pretende instalar uma fábrica que irá poluir a atmosfera em função do nível (maior ou menor) de produção. Ao pé do local onde se irá instalar essa fábrica reside uma comunidade de indivíduos. À medida que a poluição aumenta o desagrado dos residentes vai aumentando e os custos que suportam vão sendo superiores; pelo contrário os benefícios adicionais do empresário são superiores, mas a uma escala cada vez menor, isto é os benefícios marginais para o empresário são decrescentes. Esta situação está ilustrada na figura 4.1. Considerando simultaneamente os benefícios para o empresário e os custos para os residentes é possível demonstrar que o nível óptimo de poluição P* é o que corresponde à igualdade entre os benefícios marginais para a empresa e os custos marginais para os residentes.

Coase mostra que, independentemente da determinação legal dos direitos de propriedade, a situação eficiente será alcançada *se não houver custos de transacção.*[68]

Uma situação possível é o governo atribuir a licença à empresa, o que significa atribuir os direitos de poluir à empresa. Neste caso não havendo negociação com os residentes, e sem uma ética empresarial, a empresa iria poluir o máximo (*Pmax* na figura). Facilmente se verifica que se os moradores (através da autarquia por exemplo) compensassem financeiramente o empresário para reduzir a poluição para P* ambos ganhariam pois os residentes ganhariam *d+e*, enquanto o custo total para o empresário seria *d.*[69]

---

[68] O teorema de Coase, foi rapidamente divulgado e expandido por autores neo-liberais ou libertários pois sugere a redução da necessidade de intervenção estatal. Ao sugerir que podem existir soluções de mercado eficientes para internalizar externalidades está a reduzir a necessidade de intervenção do estado na economia.

[69] Isto significa que qualquer compensação *c1* que satisfizesse $d < c1 < d+e$, seria satisfatória para ambos. Para desenvolvimentos ver Pereira et al. (2007), cap. 5.

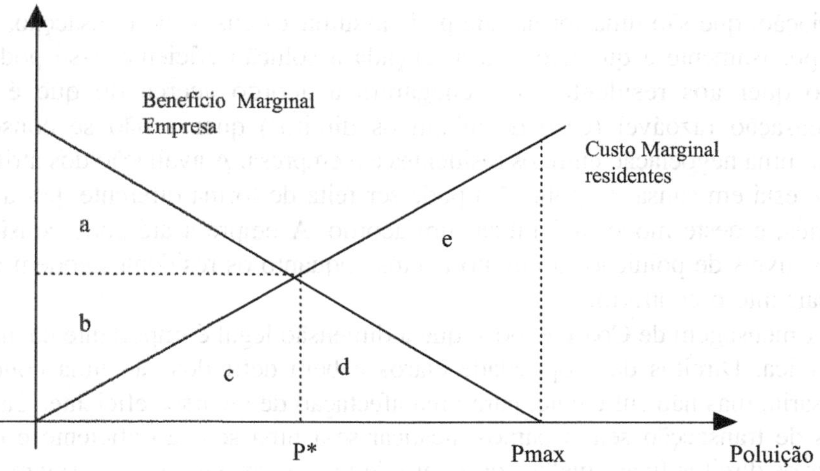

Figura 4.1 – O teorema de Coase

Inversamente, se fossem atribuídos aos residentes os direitos (de propriedade) de terem uma atmosfera totalmente limpa, o início da negociação seria na situação de não poluição (P=0). Do mesmo modo se pode verificar que o aumento da poluição para P* teria vantagens para ambos com uma apropriada compensação, pois os benefícios totais para a empresa seriam de *a+b+c* e os custos para os residentes apenas de *c*.

O teorema de Coase é pois a constatação de que, *independentemente da atribuição inicial dos direitos de propriedade,* a solução óptima para o problema de uma externalidade entre agentes económicos será alcançada voluntariamente por mútuo acordo, sem necessidade de um terceiro agente, *desde que não hajam custos de transacção* (nomeadamente de negociação). Isto significa que a eficiência conjunta seria maximizada, mas obviamente que os efeitos distributivos seriam distintos. Uma consequência imediata é que o regime legal tem efeitos claros na distribuição de rendimento, pois quem beneficia é quem detém os direitos.

Aquilo que a generalidade dos micro-economistas utilizou do teorema de Coase é que, em certas situações, sem intervenção posterior do Estado, a própria negociação entre os agentes económicos leva a soluções eficientes.

Contudo, na opinião do próprio Coase, aquilo que ele pretendeu transmitir é, em certa medida, precisamente o contrário.[70] A existência de custos de

70 Ver Coase 1988 pgs 157 e segs.

negociação, que são uma forma que pode assumir os custos de transacção, pode levar precisamente a que não seja alcançada a solução eficiente. Isso pode ser devido quer aos residentes não chegarem a acordo acerca do que é uma compensação razoável (caso detenham os direitos) quer a não se conseguir realizar uma negociação entre os residentes e a empresa. A avaliação dos atributos do que está em causa (a poluição) pode ser feita de forma diferente, por ambas as partes, e deste modo inviabilizar um acordo. A empresa até pode considerar que os níveis de poluição são muito baixos enquanto os residentes podem achar precisamente o contrário.

A mensagem de Coase é, pois, que a dimensão legal é importante na análise económica. Direitos de propriedade claros e bem definidos são uma condição necessária, mas não suficiente, para uma afectação de recursos eficiente. Caso os custos de transacção sejam baixos alcançar-se-á uma solução eficiente e quem detiver os direitos ficará melhor do ponto de vista distributivo. Caso sejam altos, não haverá negociação, ou ela fracassará, prevalecendo uma afectação de recursos ineficiente. Quem detiver os direitos fará pleno uso deles, mas não receberá compensação.

4.3.4. *Direitos de propriedade e custos de transacção "políticos"* [71]

A análise feita anteriormente pode estender-se, com as devidas adaptações, à esfera política. Neste sentido tem havido um desenvolvimento recente do conceito de "custos de transacção políticos".[72] Obviamente que este conceito pressupõe encarar, e modelizar, o processo político como envolvendo trocas. Esta tem sido a abordagem da "nova" economia política.

Douglas North (1990) e Avinash Dixit (1996) desenvolveram o conceito de custos de transacção políticos, entendendo-o uma adaptação à esfera política do conceito económico de custos de transacção.

---

[71] Esta secção baseia-se numa primeira reflexão sobre esta temática abordada em Pereira, P. (2008) e aplicada ao problema da descentralização em Portugal e da regionalização.

[72] Ver, por exemplo, North (1990) e Dixit (1996), apesar do conceito já estar implícito em Buchanan e Tullock (1962) e mesmo mais atrás em Wicksell (1896). A análise introdutória nesta secção retoma as ideias desenvolvidas em Pereira, P. (2008) e permite um enquadramento geral da problemática. Na Parte II do livro (cap. 6) aplica-se o conceito de "custos de transacção políticos" para explicar a incapacidade das reformas na administração pública. Para uma análise mais detalhada de alguns factores que dão origem aos custos de transacção políticos, bem como algumas soluções para os mesmos ver a Parte III do livro. Uma aplicação do conceito ao problema das empresas municipais *vs.* Gestão directa municipal pode ser encontrada em Tavares, A. e Camões, P. (2007).

Para Douglas North, os países que evidenciaram maior desenvolvimento económico, foram os que conseguiram desenhar instituições que geram uma estrutura de incentivos capazes de promover as actividades produtivas e desincentivar as actividades improdutivas (o *rent seeking*). Este enquadramento institucional é decisivo para compreender a distinção entre umas e outras.

Na esfera política, caracterizada por uma divisão de poder determinada *endogenamente* pela Constituição e por outra legislação relevante, os actores têm diferentes "direitos de propriedade". Se existem situações de conflito e de predomínio de uma facção da sociedade por outra, existe também, em grande medida, compromisso e troca. A troca, em política, pode fazer-se internamente a cada partido político, entre diferentes partidos (*logrolling*), entre o parlamento e o executivo, entre este e a administração, etc.

Apesar da aplicação deste conceito ser recente, a problemática subjacente é antiga e vem, como não poderia deixar de ser, de pensadores ou políticos da altura das revoluções francesa e americana: Montesquieu, Condorcet, Jefferson ou Madison. Montesquieu com a teoria da separação de poderes: legislativo, executivo e poder judicial; Condorcet com o desenvolvimento do paradoxo do voto e dos ciclos de votação e Jefferson e Madison, assim como os restantes autores dos *Federalist Papers,* com a extensão e desenvolvimento do pensamento constitucional, incluindo o federalismo, com o parlamento bicameral a nível federal e uma estrutura vertical de separação de poderes.

Aquilo que é comum a estes autores é pensarem as regras do jogo político e de como elas podem levar a custos maiores, ou menores, de decisão política. Este é, aliás, um dos mais importantes custos de transacção políticos: o custo da tomada de decisão. Genericamente, pode-se afirmar que os custos de transacção políticos são *maiores*:

- em democracia do que em ditadura.
- com separação de poderes (executivo, legislativo, sistema judicial) do que com concentração de poderes.[73]
- quando os partidos têm menor disciplina de voto.

---

[73] Assume-se aqui que a separação de poderes nunca é total, pelo que apesar da separação há sempre algum grau de "interferência" de um poder num outro poder. Esta situação é ainda agravada no caso português, em que, quer o parlamento quer o governo têm funções legislativas. Tanto assim é, que embora caiba a estes legislar o Presidente tem direito de veto (não promulgar). Do mesmo modo o Tribunal Constitucional pode julgar inconstitucionais certos diplomas. Por vezes quando existe alguma "interferência" o poder contrariado refere-se ao outro como "força de bloqueio".

- quando é maior a fragmentação partidária no parlamento (número efectivo de partidos)
- em regimes unitários do que em regimes federais (bem desenhados constitucionalmente)
- em parlamentos bicamerais do que em unicamerais,
- em decisões que são aprovadas em assembleias representativas em contraposição do que naquelas em que é necessário o recurso a um referendo.
- onde não há adequação territorial entre a estrutura administrativa (desconcentração administrativa) e a estrutura territorial da descentralização política.
- onde não há adequação territorial entre a estrutura interna dos partidos e a estrutura da descentralização política.
- quando se aumenta a regra mínima para se tomar decisões colectivas (e.g. a passagem da maioria relativa, para absoluta para qualificada).
- quando é maior a assimetria de informação entre o "principal" (administração central) e o(s) agente(s) (administração regional ou local).

Considere-se a escolha constitucional das regras de decisão numa assembleia, que vão basicamente da maioria relativa à unanimidade, passando pela maioria absoluta e qualificada. Neste processo de aumento da maioria necessária para a aprovação de uma proposta, os custos de tomada de decisão aumentam com essa maioria podendo eventualmente ser infinitos no caso da unanimidade, dado o poder de veto de todo e qualquer indivíduo na assembleia representativa. À medida que se aumenta a maioria necessária para tomar decisões, diminui a minoria de bloqueio, pelo que a possibilidade de tomar decisões diminui. Os "pais" da Constituição Americana estabeleceram que a maioria relativa é suficiente para certo tipo de decisões, sendo necessária para outras a maioria absoluta e ainda para outras a maioria qualificada. Ou seja estabeleceram regras associadas a crescentes custos de transacção políticos, pois, do seu ponto de vista, a resolução de diferentes tipos de decisão deveria ser de acordo com regras diferentes. Esta perspectiva foi formulada inicialmente por Knut Wicksell 1958 [1896] e depois desenvolvida por Buchanan e Tullock (1962).

No essencial, quer decisões sobre o "contrato social" (constituição ou revisões da mesma), quer sobre bens públicos *nacionais* devem ser decididas através da maioria qualificada, enquanto que decisões de natureza redistributiva por maiorias simples ou absolutas. Aliás, Buchanan e Tullock vão ainda mais longe ao afirmar que a única forma de saber se uma decisão é do *interesse público*, e não redistributiva, é precisamente exigir que essa seja tomada por maioria qualificada. A posição que temos vindo a defender (ver Pereira et al. 2007 e Pereira 2007) é mais alargada e algo diferente desta. É útil a existência de maiorias qualificadas, mas não se deve menosprezar o papel essencial da *deliberação pública* como teremos ocasião de explicar neste livro. [74]

Na óptica dos custos de transacção, a existência de partidos políticos no parlamento é semelhante, no espaço político, ao papel das empresas no mercado. São formas de minimizar os custos de transacção, mais concretamente os custos de deliberação e negociação. Basta pensar no que seriam os custos de tomada de decisão, caso houvesse duzentos e trinta deputados independentes no parlamento, em vez do mesmo número integrado em cinco grupos parlamentares; ou no que são os actuais problemas das instituições europeias para se adaptarem à passagem de 6 para 15 países e de 15 para 27 membros. Se os partidos facilitam a diminuição dos custos de negociação parlamentar, também se estruturam de modo a minimizar os custos internos de deliberação. Na realidade qualquer partido tem que tomar internamente decisões colectivas não só sobre estratégia política geral como também sobre propostas sectoriais (segurança social, saúde, educação), e propostas de âmbito regional e local. Tem ainda que escolher candidatos para as eleições locais e legislativas. A forma como os partidos se estruturam adapta-se, assim, à estrutura administrativa do país, por um lado, por outro às circunscrições do sistema eleitoral. Assim reduzem-se os custos de selecção de candidatos por parte dos partidos para ocuparem lugares de natureza distrital, como sejam os lugares de deputados (ver capítulo 14). Tem, contudo, custos adicionais, pois dificulta reformas administrativas (ver capitulo 6) ou reformas do sistema eleitoral (ver capítulo 13).

Esta breve incursão pelos custos de transacção políticos mostra que, para além das semelhanças há diferenças fundamentais entre os custos de transacção económicos e políticos, quer do ponto de vista de análise positiva quer normativa. Do ponto de vista positivo os custos de transacção políticos são em geral muito superiores aos custos de transacção económicos, por variadas razões. Os direitos de propriedade intelectual são incertos (quantas vezes um partido que defendia uma proposta, na oposição, passa a estar no governo e adopta como sua a proposta do outro partido que o antecedeu no governo?), as promessas eleitorais não são contratualizadas (prometem baixar-se impostos e aumentam-se depois das eleições), existem múltiplas clientelas (*constituencies*) a satisfazer, por vezes com interesses contraditórios; há sempre muitas contingências inesperadas (ex: o

---

[74] Buchanan que é um contratualista, bem como a maioria dos autores da escola da *public choice* dão ênfase ao efeito *exclusivo* das *regras* sobre o comportamento dos agentes, posição que não partilhamos. No capítulo 14 desenvolveremos a nossa perspectiva sobre o papel das regras e da deliberação pública.

défice afinal era superior ao previsto), e a monitorização é bastante difícil devido a problemas de informação assimétrica entre o legislativo e a administração.

As diferenças residem, também na análise normativa. O ideal, como se viu na secção anterior, é que os custos de transacção económicos sejam baixos. Desse modo, é possível separar equidade de eficiência e escolher a melhor opção em termos de *ambos* os critérios. A equidade é alcançada pela atribuição dos direitos de propriedade a uma das partes, e a eficiência é sempre alcançada com custos de transacção nulos (teorema de Coase). Já no caso do processo político, o ideal *não* é que em todas as situações os custos de transacção sejam nulos ou baixos. Antes pelo contrário, a separação de poderes entre órgãos de soberania é uma forma deliberada de aumentar os custos de transacção.

4.4. Conclusão

As instituições funcionam na base da distribuição de um conjunto de direitos de propriedade. A forma como as instituições se estruturam determina um conjunto de relações sociais, e de transacções, que se estabelecem na base dos direitos que cada agente possui.

No mercado, a atribuição inicial dos direitos de propriedade determina, desde logo, um efeito distributivo. Quem detém mais direitos possui maior rendimento, ou riqueza. A presunção de que o funcionamento do mercado levaria *sempre* a um uso eficiente dos recursos, ou seja, a sua atribuição aos agentes que mais os valorizam, foi criticada. Isso é verdade na ausência de custos de transacção, nomeadamente para muitos bens privados, mas já não quando tais custos são significativos. Do mesmo modo se criticou a hipótese que a evolução da estrutura de direitos de propriedade é sempre no sentido de maior eficiência. Há casos em que tal acontece e há casos em que tal não acontece. Tudo depende, em grande parte, dos custos de transacção, isto é, dos custos de se avaliar o que pode ser transaccionado, do acordo em relação à repartição dos ganhos da troca, da elaboração de contratos, da sua monitorização.

As instituições evoluem quer no sentido de minimizar os custos de transacção, quer por razões distributivas. Qualquer que seja o *status quo* institucional, existe uma distribuição de rendas associadas a essa situação. Assim, uma alteração do *status quo* pode ser explicada por razões de melhoria da eficiência da instituição. Contudo, essa alteração, no sentido de melhorar a eficiência, pode ser bloqueada porque a estrutura de direitos de propriedade existente gera rendas para um conjunto de agentes que as perderiam em caso de mudança institucional.

5. Agência, informação assimétrica e governação

Os contratos incompletos nas organizações, e a informação assimétrica entre os agentes dão origem a dois tipos de problemas importantes: o risco moral, associado à dificuldade de observar as acções dos agentes, e a selecção adversa, ligado à incapacidade de identificar as características dos agentes. Este problemas têm sido tratados, num quadro teórico conhecido como teoria da agência. Este quadro conceptual é útil quer no contexto de instituições mercantis (empresas) quer não mercantis (administração pública por exemplo) e traduz-se em estruturas de governação específicas.

Com os desenvolvimentos conceptuais do capítulo 4, sobre contratos e custos de transacção, e com a teoria da agência introduzida neste capítulo, é possível aprofundar a análise institucional e responder a um conjunto de problemas adicionais. Porque existem empresas? Porque é que em certas situações a empresa decide adquirir no mercado certos bens ou serviços, e noutras decide obtê-los através da sua própria produção? Porque é que há actividades que são realizadas pelo Estado e outras por organismos voluntários? Quais os factores que condicionam a evolução das organizações?

5.1. A teoria da agência

A *teoria da agência* foi desenvolvida sobretudo no quadro de actores racionais e egoístas (oportunistas mesmo) onde as preferências do agente são distintas do principal. A heterogeneidade de preferências e um certo grau de egoísmo dos agentes é uma característica necessária para se aplicar a teoria.[75]

[75] Os problemas conhecidos como de agência têm sido abordados sobretudo por autores que se inserem, ainda que de forma heterodoxa, dentro do paradigma neoclássico, ou seja no quadro estrito de indivíduos racionais e egoístas, ainda que com racionalidade limitada.

Uma *relação de agência* estabelece-se entre um indivíduo ou instituição (o principal) que transfere direitos noutro (o agente) que supostamente actua em função dos objectivos do principal a troco de contrapartidas (pecuniárias ou não).

Principal	Agente
Cidadão	Deputados
Deputados	Governantes
Governantes	Dirigentes Administração
Dirigentes Administração	Funcionários Públicos
Accionistas Empresa	Membros do Conselho de Administração (CA)
Membros do CA	Directores
Directores	Trabalhadores
Sócios de Associação	Dirigentes Associativos
Dirigentes Associativos	Funcionários da Associação

Quadro 5.1 – Principais e agentes

Os cidadãos votam em deputados que são eleitos para o parlamento para, entre outras coisas, produzirem leis, que beneficiarão esses mesmos cidadãos. Neste sentido os primeiros elegem os segundos e estes são os agentes nesta relação. Por outro lado, o governo, na sua acção executiva cabe-lhe a responsabilidade de implementar e por vezes regulamentar essas leis. Nesse sentido o governo pode ser entendido como o agente do parlamento que actua como principal nessa relação de agência. Por seu turno na sua relação com os dirigentes da administração estes podem ser considerados como os agentes daqueles. Outros casos são considerados acima, quer no contexto de empresas, quer de associações voluntárias.

As relações de agência podem ser intra-institucionais, ou seja caracterizar-se por relações entre indivíduos no seio de uma instituição, inter-institucionais quando envolvem duas instituições (governo e institutos públicos por exemplo) ou entre indivíduos e instituições (cidadãos e parlamento por exemplo). Numa organização, em particular numa estrutura hierárquica, quase todos os indivíduos estão na dupla qualidade de principais e agentes, pois cada um pertence a um elo de uma cadeia de relações.

Principal ◄────────► Agente
(–) (+)

A relação de agência contém em si a potencialidade de o agente adoptar um comportamento oportunista, isto é prosseguir os seus objectivos pessoais e não os contratualizados (formal ou informalmente) com o principal e isto é possível desde que haja informação assimétrica e custos de monitorização.

Os agentes podem tomar partido de *mais informação* para actuarem em seu benefício, mas não do principal. A hipótese de base é que quer as *características* quer o *comportamento* do agente não podem ser observadas, na sua totalidade, pelo principal, pelo que não serão totalmente reveladas. Esta omissão de informação por parte do agente dá origem a que qualquer contrato (a existir) seja forçosamente incompleto e que possam surgir dois tipos de problemas: a *selecção adversa* e o *risco moral*. O comportamento oportunístico do agente impõe custos no principal, pelo que o papel dos contratos, quando existem, é tentar mitigar esse tipo de comportamento. Quanto mais difícil fôr medir o "*output*" associado ao comportamento do agente, mais difícil será a elaboração desse contrato.

5.2. O problema do risco moral

Um dos problemas a que pode estar associado uma relação de agência é conhecido como problema do *risco moral*. A racionalidade é simples: se o agente não está em consonância com os interesses do principal e se existe uma relação de informação assimétrica entre eles no sentido em que o principal tem menor informação e não consegue discriminar em que medida os resultados associados à actividade do agente dependem apenas da sua acção ou de outros factores exógenos, então o principal não poderá penalizar o agente caso haja uma redução desse resultado. Há pois um "risco moral" associado.

Por exemplo, considere-se uma entidade fiscalizadora da qualidade alimentar de cantinas e restaurantes. O dirigente desta entidade é o principal na sua relação com o fiscal, o agente. Este levanta autos de notícia, sempre que detecta situações irregulares, com vista a um eventual pagamento de uma coima. Claro que o número de autos de cada fiscal depende do número de infracções, mas também do esforço empregue em detectar situações irregulares, sendo que este esforço é, por hipótese, uma variável não observável. Quando aumenta o número de autos, isto pode dever-se ao aumento de infracções, ao aumento do esforço do agente fiscalizador ou a ambos os acontecimentos. Contudo, não é possível discriminar o efeito de cada um deles.

O *problema do risco moral*, também designado de *acção escondida*, deriva fundamentalmente de dois factores. O principal é incapaz de observar o comportamento do fiscal e portanto em caso de auto é incapaz de distinguir aquilo que é fruto de esforço individual do fiscal, daquilo que aconteceria em qualquer caso, pois a infracção era demasiado evidente para ser detectada mesmo sem fiscal. A teoria assume que há um benefício individual em realizar pouco esforço.[76] Desta forma o fiscal pensa que poderá ganhar em ser descuidado pois a direcção não conseguirá discernir esse comportamento. Na realidade não é isso que acontece em situações onde é possível medir o *output* de forma directa ou mesmo indirecta. As consequências do comportamento do risco moral são diferentes consoante se trate de organizações em que é possível *quantificar o output* das em que *tal não é possível.*

A análise tradicional do risco moral aplica-se a situações em que é possível quantificar os resultados agregados de uma dada actividade (caso dos seguros). Neste caso os contratos que serão oferecidos serão contratos actuarialmente justos. Isto é, o valor do prémio de seguro (x) iguala o produto da probabilidade de ocorrência (p) pelo valor da compensação dos danos em caso de ocorrência (y). Ou seja o prémio iguala o valor esperado da compensação em caso de existirem danos cobertos pelo seguro. Por exemplo, o prémio deverá ser de cinquenta euros, para um risco de roubo de um bem de mil euros e uma probabilidade de furto de cinco por cento.[77] Agora pense-se que a probabilidade de furto depende do indivíduo ser ou não cuidadoso. Assim o prémio de cinquenta euros corresponde ao contrato c1, quando o indivíduo é cuidadoso, mas caso não seja cuidadoso, a probabilidade de roubo aumenta para dez por cento e o prémio para cem euros (contrato c2).

	C1(50) (Bom)	**C2 (100)(Mau)**
Cuidadoso	950 ; 0	900 ; 300
Descuidado	950+10 ; -30s	900+10 ; 0

Quadro 5.2 – O problema do risco moral com quantificação dos resultados (agregados)

---

76 Note-se que esta hipótese deriva do postulado do *homo oeconomicus.*

77 Está-se aqui a assumir que não há custos administrativos. Para o desenvolvimento desta problemática ver Pereira, P.T. *et al.* (2007). Para simplificar assumimos aqui que as unidades monetárias u.m. correspondem à utilidade individual e que o benefício de ser descuidado traduz-se em 10 u.m.

Em condições de informação *simétrica* onde o comportamento dos indivíduos segurados fosse observado, seria oferecido o contrato mais vantajoso (c1) para o agente cuidadoso e o contrato pior (c2) ao agente descuidado. Nesse contexto estar-se-ia nas células da diagonal. A empresa não teria lucros anormais pois o prémio era actuarialmente justo, o segurado descuidado teria o pior contrato, mais o benefício de ser descuidado (10), e o cuidadoso o melhor contrato.

Contudo, com informação *assimétrica* é fácil perceber que a estratégia dominante para a empresa é fornecer o pior contrato e a estratégia dominante para o segurado é ser descuidado. Note-se que este equilíbrio é inferior ao que aconteceria se o indivíduo fosse cuidadoso e obtivesse o melhor contrato (*c1*). Estar-se-ia pois na presença de um dilema do prisioneiro. O risco moral provoca assim uma situação ineficiente, pois todos poderiam ficar melhor, ou pelo menos ninguém ficar pior.

Contudo, se não é possível quantificar os resultados, caso de algumas instituições não mercantis, a situação é diferente.

	C1(50) (Bom)	**C2 (100)(Mau)**
Diligente	950 ; ?	900 ; ?
Preguiçoso	950+10 ; ?	900+10 ; ?

Quadro 5.3 – O problema do risco moral sem quantificação dos resultados (agregados)

Se se passar do contexto mercantil de uma empresa para o contexto não mercantil de um organismo da função pública há várias adaptações que é necessário fazer. Em primeiro lugar, o *resultado final* em geral não é mensurável, muito embora, por vezes, seja possível quantificar *resultados intermédios*. Em segundo lugar, não há lucros nem prejuízos. O dirigente não sabe se está a oferecer um bom contrato a indivíduos trabalhadores e dedicados ou a indivíduos que não se aplicam. Em terceiro lugar não há um número significativo de contratos individuais de trabalho, mas antes concursos e nomeações para o quadro.[78] Finalmente os salários, não constam de contrato individual sendo antes

[78] Esta situação está, contudo, a ser alterada como se pode ver pela reforma em curso da administração pública (ver capítulo 6).

negociados colectivamente entre o governo e os sindicatos do sector. O que significa que o "contrato" resultante pode ser bom ou mau para o trabalhador dependendo da capacidade de negociação de *ambas as partes*. Mesmo com estas diferenças podemos dizer que o problema do risco moral se mantém. Como o salário em nada depende da *performance* ou produtividade do trabalhador, apenas os incentivos "internos" deste o levarão a cumprir diligentemente o seu dever. Na ausência ou fraqueza destes incentivos, os incentivos externos levam a que adopte o comportamento não esforçado, *qualquer que seja o contrato que politicamente seja negociado.*

Apesar do primeiro exemplo ter sido dado em termos de empresa e segurados, pode-se também aplicar a relações de agência entre accionistas e membros do conselho de administração de empresas, sendo que agora estes são os agentes e aqueles os principais. Do mesmo modo o segundo exemplo, na administração pública, considerou a relação de agência entre dirigentes da função pública e funcionários. Mas pode ser adaptado à relação entre os governantes e os dirigentes da administração, sendo neste caso estes os agentes e os que podem adoptar comportamentos "preguiçosos", isto é não adequados às preferências e aos objectivos dos governantes.

5.3. A selecção adversa

O problema da selecção adversa assume uma forma primordial quer nos mercados quer na função pública, embora a sua origem esteja na aplicação aos mercados de carros em segunda mão. Neste mercado, considere-se que há bons e maus carros e que o valor de mercado de um dado modelo e marca é dado pelo valor médio dos carros que estão no mercado. Os que detêm bons carros em segunda mão (nunca sofreram um acidente, foram a todas as revisões, etc.), atribuem um valor superior ao seu carro do que o valor que os potenciais compradores atribuem, pois não conseguem observar as características do veículo. Dado o valor de mercado ser um valor médio consideram que as ofertas que lhe são feitas estão abaixo da sua disposição para vender. Em contrapartida os possuidores de maus carros em segunda mão, ficarão satisfeitos com as ofertas que lhes farão pois estarão acima do valor que eles próprios atribuem ao carro. Em consequência, haverá cada vez menos bons carros em segunda mão no mercado e mais maus carros, sendo este fenómeno conhecido por selecção adversa.[79]

[79] Ver o artigo de Akerlof (1970), "The Market for Lemmons". Akerlof ganhou, com J. Stiglitz e Spence, o Prémio Nobel da Economia, pelas contribuições para a teoria da informação assimétrica, em parte por este seu artigo pioneiro.

A *selecção adversa* resulta de que, sempre que *não há* discriminação de preços ou remunerações em função de diferenças na qualidade, haverá uma selecção adversa em que os produtos ou agentes de melhor qualidade saem do mercado (produtos) ou da organização (agentes), ficando os de pior qualidade.

A *selecção adversa* nas organizações (públicas ou privadas) deriva do facto de que parte das características individuais dos agentes (sejam dirigentes ou trabalhadores) não é observável pelo que as respectivas remunerações, traduzidas nos contratos, nunca podem traduzir diferenças de qualidade dos gestores, dirigentes ou trabalhadores. O facto de se ter ou não uma licenciatura e em caso afirmativo a média da licenciatura, não é um indicador muito fiável dessa qualidade. Se a remuneração que for oferecida for uma remuneração média isso significa que os bons indivíduos podem não ser seleccionados, sendo antes os piores, para quem o contrato será atractivo. O problema coloca-se não só na selecção, mas também na permanência da organização. O efeito da *selecção adversa* no mercado de trabalho é o de que bons profissionais podem não ser seleccionados e que havendo uma organização que trata todos por igual não discriminando minimamente pela qualidade e empenho dos profissionais, os primeiros a sair serão precisamente os melhores.

5.4. A forma clássica de combater os problemas

A perspectiva baseada no *homo economicus* (neoclássica) considera os indivíduos como agentes racionais e egoístas (oportunistas mesmo). Dá pois primazia aos efeitos sobre os *incentivos externos* aos agentes económicos. O combate ao risco moral e à selecção adversa faz-se através de um desenho apropriado de *contratos diferentes*, de forma que os agentes revelam as suas características (ou comportamento) pela escolha de um ou outro contrato.

Por exemplo, no caso do seguro automóvel, uma forma de combater o risco moral é através da franquia – montante obrigatório que o segurado tem que pagar em caso de sinistro – e da indexação do prémio ao historial de acidentes do segurado, de forma que quanto mais acidentes maior é o prémio. Aqueles que são mais cuidadosos estão dispostos a ter contratos com franquias superiores, ou mesmo não ter seguro para danos próprios. O seu prémio vai descendo na medida em que não tenham acidentes. Inversamente em relação aos mais descuidados.

A selecção adversa também pode ser parcialmente combatida através de contratos diferenciados, com riscos diferentes associados. No essencial cada indivíduo revela as suas características pelo tipo de contrato que considera mais adaptado às suas características.

Considerem-se três tipos de contratos para realizar uma tarefa, que pode ser a de fiscalização.

O contrato *C1* caracteriza-se por uma remuneração fixa X, independentemente dos resultados da actividade (Q). O contrato *C2* contém uma remuneração base fixa Y (Y<X) e adicionalmente uma componente variável em função dos resultados da actividade (Z(Q)). Finalmente, no contrato *C3* só existe uma componente variável que é função da *performance* individual (Z'(Q)).

Aquilo que a teoria sugere é que, embora todos prefiram a segurança de uma remuneração certa (assumindo aversão ao risco), aqueles que mais confiam nas suas qualidades poderão, em certas condições, subscrever o contrato *C2,* ou mesmo o contrato *C3.* Contrariamente, aqueles que menos capacidades têm para a função que desempenham (gestores, dirigentes ou trabalhadores) preferirão o contrato *C1.* Ao fazê-lo, uns e outros, estão precisamente a revelar as suas características, ou seja aquilo que o mercado à partida não era capaz de determinar.

5.5. Agência e os problemas do Governo das Sociedades

Os problemas da agência têm estado na base de uma imensa literatura sobre teoria da *corporate governance*, ou governo das sociedades que não será desenvolvida aqui.[80] De qualquer modo interessa situar os elementos essenciais dessa problemática, pois os termos do problema colocam-se *mutatis mutantis,* em outros contextos institucionais: Universidades, sector público local, Hospitais, etc.

Na sua forma mais simples o problema da governação é o problema do desenho institucional de modo a alinhar incentivos entre um, ou vários principais (os *stakeholders*), e quem detém o controle executivo da empresa. Tipicamente, de um lado temos os financiadores da empresa – accionistas, detentores de obrigações, ou de fundos vários (fundos de investimento, banca, seguros) e por outro os administradores (executivos e não executivos) em particular o *Chief Executive Officer* (CEO). Dos três tipos de financiadores há apenas um – os accionistas – cuja remuneração do capital é incerta, dado que o seu contrato é "aberto".[81] Os accionistas nunca sabem quais serão os resultados, qual será a distribuição de dividendos da empresa (se existir), nem qual a cotação das acções da empresa pelo que estão sujeitos a um bom ou mau desempenho da

---

[80] O leitor interessado poderá consultar Becht, Bolton e Roelle, (2005), Tirole (2006), Shleifer e Vishny.

[81] Ao contrário os fundos de investimento e a banca, emprestam mediante contratos de empréstimo, e os detentores de obrigações têm uma remuneração certa.

administração. Por seu turno a questão fundamental é saber quais os incentivos que a administração terá para tomar as decisões estratégicas acertadas para os interesses de longo prazo da empresa, e as decisões de gestão corrente em conformidade.

Que os accionistas são um *stakeholder* essencial na relação de agência que se estabelece é consensual. O que já não merece consenso é se são os únicos.[82] De qualquer forma o problema, na lógica dos accionistas, é que em geral são muitos, têm muito menos informação que a administração e, caso sejam pequenos accionistas, nenhum deles isoladamente tem algum incentivo em controlar a administração, embora todos ganhassem se houvesse algum controlo. O que impede os administradores executivos de se pagarem salários exorbitantes, de fazerem opções de investimento demasiado arriscadas, de realizarem despesas injustificadas, de ter opções estratégicas erradas? À partida nada, a menos que o desenho institucional da sociedade, o seu sistema de governação, contemple mecanismos para alinhar interesses de accionistas e administração.

A estrutura de interacção subjacente é, de novo, o dilema do prisioneiro, e o problema em que estão envolvidos é um problema de acção colectiva. Em caso de disseminação de acções, dificilmente haverá uma acção colectiva no sentido de fiscalizar as decisões da administração executiva.

As soluções para o problema de agência identificado são geralmente uma das seguintes: "*i)* concentração parcial da propriedade e do controle nas mãos de um ou de poucos investidores, *ii)* permitir temporariamente *takeovers* hostis que concentrem a propriedade ou o poder de voto quando necessário, *iii)* delegação e concentração do controle em administradores não executivos *iv)* alinhamento dos interesses da gestão com os dos investidores através de contratos de incentivos com os administradores executivos, *v)* clarificação dos valores fiduciários do *CEO* em conjunção com a interposição em tribunal de "acções colectivas" que, ou bloqueiem decisões da sociedade contra os interesses dos investidores, ou visem compensação por acções transactas que lesaram os seus interesses."[83]

É neste sentido que vai o Código das Sociedade Comerciais, e os Regulamentos da Comissão para o Mercado dos Valores Mobiliários (CMVM).[84] Este

---

[82] O modelo anglo-saxónico, seguindo alguns autores importantes (Williamson (1998), Tirole (2006)) tende a considerar que os accionistas devem ser considerados como os únicos *stakeholders.* Já o modelo alemão e japonês sugere que os empregados da empresa devem também ser considerados, pois também têm interesses na empresa.

[83] Becht, M. *et al.* (2005) p. 1

[84] Para os mais acérrimos defensores do mercado livre, interessa lembrar que se o mercado não fracassasse a lidar com estes problemas de informação assimétrica não seria necessária a Lei (o Código – Decreto-Lei 76-A/2006 de 29 de Março) nem o Código do Governo das Sociedades (CMVM). As citações que se seguem são da versão de Setembro de 2007.

recomenda, entre outros pontos que: "as medidas que sejam adoptadas com vista a impedir o êxito de ofertas públicas de aquisição devem respeitar os interesses da sociedade e dos seus accionistas". Apesar de ser uma formulação algo ambígua, a sua intenção é clara, que não se impeça, sem razão fundamentada, o êxito de OPAs. Também sugere que "Os estatutos das sociedades que,..., prevejam a limitação do número de votos que podem ser detidos ou exercidos por um único accionista,...devem prever..que...de cinco em cinco anos será sujeita a deliberação da Assembleia Geral a manutenção ou não dessa disposição estatutária...". Sobre a estrutura do conselho de administração sugere que este "deve incluir um número de membros *não executivos* que garanta efectiva capacidade de supervisão, fiscalização e avaliação da actividade dos membros executivos." Acerca das remunerações dos membros do órgão de administração estabelece que "deve ser estruturada de forma a permitir um alinhamento dos interesses daqueles com os interesses da sociedade". Em particular que para os que exercem *funções executivas*, deve incluir uma componente variável baseada no desempenho de longo prazo e que a remuneração dos administradores *não executivos* deve ser fixa.

Em que medida esta teoria e prática da *corporate governance* deve ser estendida a outros contextos institucionais? Deixaremos para o capítulo 6, a discussão da alteração no modelo de governação na administração pública, em particular no caso dos hospitais. De qualquer modo, se a abordagem do novo institucionalismo baseado no *homo oeconomicus* parece relativamente adequada para o problema da governação das sociedades ela coloca-se de maneira substancialmente diferente quando se trata de organizações voluntárias onde as questões de reciprocidade, e incentivos não materiais ganham uma maior importância.

5.6. A Governação em pequenas e médias organizações: a perspectiva baseada na reciprocidade e na confiança

Se assumirmos agora que os indivíduos são agentes racionais, e adoptam um comportamento recíproco, e têm motivações relacionadas não só com o seu bem--estar material, mas também sentido do dever, sentido de justiça, auto-estima, etc. chegaremos a conclusões algo diversas das que chegámos anteriormente. Isto é verdade, como veremos, sobretudo em pequenas organizações não mercantis de cariz voluntário, mas não só.

Antes do mais há elementos comuns a ambas as análises. É necessário identificar os *stakeholders* e pode haver um não alinhamento de interesses entre associados e direcção.

Note-se em primeiro lugar que o problema da governação resulta do *não alinhamento* dos interesses do agente em relação ao principal. Se os motivos que fazem com que os indivíduos pertençam a uma organização são sobretudo imaterias e intangíveis (simbólicos, de estatuto, de sociabilidade, etc.) é natural que o sistema de incentivos que possa ser activado não passe muito por questões materiais. Por outro lado, caso a adesão à organização seja voluntária, e havendo facilidade de dela sair, qualquer desvio substancial de comportamento do agente (direcção) em relação aos principais (associados) sendo detectado por estes (embora aqui possamos ter informação assimétrica) leva imediatamente à saída da organização.

No que toca aos incentivos materiais, ou *extrínsecos*, em organizações voluntárias eles podem ter efeitos perversos, pois podem ter um efeito de anular ou enfraquecer os *"incentivos" intrínsecos dos indivíduos,* o seu sentido de contribuir para uma causa pública, ajudar os outros, cumprir a sua missão apenas pelo sentido do dever. O aumento dos primeiros pode ter um efeito negativo nos segundos. Este conflito é importante e vale a pena ilustrar com dois exemplos de natureza bem distinta.

Quando um pai pede ao filho mais velho para fazer de *baby sitter* da irmã mais nova está a apelar ao eventual sentido de dever (ou reciprocidade) do filho. À sua noção do que é ser um bom irmão, um bom filho. Em suma está a apelar aos valores do filho. Se o pai disser que paga 20 euros para tomar conta da irmã mais nova está a actuar ao nível dos incentivos externos e a apelar para o egoísmo (bem-estar material do filho). Os incentivos externos materiais influenciam os internos podendo ter um efeito de exclusão daqueles (efeito conhecido como de *crowding out*). Depois de ter pago uma vez, ou seja de ter mercantilizado uma relação social, na vez seguinte será difícil apelar apenas à motivação interior do filho.

Num estado de bem-estar muito avançado como era a Suécia há vinte anos, compete ao município a limpeza da neve quando ela bloqueia a entrada e saída das casas. Uma avó idosa tem um problema de ter a sua porta bloqueada e telefona para a neta para lhe vir resolver o problema. Esta, por sua vez, telefona para os serviços camarários para que a neve seja limpa. A assumpção pelo Estado, ou por uma autarquia, de funções desempenhadas anteriormente por relações sociais familiares pode ter como efeito indesejável enfraquecer os laços sociais familiares. Aqui o efeito de *crowding out* actua por outra via.

Mesmo em organizações mercantis de pequena e média dimensão em que existe interacção pessoal entre os participantes o problema da governação coloca-se em moldes diferentes do equacionado nas grandes sociedades comerciais.

Voltando ao exemplo dos contratos referidos aquando da explicação da teoria da agência, na lógica da reciprocidade, mesmo em situação de informação assimétrica, é possível sustentar dar o contrato mais vantajoso (*C1*) a um dado indivíduo mesmo sem saber que acção ele vai desempenhar. Esse investimento de *confiança* induz reciprocidade e esforço. Na presença de contratos incompletos, nas empresas ou na administração, os dirigentes depositarem confiança nos trabalhadores pode levar a resultados mútuos mais vantajosos do que se usarem (ou abusarem) de incentivos materiais. A confiança induz reciprocidade positiva e esta reforça a coesão e o capital social.

O problema da governação é um problema de sistema de incentivos para induzir a melhor *performance* da organização de acordo com os interesses dos *stakeholders*. A questão que será analisada de seguida é uma questão ainda mais fundamental: o que é uma empresa? Porque existe? A resposta a estas questões dá as bases de uma análise institucional comparada.

5.7. Análise institucional comparada

5.7.1. *A firma e o mercado*

Ronald Coase (1937, 1988) colocou há várias décadas, uma questão muito simples, mas que ninguém até então se tinha lembrado de formular: o que é uma empresa? A esta pergunta podem-se associar outras. Porque, ou quando, é que vale a pena criar uma empresa? O que limita o crescimento de uma empresa?

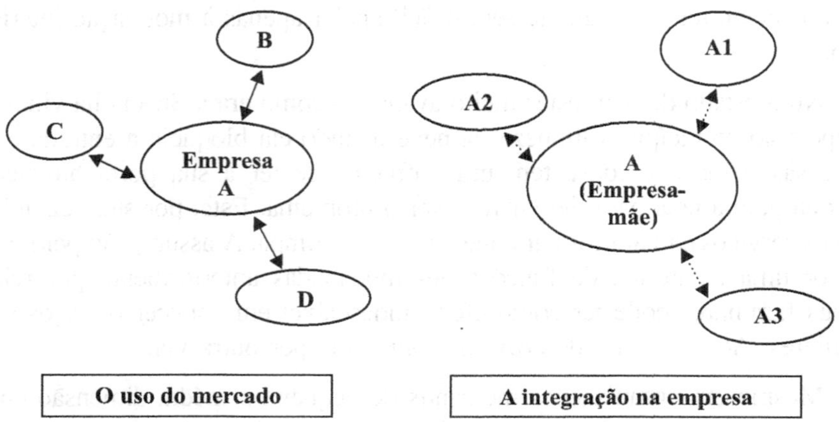

Figura 5.1 – Integração vertical vs. uso do mercado

Porque é que o *entrepreneur* não incorpora mais uma (menos uma) transacção na empresa? Porque é que as empresas não se vão consolidando (agregando) até formar uma empresa gigante?

Convém, antes do mais, relembrar a distinção entre empresa e mercado. O *mercado* é um *mecanismo de coordenação* (relativamente eficiente) da acção de inúmeros agentes económicos (sobretudo consumidores e produtores) e da utilização de recursos, *através do sistema de preços.* Uma *empresa* é uma *forma de coordenação* de relações entre factores produtivos, por parte de um *entrepreneur,* onde se processam transacções numa lógica de integração vertical, sem utilização do mecanismo de preços e onde pelo menos alguns contratos são de médio, longo prazo.

O problema não é só saber o que é uma empresa, mas essencialmente qual a sua dimensão óptima em termos de actividades que se devem realizar internamente. Uma empresa A pode desempenhar competências acrescidas *dentro* da sua hierarquia interna e crescer, (adquirindo empresas subsidiárias do grupo ou apenas criando novas unidades orgânicas A1, A2 e A3 (ver Figura 5.1). Alternativamente pode utilizar o mercado e sub-contratar outras empresas (B, C ou D) para as realizar. Há custos e benefícios de o fazer internamente (usar a sua estrutura hierárquica) e há custos e benefícios de utilizar o mercado.

Os custos de se usar o mecanismo de preços (comparativamente com a integração vertical) são custos de informação de se conhecer os recursos produtivos, os seus preços, as suas qualidades, de negociar com diversos fornecedores potenciais, de celebrar contratos (curto prazo) e ainda custos fiscais (visto tratar-se de operações mercantis). Os benefícios são a flexibilidade de contratos de curto prazo quer na obtenção de recursos quer na utilização (sub-contratação) de trabalhadores com competências diversas.

Por outro lado, os custos (comparativos) da maior integração vertical (e não se usar o mecanismo de preços) são os custos do exercício da autoridade, custos de informação e de monitorização. Note-se que, no contexto de uma empresa, há dois problemas distintos de monitorização. Por um lado, a monitorização por parte dos accionistas em relação ao conselho de administração. Por outro, a monitorização por parte deste conselho em relação a tudo o que se passa na empresa. Ambos crescem com a dimensão da empresa.

Com contratos incompletos (do *Chief Executive Officer* por um lado, dos trabalhadores, por outro), *poderá* haver lugar para comportamentos oportunistas por parte dos agentes, o que leva ao problema do risco moral sobretudo em grandes organizações. Isto implica custos, para quem detém o poder e autoridade na organização para *monitorar* o comportamento dos agentes. Custos de potenciais ineficiências associadas a relações contratuais de médio ou longo prazo. Do lado dos benefícios temos as potenciais vantagens, associadas a sentimentos de confiança e reciprocidade, de relações contratuais mais estáveis, um controle mais directo dos processos produtivos, permitindo uma maior coordenação do tempo das diferentes fases do processo produtivo, etc.[85]

Uma empresa *existe* pois numa lógica de custo-benefício, justifica-se que determinadas transacções se façam no seio de uma hierarquia, e não no mercado. Uma empresa *cresce*, integrando novas actividades até ao ponto em que tal é vantajoso, nesta mesma lógica. A partir do momento em que se torna mais barato sub-contratar ou adquirir no mercado, do que produzir internamente, a empresa fá-lo-á. Essa opção tem pois a ver com a minimização de *custos de transacção.*

5.7.2. *A associação* versus *o bureau*

Muitas actividades de associações voluntárias e de organismos da administração pública (*bureaus*) respeitam à mesma função: o fornecimento de bens colectivos (ou públicos). Porque é que certas actividades são organizadas no sector voluntário? Porque é que outras actividades estão no sector público? Há até actividades, por exemplo a defesa do consumidor, que são realizadas quer no sector público (Instituto do consumidor) quer no sector voluntário (associação DECO e outras).

Antes do mais interessa distinguir os dois tipos de organizações. Uma *associação* é uma organização democrática, os seus dirigentes são eleitos, a adesão é voluntária e são financiados significativamente por sócios. O *bureau* é uma organização de tipo burocrático, onde os dirigentes são nomeados, que se financia através de impostos. Pode-se pois perguntar quais as vantagens e os inconvenientes da associação voluntária?

Há um problema com os bens públicos: saber o que os cidadãos verdadeiramente pretendem. É difícil de saber qual o montante desejável de despesa em investigação científica, ou em promoção de qualidade do ambiente, em defesa nacional ou em defesa do consumidor. Uma associação voluntária, se bem sucedida, permite que haja revelação de preferências por bens públicos. Contudo, tem dificuldade em combater os *free riders,* ou seja aqueles que querem beneficiar da actividade da organização sem para ela contribuírem.

---

[85] Note-se que as relações contratuais mais estáveis podem constituir um custo, um benefício, ou ambos.

E quais as vantagens e os inconvenientes do *bureau?* Muitas pessoas que trabalham na administração, têm *nomeações* de longo prazo (vitalícias) em certos casos. Isso pode gerar problemas de risco moral. A revelação de preferências pelos bens públicos não se realiza no seio da administração, mas de forma bastante imperfeita no processo político como se terá ocasião de analisar no capítulo 6. Claro que a administração consegue combater os *free rider* pois todos têm que contribuir. Há funções de soberania que não podem ser privatizadas (nem mesmo para associações) tendo que permanecer na esfera pública.

Quando é preferível a *administração* em vez de uma associação? Quando são necessários *poderes de administração* (por exemplo nas funções de soberania) ou quando são menores os custos de transacção, quando o problema de revelação de preferências não é relevante ou quando o combate ao *free rider* é relevante.

5.7.3. *O* Bureau *versus o mercado*

Muitas categorias de funcionários da administração pública têm correspondentes no sector privado. Em ambos os sectores há motoristas, seguranças, empregados de limpeza, informáticos, professores, profissionais de saúde, etc. Esta constatação leva a equacionar dois tipos de problemas.

De forma semelhante ao discutido em relação à empresa e ao mercado, ao analisar um organismo público interessa questionar qual o tipo de actividades que devem ser realizadas com funcionários públicos (seja qual for o vínculo laboral) e quais as que deverão ser realizadas em *outsourcing* junto do sector privado. Neste caso o problema é distinguir que categorias de funcionários num dado serviço se justifica que tenham vínculo à função pública e quais os em que tal não se justifica. Visto que a opção público ou privado envolve sobretudo uma escolha entre tipos de contratos e de legislação laboral a opção reside precisamente aí. Se a natureza das funções é claramente de soberania, se existe uma necessidade de estabilidade na prestação e de confiança pessoal ou se é muito difícil contratualizar a prestação de um serviço, dadas as suas características, então a opção pública parece ser predominante. É o caso dos juízes, magistrados do ministério público, polícias, funcionários que lidam com dados fiscais ou outros que tenham a ver com a privacidade dos cidadãos. Já não é o caso em geral de funcionárias da limpeza, motoristas, segurança de edifícios, etc.

Um outro problema é saber se a totalidade do organismo que fornece um serviço não mercantil, no sentido de não se dever aplicar o princípio do utilizador (beneficiário)-pagador deve estar no sector público ou privado. Um bom exemplo é o caso dos hospitais que, como se sabe eram todos do Serviço Nacional de Saúde, tendo posteriormente (XV e XVI Governos Constitucionais) alguns passado para empresas de direito privado (sociedades anónimas) e de seguida (XVII Governo Constitucional) para entidades públicas empresariais.

Uma abordagem simplista destas transformações seria no sentido de que estas transformações se devem a tentativas de aumentar a eficiência no funcionamento dos hospitais, nomeadamente ao nível da sua gestão. Uma abordagem mais ampla, dá um passo adicional e considera que para além de eventuais factores de ganhos de eficiência dever-se-á considerar os efeitos redistributivos destas medidas. Como é natural esta mudança de natureza institucional tem efeitos redistributivos em termos do modelo de financiamento e até do tipo de doentes que são tratados em cada hospital. Por último, a abertura do sector a capitais privados significa que eles serão remunerados e que, sendo o financiamento público, para garantir condições tendencialmente gratuitas de acesso, deverá haver contratos que associem esse financiamento com os serviços prestados (cirurgias realizadas, dias de internamento dos doentes, etc.). O problema aqui é o de se criar uma relação de agência entre o Estado e os Hospitais (empresa) caracterizada por informação assimétrica, pelo que é difícil realizar contratos que, por um lado realizem uma partilha justa de risco entre o Estado e o Hospital, por outro que combatam o risco moral e a selecção adversa. Este tema será desenvolvido no próximo capítulo.

PARTE II

Administração, grupos de interesse, rendas e regulação

6. A administração pública: teorias e reformas

6.1. Introdução

A famosa *Lei de Parkinson* diz que o trabalho expande-se até preencher o tempo disponível para a sua realização. Por outras palavras, qualquer que seja o tempo adicional que haja para realizar uma tarefa, ela pode "estender-se" para ocupar o tempo disponível. Esta "lei" tem sido usada por alguns, de forma irónica, para criticar um certo tipo de funcionamento em alguns organismos públicos, que se adaptam àquilo que podemos designar por *modelo tradicional* de funcionamento da administração e que é uma degenerescência do *modelo weberiano*. No essencial aquele modelo traduz-se por uma ausência de incentivos selectivos materiais derivada de nomeações definitivas de funcionários e de progressões automáticas nas carreiras. Dirigentes e funcionários, preocupados essencialmente com a conformidade com a *legalidade*, isto é com a lei e com os regulamentos e não com aqueles a quem se presta serviços (cidadãos, empresas e outros serviços da própria administração). Rigidez e falta de mobilidade entre carreiras por parte dos funcionários, excesso de papéis e burocracia imposta aos cidadãos e às empresas para se tratar de certas formalidades, caracterizam também este modelo tradicional.

Contudo, mais do que criticar a burocracia ou a administração aquilo que realmente é necessário é compreender o seu funcionamento, os seus problemas, para conseguir perceber como certas regras e instituições podem melhorar o seu funcionamento. Na realidade, por mais que haja algumas funções tradicionalmente asseguradas pelo sector público que sejam transferidas para o sector privado, outras há que terão sempre que ser asseguradas por organismos públicos (funções de soberania). Para além disso é erróneo identificar burocracia apenas com o sector público, pois fenómenos desta natureza acontecem em quaisquer estruturas hierárquicas, não só no grande ministério, mas também nas grandes empresas. Obviamente, que existe uma especificidade no sector público que obriga a uma análise das suas características próprias e de como elas se distinguem das organizações do sector privado. Há ainda que ter em conta que o excesso de burocracia tem a sua origem, não na administração em si, mas em leis, cuja origem é a Assembleia da República, e na sua regulamentação.[86]

Dito isto, importa perceber que o *modelo tradicional* pertence definitivamente ao passado, pois o efeito conjugado de baixas taxas de crescimento económico (e com elas menores receitas fiscais) e o envelhecimento da população (subida dos encargos sociais com pensões, saúde e outras despesas associadas) obriga à reforma institucional no sector público. É isso que está a acontecer já há mais de uma década em muitos países da OCDE. Há, contudo, diversas perspectivas para a reforma do sector público que deverão ser consideradas. A dominante, nos países anglo-saxónicos, e que está a ser implementada entre nós, é a "nova" gestão pública. Importa percebê-la, bem como os seus fundamentos teóricos. É o que faremos neste capítulo, deixando para o final uma breve caracterização da administração pública portuguesa e da reforma em curso, bem como uma breve análise crítica desta a partir de um conjunto de conceitos desenvolvidos ao longo dos capítulos anteriores.

Assim, começa-se na secção 6.2 por uma clarificação dos diferentes níveis em que se pode realizar a análise da administração pública. A secção 6.3 dá uma abordagem da administração pública em termos do modelo ideal *weberiano*, isto é, aquilo que pode ser considerado como uma lógica estrita de interesse público em condições ideais. A secção 6.4 introduz a análise económica da burocracia (modelos de Niskanen e Liebenstein), marcante para toda a literatura sobre administração da escola da *escolha pública*, bem como críticas a esse modelo. Na secção 6.5 apresentam-se as principais perspectivas de análise da "nova" gestão pública (*new public management*). A secção 6.6 realiza uma breve caracterização da administração pública em Portugal. A secção 6.7 faz uma breve excursão sobre as reformas em curso, considerando o caso particular da empresarialização dos hospitais. Finalmente, a secção 6.8 conclui.

6.2. Três níveis de análise: macro, meso e micro.

Há três níveis diferentes com que se pode encarar a administração, um nível macro, um nível meso e um nível micro. Um primeiro nível de análise é entender o lugar que a administração ocupa no quadro da separação de poderes num regime

---

[86] Se as leis forem más e a sua regulamentação não for melhor então o excesso de burocracia é inevitável. Teremos ocasião de explicar no capítulo 13 as razões pelas quais o sistema eleitoral português tem graves deficiências, e questionar-se a reforma do sistema não traria benefícios na legislação

parlamentar de uma democracia liberal. Poder-se-á designar este como o *nível constitucional* da análise. Conforme ilustrado pela Figura 6.1 existe uma separação de poderes entre o poder legislativo, o poder executivo e o poder judicial. Os cidadãos elegem os seus representantes na assembleia representativa (Assembleia da República), que delibera e aprova leis.[87] O poder executivo é constituído pelo governo (Ministros e Secretários de Estado) que executa o seu programa, com um dado orçamento e tendo em conta as leis que emanam dessa assembleia. O governo é a entidade que dirige toda a administração central.[88] Finalmente, o poder judicial fiscaliza não só a acção do executivo como também a constitucionalidade das leis. Em teoria, será pois desejável que o executivo (e a administração no seu todo) implemente as decisões democráticas tomadas em sede parlamentar, ou seja é conveniente encarar a administração como a forma de concretizar orientações provenientes do legislativo.[89] Esta é, como veremos, a perspectiva que subjaz à análise sociológica de Max Weber, mas também à análise económica da burocracia com as abordagens na esteira do modelo pioneiro de Niskanen (1971).

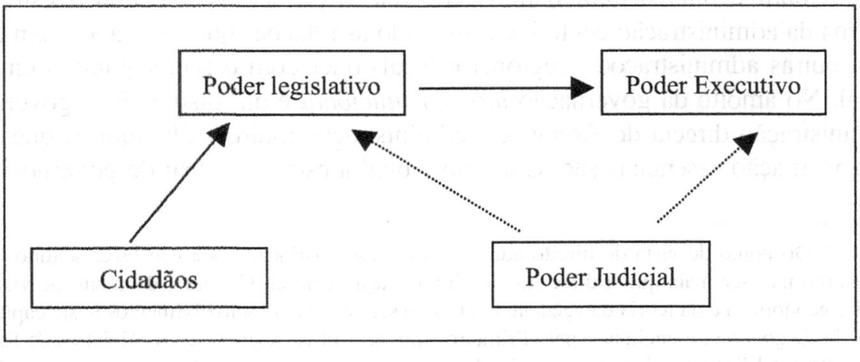

Figura 6.1 – Os três poderes: executivo, legislativo e judicial

[87] Por conveniência de linguagem utiliza-se o termo leis para indicar leis e decretos-lei. Como se sabe as *leis* são aprovadas em Assembleia da República e resultam quer de *projectos-lei* apresentados por deputados e grupos parlamentares quer de *propostas de lei* apresentadas pelo governo. Os *decretos-lei* resultam do exercício das competências próprias do governo e de autorizações parlamentares.

[88] No contexto deste capítulo, não se discutirá em pormenor a estrutura da administração central, nem os próprios conceitos de Estado, desconcentração, descentralização administrativa e política. Esses conceitos são analisados de forma bastante mais aprofundada em Pereira, P.T. *et al.* (2007).

[89] Ver-se-á, ainda neste capítulo, quando se discutir o modelo de Niskanen que isso nem sempre é desejável.

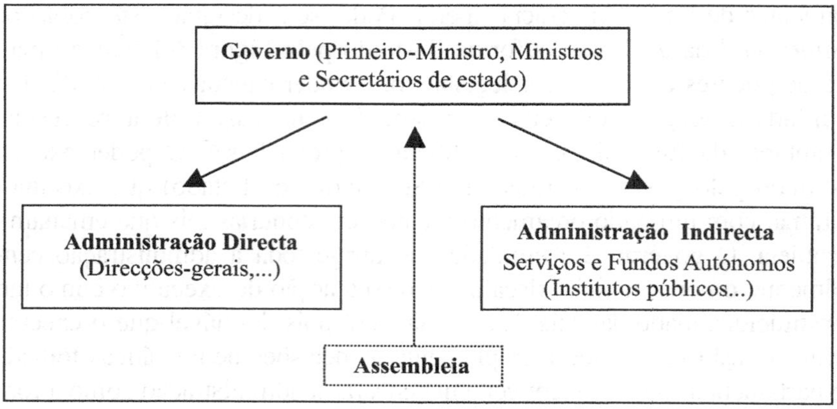

Figura 6.2 – A estrutura da administração central

Um nível intermédio (meso) de análise alcança-se abrindo a "caixa preta" que é o poder executivo, isto é considerando o nível de *governação intra-institucional* e *inter-institucional*, sendo que o primeiro se reporta à estrutura interna da administração central, e o segundo às relações que se estabelecem quer com outras administrações (regional e local) quer com o sector público empresarial. No âmbito da governação *intra-institucional* é útil distinguir, o governo a administração directa do Estado e a administração indirecta.[90] Aqui as questões de governação essenciais são as de saber qual a estrutura ideal do governo[91] – o

[90] Do ponto de vista do direito administrativo esta distinção pode não fazer sentido, visto o governo não ser mais que a direcção da administração central. Contudo, do ponto de vista da análise económica e da teoria da agência, faz todo o sentido (ver desenvolvimentos neste capítulo).

[91] O governo, é encimado pelo Primeiro-Ministro (PM), seguem-se os Ministros de Estado e os restantes Ministros. A *ordenação* dos Ministros é importante quer do ponto de vista político quer administrativo. O poder de cada Ministro depende não apenas do seu lugar nesta ordenação, como do envelope financeiro a que tem direito no Orçamento de Estado e das suas características pessoais, ao que não é alheio a relação que estabelece com o Primeiro Ministro. A forma como se estrutura o governo pode ser analisada em termos de *distribuição de poder* e de *minimização de custos de transacção*. A divisão de poder entre ministros é uma forma de reduzir os custos de decisão politica. O acordo tácito, implementado pelo PM é que "não interferes nas minhas atribuições que eu não interfiro nas tuas". Previamente, na altura da formação do governo, é frequente que determinados organismos mudem de um Ministério para outro, apenas porque determinado candidato a Ministro quer ter a tutela desse organismo. Isso acontece aquando da aprovação duma nova Lei orgânica do governo e é a forma como o PM pode cativar quem ele quer convidar para aceitar uma dada pasta no governo. Do ponto de vista da economia institucional, visto que os custos de transacção são maiores *entre* ministérios do que *intra* ministérios, os organismos que, para desempenhar as suas atribuições e competências, interagem muito com outros organismos deveriam estar sob a mesma tutela ministerial.

que é definido e redefinido em cada nova Lei orgânica governamental (ver Apêndice 6.2) – e qual a estrutura desejável em cada ministério. Ou seja, por um lado quais os organismos que pertencem à administração directa e à administração indirecta do Estado, por outro quais os organismos que deverão ser desconcentrados.

No âmbito da governação *inter-institucional* as questões essenciais que se colocam são saber: *i)* o que deve ser (des)centralizado para a administração regional e local, *ii)* o que deve, e o que não deve, ser externalizado para o sector público empresarial, mantendo-se o Estado como parcialmente financiador, mas a empresa como prestador *iii)* o que deve e o que não deve, ser externalizado para o sector privado. Estas questões são importantes, mas não teremos ocasião de as considerar neste livro.[92]

Um último nível a que se pode analisar a administração é mais micro e diz respeito à estrutura interna de um organismo da administração que é apresentado de forma estilizada na Figura 6.3. Cada organismo, quer se trate de uma direcção-geral ou um instituto público, tem uma hierarquia interna com dirigentes máximos, dirigentes intermédios e outros funcionários, que poderemos designar por operacionais. São, em geral, estes que fornecem serviços aos cidadãos, às empresas ou à própria administração.

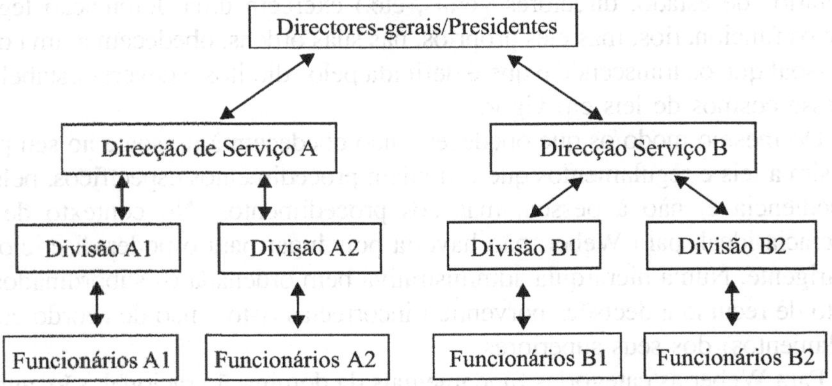

Figura 6.3 – A estrutura interna de um organismo

92 Contudo, para uma abordagem da descentralização e da desconcentração, bem como a distinção entre administração directa e indirecta ver Pereira, P. *et al.* (2007).

A forma como cada organismo se estrutura é importante para a sua operacionalidade, razão pela qual é frequente, quando um novo governo toma posse, alterar quer a estrutura governativa de base (número e tipo de ministérios) quer a estrutura de certos ministérios, através das respectivas Leis orgânicas. Por vezes altera ainda a estrutura de certos organismos através de diploma legal. Como se verá, no final deste capítulo numa breve excursão ao caso português, pode haver algumas vantagens nestas reestruturações, mas há certamente também custos elevados da mesma. Antes disso convém, contudo, fazer alguma reflexão teórica sobre diferentes abordagens da administração.

6.3. A administração pública enquanto tipo ideal

Max Weber foi o primeiro autor que analisou de forma mais ou menos sistemática a burocracia. Definiu-a como "tipo ideal", como um tipo de *dominação racional* de certos indivíduos em relação a outros, a par de outros dois tipos de dominação legítima: a *dominação tradicional* e a *dominação carismática*.[93] A ideia de dominação *racional*, repousa sobre a crença na legalidade dos regulamentos e no direito de dar direcções. O direito é entendido como um conjunto de regras, bem ordenado, com uma finalidade própria.[94]

Aqueles que ocupam os lugares cimeiros da estrutura hierárquica (ministros, secretários de estado, directores gerais, etc.) exercem uma dominação legítima sobre os funcionários, mas eles próprios, nas suas ordens, obedecem a uma ordem impessoal que os transcende e que é definida pelos direitos e deveres estabelecido por esse cosmos de leis em vigor.

Do mesmo modo os que obedecem, não obedecem à pessoa e ao seu poder, mas sim a leis e regulamentos que estipulam procedimentos específicos, pelo que a obediência é, não à pessoa, mas aos procedimentos. No contexto de uma burocracia ideal, para Weber, não haveria pois lugar para o poder discricionário do dirigente. Numa hierarquia administrativa bem ordenada os subordinados têm direito de recurso a decisões porventura incorrectas (isto é não de acordo com os regulamentos) dos seus superiores.

Para Weber as categorias fundamentais da dominação racional, são, antes de mais, aquilo que ele chama uma autoridade constituída e que se caracteriza por "uma actividade de funções públicas contínua e ligada a regras, no seio de uma

---

[93] Convém realçar que Weber considera que a teoria da burocracia se aplica não apenas à administração pública, mas também a toda e qualquer grande organização, como por exemplo uma grande empresa (ver Max Weber, *Economie et Société* vol. 1 pg. 289).

[94] "Qualquer que seja o direito, pode ser estabelecido racionalmente pelo pacto "ou *l'octroi*", pode ser orientado em direcção à racionalidade em finalidade ou em valor, ou ambas."

competência que significa *i)* um domínio de deveres de execução delimitado objectivamente *ii)* poderes de comando necessários para este fim e *iii)* uma delimitação precisa dos meios de coerção e das hipóteses da sua aplicação."

O tipo mais puro da dominação legal é a direcção administrativa burocrática que Weber define do seguinte modo. A totalidade da direcção administrativa compõe-se de funcionários individuais:

1. pessoalmente livres pois obedecem aos deveres da sua *função*,
2. no seio de uma *hierarquia* da função solidamente estabelecida,
3. com *competências* funcionais claramente definidas,
4. em virtude de um *contrato,*
5. a partir de uma selecção aberta segundo a *qualificação profissional*: no caso mais racional segundo qualificação apurada por exames.
6. Pagos por um *vencimento pecuniário fixo*, dando direito a uma aposentação
7. Tratam a sua função como única ou *principal profissão*
8. Vêm abrir-se à sua frente uma *carreira*, uma "progressão", segundo a *antiguidade* ou as *prestações de serviço* (ou ambas) progressão dependendo do juízo dos seus superiores
9. Trabalham totalmente "separados dos meios de administração" e sem apropriação dos seus empregos
10. Estão submetidos a uma *disciplina estrita e homogénea* da sua função e a um controle." [95]

O funcionalismo ideal seria pois caracterizado pelo desejo da administração, quer dos seus dirigentes, quer dos funcionários, em implementar as leis aprovadas e regulamentadas. Olhando para as características do modelo *weberiano* é fácil verificar que várias de entre elas, caracterizam o *modelo tradicional* de administração pública baseado essencialmente na lei, numa hierarquia com disciplina e controle, em competências funcionais claras, em nomeações definitivas (e não contratos), na exclusividade e em vencimentos fixos. O que Weber não considera é a relação que se estabelece entre o parlamento e a administração. Temos, contudo, subjacente à análise de Weber uma abordagem em termos de *cooperação* entre o legislativo e o executivo que, através da administração, implementaria de forma imparcial as leis e os regulamentos aprovados.

Da teoria da administração ideal, desenvolvida por um sociológo, passamos à análise da administração "real" na óptica de dois economistas, mas que teve um largo impacto no pensamento contemporâneo da economia e da gestão.

---

[95] Ver Max Weber, §4, pg. 294-6.

6.4. Duas abordagens económicas da burocracia: Niskanen e Liebenstein

6.4.1. *O modelo de Niskanen e a abordagem da escolha pública*

Cerca de meio século depois de Weber, William Niskanen desenvolveu um modelo de análise económica da burocracia que marcou significativamente as abordagens posteriores no campo da economia e da administração (*o new public management*). A abordagem de Niskanen, ao contrário da anterior, é essencialmente um modelo de *conflito* entre o legislativo e a administração.

Os elementos centrais do modelo podem resumir-se a três: a existência de monopólios bilaterais, o objectivo de maximização do orçamento por parte dos burocratas e uma relação de agência caracterizada por informação assimétrica em que a administração tem mais informação do que o executivo.

O contexto da análise, um *monopólio bilateral* no seio de uma relação de agência, é inspirado no caso americano, e na relação entre o legislativo (Congresso), que é quem aprova o orçamento, e o executivo (administração) que é quem o aplica.

A ideia que há um monopólio bilateral, é a de que para cada competência governamental (museus, protecção da natureza, defesa do consumidor), há apenas *uma entidade* que financia o serviço (o principal) e *uma entidade* que tem a responsabilidade de o implementar (o agente). A divisão de tarefas na administração tem pois como objectivo evitar duplicação de esforços, clarificar as responsabilidades e as instruções governamentais.

Se isto poderão ser algumas vantagens destes vários monopólios bilaterais, existem desvantagens que estão precisamente associadas à situação de monopólio. A não existência no seio da administração de uma certa competição faz com que não se revelem os custos efectivos de desempenhar as várias actividades (não há fontes alternativas de informação) e não haja procura de inovação.

Niskanen considera que o objectivo central dos dirigentes máximos da administração é maximizarem o orçamento de que dispõem. Isso deriva de considerar que aquilo a que dão valor é, entre outros objectivos, o seguinte: salário, reputação pública, poder, número de *staff* (empregados), facilidade em proceder a alterações orçamentais, facilidade em gerir o departamento. À excepção dos últimos dois objectivos, eles são monotonamente crescentes com a dimensão do orçamento. Para justificar esta posição considera a consequência de algum dirigente *não* querer gastar mais, mas sim menos. *"Considere as prováveis consequências de um executivo subalterno que prova, sem margem para dúvidas, que o mesmo output pode ser produzido com, digamos, metade das despesas correntes. Numa firma orientada para o lucro este dirigente provavelmente receberia um bónus, uma promoção e uma oportunidade para encontrar uma nova fonte de economia; se este tipo de recompensa não for dado, este executivo usualmente terá a oportunidade de oferecer os seus talentos a outra empresa. Numa repartição pública este executivo receberá na melhor das hipóteses uma referência, uma transferência lateral, a inimizade dos seus colegas anteriores e a suspeição dos novos colegas. Os funcionários que suspeitarem disto e que tiverem boas alternativas de emprego, poderão experimentar isto, ...uma vez.*" [96]

A relação entre legislativo e executivo é de agência com informação assimétrica, isto é o executivo tem mais informação que o legislativo (que aprova o orçamento) e aproveita-a em seu proveito para maximizar o orçamento. O executivo devia ser o *agente* da legislatura, mas como detém mais informação do que esta sobre os custos efectivos da sua actividade, dada a dificuldade em medir os *outputs* da administração, tem um nível de actividade superior ao óptimo do ponto de vista social. Assim, a conclusão essencial do modelo de Niskanen é que os orçamentos são maiores do que deveriam ser, dado que os dirigentes da administração, que pretendem maximizar os seus orçamentos, não clarificam a relação existente entre o orçamento e os resultados das suas actividades e solicitam orçamentos superiores ao que seria o óptimo na óptica do legislativo.[97]

Há vários corolários que resultam desta conclusão. O senso comum considera que a fusão e consolidação de organismos da administração e o evitar da justaposição de competências é sempre positivo. Contrariamente, Niskanen vem defender que a existência de comparações e mesmo de alguma competição entre organismos é benéfica porque produz informação comparativa acerca de estruturas e de custos. Essa comparação pode fazer-se porque há organismos em territórios diferentes com as mesmas competências (por exemplo as várias Direcções Regionais de um mesmo Ministério), e existe concorrência derivada de organismos terem competências parcialmente sobrepostas (o que pode acontecer com as várias polícias). Um outro corolário é que todas as medidas razoáveis que possam ser tomadas para reduzir a assimetria de informação entre legislativo e executivo, ou entre executivo (estrito senso) e os dirigentes da administração é saudável. Isso passa pelo tipo de orçamentação, os controlos financeiros que existem, por regras processuais, e sobretudo *indicadores de performance* que permitam avaliar a actividade dos organismos.

---

[96] Niskanen 1971, pg. 38.

[97] Ver Apêndice 6.3 para análise gráfica do modelo. Para análise algébrica ver Niskanen (1971) ou Mueller (1997). Uma versão alternativa é considerar que em vez de ter um nível de actividade superior ao óptimo, produz com ineficiência (*X-inefficiency*). Ver a seguir.

6.4.2. *Críticas à abordagem de Niskanen*

Apesar de algumas ilações úteis que se podem retirar do modelo de Niskanen, há também várias críticas que se lhe podem fazer. Primeiro, para alguns a ideia que a administração quer maximizar orçamentos está ideologicamente marcada por aqueles que querem diminuir o peso do sector público. Outros, acham que os dirigentes da administração pública directa ou os presidentes de organismos da administração indirecta querem servir o interesse público e não interesses privados. Um terceiro tipo de crítica é o de considerar que o interesse público é melhor servido pela administração, que é estável e não está tão sujeita a oscilações de natureza política, do que pela legislatura que pode ser instável e volúvel ao sabor de coligações. Finalmente, a maior crítica ao modelo, de acordo com Joe Stevens (1993), é o facto de não poder ser infirmado pela investigação empírica. Como determinar a função de benefício marginal dos resultados (*output*) da agência? Tratando-se de um bem público, temos o problema da revelação de preferências. Em que medida é que a legislatura reflecte bem as preferências dos cidadãos?

Finalmente, e isto não é propriamente uma crítica, mas uma questão de enfoque da análise, o modelo de Niskanen é a um nível macro (ou meso) e não diz muito sobre o funcionamento da administração em si, e as possibilidades de melhorar a sua *performance.*

Apesar das críticas feitas à abordagem de Niskanen, ela teve o mérito de colocar o problema da relação entre a legislatura e o executivo ou entre este e a administração no contexto de uma relação de agência dominada pela informação assimétrica e custos de monitorização.

6.4.3. *O modelo de Liebenstein: a ineficiência-X*

O modelo de Niskanen sugere que a ineficiência na afectação de recursos públicos está associada áquilo que os economistas designam por *ineficiência alocativa*, no sentido de a administração produzir *mais* do que o desejado pela legislatura enquanto representante do interesse dos cidadãos. Outro tipo de potencial ineficiência, é não produzir uma dada quantidade ao custo mínimo. Quando se está numa situação em que com os mesmos *inputs* se poderia produzir uma maior quantidade de *output*, ou quando para um dado *output* se poderia economizar em *inputs* está-se na presença daquilo que Liebenstein (1966) designou por ineficiência-X ou *ineficiência técnica.* Neste caso os custos médios e marginais da prestação de serviços públicos são superiores ao que poderiam ser, o que leva a uma quantidade produzida menor que a óptima e a custos, suportados pelos contribuintes, superiores aos óptimos.

Vivemos numa época, que se irá prolongar ainda bastantes anos, em que a poupança de recursos públicos está na ordem do dia. O envelhecimento da população e com ele os aumentos de custos associados com o sistema de pensões por um lado e com o sistema de saúde por outro, faz com que a pressão para os ganhos de eficiência no sector público sejam constantes. Não é pois de admirar que se tenham desenvolvido nas últimas décadas do século XX teorias e experiências concretas para tentar lidar com estes problemas. Talvez a mais importante destas, seja a nova gestão pública (NGP) que está, como se verá neste capítulo, a ser tentativamente implementada em Portugal, em particular nos XV e XVII governos constitucionais.

6.5. A "nova" gestão pública (NGP)

6.5.1. *O new public management* (NPM)

Aquilo que é hoje conhecido como "nova" gestão pública (NGP/NPM), surgiu associado às reformas das administrações públicas dos países anglo-saxónicos (Austrália, Reino Unido, Canadá, Nova Zelândia e Estados Unidos) na década de oitenta e noventa e é em grande parte tributário, em termos académicos, da teoria da escolha pública, sobretudo da sua variante mais ortodoxa de aplicação da teoria neoclássica às escolhas públicas, políticas e administrativas.

Antes de enunciar as principais propostas da NGP convém referir os essenciais pressupostos dessa abordagem. O primeiro tem a ver com a motivação dos agentes. No essencial considera-se que os agentes económicos quer no sector privado quer no público são agentes racionais e egoístas.[98] Assim os burocratas, na esteira de Niskanen, querem maximizar orçamentos, os políticos poder e popularidade, os votantes, o seu bem-estar individual, os grupos de interesse as suas rendas, etc. Um segundo aspecto é a assimetria de informação entre principais e agentes e o não alinhamento das preferências de ambos o que sugere

[98] No capítulo 3 do livro já se discutiu estes pressupostos motivacionais e como eles não são adequados em todos os contextos institucionais, e para a generalidade dos indivíduos, para modelizar o comportamento. Neste capítulo apresentar-se-á evidência empírica de como a motivação dos trabalhadores do sector público parece, nalguns aspectos, ser significativamente diferente da motivação dos do sector privado.

a necessidade de monitorização para evitar comportamentos oportunistas dos agentes. Um terceiro aspecto é a prioridade dada aos critérios de eficiência (alocativa e técnica), relativamente a outro qualquer critério normativo, nomeadamente a equidade ou a justiça. Eficiência e eficácia são considerados os critérios normativos por excelência. Um quarto pressuposto é que sob diferentes pontos de vista a natureza das actividades do sector público são semelhantes às do sector privado pelo que todos, ou quase, os instrumentos de gestão do sector privado podem ser transpostos para o sector público.

Resulta destes pressupostos que a promoção da eficiência e da eficácia no sector público se faz, ou com a introdução de competição dentro do sector público, ou com a redução deste sector e da transferência para o sector privado de atribuições e competências tradicionalmente no sector público. A reforma das administrações, em linha com a NGP tem sido, na opinião de Shamsui Haque (2007), no sentido de reduzir a dimensão do sector público (*downsizing*), desagregar estruturas da administração em estruturas mais pequenas, com maior autonomia de gestão financeira e de recursos humanos, maior competição, a introdução de mecanismos de quase competição, um papel catalizador e regulador mais do que prestador de serviços, a existência de controles de *outputs*, a definição de padrões de *performance*, a preocupação com os resultados e a resposta efectiva aos clientes. A introdução de uma filosofia "mercantil" no sector público, passa por introduzir relações contratuais, e não meramente hierárquicas, entre os ministros de tutela e as agências sob sua tutela, privatizações, *contracting out*, uso mais extenso de taxas ou preços, de parcerias público-privadas e de "*vouchers*" em certos serviços nomeadamente na educação. Um maior ênfase é dado à medição da *performance* de serviços e indivíduos e com ele à avaliação donde poderá resultar a existência de remunerações com base no mérito e na performance (*merit* ou *performance related pay*). Do ponto de vista da gestão pública a NGP introduz também uma mudança de enfoque de análise que de centrada exclusivamente em processos e *inputs*, passa a estar mais centrada na avaliação de actividades e de resultados (*outputs* e *outcomes*).

Há alguns resultados positivos da implementação da NGP o que levou a que algumas das suas medidas mais emblemáticas estejam a ser adoptadas em vários outros países que não os países anglo-saxónicos que lhe deram origem. Assim a OCDE (2005) refere que as reformas na gestão pública na maioria dos países da OCDE tornam as administrações "mais eficientes, mais transparentes e orientadas para os consumidores, mais flexíveis, e mais focalizadas na *performance.*"

6.5.2. *As principais críticas à NGP.*

Há, contudo, críticas à NGP que advêm em grande parte duma crítica aos pressupostos acima enunciados.[99] Assim, em primeiro lugar considera-se que em parte a motivação dos trabalhadores e dirigentes do sector público e do sector privado não é semelhante. Existe alguma evidência empírica que os trabalhadores do sector privado são mais sensíveis a incentivos "extrínsecos" como sejam recompensas económicas materiais do que os equivalentes trabalhadores do sector público.[100] Em contrapartida os trabalhadores do sector público parecem ser mais motivados "intrinsecamente" por factores como satisfação no trabalho, desenvolvimento pessoal, reconhecimento, autonomia, ética de serviço. Deste modo quer os pressupostos da NGP quer algumas das suas recomendações podem ter um efeito perverso de desmoralização, ou seja diminuição dos factores motivacionais intrínsecos, sem a contrapartida de os incentivos externos (e.g. prémios de desempenho) terem verdadeiros efeitos positivos. Em segundo lugar, a ênfase na eficiência, na eficácia, e no consumidor ou cliente de serviços públicos põe de lado outros valores importantes como a justiça a igualdade de oportunidades, associada aos direitos de cidadania. Em terceiro lugar, a utilização de indicadores de *performance*, que é sempre limitada àquilo que pode ser obervado e medido, deixa de lado outros factores qualitativos que são muito importantes para a avaliação dos resultados das políticas públicas.

Assim, por exemplo, é relativamente fácil medir o sucesso e insucesso escolar e os níveis relativos de desempenho através de provas de aferição padronizadas. É, contudo, extremamente complexo avaliar o "valor acrescentado" pelos docentes pois, como é por demais conhecido, o resultado do desempenho estudantil é um efeito conjugado quer da actividade dos docentes, quer das próprias características socio-económicas dos estudantes e suas famílias e ainda das condições de aprendizagem na escola. Assim as melhorias observadas em certa escola no desempenho escolar dos seus alunos podem ter sido devidas a um maior empenhamento e inovações pedagógicas do seu corpo docente ou a uma alteração na composição socio-económica dos alunos. Deste modo propostas em linha com a nova gestão pública de pagamentos de acordo com o mérito podem ser de difícil implementação. Por outro lado, o facto de se medir o desempenho através de resultados em testes pode fazer com que o processo educativo se

[99] Ver entre outros OECD (2005), Batley and Larby (2004), Dent et al. (2004) e Dibben, Wood and Roper (2004).

[100] Ver Ambrose and Kulik (1999), Bueles e Van den Broeck (2007), Rainey and Bozeman (2000), Wittmer (1991), e Wright (2001) e as múltiplas referências nesses artigos.

concentre na preparação para o teste e descure outros aspectos na formação do aluno, como seja o espírito de cooperação com colegas, a capacidade de trabalho em grupo, aspectos de formação cívica e outros.

O Relatório da OCDE identifica alguns aspectos potencialmente negativos na nova gestão pública: "a adopção de técnicas do sector privado pode pôr em causa a cultura colectiva, a tendência para desmantelar serviços públicos e reduzir o emprego público pode afectar negativamente a memória institucional e a capacidade do sector público; demasiada ênfase na performance baseada em resultados é provável que crie uma mentalidade que tarefas e actividades de curto prazo podem ser alcançadas em detrimento de resultados de longo prazo. Adicionalmente a introdução de mecanismos de mercado, como o *outsourcing* ou as parcerias público-privadas podem pôr em causa a responsabilidade política pois criam uma separação entre os fornecedores (entidades privadas) e os financiadores (públicos) dos serviços, deste modo gerando confusão junto do eleitorado acerca da efectiva responsabilidade pela qualidade dos serviços."[101]

6.6. As administrações públicas em Portugal: caracterização e problemas

6.6.1. *Dimensão e estrutura*

As administrações públicas em Portugal distinguem-se antes do mais do ponto de vista "vertical" em administração central, regional e local. Portugal é dos países mais centralizados da União Europeia, ou seja em que a proporção da despesa pública realizada pela administração central (e segurança social) é maior.

1979	1983	1986	1988	1991	1996	1999	2005
372.086	435.795	464.321	485.368	509.732	619.399*	716.418	747.880

Fonte: Ministério das Finanças e da Administração Pública
Não incluídos os efectivos da Região Autónoma da Madeira

Quadro 6.1 – A evolução do emprego público (1979-2005)

A evolução dos efectivos nas administrações públicas (central e segurança social, regional e local) quase duplicou em década e meia (1979 a 2005).

[101] Síntese elaborada por M.S. Haque (2007), "Revisiting the New Public Management" Public Administration Review, 67 (1), p.179-182.

A administração directa e indirecta do Estado absorvia em 2005, 77% do emprego total. A estrutura orgânica da administração central é definida, antes do mais pela Lei orgânica do respectivo governo, depois pelas Leis orgânicas de cada um dos Ministérios que especificam quais as estruturas que pertencem ou estão sob tutela do respectivo ministro, distinguindo os organismos que são serviços integrados e pertencem à administração directa (Secretaria-Geral, Gabinetes de Planeamento e Estratégia, Inspecções Gerais, Direcções-Gerais, Direcções Regionais, etc.) e os fundos e serviços autónomos que pertencem à administração indirecta (Institutos Públicos, Hospitais do SNS, Universidades, etc.).

Administração Directa e Indirecta do Estado	568.384	77%
Administração Regional (Açores e Madeira)	38.740	5,3%
Administração Autárquica	130.650	17,7%

Fonte: Base de Dados da Administração Pública (2005)

Quadro 6.2 – A estrutura do emprego público (2005)

Na administração directa, composta pelos serviços integrados a quase totalidade dos trabalhadores são actualmente nomeados. Na administração indirecta do Estado, existem mais contratos individuais de trabalho, mas representam apesar disso uma pequena parcela do emprego.

A partir do início da década de 1990, com a reforma do regime da administração financeira do Estado (RAFE)[102] foi ganhando importância, em número de organismos e no peso na despesa pública, a administração indirecta do Estado. A criação destes organismos ou a sua maior autonomia em relação à tutela dos respectivos ministros deve-se, em termos de racionalidade económica, a razões de maior autonomia de gestão. Na realidade estes organismos, ao contrário dos serviços integrados, têm em geral personalidade jurídica, autonomia administrativa e financeira, património próprio, receitas próprias e também do Orçamento do Estado, acesso ao crédito mediante autorização do Ministro das Finanças.[103] A atribuição de uma maior autonomia de gestão deveria ser atribuída apenas aos organismos em que tal se justificasse e em que as receitas próprias cobrissem dois terços das respectivas despesas. Mais tarde essa maior autonomia foi atribuída a organismos que gerem investimentos co-financiados pela União Europeia.

---

102 Decreto-Lei 155/92 de 28 de Julho.

103 Para mais desenvolvimentos ver Pereira, P. et. al. (2007).

Na prática muitos destes organismos permitiram desenvolver alguns aspectos associados a essa maior autonomia de gestão, mas ao mesmo tempo isso reflectiu-se em contratos muito favoráveis e regimes salariais significativamente acima dos da administração directa do Estado ao nível dos cargos dirigentes e não só, o que contribuiu para o aumento da despesa pública bem como para a introdução de algumas injustiças relativas na administração central.

6.6.2. *Relações jurídicas de emprego*

António Correia de Campos, Professor da Escola Nacional de Pública, fez a seguinte afirmação que caracteriza um pouco a situação da administração pública.

"A administração pública tem pessoal a mais e, simultaneamente, sofre de falta de pessoal. Tem pessoal a mais que não pode despedir nem passar à disponibilidade, que não pode dispensar ou transferir, mesmo quando ele nada faça ou até embarace quem pretenda trabalhar. Os recursos humanos na administração pública são em regra incompressíveis e inexpansíveis. Os recrutamentos estão fortemente condicionados. São limitados pela dinâmica das carreiras profissionais, por promoções quase automáticas, onde a incompetência e a preguiça são tratadas da mesma forma que a capacidade e a diligência".[104]

A base de dados da administração pública fornece informação sobre a natureza do vínculo laboral na administração pública conforme ilustrado pelo Quadro 6.3. A relação jurídica de emprego na administração constitui-se com base em *nomeação* ou *contrato*. A nomeação é um acto unilateral da administração, cuja eficácia está condicionada à aceitação por parte do nomeado. A grande maioria dos trabalhadores da função pública está nomeada (e dentro destes a maioria com nomeação definitiva) não tendo nenhum contrato de trabalho. O contrato de pessoal é muito menos frequente e constitui um acto bilateral, nos termos do qual se estabelece uma relação transitória de trabalho subordinado. As formas de contrato de pessoal eram até 2008 o contrato administrativo de provimento e o contrato de trabalho a termo certo.[105]

---

[104] Correia de Campos, citado por Trindade, ainda antes de visar a exercer as funções de Ministro da saúde do XVII Governo Constitucional.

[105] As relações jurídicas de emprego eram reguladas pelo DL 184/89 (ver em particular os artigos 5.º, 6.º e 7.º). A situação alterou-se como se verá em 6.7.

Nomeação	427.166	74,2%
Contrato administrativo de provimento	48.053	8,3%
Contrato de Trabalho de Tempo Indeterminado	24.445	4,2%
Contrato de Trabalho de Termo Cert o	41.383	7,2%
Outras Situações	34.963	6,1%
Total (Adm. Directa e Indirecta)	576.010	100%

Quadro 6.3 – A relação jurídica de emprego público (2005)

6.6.3. *Carreiras, vencimentos e remunerações*

De acordo com a Constituição e restante legislação estipula-se que a admissão, promoção e mudança de carreira se efectua, em regra, por via de *concurso* no âmbito dos serviços e organismos da administração pública.

Havia, até à reforma de 2008, inúmeros quadros de carreira de diverso tipo: Carreiras Técnica Superior, Técnica, Assistente administrativo; Carreiras de Inspector Superior, de Inspector Técnico e de Inspector Adjunto.

O sistema retributivo da função pública foi composto até meados de 2007 por: *i)* Remuneração base; *ii)* Prestações sociais e subsídio de refeição; *iii)* Suplementos. A estrutura das remunerações base integrava, escalas indiciárias para: a) carreiras do regime geral, b) cargos dirigentes e c) corpos especiais. Abrangia ainda um conjunto de suplementos.[106]

Por exemplo, no caso das Carreiras de Inspecção, havia as carreiras de: Inspector Superior, Inspector Técnico, Inspector Adjunto. O recrutamento na carreira de inspector superior era dada pelo quadro 6.4.

---

[106] Ver DL 184/89 de 2 de Junho art. 12.º, 13.º e 15.º.

Categoria	**Recrutado de**	**Classificação Exigida**	**Tempo de serviço**	**Provas Públicas/out.**
Inspector Superior Principal	Inspector Superior	Muito Bom	3	Não
		Bom	5	Não
Inspector Superior	Inspector Principal	Muito Bom	3	Apreciação do C.V.
		Bom	5	
Inspector Principal	Inspector	Bom	3	Não
Inspector	Licenciatura	Bom (14 val.)		Estágio

Quadro 6.4 – Recrutamento na carreira de inspector superior (2006)

Ainda no caso das carreiras de inspecção temos as remunerações de dois tipos. As indiciárias, ou seja todos os vencimentos são reportados ao valor de um índice, de forma que são definidos em termos relativos. Em vez de o governo, cada vez que quer alterar uma grelha salarial estar a calcular todos os valores, basta alterar um valor.

Os suplementos eram uma remuneração extra de montante fixo *ad valorem.* "1 – *O pessoal abrangido pelo presente diploma tem direito a um suplemento de função inspectiva, para compensação dos ónus específicos inerentes ao seu exercício*

2 – O suplemento a que se refere o número anterior é fixado no montante de 22,5% da respectiva remuneração base.

3 – O suplemento é abonado em doze mensalidades e releva para efeitos de aposentação,...".[107]

[107] Decreto-Lei 112/2001 de 6 de Abril, art.º 12.º.

Carreira	Categorias	1	2	3	4
Inspector Superior	Inspector Superior Principal	780	830	880	900
	Inspector Superior	670	720	750	780
	Inspector Principal	560	620	670	720
	Inspector	500	530	560	600
	Estagiário	370	–	–	–

Quadro 6.5 – Remunerações da carreira de inspector superior

O que é curioso observar é o carácter fixo e universal do suplemento o que é paradoxal, pois na prática significa um aumento salarial que poderia ser perfeitamente integrado no salário base. Se o objectivo era combater os problemas de risco moral e selecção adversa analisados anteriormente, teria sentido que esses suplementos não fossem universais, mas atribuídos em função do exercício de actividades de maior risco, exigência ou outra característica objectiva que diferenciasse trabalhadores da mesma carreira e categoria. [108]

Outro aspecto curioso, e que também foi objecto de alteração em 2008 diz respeito à grelha salarial. Como se pode ver no quadro 6.5, nesta como em muitas outras carreiras, a promoção pode levar a um nível salarial *inferior*. Assim, um inspector do quarto escalão (índice 600) que era promovido, por concurso, a inspector principal, passava a ganhar menos no primeiro escalão (índice 560).

6.6.4. *Classificações e concursos: a notação dos funcionários*

Os funcionários e agentes da administração pública estavam sujeitos a um sistema de classificação de serviço que se materializava numa ficha de notação.

Nessa Ficha de Notação os funcionários eram avaliados (notados) pelos dirigentes em 8 a 10 items, em escalas de 1 a 10, com questões do tipo: *i)*

[108] Esta lógica de suplementos foi entretanto alterada em 2008 (ver adiante).

Facilidade de relacionamento com os colegas, *ii)* Criatividade, *iii)* Quantidade de trabalho, *iv)* Qualidade de trabalho, etc. Fazia-se a média das classificações do candidato que depois era reconvertida numa classificação qualitativa (Muito Bom, Bom, etc.). As classificações eram relevantes para a progressão e promoção na carreira e invariavelmente a nota obtida era muito bom, o mesmo é dizer que a notação não tinha nenhum efeito prático.

Os concursos baseavam-se pois no tempo de serviço, na classificação de serviço, no *curriculum vitae*, na formação profissional e eventualmente numa entrevista. Os júris eram frequentemente funcionários da mesma carreira de nível igual ou superior ao da vaga aberta. Os ponderadores dos vários critérios referidos acima eram deixados ao cargo do júri. No caso dos dirigentes só havia concursos para Director de Serviços e Chefe de Divisão. O júri era sorteado.

Em grande medida o problema da notação pode ser explicado à luz do dilema do prisioneiro. Cada dirigente de um serviço público, ao homologar a classificação dos seus funcionários, proposta pelos notadores (os que efectivamente classificam) tem um grande incentivo para aceitar essa "generosa" classificação. Na realidade, se não der uma muito boa classificação aos seus funcionários, para além de criar mau ambiente no serviço, vai penalizá-los em concursos que eles mais tarde queiram fazer no próprio serviço ou em serviços diferentes.[109]

6.7. As reformas da administração pública

6.7.1. *Alterações no modelo de governação da administração central*

A mudança institucional na estrutura do sector público em Portugal pode ser caracterizada por sete tendências essenciais observáveis na última década e meia. Primeiro, uma alteração na estrutura das *administrações públicas,* com a

[109] Imagine-se um Director-Geral consciente de uma qualidade diferenciada dos seus funcionários e que pretendesse dar uma classificação diferenciada, alguns *Muito Bom,* outros *Bom* e por aí fora. Como essa prática não era generalizada, os seus funcionários pior classificados eram discriminados negativamente em relação a funcionários de outros serviços que, apesar de deverem ser classificados com *Bom,* tinham sistematicamente a classificação de *Muito Bom.* Ou seja a classificação diferenciada só seria um óptimo social se todos a praticassem (solução cooperativa), mas como a maioria não o faz a *estratégia dominante* seria cada dirigente homologar a classificação máxima, pois ficaria sempre melhor do que dar outra classificação menor, independentemente da classificação do outro dirigente. Contudo, como vimos nos capítulos 2 e 3 o equilíbrio de estratégias dominantes, no dilema do prisioneiro, é ineficiente.

diminuição do peso relativo da *administração directa* e um aumento da *administração indirecta* (Universidades, Hospitais, Institutos Públicos). Segundo, uma crescente importância funcional das *entidades reguladoras* (Águas e Resíduos, Energia, Telecomunicações, Concorrência). Terceiro, uma *forte descentralização* da administração central para a administração regional, e uma *tímida,* mas crescente *descentralização* para os municípios. Quarto, uma desorçamentação, resultante da passagem de entidades que pertenciam ao *sector público administrativo* para o *sector público empresarial* (exemplo de certos Hospitais SPA para EPE, e de serviços municipais para empresas municipais, etc.). Quinto, a externalização de certas atribuições e competências desempenhadas tradicionalmente pelo sector público, para entidades não lucrativas (instituições particulares de solidariedade social, ONG, associações, ordens profissionais) ou para entidades privadas de fins lucrativos (empresas). Sexto, e a um nível mais micro, mas não menos importante, uma tentativa de alteração das relações contratuais e do modelo de gestão na administração directa e indirecta assim como no sector público empresarial. Por fim, a implementação da "governação electrónica".

Estas mudanças institucionais podem ser conceptualizadas à luz do quadro teórico desenvolvido. A relação entre o governo e a administração pode ser modelizada em termos de assimetria de informação. A própria administração central (cada Ministério de *per si*) está hierarquizada, está desconcentrada espacialmente. Cada estrutura desconcentrada, está por seu lado hierarquizada, o que coloca necessariamente o problema fundamental da relação de agência *dentro do aparelho de Estado*, nomeadamente dentro da própria administração directa. Há pois que equacionar o problema da governação no sector público.

Antes, porém, há um problema adicional fundamental que é o de saber quais as funções e competências que deverão permanecer no âmbito da administração directa do Estado e as que deverão ser transferidas para outras entidades (públicas, semi-públicas ou privadas). Na realidade, certas competências são desempenhadas pela administração directa do Estado, outras por um conjunto de entes públicos (institutos públicos, associações públicas) com relativa autonomia, outras ainda por comissões mistas onde participam membros da administração e dos interesses organizados (a chamada administração consultiva) e por fim entidades mistas ou privadas a quem são atribuídos alguns poderes públicos.

A análise das funções que permanecem na administração e as que são delegadas em outras estruturas hierárquicas, sejam elas públicas ou privadas, depende do que se entende que deve ser o papel do Estado e de um conjunto de factores que por vezes se consideram incluídos no conceito de *custos de transacção* e que analisámos nos capítulos 4 e 5. A opção sobre realizar determinadas tarefas na administração pública, no "terceiro sector" ou no sector privado pode resultar de uma análise institucional comparada de qual das instituições minimiza os custos de transacção para tarefas específicas.

Querendo-se aplicar o modelo de Niskanen, tanto se pode considerar a relação bilateral entre o legislativo e o executivo como entre governo e as suas entidades tuteladas, sobretudo da administração indirecta do Estado (institutos públicos por exemplo).

A entidade que decide sobre o financiamento, é a Assembleia da República que aprova o Orçamento do Estado. Na realidade, aquilo que se passa depende de se estar a falar em *administração directa* do Estado (gabinetes governamentais, direcções-gerais, direcções de serviços, etc.) ou *administração indirecta* ou autónoma do Estado, composta pelos Fundos e serviços autónomos (Institutos públicos, Universidades, hospitais, etc.). Quer num caso quer no outro o papel do parlamento, em Portugal, é fundamental na aprovação do Orçamento, mas bastante secundário na sua elaboração (a Proposta de Lei de Orçamento do Estado é do governo) e irrelevante na sua implementação. Sendo o papel do *governo* em muitos casos crucial, tem mais interesse aplicar o modelo na relação entre o governo, como principal, e os dirigentes de Institutos Públicos (ou das Universidades ou dos Hospitais) como agentes.

Pode-se então considerar que, no caso português, a relação fundamental é entre o Ministro da tutela e o dirigente de 1.º grau seja ele o Presidente do Instituto Público, o Director de uma Faculdade, ou o dirigente de um Hospital.

Visto que o problema resultante do modelo deriva essencialmente de uma relação de informação assimétrica entre a entidade que tutela (o Ministério) e a entidade tutelada – os dirigentes do organismo público – a questão central é precisamente a produção e disponibilidade recíproca de informação relevante para uma gestão por objectivos. As reformas encetadas pelo XV Governo Constitucional e pelo XVII Governo Constitucional, seguem ambas a mesma matriz essencial da "nova" gestão pública, apresentada anteriormente, embora com algumas variantes reflexo de matrizes ideológicas algo diferentes.

6.7.2. Reformas da administração pública (XV Governo Constitucional)

As reformas durante o XV Governo Constitucional, liderado por José Durão Barroso, incidiram, entre outros factores, na clarificação da estrutura da administração central (directa e indirecta), na externalização para sociedades anónimas de organismos do sector público (Hospitais), na alteração do estatuto do pessoal dirigente e na tentativa de implementação de um sistema de avaliação do desempenho dos funcionários da administração pública.

Uma análise da avaliação da estrutura da despesa pública da administração denota que um grande responsável pelo seu aumento foi o aumento da despesa com a administração indirecta ou autónoma do Estado. Deste modo em 2004 foi feita uma reavaliação destes organismos, em particular os Institutos Públicos e aprovada uma nova Lei Quadro dos Institutos Públicos, bem como uma Lei da Administração Directa do Estado. O objectivo era clarificar a organização interna da administração pública, estabelecer obrigações e algumas regras comuns e evitar a proliferação de Institutos Públicos e orientá-los mais no sentido de uma gestão por objectivos e uma maior transparência das suas actividades.[110]

A Lei Quadro dos Institutos Públicos, já referida, pretende precisamente caminhar nesse sentido com as seguintes disposições. O artigo 40.º é sobre indicadores de desempenho e estabelece que: "*1. Os institutos públicos devem utilizar um sistema coerente de indicadores de desempenho, o qual deverá reflectir o conjunto das actividades prosseguidas e dos resultados obtidos.*" Acrescentando ainda que "3. *Compete aos órgãos de controlo sectorial respectivos aferir a qualidade desses sistemas, bem como avaliar, anualmente, os resultados obtidos pelos institutos públicos em função dos meios disponíveis, cujas conclusões são reportadas ao ministro da tutela*". Esta norma pretende precisamente uma monitorização da tutela para obviar, entre outros aos problemas equacionados pelo modelo de Niskanen. Adicionalmente, o diploma prevê que seja dada transparência à actuação dos Institutos através da página electrónica, onde devem constar planos e relatórios de actividades, orçamentos e contas dos últimos três anos, bem como o mapa de pessoal. A própria Direcção-Geral da Administração Pública, deverá ter uma base de dados de todos os institutos públicos. Para além das normas referidas, um bom acompanhamento pela tutela da gestão orçamental dos institutos públicos, permitiria minorar os problemas resultantes da informação assimétrica.

No que toca aos dirigentes a lei discrimina os cargos de direcção superior dos de direcção intermédia:[111] Nessa mesma lei se dispunha que "*1 Os cargos de*

---

[110] Respectivamente a Lei 3/2004 de 15 de Janeiro – Lei Quadro dos Institutos Públicos e a Lei 4/2004 de 15 de Janeiro – Lei da organização da Administração Directa do Estado.

[111] Ver o estatuto do pessoal dirigente dos serviços e organismos da administração, regional e local do Estado regulado pela Lei 2/2004 de 15 de Janeiro (que foi revisto posteriormente, ver secção 6.7.3). A categoria de dirigentes engloba os cargos de direcção superior (de 1.º e 2.º grau) e os de direcção intermédia (de 1.º e 2.º grau). São dirigentes de 1.º grau o Director-Geral, o Secretário Geral, o Inspector Geral e o Presidente de um Instituto. São dirigentes de 2.º grau o Sub-Director Geral, Secretário Geral Adjunto, Sub-Inspector Geral, Vice-Presidente ou vogal de direcção. São cargos de direcção intermédia o Director de Serviços (1.º grau) e o Chefe de divisão (2.º grau).

direcção superior de 1.º grau são providos por despacho conjunto do Primeiro Ministro e do membro do governo competente..." enquanto que os dirigentes de 2.º grau são nomeados apenas pelo membro do governo competente. Já os "*Titulares dos cargos de direcção intermédia são providos por despacho do dirigente máximo do serviço ou organismo...*" (art.º 21. 3). Isto significa que na prática uma mudança de governo poderia acarretar consigo uma mudança substancial nos quadros de direcção (superior e intermédia) da administração pública em Portugal.

A reforma de 2004 permite então que não os só os cargos dirigentes, como até aqui, mas os cargos intermédios da função pública, possam ser seleccionados, não por concurso público, mas por nomeação política. Há casos de administrações públicas que funcionam bem neste modelo como é o caso da administração norte-americana. Na realidade nos EUA, quando há uma mudança de governo (essencialmente dos democratas para republicanos ou vice-versa), grande parte da administração muda também. Só que no modelo norte-americano, existe gestão e orçamentação por objectivos na administração pública. De forma que cada dirigente se responsabiliza pelos objectivos a atingir e é avaliado pela sua capacidade de atingir, ou não, os seus objectivos.

A introdução do Sistema Integrado de Avaliação do Desempenho da Administração Pública (SIADAP 2004)[112] pretendeu atacar o problema com a introdução de quotas, estabelecendo que em todos os serviços, o limite máximo de excelente seria de 5% e que apenas 20% possam ter a classificação de Muito Bom. A avaliação depende da definição de um conjunto de objectivos, entre 3 e 5, com um peso de pelo menos 15% cada, de competências comportamentais, entre 4 e 6 com um peso de 10% cada no mínimo e da atitude pessoal. Curiosamente, e sem justificação aparente, cada um dos objectivos só pode ser classificado em três níveis (5, superou os objectivos, 3, cumpriu, e 1, não cumpriu) enquanto que nas competências comportamentais a escala é de 1 a 5.

Considere-se que o nível médio da qualidade dos funcionários em vários serviços é diferente. Digamos que um Muito Bom na Direccção-Geral de Estudos e Previsão do Ministério das Finanças, representa um nível de qualificação e exigência do funcionário bastante maior, do que um Muito Bom nos motoristas do Gabinete do Ministro. Como aferir a qualidade diferenciada destes? Pelas remunerações? Não é fácil.

---

112 Lei 10/2004 de 22 de Março e Decreto Regulamentar 19A/2004 de 14 de Maio.

6.7.3. *Reformas da administração pública (XVII Governo Constitucional)*

As leis, decretos-lei e regulamentos com incidência na administração pública, aprovados durante a vigência do XVII Governo Constitucional, liderado por José Sócrates, são demasiadamente vastos para poderem ser sumarizados aqui. De qualquer modo interessa introduzir alguns elementos para se perceber como as reformas encetadas mantêm a perspectiva da "nova" gestão pública embora aprofundando-a e com matizes algo diferentes da que vinha sendo seguida.

A primeira medida foi a reforma para a reorganização da administração central do Estado (PRACE), que se concretizou, entre outras coisas, na alteração da estrutura orgânica de *todos* os ministérios, bem como de muitos serviços em cada ministério. Levou a uma harmonização da administração desconcentrada da maioria dos ministérios para as mesmas delimitações territoriais (estabelecidas pelas NUTsII), o que potencialmente reduz os custos de "diálogo" entre as estruturas desconcentradas de cada ministério. Por outro lado reforçaram-se as estruturas com funções de suporte à gestão dos próprios ministérios, quer com a criação da figura do *controlador financeiro*, quer com a criação, em vários Ministérios dos Gabinetes de Planeamento, Estudos, Avaliação e Relações Internacionais (GPEARI). Em teoria, está acometido a estes organismos, entre outras, uma função de produção de indicadores de gestão e de estatísticas que permitem uma monitorização do funcionamento dos serviços do ministério.

Ao nível dos cargos dirigentes foi alterado o Estatuto do Pessoal Dirigente[113], especificando que os dirigentes de cargos superiores de 1.º grau têm, quando tomam posse, que elaborar uma "Carta de Missão", clarificando os objectivos que pretendem alcançar durante o seu mandato, de forma quantitativa e calendarizada. Abre ainda a possibilidade da existência de prémios de gestão para organismos, serviços ou para o próprio dirigente. Por outro lado, os dirigentes intermédios (2.º grau) passam a ser por concurso. Isto significa que, em relação à situação anterior, deixa de ser a lealdade política ou pessoal o critério de selecção e passa a ser um processo mais baseado no mérito.

Relativamente ao sector público empresarial foi aprovado um novo estatuto do gestor público[114] para tentar alinhar o comportamento dos gestores com os interesses da tutela política, prevendo-se também um conjunto de prémios de gestão.

---

113 Lei 51/2005 de 30 de Agosto.

114 Decreto-Lei 71/2007 de 27 de Março.

Alterou-se significativamente o quadro legal dos vínculos, carreiras e remunerações na funcão pública[115], diminuindo drasticamente o número de carreiras e aumentando a flexibilidade e também a precariedade dos futuros agentes da administração central. O emprego público continua a assumir as formas de *nomeação*, *contrato* ou *comissão de serviço*, muito embora os únicos trabalhadores *nomeados* passam a ser os que exercem funções de soberania, a saber: forças armadas, negócios estrangeiros, segurança, investigação criminal, informações de segurança e inspecção. A *nomeação* pode ser definitiva ou transitória e os contratos podem ser por tempo indeterminado, ou a termo resolutivo, certo ou incerto. As *carreiras* mantém-se para os trabalhadores cuja relação de emprego é por tempo indeterminado e podem ter apenas uma categoria (unicategoriais) e vários níveis remuneratórios (mínimo de oito) ou várias categorias (pluricategoriais) com vários níveis (à semelhança do apresentado acima na carreira de inspector superior). Impõe-se uma estrutura piramidal nas carreiras pluricategoriais de forma que se $n1$, é o número de "escalões" da categoria 1 (inferior), $n2$ o número de escalões na categoria 2 (logo acima), e $n3$ o número na categoria acima, $n3/n2<n2/n1$ com algumas restrições adicionais. Em relação às remunerações, situações como as descritas no caso dos inspectores (e em quase todas as actuais carreiras pluricategoriais) de que um indivíduo pode ser promovido e passar a ganhar *menos* do que ganhava dantes deixa de ser possível. Ganhará mais, e, excepcionalmente o indivíduo na última posição remuneratória do escalão ni ganhará o mesmo que o primeiro do escalão $ni+1$. Àparte as remunerações fixas, havendo verba orçamental disponível poderá haver alterações das posições remuneratórias em função do mérito, ou seja das menções máximas obtidas no processo de avaliação do desempenho. Estas alterações estão assim dependentes da maior ou menor eficácia do sistema de avaliação de desempenho que foi também alterado e alargado para os serviços e dirigentes.[116] Os suplementos remuneratórios para o exercício de funções mais exigentes passam a ser temporários (só enquanto durar o exercício da função) e definidos em valores pecuniários e não em percentagem como antigamente, o que significa que se não forem actualizados, tornar-se-ão cada vez menores na presença de remunerações que acompanhem a inflação. São instituídos ainda prémios de desempenho.

Para além da reforma ao nível das relações laborais na função pública, outra reforma relevante é a alteração do modelo de governação, e a implementação da contratualização na área da saúde a que a seguir nos dedicaremos.

---

[115] Lei 12-A/2008 de 27 de Fevereiro.

[116] Lei 66-B/2007 de 28 de Dezembro.

6.8. A "nova" gestão pública: o caso da contratualização com os hospitais-empresa.

Talvez o melhor e mais importante exemplo da aplicação da "nova" gestão pública em Portugal, quer pelos recursos elevados que utiliza, quer pela sensibilidade social do sector, seja o da saúde e da empresarialização dos hospitais. Ignoraremos a forma jurídica específica dos hospitais-empresa e concentrar-nos-emos no modelo de governação e nalgumas relações contratuais existentes, nomeadamente a que se estabelece entre o Ministério da Saúde e cada um dos hospitais.[117] No essencial interessa perceber qual a situação actual, o que é que os defensores do modelo e a "nova" gestão pública esperam desta nova forma de governação e, finalmente, os problemas associados à contratualização na saúde *dentro* do sector público, tendo em conta a abordagem realizada nos capítulos anteriores sobre contratos, custos de transacção e teoria da agência.

A partir de 2002 tem havido uma transferência progressiva de hospitais do sector público administrativo para fora dele, primeiro como sociedades anónimas no XV governo constitucional e depois como entidades públicas empresariais (EPE) no XVII governo. Um hospital E.P.E. é uma pessoa colectiva de direito público de natureza empresarial dotada de autonomia administrativa, financeira e patrimonial, sendo o seu capital estatutário detido pelo Estado e aumentado ou reduzido por despacho conjunto dos Ministros das Finanças e da Saúde. Tem como órgãos o conselho de administração, o fiscal único e o conselho consultivo. O conselho de administração é composto pelo presidente e um máximo de seis vogais, em função da dimensão e complexidade do hospital E. P. E., é nomeado

[117] Os contratos em 2006 e 2007 foram realizados entre o Ministério da Saúde (representado pela Administração Regional de Saúde da respectiva área territorial e o Instituto de Gestão Informática e Financeira da Saúde) e cada hospital (representado pelo Presidente do Conselho de Administração respectivo). Alguns hospitais já foram *sociedades anónimas de capitais públicos* e são agora (2008), *entidades públicas empresarias (EPE)*. A forma jurídica obviamente que é importante, e no contexto da análise que segue faz-se análise sobre a contratualização *dentro* do sector público, entre os sectores administrativo e empresarial). Os Hospitais enquanto Sociedades Anónimas (SA), foram criados em 2002. Tratava-se de 31 centros hospitalares distribuídos pelas cinco regiões de saúde: 11 na Região Norte, sete na Região Centro, 11 na Região de Lisboa e Vale do Tejo, um na Região do Alentejo e um na Região do Algarve. Estes hospitais foram transformados em Entidades Públicas Empresariais (EPE) a 07 de Junho de 2005. Em Dezembro do mesmo ano, mais cinco instituições foram transformadas em EPE: Hospital de Santa Maria (Lisboa), Hospital de São João (Porto), Centro Hospitalar de Lisboa Ocidental (hospitais Egas Moniz, São Francisco Xavier e Santa Cruz), Centro Hospitalar de Setúbal (hospitais de São Bernardo e o Ortopédico de Santiago do Outão) e Centro Hospitalar do Nordeste (hospitais distritais de Bragança, de Macedo de Cavaleiros e de Mirandela).

pelos Ministros das Finanças e da Saúde, com um mandato de três anos renovável por iguais períodos. Os membros do conselho de administração são gestores públicos e as suas remunerações são determinadas por despacho conjunto destes dois ministros e podem variar em função da complexidade da gestão.[118] O hospital E. P. E. segue o Plano Oficial de Contabilidade do Ministério da Saúde, a sua gestão financeira e patrimonial rege-se por instrumentos de gestão previsional,[119] e a sua prestação de contas anual deve concretizar-se nos documentos usuais de gestão [120]

As diferenças significativas com o regime laboral da função pública existente à época da implementação dos primeiros hospitais EPE, são que os trabalhadores destes hospitais estão sujeitos ao regime do contrato de trabalho, de acordo com o Código de Trabalho e outra legislação laboral, e o seu regime de protecção social é o regime geral da Segurança Social. Para os trabalhadores que à data pertenciam aos quadros da função pública foi-lhes permitido manter esse estatuto na Caixa Geral de Aposentações.[121]

Finalmente, uma diferença importante entre Hospitais EPE e Hospitais SPA é que naqueles a aquisição de bens e serviços e a contratação de empreitadas regem-se pelas normas de direito privado.

Resumindo, a gestão dos Hospital EPE é significativamente diferente da gestão de um Hospital SPA por variadas razões. Antes do mais todas as relações

---

[118] Uma eventual vantagem, não dispicienda, de alteração do modelo de governação (seja de SPA para SA ou de SPA para EPE) é que cessam automaticamente os mandatos dos membros dos conselhos de administração e dos órgãos de direcção técnica. Isto é um *benefício político*, para os respectivos titulares dos cargos políticos, será um *benefício social se e só se* os gestores substituídos o forem por razões técnicas e não políticas.

[119] Planos plurianuais e anuais de actividades, de investimento e financeiros, com um horizonte de três anos, Orçamento anual de investimento, Orçamento anual de exploração, desdobrado em orçamento de proveitos e orçamento de custos, Orçamento anual de tesouraria, Balanço previsional, Contratos-programa externos, Contratos-programa internos.

[120] Relatório do conselho de administração e proposta de aplicação dos resultados; relatório sobre a execução anual do plano plurianual de investimentos; balanço e demonstração de resultados; Anexo ao balanço e demonstração de resultados; demonstração de fluxos de caixa; relação dos empréstimos contraídos a médio e longo prazos; certificação legal de contas; relatório e parecer do fiscal único.

[121] Note-se a importância do cronograma das decisões políticas. A maior flexibilidade *laboral*, trazida pela passagem de Hospital SPA a Hospital EPE, já não seria tão necessária se a Lei de Carreiras e Remunerações, que alterou as relações laborais na função pública, tivesse sido aprovada *antes*. Por outras palavras, o alargamento do uso de contratos de trabalho em 2005, era um factor distintivo dos modelos de governação SPA e EPE, mas deixou de o ser com a aprovação daquela Lei.

laborais assumem tendencialmente a forma de contrato de trabalho (quer com os dirigentes máximos quer com os restantes trabalhadores), e a relação com fornecedores e empreiteiros rege-se pelo direito privado e não público. Estes factores tornam, em teoria, mais flexível a gestão de um Hospital EPE do que um Hospital SPA. Na prática, essa maior ou menor flexibilidade depende dos contratos-programa elaborados entre o Ministério da Saúde e cada um dos Hospitais e da interferência, regulamentar ou outra, da tutela na gestão hospitalar.

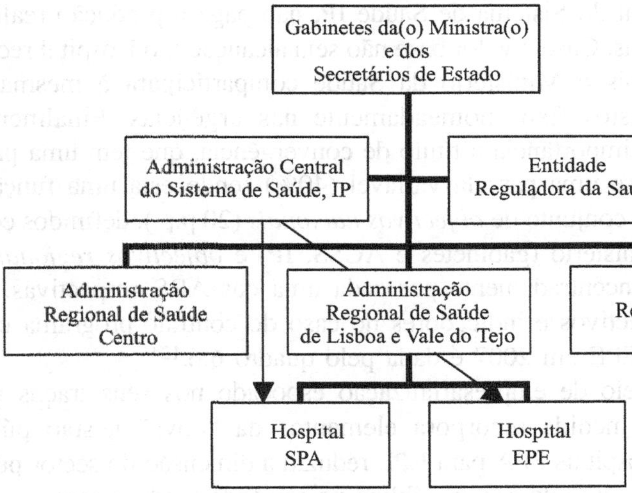

Figura 6.4 – A estrutura da governação hospitalar.

Os contratos programa, desde a sua primeira implementação, têm sofrido ligeiros ajustamentos. Apesar de cada contrato, com cada um dos hospitais, ter as suas especificidades, eles obedecem a uma filosofia geral de contratualização comum. Trata-se de estabelecer os objectivos relativamente ao plano de actividades do Hospital (actualizado anualmente em Anexos) e clarificar as contrapartidas financeiras em função não só das condições previstas, mas dos resultados obtidos.

O financiamento dos hospitais está dependente no essencial da "*produção base contratada*", mas também da "*produção marginal*" e da *convergência* (ou não) em relação à *performance* média dos hospitais EPE, convergência essa medida através de um conjunto de indicadores.[122] Em cada ano é definido o

122 Tomou-se como referência os contratos-programa de 2007.

"volume de produção" base ou de actividades a contratualizar com cada hospital em função das diferentes actividades (internamentos vários, cirurgia de ambulatório, consultas externas, urgência, hospital de dia, serviços domiciliários) e para cada uma delas é estabelecido um *preço unitário.*[123] Isso dá origem à *remuneração pela produção contratada.* Esse valor base da produção, pode ser *excedido*, caso em que o hospital será compensado até um limite máximo de x% salvo raras excepções que não têm limite. Por exemplo, o limite máximo de produção *excessiva* pode ser 10%, valor acima do qual o Ministério, via Administração Central do Sistema de Saúde IP, não paga a produção realizada, à excepção de cirurgias. Caso o valor base não seja alcançado, o Hospital receberá um valor inferior pois o Ministério da Saúde comparticipará à mesma uma percentagem dos custos fixos nomeadamente nas urgências. Finalmente, o Hospital recebe uma importância a título de convergência, que tem uma parcela fixa (60% em 2007) e uma parcela variável (40%) sendo esta uma função do alcance ou não de um conjunto de *objectivos nacionais* (20 p.p.), definidos centralizadamente pelo Ministério (gabinetes e ACSS, IP) e *objectivos regionais* (20 p.p.) definidos desconcentradamente por cada uma das ARS respectivas. Uma ilustração destes objectivos e indicadores no caso do contrato-programa com o Hospital de Setúbal EPE em 2007 é dada pelo quadro 6.6.[124]

Estando o modelo de empresarialização esboçado nos seus traços gerais analisemos em que medida incorpora elementos da "nova" gestão pública. A transferência de Hospitais SPA para EPE reduziu a dimensão do sector público *administrativo* embora *não* do sector público no seu todo tendo e conta que este integra os dois sectores (administrativo e empresarial).[125] Existe uma maior

---

[123] Não deixa de ser curioso ter-se escolhido a palavra "produção" para indicar as "actividades" do hospital. Lemos aqui uma clara intenção de assimilar o modelo de gestão ao de uma empresa. Como se verá adiante há vários factores que fazem com que o modelo de governação do hospital-empresa seja distinto do de uma empresa. Contudo, por razões de consistência semântica adoptaremos o termo "produção".

[124] Os indicadores regionais são muito distintos de ARS para ARS não sendo muito claro o que fundamenta a escolha dos indicadores. Uma coisa é certa, a escolha tem um impacto directo em 50% da parte variável do valor de convergência recebido pelo Hospital.

[125] Acessoriamente registe-se que isto tem impacto na despesa pública (redução) mas não tem necessariamente impacto no défice. Se os resultados operacionais forem negativos no Hospital SPA e forem iguais no novo Hospital Empresa (que o substituiu) o impacto no défice será nulo, pois a cobertura do défice deverá ser feita pelo Orçamento do Estado. Já no caso dos resultados serem positivos a situação poderá ser diferente. Obviamente que a expectativa da empresarialização é que os resultados sejam melhores nos Hospitais-Empresa. É ainda cedo para se fazer uma avaliação comparativa consistente e fundamentada, mas é possível discutir a aplicação do modelo e os seus resultados previsíveis (ver texto a seguir).

Áreas	Indicadores	Objectivo (2007)
A. Qualidade e Serviço	A1- Taxa de readmissões no internamento nos primeiros cinco dias	2,36%
B. Acesso	B1- Peso das primeiras consultas médicas no total de consultas médicas.	28%
C.Desempenho Assistencial	C1- Pes o da cirurgia do ambulatório no total de cirurgias programadas.	22,1%
	C2- Demora média (dias)	7,3%
D.Desempenho Económico-financeiro	D1 Resultado Líquido	-5.367.626€
	D2 Resultado Operacional	-7.312.626€
	D3 Custo unitário por doente padrão tratado.	4.894,17€
E.Objectivos Regionais	E1 Variação das primeiras consultas 2007/2006	
	Ginecologia	-6,8%
	Oftalmologia	0
	Ortopedia	0,4%
	...ORL	0
	E2 Variação Cirúrgica Programada 2007/2006	
	Oftalmologia	0,3%
	Ortopedia	0,4%
	...ORL	8,3%
	E3 Peso das Cesarianas no total de partos	30,5%

Fonte: Anexo III-A, ao Contrato-programa com Hospital de Setúbal EPE

Quadro 6.6 – Objectivos de qualidade e eficiência para o EPE Setúbal (2007)

autonomia de gestão económica, financeira e de recursos humanos. Não existe maior competição pois do ponto de vista territorial um Hospital tem uma posição quase monopolista, mas existe uma quase competição via efeito de emulação pois os Hospitais passam a comparar-se uns com os outros através de um mesmo conjunto de indicadores nacionais. Ao Estado é reservado um papel regulador e financiador, ao Hospital-Empresa um papel de prestador de serviços. Existem controles de *outputs*, definem-se padrões de *performance*, e há uma orientação para os resultados e para a satisfação dos doentes. Apesar de ser cedo para fazer balanços parecem inequívocas duas conclusões. Há hoje muito e melhor informação sobre a afectação de recursos nos hospitais públicos, condição necessária, *mas não suficiente*, para uma melhoria da equidade e da eficiência na utilização destes recursos. Houve alterações significativas no modelo de gestão hospitalar.

Do ponto de vista deste brevíssimo estudo de caso não conviria terminar sem ensaiar respostas a algumas questões teóricas.[126] Em que medida a área da saúde é a indicada e a ideal para a aplicação da "nova" gestão pública na *forma empresarial*? Qual o efeito dos contratos-programa na relação de agência entre Ministério e Hospital e no modelo de governação? Terá um contrato-programa a natureza de um contrato? Que efeitos benéficos e indesejáveis poderão advir da empresarialização?

A área da saúde tem a especificidade de que, por imperativos constitucionais e legais, se deve assegurar a universalidade de acesso, a equidade no tratamento dos cidadãos e a eficiência na utilização dos recursos. Facilmente se verifica que pelo menos o segundo critério não é satisfeito com hospitais privados que, por exemplo discriminam negativamente na marcação de consultas, fazendo esperar mais quem está coberto pelo sub-sistema da ADSE, relativamente menos quem tem seguros de saúde e quase nada quem pagar a pronto. A contratualização hospitalar para *fora* do sector público, isto é com hospitais privados não é defendida por quase nenhum autor, mesmo os mais entusiastas pela "nova" gestão pública. É o caso de Jan-Erik Lane (2000) que refere o seguinte: "Suponhamos que o governo contrata com um dado hospital a realização de um certo número de tratamentos durante um certo período. Suponhamos que o hospital realiza esses tratamentos em menos tempo. E então? Pode o hospital recusar-se a aceitar doentes que necessitam urgentemente esse tipo de tratamento? Pode o governo aceitar esta recusa por parte do hospital em aceitar novos pacientes com o argumento de que não há violação das obrigações contratuais? Ou pode o governo tentar argumentar que o hospital não realizou o número de tratamentos especificados porque se provou que estes poderiam ser feitos mais rapidamente e ou eficientemente do que estipulado no contrato?".[127]

Os problemas da contratualização entre o sector público e o privado (com ou sem parcerias público-privadas), são de dupla natureza. Por um lado, não é possível satisfazer os critérios acima referidos, por outro todos os contratos são *incompletos*, existe *informação assimétrica* entre Ministério e Hospital SA e existe *partilha do risco*. Isto não só envolve elevados custos de transacção, quer *ex ante* (concurso, elaboração do contrato, etc.) quer *ex post* (monitorização)[128], como leva a uma distribuição relativa dos ganhos do contrato favorável à parte

---

[126] Estes são temas que merecem uma investigação muito mais aturada não compaginável com o carácter introdutório das nossas reflexões neste livro.

[127] *Cf.* Lane (2000) *New Public Management* p. 152, tradução nossa.

[128] Temas analisados nos capítulos 4 e 5 deste livro.

mais forte tecnicamente que em geral é o privado. Resumindo, a equidade não será garantida, a eficiência técnica na produção poderá ser maior, mas os custos de transacção serão muito significativos e podem neutralizar os eventuais ganhos de eficiência.

Os problemas da "contratualização" entre sector público administrativo e empresarial são de diferente natureza. Poder-se-á ainda falar de "contrato" na verdadeira acepção do termo? Pensamos que não pois faltam alguns elementos essenciais da figura de "contrato" discutidos no capítulo 4 nomeadamente o seu carácter formal, voluntário, as obrigações de ambas as partes, os incentivos ao cumprimento, as eventuais sanções ao incumprimento e o foro jurisdicional em caso de litígio. Regressando a Lane, é fácil verificar que se os contratos com privados seriam dificilmente implementáveis o "contrato-programa" não tem incentivos credíveis. O que acontece se o Hospital EPE não alcançar o objectivo definido para a redução do défice operacional no ano *t*? Receberá menos na parcela da convergência em *t+1* contribuindo para agravar o défice. E então? O Hospital irá à falência? Quais os incentivos reais incorporados no "contrato-promessa"?

Do ponto de vista do modelo de governação as coisas também não são tão simples pois o Estado (em sentido lato) tem um triplo papel: é *accionista, regulador e financiador.* Enquanto financiador o Estado está condicionado anualmente à sua restrição orçamental global e essa restrição vai ter repercussões no "preçário" dos actos e serviços hospitalares, bem como na definição dos objectivos para os indicadores referidos acima. Quanto mais forte for a restrição, mais apertados e difíceis de atingir serão os objectivos e maior a interferência da tutela na gestão hospitalar. É o caso presente que pode ser entendido com o caso do Hospital de Setúbal EPE. O art.º 6.º do contrato-programa de 2007 estabelece que "*O Hospital deverá dispor ao seu serviço de pessoal em número suficiente e dotado de formação adequada para exercer, de forma contínua e pontual, as actividades objecto do contrato-programa*". No mesmo ano sai um documento orientador da contratualização referindo que a meta de crescimento para os custos de pessoal é 0%.

O facto de considerarmos que o "contrato-programa" não tem os elementos, e portanto as *funções* do contrato tradicional, não quer dizer que não tenha funções relevantes que parecem ser essencialmente duas: clarificar de forma detalhada as orientações da tutela relativamente à "produção" de cada hospital, (e neste sentido tendencialmente alinhar preferências e reduzir a informação assimétrica acerca de actividades e custos entre Ministério e Hospital), e fazer com que o Hospital produza a informação que se considera necessária à monitorização.

Que efeitos perversos poderão estar associados à "contratualização" sobretudo se for desenvolvida com incentivos materiais (gestores e trabalhadores para aumentar a eficiência)? Se for, em parte, verdade que os trabalhadores e dirigentes do sector público forem mais motivados "intrinsecamente" por factores como satisfação no trabalho, desenvolvimento pessoal, reconhecimento, autonomia, ética de serviço, do que por recompensas materiais (incentivos extrínsecos), então é de esperar que incentivos materiais não tenham grande efeito. Algumas recomendações podem ter um efeito perverso de desmoralização, ou seja diminuição dos factores motivacionais intrínsecos. Considere-se que um Hospital, apesar dos muitos esforços desenvolvidos por gestores e restantes trabalhadores não consegue alcançar os objectivos. Como ficará o nível de satisfação e de auto-estima destes? Como referimos, a utilização de indicadores de *performance*, é sempre discutível e restrita ao que pode ser observado e medido, deixando de lado outros factores qualitativos importantes. Pôr como objectivo, como no caso do Hospital de Setúbal EPE que o número de cesarianas no total de partos deve ser inferior a 30,5%, *pode* ser um objectivo razoável, mas é claramente apenas um entre os vários objectivos regionais relevantes. Qualquer pessoa com formação académica perceberá que nem o valor específico 30,5, nem o ponderador associado, que é de 15% dentro dos objectivos regionais, tem, ou poderia alguma vez ter, uma base científica. Será porvenura sugerido por estudos internacionais, da Organização Mundial de Saúde, mas é discutível.

A forma de se ultrapassar alguns dos problemas analisados passa por se alterar ligeiramente os pressupostos relativos à conduta humana.[129] Quando os contratos são *incompletos* e não é possível monitorar o esforço, uma forma de melhorar a eficiência, não é nem com o aumento das cláusulas contratuais, nem com incentivos materiais extrínsecos, mas com a escolha de profissionais competentes a todos os níveis e o estabelecimento de relações de confiança e reciprocidade, e uma clarificação dos objectivos a alcançar que obviamente não dispensam a existência de indicadores de actividade e monitorização, em relação ao essencial e não ao acessório.

---

129 Foram discutidos com algum detalhe no capítulo 4 pelo que se remete para esse capítulo.

6.9. As reformas da administração pública: potencialidades e riscos

Não pretendemos neste capítulo mais do que uma breve incursão, teórica e empírica, aos problemas da administração pública e sua reforma a partir do quadro teórico da economia institucional.

O tratamento completamente uniforme de dirigentes, funcionários e serviços, gera inevitavelmente problemas sérios quer de risco moral quer de selecção adversa na administração. O primeiro problema traduz-se numa desmotivação dos funcionários que permanecem na administração por sentirem que maior esforço e dedicação não só não é valorizado (pecuniarmente, ou apenas pelo reconhecimento de colegas e chefias) como pode até ser considerado motivo de inveja ou acusação de "procura de protagonismo". O segundo problema tem a ver com a saída dos *melhores* funcionários da administração, precisamente porque são os que se sentem mais injustiçados.

As reformas da administração pública em Portugal, têm isso em consideração, e pelo menos no campo legislativo, têm sido orientadas no sentido da "nova" gestão pública referida anteriormente. Na realidade aprovaram-se leis para cargos dirigentes com ênfase na clarificação da sua missão, gestão por objectivos, e incentivos materiais para melhoria do desempenho, está-se a tentar implementar sistemas de avaliação de desempenho de serviços, dirigentes e funcionários, está-se a tentar aumentar a mobilidade dos recursos humanos na função pública e a flexibilidade de gestão.

Está a incrementar-se os incentivos "extrínsecos" através de prémios de desempenho, reduzindo significativamente o número de carreiras, melhorando e desenvolvendo indicadores de *performance.* Em algumas entidades, que prestam serviços à população, está a promover-se uma lógica de contratualização em que o financiamento se quer associado à prestação do serviço e aos ganhos de eficiência. Alguns benefícios destas mudanças são agora evidentes, com a promoção do governo electrónico, a desmaterialização de actos administrativos e a possibilidade dos indivíduos cumprirem as suas obrigações (fiscais e outras) com muito menores custos e as empresas reduzirem os custos de contexto. Estas mudanças institucionais são consequência, não o esqueçamos, de um ambiente económico mais adverso, associado a restrições orçamentais e necessidades acrescidas de despesa pública.

Há, contudo, um conjunto de riscos e problemas associados a uma excessiva diferenciação e mercantilização do serviços públicos, ênfase na eficiência e eficácia, no premiar do mérito. Uma diferenciação excessiva de qualificações, uma monitorização permanente, uma competição interna entre serviços, provoca concerteza, na sequência da abordagem da *reciprocidade*, *confiança* e *capital social* realizadas anteriormente, uma erosão das normas de entreajuda, de confiança, de espírito de equipa e de serviço público, que uma instituição da administração deveria possuir. As críticas à "nova" gestão pública, quer nos seus pressupostos quer nas suas recomendações, devem fazer ponderar os decisores políticos e moderar as propostas de reforma para que do extremo do tratamento igualitário não se caia no outro extremo da tentativa de incluir na administração mecanismos de gestão privada sem perceber a especificidade do serviço público.

Esta especificidade relaciona-se antes do mais com a maior dificuldade de quantificação do *output* público, logo da monitorização e avaliação, o que sugere que o nível óptimo desta será *menor* do que no sector privado (ver Apêndice 6.4). Se é mais difícil quantificar será mais difícil avaliar,[130] e se é mais difícil avaliar, será mais difícil implementar sistemas de remunerações pelo mérito (*performance related pay*).[131] Pode ter também a ver, algo a ser estudado empiricamente, com uma eventual diferenciação de motivação dos trabalhadores de ambos os sectores. Se, como alguns autores sugerem, os trabalhadores do sector público são relativamente menos sensíveis a incentivos materiais do que os do privado, então a estrutura de incentivos dados no público deverá ser diferente da estrutura dada no privado.[132] Finalmente, a especificidade do sector público prende-se com considerações de equidade, universalidade e justiça social, relevante em todos os sectores sociais (educação, saúde e acção social) e de soberania (justiça, polícias) e que faz com que não seja possível nem desejável utilizar apenas indicadores de *eficiência* ou de *eficácia* para medir a qualidade dos serviços e daí derivar a contratualização com as entidades prestadoras (como vimos no caso dos hospitais--empresa).

O sector público, encontra a sua justificação, não na prestação de bens e serviços que o mercado fornece melhor, mas antes na criação das instituições necessárias para que o mercado funcione (tribunais, polícias, etc.), na fornecimento de bens que o mercado não consegue fornecer (bens públicos), na

---

[130] Como é que se avalia um motorista? Por escolher caminhos mais curtos? Por poupar mais combustível? Este e outros "critérios", relativamente absurdos, povoavam o manual inicial do SIADAP. Caso o leitor seja funcionário público e tenha sido avaliado pelo SIADAP saberá do que estamos a falar. Caso não seja, pense em critérios justos que possam medir actividades de certa categoria de funcionários públicos que conhece e verificará que não é fácil.

[131] Existe uma extensa literatura sobre *performance related pay* que não tivemos espaço para discutir aqui.

[132] Existem alguns estudos empíricos que vão neste sentido, embora não se possam considerar conclusivos.

correcção de efeitos indesejáveis do comportamento de agentes económicos sobre outros (correcção de externalidades) e na promoção de uma sociedade mais justa.

As reformas institucionais deveriam pois ser precedidas, ou pelo menos acompanhadas, por reflexão teórica, investigação e formação de quadros qualificados na administração.[133] Na realidade elas mexem com a vida, com os anseios e motivações de muitas pessoas e afectam a estrutura dos serviços pelo que qualquer experimentação política, não devidamente ponderada, pode ter custos pessoais e institucionais elevados. Uma das lições da análise institucional é que a importação de modelos, muito desajustados à "super-estrutura" das normas sociais e culturais, geralmente não dá os resultados esperados. Se admiramos o modelo educativo finlandês é conveniente fazer uma análise institucional comparada. Esta consiste, não em copiar o modelo institucional e aplicá-lo a Portugal, mas em perceber os seus vários níveis e a sua articulação interna.[134]

A escolha do sistema de incentivos, do modelo de governação e o correcto desenho institucional na administração pública não é tarefa fácil, mas daí a importância do seu estudo, primeiro passo para uma reforma que possa obter algum consenso, o que exige deliberação, e tentativa de implementação. Com duas certezas porém, de que não há reformas ideais e que qualquer reforma afecta negativamente interesses instalados, pelo que as objecções à reforma podem derivar quer de apreciações críticas justas e fundamentadas, quer da defesa de interesses menos claros. Daí a importância de se analisarem esses interesses, o que será feito no próximo capítulo.

---

133 Infelizmente ela tem escasseado em Portugal, pelo efeito conjugado de uma relativamente pobre *performance* da instituição universitária portuguesa e por um Instituto Nacional de Administração (responsável em parte pela formação de cargos dirigentes) que poderia desempenhar melhor essa tarefa. Finalmente pelo desinteresse dos partidos políticos em desenvolverem essa reflexão quer internamente quer através de verdadeiros *think tanks*. Voltaremos a este último tópico no capítulo 14.

134 As várias dimensões da análise institucional foram consideradas em 3.4.

Apêndice 6.1 – Alterações governamentais: 1900/2005

Ano	Mês	Governo	Primeiro Ministro
1900	Junho	Partido Regenerador	Ernesto Hintze Ribeiro
1903	Fevereiro	Partido Regenerador	Ernesto Hintze Ribeiro
1904	Outubro	Partido Progressista	José Luciano castro
1905	Dezembro	Partido Progressista	José Luciano castro
1906	Março	Partido Regenerador	Ernesto Hintze Ribeiro
	Maio	Partido Regenerador-Liberal	João Franco
1907	Maio	Partido Regenerador-Liberal	João Franco
1908	Dezembro	Partido Progressista e dissidentes regeneradores	António Campos Henriques
1909	Abril	Partido Progressista e dissidentes regeneradores	Sebastião Sousa Teles
	Maio	Partido Progressista e dissidentes regeneradores	Venceslau Pereira Lima
	Dezembro	Partido Progressista e dissidentes regeneradores	Francisco Veiga Beirão
1910	Junho	Partido Regenerador	António Teixeira Sousa
	Outubro	Partido Republicano	Teófilo Braga
1911	Setembro	Partido Democrático, Partido Evolucionista e Partido Unionista	João Chagas
	Dezembro	Partido Democrático, Partido Evolucionista e Partido Unionista	Augusto Vasconcelos
1912	Junho	Partido Democrático, Partido Evolucionista e Partido Unionista	Duarte Leite
1913	Janeiro	Partido Democrático com apoio parlamentar do Partido Unionista	Afonso Costa
1914	Fevereiro	Partido Democrático	Bernardino Machado
	Junho	Partido Democrático	Bernardino Machado
	Dezembro	Partido Democrático	Azevedo Coutinho
1915	Maio	Partido Democrático	José Castro
	Junho	Partido Democrático	José Castro
	Novembro	Partido Democrático	Afonso Costa

Ano	Mês	Governo	Primeiro Ministro
1917	Abril	Partido Democrático com apoio parlamentar do Partido Evolucionist	Afonso Costa
	Dezembro	Governo militar com apoio do Partido Unionista, depois do Partido Nacional Republicano	Sidónio Pais
1918	Dezembro	Partido Nacional Republicano	Tamagnini Barbosa
1919	Janeiro	Coligação dos partidos republicanos incluindo o Partido Nacional Republicano	José Relvas
	Março	Coligação dos partidos republicanos excluindo o Partido Nacional Republicano	Domingos Pereira
	Junho	Partido Democrático	Sá Cardoso
1920	Janeiro	Partido Liberal (não tomou posse deviso a motins)	Fernandes Costa
		Partido Democrático	Domingos Pereira
	Março	Partido Democrático	António Maria Baptista
	Junho	Partido Democrático e Partido Popular	António Maria Silva
	Julho	Partido Liberal e Partido Reconstituinte	António Granjo
	Novembro	Partido Reconstituinte e Partido Popular	Álvaro Castro
		Partido Democrático, Partido Reconstituinte e Partido Popular	Liberato Pinto
1921	Março	Partido Democrático e Partido Reconstituinte	Bernardino Machado
	Maio	Partido Liberal	Barros Queirós
	Agosto	Partido Liberal	António Granjo
	Outubro	Partido Radical	Manuel Maria Coelho
	Novembro	Partido Radical	Maia Pinto
	Dezembro	Coligação dos partidos republicanos excluindo o Partido Radical	Cunha Leal
1922	Fevereiro	Partido Democrático	António Maria Silva

Ano	Mês	Governo	Primeiro Ministro
1923	Novembro	Partido Nacionalista	Ginestal Machado
	Dezembro	Partido Reconstituinte e Partido Democrático	Álvaro Castro
1924	Julho	Partido Democrático	Rodrigues Gaspar
	Novembro	Partido Democrático	Domingues Santos
1925	Fevereiro	Partido Democrático	Vitorino Guimarães
	Julho	Partido Democrático	António Maria Silva
	Agosto	Partido Democrático	Domingos Pereira
	Dezembro	Partido Democrático	António Maria Silva
1928	Abril	Governo militar	Vicente Freitas
1929	Julho	Governo militar	Ivens Ferraz
1930	Janeiro	Governo militar	Domingos Oliveira
1932	Julho	Governo militar	Oliveira Salazar
1933	Abril	União Nacional	Oliveira Salazar
1968	Setembro	União Nacional, depois Acção Nacional Popular	Marcelo Caetano
1974	Abril	Junta de Salvação Nacional	António Spínola
	Maio	(Primeiro) governo provisório do Partido Popular Democrático, do Partido Socialista, do Partido Comunista e do Movimento Democrático Português	Adelino Palma Carlos
	Julho	(Segundo) governo provisório do Movimento das Forças Armadas, do Partido Popular Democrático, do Partido Socialista, do Partido Comunista e do Movimento Democrático Português	Vasco Gonçalves
	Setembro	(Terceiro) governo provisório do Movimento das Forças Armadas, do Partido Popular Democrático, do Partido Socialista, do Partido Comunista e do Movimento Democrático Português	Vasco Gonçalves

Ano	Mês	Governo	Primeiro Ministro
1975	Março	(Quarto) governo provisório do Movimento das Forças Armadas, do Partido Popular Democrático, do Partido Socialista, do Partido Comunista e do Movimento Democrático Português	Vasco Gonçalves
	Agosto	(Quinto) governo provisório do Movimento das Forças Armadas	Vasco Gonçalves
	Setembro	(Sexto) governo provisório do Movimento das Forças Armadas, do Partido Popular Democrático, do Partido Socialista e do Partido Comunista	Pinheiro Azevedo
1976	Julho	Partido Socialista	Mário Soares
1978	Janeiro	Partido Socialista e Centro Democrático e Social	Mário Soares
	Agosto	Governo extra-partidário de iniciativa presidencial	Nobre Costa
	Novembro	Governo extra-partidário de iniciativa presidencial	Mota Pinto
1979	Julho	Governo extra-partidário de iniciativa presidencial	Lurdes Pintessilgo
1980	Janeiro	Aliança Democrática	Sá Carneiro
1981	Janeiro	Aliança Democrática	Pinto Balsemão
1982	Setembro	Aliança Democrática	Pinto Balsemão
1983	Junho	Partido Socialista e Partido Social Democrata	Mário Soares
1985	Novembro	Partido Social Democrata com apoio parlamentar do Partido Renovador Democrático	Cavaco Silva
1987	Agosto	Partido Social Democrata	Cavaco Silva
1991	Dezembro	Partido Social Democrata	Cavaco Silva
1995	Outubro	Partido Socialista	António Guterres
1999	Outubro	Partido Socialista	António Guterres
2002	Fev/Març	Partido Social Democrata e CDS/PP	Durão Barroso
2004 2005	Julho Março	Partido Social Democrata e CDS/PP Partido Socialista	Pedro Santana Lopes José Sócrates

Apêndice 6.2 – Governos e respectivas Leis-orgânicas (1974-2005)

Ano	Mês	Governo	Primeiro Ministro	Lei Orgânica
1974	Abril	Junta de Salvação Nacional	António Spínola	-
	Maio	(primeiro) governo provisório do Partido Popular Democrático, do Partido Socialista, do Partido Comunista e do Movimento Democrático Português	Adelino Palma Carlos	DL 205/74 de 15 de Maio
	Julho	(segundo) governo provisório do Movimento das Forças Armadas, do Partido Popular Democrático, do Partido Socialista, do Partido Comunista e do Movimento Democrático Português	Vasco Gonçalves	DL 337/74 de 17 de Julho
	Setembro	(terceiro) governo provisório do Movimento das Forças Armadas, do Partido Popular Democrático, do Partido Socialista, do Partido Comunista e do Movimento Democrático Português	Vasco Gonçalves	DL 498-D/74 de 30 de Setembro
1975	Março	(quarto) governo provisório do Movimento das Forças Armadas, do Partido Popular Democrático, do Partido Socialista, do Partido Comunista e do Movimento Democrático Português	Vasco Gonçalves	DL 158-A/75 de 26 de Março
	Agosto	(quinto) governo provisório do Movimento das Forças Armadas	Vasco Gonçalves	DL 417/75 de 8 de Agosto
	Setembro	(sexto) governo provisório do Movimento das Forças Armadas, do Partido Popular Democrático, do Partido Socialista e do Partido Comunista	Pinheiro Azevedo	DL 507/75 de 19 de Setembro
1976	Julho	Partido Socialista	Mário Soares	DL 603-B/76 de 23 de Julho
1978	Janeiro	Partido Socialista e Centro Democrático e Social	Mário Soares	DL 15/78 de 30 de Janeiro
	Agosto	governo extra-partidário de iniciativa presidencial	Nobre Costa	DL 86/78 de 29 de Agosto
	Novembro	governo extra-partidário de iniciativa presidencial	Mota Pinto	DL 138/78 de 22 de Novembro
1979	Julho	governo extra-partidário de iniciativa presidencial	Lurdes Pintassilgo	DL 77/79 de 31 de Julho
1980	Janeiro	Aliança Democrática	Sá Carneiro	DL 4/80 de 3 de Janeiro
1981	Janeiro	Aliança Democrática	Pinto Balsemão	DL 24/81 de 9 de Janeiro

Ano	Mês	Governo	Primeiro Ministro	Lei Orgânica
1982	Setembro	Aliança Democrática	Pinto Balsemão	-
1983	Junho	Partido Socialista e Partido Social Democrata	Mário Soares	DL 15/83 de 9 de Junho
1985	Novembro	Partido Social Democrata com apoio parlamentar do Partido Renovador Democrático	Cavaco Silva	DL 54/85 de 6 de Novembro
1987	Agosto	Partido Social Democrata	Cavaco Silva	DL 27/87 de 17 de Agosto
1991	Dezembro	Partido Social Democrata	Cavaco Silva	DL 451/91 de 4 de Dezembro
1995	Outubro	Partido Socialista	António Guterres	DL 296-A/95 de 17 de Novembro
1999	Outubro	Partido Socialista	António Guterres	DL 474-A/99 de 8 de Novembro
2002	Fev/Março	Partido Social Democrata e CDS/PP	Durão Barroso	DL120/2002. de 3 de Maio
2004	Julho	Partido Social Democrata e CDS/PP	Pedro Santana Lopes	DL 215-A/2004 de 3 de Setembro
2005	Março	Partido Socialista	José Sócrates	DL 79/2005 de 15 de Abril

Apêndice 6.3 – O modelo de Niskanen

O modelo de Niskanen pode ser dado em termos gráficos pela Figura 6.5. Na parte superior da figura temos os benefícios totais e os custos totais da actividade da administração e na parte de baixo benefícios e custos marginais. O nível óptimo de actividade seria Q* quando estes benefícios e custos se igualam. Contudo, o nível que vai resultar da relação de agência com informação assimétrica vai ser muito superior (Q*max*).

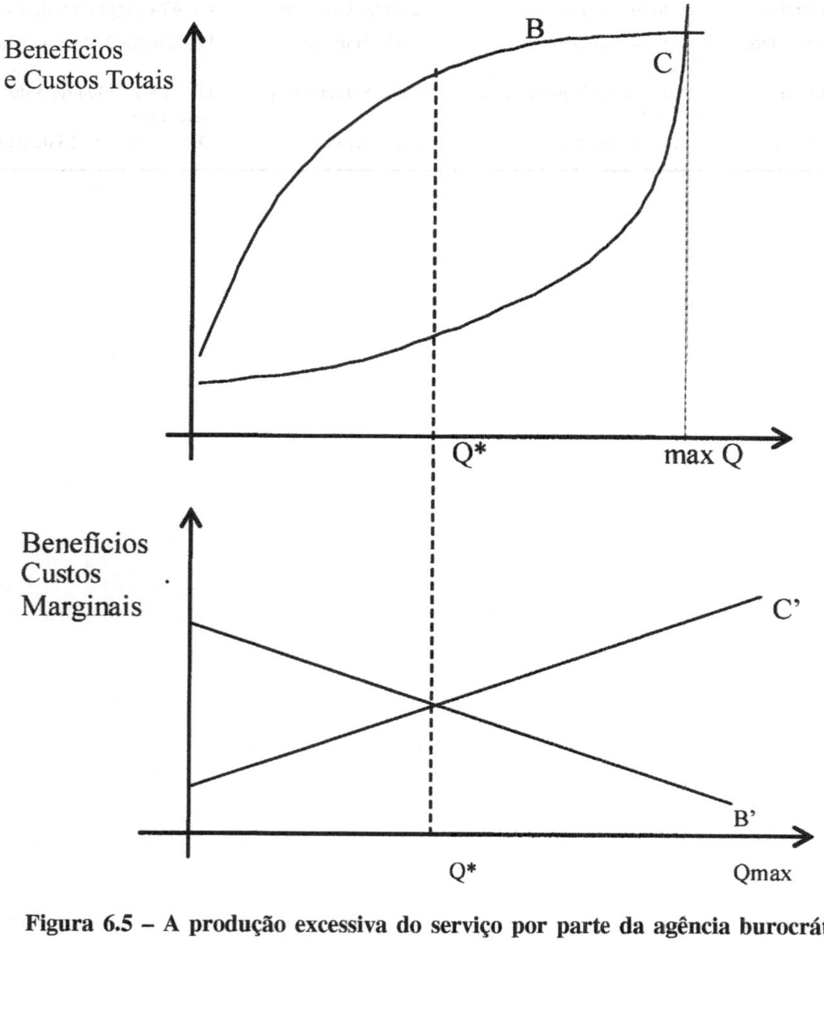

Figura 6.5 – A produção excessiva do serviço por parte da agência burocrática.

Apêndice 6.4 – Benefícios e Custos Marginais da Avaliação e Monitorização no Sector Público e no Privado

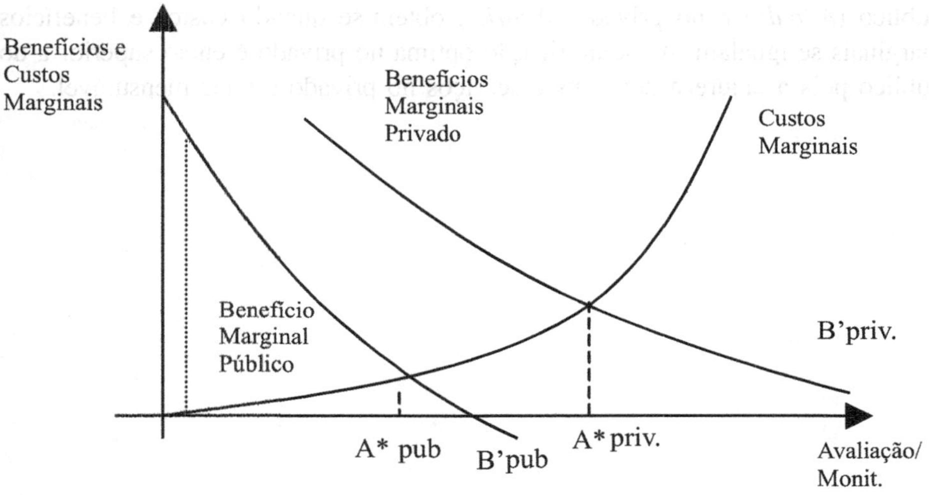

Figura 6.6 – Os níveis óptimos de avaliação no sector público e privado.

Para se perceber a problemática da avaliação no sector público considere-se em primeiro lugar a curva *B'pub*, que traduz o benefício adicional (ou marginal) de existir avaliação. Se passarmos de uma situação em que não há avaliação (ou em que todas as pessoas têm Muito Bom o que resulta no mesmo) para alguma avaliação, o ganho marginal é muito significativo (toda a área debaixo da função *B'pub*). Porquê? Essencialmente porque se combatem os potenciais problemas de risco moral e selecção adversa analisados no capítulo 5. Mas à medida que a quantidade de avaliação aumenta o ganho adicional dessa avaliação vai sendo cada vez menor, podendo até tornar-se negativo (como ilustra a figura).

O outro lado da questão é que existem custos directos e indirectos do processo de avaliação. Desde logo em tempo, que pode ser medido pelo número de horas que funcionários dedicam ao processo de avaliação quando poderiam estar a fazer outra coisa. Estes custos adicionais da avaliação, considera-se que são marginalmente crescentes. Isto significa que há um nível óptimo de avaliação ou monitorização que dependerá da real forma daquelas curvas. Será tanto menor quanto mais inclinadas forem as funções benefícios e custos marginais (assumindo a mesma ordenada na origem).

Em relação ao sector privado a análise é semelhante embora com uma diferença fundamental. Assumimos que os benefícios marginais da avaliação ou monitorização no privado é superior ao público. O nível óptimo de avaliação no público (*A*pub.*) e no privado (*A*priv.*) obtém-se quando custos e benefícios marginais se igualam. A monitorização óptima no privado é então superior à do público pois a natureza dos bens e serviços no privado é mais mensurável.

7. Grupos de interesse: pluralismo, corporativismo e acção colectiva

7.1. Introdução[135]

Os cidadãos expressam as suas preferências políticas de forma muito ocasional aquando de eleições legislativas, europeias, autárquicas ou presidenciais. Em países onde o referendo é utilizado com frequência esta é outra forma de participação directa dos cidadãos. O voto, apesar de fundamental em democracia é, contudo, uma forma muito limitada de participação política. A probabilidade que um voto particular tenha algum efeito no resultado eleitoral é quase nula e, nos países desenvolvidos, são cada vez mais os que renunciam à utilização do direito de votar.

Pelo contrário, verifica-se que nesses mesmos países aumenta a participação de cidadãos (e empresas) em grupos organizados para a defesa de interesses. Antes do mais a liberdade de associação aparece, após as revoluções liberais, como um direito fundamental progressivamente inscrito nas constituições políticas. Este direito tem sido exercido com bastante mais frequência, ao que não será alheio o crescimento económico, a estabilidade política e as condições tecnológicas mais propiciadoras da acção colectiva.

O objectivo deste capítulo é, antes do mais, analisar aquilo que pode ser considerado por formas de "representação" ou "intermediação" dos interesses e de como a expressão dos interesses organizados se articula com o processo de governação e as políticas públicas. Vários problemas serão objecto de análise. Em primeiro lugar interessa perceber o que são grupos de interesse, quando é que eles se organizam e quando permanecem latentes. Um segundo problema é o de saber como é que as políticas públicas são influenciadas pela acção dos grupos organizados e como é que as próprias políticas públicas influenciam a acção dos grupos de interesse.

Neste sentido a secção 7.2 clarifica o que se entende por grupos de interesse, face a um conjunto de conceitos desenvolvidos, quer por cientistas políticos, quer por economistas. A secção 7.3 clarifica os custos e benefícios associados à criação e funcionamento de organizações terminando com uma tipologia de grupos de interesse. A secção 7.4 apresenta, de forma necessariamente breve, as principais formas de articulação de interesses com o poder político que vêem essa relação como essencialmente benéfica (pluralismo e corporativismos). A secção 7.5 apresenta teorias que apontam para uma visão mais céptica em relação à actuação dos grupos organizados sobretudo os que possuem poder de monopólio. Aqui se aborda o problema da acção colectiva e as críticas liberais à acção de certos grupos de interesse. Na conclusão resume-se a resposta aos problemas acima mencionados.

7.2. Grupo de interesse: conceito

Cientistas políticos, mas também economistas, têm dedicado alguma atenção à clarificação conceptual em torno do que se entende por grupos de interesse. Urge fazer uma apreciação crítica de alguns desses conceitos para uma melhor clarificação da articulação entre grupos de interesse, governabilidade e o papel do Estado.

Um *grupo de interesse* pode ser caracterizado como uma *organização* de tipo associativo em que os seus membros partilham pelo menos um interesse comum (mas não muitos interesses) e que actua no sentido da prossecução desse interesse. Esse interesse comum, pode resultar de uma multiplicidade de factores entre os quais: posições sociais e profissionais comuns, normas sociais ou crenças partilhadas, semelhantes posições no mercado, ou outras.[136] Tratando-se de uma organização, torna-se relevante a distinção entre três tipos de agentes: membros do grupo de interesse (organização), membros do grupo que não são membros da organização e agentes que não partilham o interesse do grupo. Enquanto grupo organizado, um grupo de interesse distingue-se de um *grupo latente,* que se

---

[135] Trata-se aqui de uma versão revista de um capítulo editado inicialmente em P.T. Pereira (2001), sendo um resumo da tipologia dos grupos de interesse abordada de forma muito sucinta em Pereira *et al.* (2007).

[136] Truman, na sua obra clássica sobre grupos de interesse define-os como "*any group that, on the basis of one or several shared attitudes, makes certain claims upon other groups in society for the establishment, maintenance or enhancement of forms of behaviour, that are implied by shared attitudes* (Truman, 1951, p. 33). Para abordagens recentes de grupos de interesse ver Baumgarther e Leech (1998) e Austen-Smith (1997). Em português e sobre a relação dos grupos com o *lobbying* ver Nandim de Carvalho (2000).

caracteriza simultaneamente pela existência de um interesse comum, mas onde não existe uma organização ou um único agente que defenda esse interesse.

O número limitado de interesses prosseguido pelo grupo de interesse pretende excluir os *partidos políticos* da definição apresentada. Tipicamente, os partidos políticos não só são associações como prosseguem um conjunto diversificado de interesses. Contudo, convém não incluí-los na categoria de grupos de interesse por várias razões. Em primeiro lugar o papel que desempenham no quadro constitucional é específico e está consagrado na Constituição de muitos países, o que significa que têm um lugar um pouco à parte dos grupos de interesse. Em segundo lugar, os partidos ao pretenderem apresentar versões de uma sociedade ideal, deverão ter uma visão mais ou menos articulada de uma multiplicidade de problemas sociais. Isto significa que devemos entender as plataformas políticas de cada partido de dimensão eleitoral significativa como formas de *compromisso* entre uma multiplicidade de interesses. Obviamente que quanto maior o peso eleitoral do partido, maior deverá ser o compromisso e de certa forma a ambiguidade da plataforma política para poder não desagradar aos seus eleitores que tipicamente terão preferências heterogéneas. Inversamente, quanto menor o peso eleitoral do partido, mais restritos poderão ser os interesses apoiados pelo partido. No limite pode-se até ter partidos que, pela sua reduzida expressão eleitoral, são apenas formas institucionais diferentes que assume a organização de interesses específicos (ou seccionais). Mesmo neste caso, tratando-se de partidos políticos, não poderão deixar de se pronunciar sobre as grandes questões nacionais sob pena de erosão eleitoral.[137]

Ao restringir a noção de grupos de interesse aos de tipo "associativo", está-se a pôr de lado os chamados grupos "institucionais" que, como o nome indica, se identificam com instituições (Igrejas, exército, administração pública) que são importantes organizações que influenciam a opinião pública e podem ser factores de pressão junto do poder político.[138]

---

137 Em Portugal, o Partido da Solidariedade Nacional (PSN) identificou-se programaticamente com os problemas de certa categoria de cidadãos – os mais idosos – e defendeu sobretudo os seus interesses. Contudo, a sua não sobrevivência parlamentar pode ser explicada em parte pela incapacidade de ultrapassar uma visão meramente "seccional", dos interesses da sua base social de apoio, para um programa mais abrangente.

138 Estes grupos institucionais são também designados por "ordens" (ver Salgado Matos 1997). Acerca do papel de um grupo institucional (igreja católica) e de grupos associativos (CIP, UGT e CGTP) na formação da opinião nas eleições legislativas antecipadas de 1987 consultar Braga da Cruz (1995: 409-424).

Ao situar apenas no campo dos interesses organizados de forma associativa ou similar[139] estamos a concentrarmo-nos em organizações que emergem da sociedade civil.

Uma distinção que se encontra frequentemente na literatura de ciência política é entre interesses em relação a "causas" e interesses "seccionais". Os primeiros seriam gerais, "universais", não egoístas, identificando-se com o interesse público. Os últimos seriam interesses particulares, egoístas, parcelares, limitados. Em geral esta distinção parece interessante. Em todo o caso existe uma certa ambiguidade no conceito de "causa" que assume uma conotação um pouco orgânica e holista. Como se determina quando um interesse é de "causa" ou de facção? Não se apresentam todos os interesses sob a roupagem "de causa"? Ao apresentarmos uma tipologia dos grupos de interesse (em 7.3) iremos clarificar a distinção entre interesse público e privado, que se relaciona, embora não se identifique, com a de "causa" e interesse "seccional".

Outra distinção que importa esclarecer é entre *grupos de interesse* e *grupos de pressão*. Genericamente pode-se dizer que, num dado momento, os grupos de pressão são um subconjunto dos grupos de interesse que visam pressionar uma qualquer instância do poder político (executivo, legislativo, autarquias locais, Comissão Europeia) a alterar as suas políticas num sentido favorável ao grupo ou a mantê-las caso elas já sejam favoráveis ao interesse do grupo. Neste sentido as actividades dos grupos de pressão passam sempre pela sua relação com entidades públicas. Isto já não acontece necessariamente com um grupo de interesse que pode prosseguir o seu interesse de forma completamente à margem do poder político, caso a acção não vise alterar políticas públicas e caso o seu financiamento não dependa (no todo ou em parte) de organismos públicos.

É importante realçar que qualquer grupo, na medida em que está organizado, tem ao seu alcance a capacidade de exercer pressão política, capacidade essa que dependerá em parte do seu número de membros (efeito dimensão) e do controlo que tenha de formas socialmente desestabilizadoras de acção política (efeito acção). Estas duas modalidades da capacidade de pressão política ligam-se a fenómenos diversos. O efeito de dimensão do grupo relaciona-se com a

[139] No caso português inclui-se também organizações híbridas que têm algumas características associativas, embora não sejam associações de direito privado, como são em geral as associações, mas sim associações de direito público. É o caso das ordens profissionais que serão analisadas no capítulo 8. Embora a inscrição numa ordem seja "voluntária", o exercício da profissão, sobretudo em ordens com maior poder de monopólio sobre a classe profissional, está condicionado a ser-se sócio da ordem, o que lhe dá um carácter de obrigatoriedade.

capacidade de mobilização eleitoral do grupo de pressão pois quanto maior for o grupo *organizado* maior a sua capacidade de pressão, dado o seu maior peso eleitoral. Por outro lado, o efeito da acção política depende do controle de sectores económicos vitais independentemente da dimensão do grupo e ainda do controle ou acesso privilegiado a meios de comunicação social. Por exemplo, a capacidade de bloqueio das estradas pelos camionistas dá-lhes um poder que ultrapassa o seu peso numérico e que outras profissões não possuem[140]

A pressão dos grupos de interesse pode-se exercer a dois níveis, quer através da influência no tipo de políticas públicas na sua relação directa com o interesse, quer de uma forma mais indirecta através da tentativa de obtenção de financiamentos para a actividade da organização. Em resumo, a pressão pode ter uma relação com os *fins* do grupo ou uma relação com os *meios*, e alguns grupos que parecem ser apenas grupos de interesse, mas não de pressão, pois visam objectivos de utilidade pública, constituem-se como grupos de pressão se se considerar a sua acção na óptica da procura de financiamentos junto de entidades públicas.

O facto de qualquer grupo de interesse ser potencialmente um grupo de pressão, mostra que, se for entendido num sentido descritivo de uma tipologia que se pretende imutável ao longo do tempo, essa distinção não é muito consistente. Contudo, se se considerar que a distinção se limita a um dado período histórico, podemos identificar grupos de pressão como aqueles interesses organizados para os quais a pressão política junto dos poderes públicos é um ingrediente normal da sua actividade e faz parte dos objectivos explícitos ou implícitos dessa acção.

	Grupos				
	Grupos de interesse (organizados)			**Grupos (não organizados)**	
Natureza	Interesses Mistos/Privados	Interesse público	Privilegiados	Privilegiados	Latentes
Pressão Política	Sim	Não	Sim / Não	Sim	Não

Quadro 7.1 – Formas de manifestação de interesses

---

[140] Note-se que isto é diferente do problema analisado por Mancur Olson, que será abordado na secção 7.5, onde este autor defende que grandes grupos têm, em geral menor capacidade de se *organizarem*.

Em resumo, tem-se uma categoria mais ampla que é a de grupos definidos em relação a um (ou poucos) interesse(s). Uma primeira distinção é entre grupos organizados e não organizados. Os primeiros, designados por grupos de interesse, podem ou não ser grupos de pressão consoante, grosso modo, prossigam fins de interesse privado (e misto) ou de interesse público. Os não organizados podem-se subdividir em grupos latentes (onde não há manifestação prática dos interesses) e grupos privilegiados, onde embora não haja organização, um agente actua no sentido da defesa dos interesses do grupo (ver quadro 7.1).

7.3. Uma tipologia de grupos

7.3.1. *Interesse comum, "bem público" e custos da acção colectiva*

A ideia de interesse comum pode ser consubstanciada na noção de "bem" colectivo, ou seja de que cada grupo pretende obter pelo menos um "bem" colectivo para os seus membros (ou evitar um "mal" colectivo). Para o grupo de empresas num mercado oligopolista esse "bem" é praticar preços elevados de quase monopólio, para os professores universitários esse "bem" será maiores salários e melhores condições de trabalho e para as nações poderá ser a paz e estabilidade da ordem económica e política internacional. Este bem possui geralmente as características de um *bem público para os membros do grupo* ou seja apresenta a característica de não rivalidade no consumo. A não rivalidade no "consumo" significa que a existência de benefícios para um qualquer agente em nada diminui os benefícios que podem ser retirados por outros agentes. Adicionalmente, esses bens são fornecidos sem exclusão, isto é, não há nenhum mecanismo que permita impedir o usufruto do bem a indivíduos que embora pertencentes ao grupo não tenham contribuido para a sua provisão.[141] O fornecimento desse bem colectivo envolve necessariamente custos tangíveis ou intangíveis.

Há essencialmente três formas distintas pelas quais poderá haver provisão de um "bem público", como consequência da acção de defesa de interesses.[142]

[141] O conceito de "bem público" é, também ele, dado a múltiplas interpretações. A nossa, que segue a de Paul Samuelson e de Joe Stiglitz, é a de que é um bem não rival no consumo em que a exclusão, se possível, não é desejável (ver Pereira, *et. al.* 2007). Só que a aplicação generalizada do conceito a outro tipo de "bens colectivos" que são bens para certos indivíduos, mas podem ser males para outros, é bastante mais recente e deve-se a Mancur Olson.

[142] Estamos portanto a excluir uma quarta opção que é haver provisão do bem público por uma instância governamental independentemente de qualquer acção colectiva.

A mais simples de todas é ser apenas um indivíduo a fornecer esse bem colectivo, o que a realizar-se pressupõe que para ele os benefícios individuais superem os custos. Neste caso trata-se de um *grupo privilegiado*. O aparecimento do primeiro canal de televisão só transmitindo filmes foi criado por um milionário americano que gostava de poder ver filmes a qualquer hora do dia. O grupo de pessoas que gosta de cinema e que podia captar o sinal dessa estação televisiva foi um grupo privilegiado pois beneficiaram gratuitamente de um canal de televisão em sinal aberto.

A segunda forma de fornecer o bem colectivo é o surgimento no seio do grupo duma organização (chame-se-lhe associação), que faça a provisão directa do bem. Aqui existem custos de fornecer o bem colectivo que são em parte custos de transacção e que se designam por custos de acção colectiva.[143] É preciso saber quem são as pessoas que partilham o interesse comum, é necessário juntar algumas delas e criar uma organização com tudo o que isso implica de burocracia, é essencial que haja reuniões e decisões sobre as prioridades da organização, divisão de tarefas e responsabilidades. Tudo isto para além do custo do fornecimento do bem em si.

A terceira possibilidade é um agente ou uma associação actuar junto de uma instituição governamental para que ela se encarregue de providenciar a provisão desse bem tendo em conta a facilidade com que uma instituição pública tem em obter recursos financeiros (através da tributação) dada a capacidade de coerção que o governo tem sobre os agentes económicos. Neste caso, o financiamento é coercivo e a "acção colectiva" é realizada pela instituição pública.

Sendo os grupos de interesse encarados como organizações, interessa sobretudo desenvolver uma análise do segundo caso e construir uma tipologia de grupos a partir dos beneficiários do "bem colectivo".

7.3.2. *Tipologia de grupos de interesse e a acção colectiva*

A tipologia dos grupos que se desenvolve aqui está baseada na forma como a prossecução dos interesses por parte da organização afecta o bem-estar

---

143 A expressão "acção colectiva" abordada nesta sub-secção deriva do termo "*collective action*" desenvolvido analiticamente por Mancur Olson (1965, 1982) e não deve ser confundida com as "acções colectivas" judiciais colocadas ao mesmo tempo por um conjunto de pessoas ou entidades. Adicinalmente, reserva-se o termo para acções de organizações não públicas, embora certos autores anglo-saxónicos considerem que as actuações das entidades públicas são também formas de acção colectiva.

individual.[144] Tipicamente é possível distinguir três tipos de indivíduos: os membros da organização, os não membros que partilham os mesmos interesses e por fim os restantes indivíduos da sociedade, conforme ilustrado pela Figura 7.1.

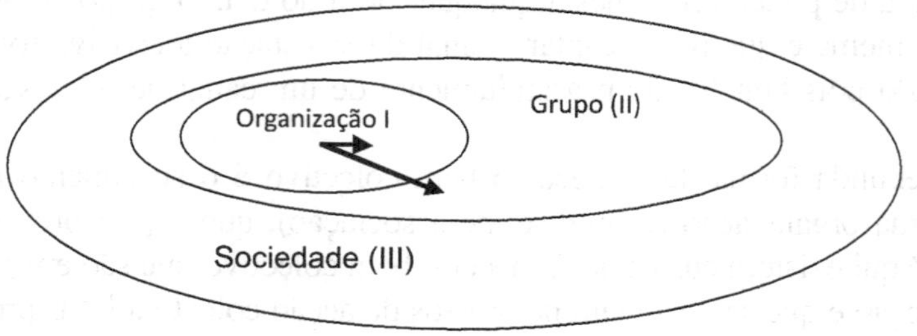

Figura 7.1 – O grupo, a organização e a sociedade

Por exemplo, ao nível empresarial a Confederação da Indústria Portuguesa (CIP) congrega um conjunto de empresas industriais. Outras empresas, não estão filiadas na organização, mas são empresas industriais, pelo que pertencem ao grupo, mas não à organização. Finalmente, as empresas não industriais, não pertencem ao grupo apesar de serem empresas. Do mesmo modo, pode-se distinguir os filiados num sindicato de trabalhadores têxteis, dos trabalhadores que, apesar de trabalharem no sector, não são sindicalizados, mas que pertencem ao grupo dos trabalhadores do sector têxtil. Estes, por sua vez distinguem-se dos trabalhadores doutros sectores.[145]

Assume-se que se um grupo se organiza é porque para cada um dos agentes (sejam indivíduos, empresas ou nações) o bem-estar aumentará com a constituição da organização, ou pelo menos não decrescerá.

A tipologia que sugerimos parte, antes de mais, da distinção entre grupos de interesse público e privado. Os *grupos de interesse público* são aqueles em que o bem-estar dos que não são membros da organização aumenta ou permanece

---

[144] Os economistas e cientistas políticos da escolha racional adoptam a perspectiva do individualismo metodológico e é esta a usada aqui no sentido que lhe foi atribuído no capítulo 4. Esta corrente é conhecida por *rational choice politics* em ciência política e *rational choice* em economia.

[145] Existem alguns poucos casos, em que a separação entre os grupos II e III não é possível de fazer. É o caso dos consumidores: há membros da organização e membros do grupo que não são da organização, mas não há indivíduos que não sejam consumidores pelo que os grupos II e III são neste caso idênticos. Para a construção da tipologia (ver Quadro 7.2)

constante, mas nunca diminui. Como, por definição, assumimos que a satisfação dos membros da organização nunca diminui, o efeito da acção dos grupos de interesse público é sempre o de levar a um melhoramento de acordo com o critério de Vilfredo Pareto.[146] Temos então dois tipos de situações, no primeiro tipo (casos 1 e 2), só os não membros beneficiam da acção da organização. Digamos que é uma situação pouco frequente que exige um forte grau de altruísmo. No segundo tipo (casos 3, 4 e 5), que é mais usual, o bem-estar dos membros aumenta e o dos não membros ou aumenta também ou pelo menos permanece constante.

Os *grupos mistos* (caso 6) são talvez o caso mais importante desta tipologia pois aliam alguma componente de serviço público, com a defesa de interesses privados (é o caso dos sindicatos, ordens profissionais ou associações empresariais).

Por outro lado os *grupos de interesse privado* (caso 7) são aqueles em que o acréscimo de bem-estar dos elementos da organização é feito à custa dos não membros do grupo.

A diferença entre a actuação dos grupos de interesse privado e público é significativa pois enquanto os primeiros envolvem "jogos" de soma positiva (em que ninguém perde e alguém ganha) os segundos envolvem "jogos" de soma nula em que o que uns ganham (em termos materiais) é precisamente o que outros perdem, que é o caso de todos os grupos de interesse que actuam sobretudo ao nível da redistribuição.

Na linguagem utilizada pelos economistas os grupos de interesse público podem fornecer bens públicos *puros*, no sentido em que são de consumo não rival e não é possível praticar exclusão em relação aos benefícios que daí advém (caso 3).[147] Isto cria o problema do *free-rider* generalizado, ou seja o de que *todos* os cidadãos podem beneficiar de um bem ou serviço sem contribuírem para suportar os custos desse bem público. Uma associação que lute pela diminuição da emissão de gases CFCs cai nesta categoria. O problema do *free-rider* também se coloca de forma mais limitada quando o conjunto de indivíduos que beneficia do bem não é toda a população, mas um grupo mais limitado, em geral geograficamente, onde estaremos na presença de bens públicos locais. Por exemplo, uma associação de moradores que mantém um jardim público.

---

[146] Existe um melhoramento de Pareto sempre que em resultado de uma acção, o bem-estar de pelo menos um indivíduo aumenta sem que diminua o de algum outro indivíduo.

[147] Em rigor se uma organização fornece um bem público puro que, por definição, é usufruído por toda a população, todos os elementos da sociedade são membros do grupo pelo que, neste caso, não há "não membros".

Grupos	Motivação	Tipo	Membro da organização	Membro do Grupo	Não membro	Dominante	Exemplos
Interesse Público	Altruísmo Forte	1	0	0	+	Pareto	IPSS Associações Causas humanitárias
Interesse Público	Altruísmo	2	0	+	0	Pareto	Associações de apoio a doentes
Interesse Público	Altruísmo Fraco ou Egoísmo Fraco	3 4 5	+ + ++	+ + +	(1) 0 0	Pareto	Assoc. Mor. Colectivida-des/Clubes
Grupos Mistos	Egoísmo Moderado	6	+	+	+ e -	Pareto *e* Redistribuição	Sindicatos/ Ordens Prof. Assoc. Ind.
Grupo de Interesse Privado	Egoísmo Forte	7	+	0/-	-	Redistribuição	Cartéis de Empresas

(1) Todos os indivíduos são membros do grupo.

Quadro 7.2 – Uma tipologia de grupos de interesse baseada nos efeitos sobre o bem-estar individual

Uma conhecida forma de combater o *free-rider* é o grupo de interesse começar a praticar a exclusão na base do pagamento de um preço para aderir à organização, e fornecer simultaneamente um bem público a membros da organização e não membros, mas fornecer também um bem privado, isto é que gera benefícios exclusivos para os que pertencem à organização.[148] Isto gera incentivos para que os não membros, que partilham o interesse comum, adiram à organização. Usando mecanismos de exclusão estamos agora na presença do que, na teoria económica, é conhecido por bens de clube.[149]

148 É a conhecida teoria dos *incentivos selectivos* desenvolvida por Mancur Olson. A categoria 5, ilustra precisamente essa situação.

149 Um clube é um bem de consumo colectivo de adesão voluntária onde se pratica exclusão (geralmente através do preço) e onde o consumo é parcialmente rival. Note-se que o problema do combate aos que pretendem andar à boleia das contribuições dos outros aplica-se quer aos grupos de interesse quer aos grupos mistos (como os sindicatos ou associações industriais).

Os grupos de interesse público desenvolvem funções que são complementares das tradicionais funções do Estado. A sua actuação é pois motivo, em geral, não de conflitualidade política, mas sim de complementaridade política.[150]

No presente capítulo iremos concentrarmo-nos sobretudo nos grupos de interesse misto ou nos grupos de interesse privado, pois são eles quem mais contribui para uma certa conflituosidade social e que podem colocar problemas à capacidade de governação do executivo. De facto, este tipo de grupos, caracteriza-se sempre, em parte ou no todo, por uma dimensão redistributiva onde o que uns ganham (membros da organização ou do grupo) é obtido à custa do que outros perdem. Neste sentido a acção destes grupos está muitas vezes associada, por um lado a uma competição real ou potencial com outros grupos na sociedade, por outro a pressões junto do poder político para obter esses benefícios redistributivos. Na realidade, como será clarificado mais adiante, os grupos de interesse privado podem actuar directamente para alcançar os seus objectivos ou indirectamente, usando o Estado para obterem os benefícios que almejam.

7.4. Interesses e poder político: abordagens mais optimistas

Existem várias formas de entender a articulação entre os interesses expressos (institucionalmente ou não) e o poder político. Antes do mais, em certas épocas históricas pode-se aceitar a existência de uma separação essencial entre "sociedade civil" (ou rede de interesses organizados e personalizados autónomos) e o Estado, de modo que ganham maior consistência dois tipos de problemas: como é que os interesses afectam as políticas públicas, e como é que a acção do Estado influi na organização e expressão dos interesses? Noutras épocas podemos observar que essa separação ou autonomia da organização dos interesses não existe, ou seja, há uma articulação e relação mais ou menos inextricável entre interesses particulares e políticas públicas.

---

[150] Em rigor, para além de se considerarem os fins últimos da organização interessa analisar a forma de financiamento. De facto, se uma associação que prossegue objectivos de interesse público quanto aos fins e é financiada sobretudo por fundos públicos, numa lógica de restrição orçamental do Estado (ou de uma autarquia) que a subsidia, os fundos atribuídos a esta associação poderiam ter outros usos, pelo que de certo modo podemos eventualmente observar algum grau de conflitualidade sobretudo na altura de atribuição desse financiamento. A forma de financiamento pode mesmo fazer com que um grupo de interesse público passe a ser mais bem classificado como grupo de interesse misto ou grupo de interesse público impuro. Já no que toca aos grupos de interesse público puro (totalmente auto-financiados) não podemos identificar factores que contribuam para alguma conflitualidade. Usam recursos obtidos de forma voluntária e o resultado da sua acção são melhoramentos à Pareto. Neste sentido não estão em competição explícita com nenhuns outros grupos.

Duas situações limite podem ser consideradas. Numa, os interesses são organizados de forma a dependerem funcional e organicamente do poder político (corporativismo de Estado). Noutra, o Estado é apenas um veículo de transmissão e de mediação dos interesses organizados que competem entre si (pluralismo). Um caso intermédio é o de não haver dominância nem do Estado, nem dos grupos de interesse, mas sim uma articulação institucional assegurada, quer pela circulação de uma elite que em certos momentos lidera os grupos de interesse e noutros momentos ocupa posições-chave no aparelho de Estado, quer por relações institucionais estáveis entre interesses organizados autonomamente e representantes da administração (corporativismo social).

Em qualquer época histórica não se poderá dizer que a articulação dos interesses expressos e o poder político assuma uma forma estilizada. Contudo, podemos identificar certos períodos com o domínio de certas formas de articulação dos interesses com o poder político[151]. Aquilo que apresentaremos, de modo necessariamente breve nesta secção, são três *tipos-ideais* de formas de articulação dos interesses com o poder político que partilham entre si, embora por razões diferentes, uma visão relativamente optimista em relação à acção dos grupos de interesse (corporativismo de Estado, corporativismo social e pluralismo).

7.4.1. *Corporativismos*

Uma forma relativamente estável de articulação de interesses organizados com o Estado é conhecida como corporativismo. Na opinião de um dos seus mais importantes teóricos "O corporativismo pode ser definido como um sistema de representação de interesses no qual as unidades constitutivas estão organizadas num número limitado de categorias diferenciadas funcionalmente, singulares, de adesão compulsiva, não competitivas e hierarquicamente ordenadas. Estas unidades constitutivas são reconhecidas ou licenciadas (se não mesmo criadas) pelo Estado e é-lhes atribuído especificamente o monopólio de representação dentro das respectivas categorias em troca da observância de certos controles na selecção dos seus líderes e da articulação de reivindicações e de apoios." (P.Schmitter [1974] 1979, p.13).

Alguns aspectos merecem então ser realçados na abordagem corporativista. Trata-se antes do mais de uma forma de representação *funcional*, baseada na

---

[151] Voltaremos a este assunto na secção 6 quando abordarmos brevemente as formas da articulação dos interesses com o poder político em Portugal.

posição dos agentes na divisão social do trabalho. A lógica de representação *funcional* (dos interesses) opõe-se claramente à lógica de representação política territorial (dos cidadãos) subjacente ao desenho dos sistemas eleitorais. Trata-se de representação singular, ou seja unitária, desses interesses, e daí o carácter não competitivo do sistema, pois um interesse não pode estar representado por várias organizações. A adesão é compulsiva e isso está associado ao monopólio de representação que lhes é atribuído.

Uma distinção importante, também introduzida por Schmitter, é entre corporativismo estatal e social[152] que, de certo modo, se associam a regimes políticos diferentes. O *corporativismo estatal* desenvolve-se essencialmente a partir do Estado em regimes autoritários, burocráticos, com eleições inexistentes ou meramente plebiscitárias, com partidos políticos inexistentes ou fracos e é anti-liberal e anti-democrático. Desenvolve-se em geral em sociedades menos desenvolvidas. O *corporativismo social* emerge dos grupos de interesse em direcção ao Estado ("de baixo para cima") geralmente de forma a ultrapassar e gerir crises económicas e ou políticas, com o intuito de assegurar maior governabilidade e estabilidade política. É uma forma de institucionalizar as negociações e desenvolve-se em sistemas políticos com organizações de interesse mais autónomas, unidades políticas multi-territoriais, partidos políticos fortes e eleições competitivas, sendo compatível com uma maior pluralidade ideológica e de representação de interesses. O corporativismo social é pós-liberal e democrático.

Uma outra abordagem interessante de corporativismo é o de o considerar não essencialmente como um *sistema*, mas como um *processo*. Assim, M. Lucena (1985 p.832) refere que "Essencial para falarmos em corporativismo é tão-só que se nos depare um processo de íntima articulação – sem absorção – entre os corpos intermédios e os públicos poderes. A qual se dá quando esses corpos participam de forma sistemática e institucional (mesmo se ocupam uma posição subalterna, mais consultiva do que deliberativa) na preparação, na deliberação e/ou na aplicação das decisões estatais; e ainda, *a fortiori*, quando são investidos no desempenho de funções de interesse público (e no exercício mesmo se meramente delegado) de parcelas de autoridade: cobrança de taxas, emanação de regulamentos gerais, fiscalização do seu cumprimento, aplicação de sanções administrativas ou afins". É então possível descortinar duas dimensões na corporativisação social. Por um lado, o processo de corporativisação é um processo de

152 Manuel de Lucena, que tem sido entre nós o autor que, do ponto de vista da ciência política, mais se tem debruçado sobre o corporativismo, traduz *societal corporativism* como "corporativismo associativo". (Lucena 1985).

progressiva participação institucional dos grupos de interesse *em conjunção* com representantes do poder político na tomada de decisão política. Essa participação não é esporádica, mas sistemática, definida legalmente e pressupõe um reconhecimento, por parte do Estado, dos "parceiros sociais" com quem se interage de forma institucionalizada. A sua forma dominante tem sido a chamada concertação social, que tem assumido a forma de articulação entre o Estado, associações patronais e confederações sindicais.

Outro processo, que poderá decorrer em paralelo, é o de *delegar* em certos grupos de interesse, funções tradicionalmente da responsabilidade do Estado, como sejam, a cobrança de taxas ou tributos, a emanação de regulamentos ou a regulação de certos mercados (auto-regulação). Importa reter estas *duas formas de corporativismo social*: por um lado o crescente entrosamento dos interesses com os poderes públicos, por outro a progressiva transferência de poderes públicos para os grupos de interesse.[153] Comum aos ideais corporativos, quer na sua versão autoritária e totalitária, quer na sua modalidade democrática, está a busca de uma "terceira via" entre o liberalismo exacerbado e individualista, por um lado, e a planificação socialista, por outro. Via essa que é realizada pela colaboração e concertação institucionalizada entre interesses organizados e Estado.

7.4.2. *Pluralismo (clássico)*

Uma forma de articulação que considera antes do mais a existência fundamental da separação entre a "sociedade civil" e o Estado, e por outro lado aquilo que poderemos considerar como neutralidade da acção dos grupos de interesse em relação às políticas públicas, é conhecida por *pluralismo clássico*[154]. Esta foi uma importante, talvez mesmo dominante, corrente na ciência política americana até à década de 70. O seu principal mentor Arthur Bentley (1949) e o seu discípulo Natham, foram os percursores daquilo que é, no essencial, uma visão optimista do papel da acção dos grupos de interesse na sociedade.

---

[153] Voltaremos a esta distinção na parte final do artigo, quando abordarmos o caso português.

[154] O termo *pluralismo* é utilizado sobretudo pela literatura anglo-saxónica e é o que usamos. Lucena (1985 p. 837) argumentou que deveria utilizar-se a expressão *modelo liberal* e não *modelo pluralista* por vários motivos, entre os quais, o de que se baseia numa livre competição entre grupos de interesse autónomos do Estado e sem interferência deste. Parece-nos contudo que, apesar dos pontos de contacto entre as duas abordagens elas são hoje significativamente distintas para que se justifique falar de modelo pluralista e crítica liberal a este modelo. Ver secção 4 mais adiante e ainda o debate actual entre pluralistas e liberais.

O contexto em que esta teoria se desenvolveu, foi num país (E.U.A.) onde proliferavam novos grupos de interesse, associados em parte a um crescimento económico sem precedentes e por outro lado a uma certa incapacidade do sistema político em resolver um conjunto de problemas.

Os autores pluralistas defendem que onde existem interesses formam-se grupos organizados para os defender. A organização de grupos de interesse é uma forma privilegiada pela qual os diferentes grupos sociais expressam os seus desejos, aspirações, motivações. Essa organização dos grupos em associações privadas de toda a espécie (moradores, defesa de animais, religiosos, desportivos, estudantis, empresariais) é não só um sinal de participação cívica elevada, como um indicador mesmo do nível de desenvolvimento de uma sociedade. Sociedades mais desenvolvidas (como a dos EUA) têm (tinham) um número muito mais significativo de grupos organizados em relação à respectiva população. Estas organizações devem poder desenvolver-se livremente e sem qualquer interferência estatal e constituir a forma privilegiada de expressão política.

Defendem ainda que a pressão política exercida pelos grupos de interesse é no essencial benéfica devido a um conjunto de factores. Consideram, explícita ou implicitamente, que o mercado dos grupos de interesse é relativamente competitivo, pelo que a qualquer momento podem criar-se novas organizações com facilidade. Assim, se um interesse está organizado e faz *lobby* para adopção de uma política e os que partilham interesses antagónicos não estão organizados, estes terão um forte incentivo para se organizarem e pressionarem também o poder político. Deste modo temos uma competição entre grupos de interesse, muitos deles com interesses divergentes e mesmo contraditórios pelo que o resultado das políticas públicas acaba por ser o resultado de vectores de influência de sinais contrários. Este factor é ainda reforçado pelo facto de os agentes (indivíduos, empresas) terem uma multiplicidade de papéis sociais o que significa que não têm um, mas vários interesses. Um cidadão pode ser simultaneamente consumidor, contribuinte, estudante de uma Universidade pública, doente, accionista de uma grande empresa. Os interesses organizados em alguns destes sectores podem ter objectivos contraditórios, pelo que nunca haverá uma defesa demasiado intransigente de nenhum interesse específico. Os pluralistas argumentam que, por esta razão, a actuação dos grupos de interesse não será tão fracturante, conflituosa e perniciosa como os seus críticos argumentam.

A abordagem pluralista é pois, antes do mais, uma visão essencialmente descritiva e normativa do papel dos grupos de interesse. Esta perspectiva foi reforçada por uma corrente de economistas de Chicago, em especial Gary Becker (1983) e Donald Wittman (1996) que, usando modelos de análise económica dos grupos de pressão, concluem que a acção de grupos de interesse leva a políticas eficientes.

7.5. Interesses e poder político: cepticismo e crítica

7.5.1. *O dilema do prisioneiro e o problema da acção colectiva*

Recapitulando o que foi desenvolvido nos capítulos 2 e 3, há situações em que *todos* os indivíduos beneficiariam da cooperação para alcançar algo, mas acabam por não o conseguir pois não conseguem alinhar e assegurar acções cooperativas mútuas e porque podem ter incentivos para andar à boleia das contribuições dos outros. O comportamento *free rider* generalizado pode levar à solução não cooperativa do dilema do prisioneiro. Se quase ninguém reciclasse o lixo pensando que a reciclagem *individual* em nada alteraria o comportamento *social,* uma solução poderia passar por criar uma associação que incentivasse as pessoas a reciclar.

Uma saída para esta situação seria os indivíduos criarem uma *organização* que os levasse a cooperar. Contudo, se não houver nenhum empreendedor temos novamente a situação do dilema do prisioneiro, agora aplicada à criação de uma organização. Porquê perder tempo, serões, recursos pecuniários a criar uma organização quando outros o poderiam fazer? Se houver muita gente a pensar deste modo temos o *problema da acção colectiva.* A organização não se cria devido ao comportamento potencialmente *free-rider* dos agentes.[155]

7.5.2. *A solução para o problema: a lógica da acção colectiva*

O desenvolvimento da lógica da acção colectiva, na sua relação com a teoria dos grupos foi, a vários títulos, uma das mais robustas teorias dos grupos de interesse desenvolvidas nas últimas décadas. O seu impacto na ciência política americana, terminou mais de meio século de domínio incontestado das correntes pluralistas, pelo que vale a pena determo-nos nesta abordagem realizada por um economista no quadro de uma teoria de escolha racional.

A análise considera essencialmente o problema de saber quando é que se espera que um grupo de indivíduos ou empresas que tem um interesse comum se irá organizar para prosseguir esse interesse comum. Esta teoria foi desenvolvida por Mancur Olson num livro já clássico (Olson, [1965] 1998) e as suas implicações sobretudo em termos de crescimento económico das nações, redistribuição

[155] Note-se que a análise, nomeadamente em pequenos grupos, será diferente caso consideremos outras motivações e incentivos individuais, por exemplo incentivos de sociabilidade.

de rendimento e "governabilidade"[156] foi discutida em livro posterior (Olson 1982). O problema considerado na *lógica* da acção colectiva pode ser resumido no seguinte: quando é que um conjunto de indivíduos que tem um interesse comum irá providenciar para prosseguir esse objectivo comum e quando se espera que tal não aconteça? A abordagem de Olson enquadra-se na perspectiva da escolha racional em que se postula que os indivíduos são basicamente agentes racionais e egoístas, muito embora afirme que a sua análise depende essencialmente do postulado de racionalidade e não do de egoísmo.[157]. Relembremos que um grupo não é necessariamente uma entidade orgânica, ou seja, a existência de um grupo não implica que exista uma associação ou qualquer outro tipo de organização que represente os seus interesses. Por exemplo, os consumidores são um grupo pois têm um conjunto de interesses comuns (preços "baixos" ou competitivos, informação sobre a qualidade dos produtos, etc.), embora isto não signifique necessariamente que exista uma organização que defenda os seus interesses, nem que os membros deste grupo se conheçam, ou mesmo que reconheçam que partilham entre si esse interesse comum. Aliás o problema equacionado pela teoria da acção colectiva é precisamente o de saber em que condições se prevê que um grupo (ou pelo menos um elemento desse grupo) irá agir na prossecução do interesse comum aos seus membros.

O problema teórico fundamental para Olson é explicar a acção colectiva, não em grupos privilegiados, nem em grupos "intermédios", mas sobretudo em grandes grupos que se suporia seriam *sempre* latentes, mas que nem sempre o são. A explicação que Olson encontra para o sucesso da acção colectiva reside na capacidade dos grupos de interesse fornecerem dois tipos de bens. Por um lado, bens colectivos que, pela sua natureza, são apropriados pelos membros da organização e por não membros (melhores salários por exemplo) e, por outro, bens ou serviços que são usufruídos só pelos membros (serviços médicos por ex.). Estes são designados *incentivos selectivos* e podem assumir as formas de incentivos positivos ou negativos (incapacidade de obter emprego para quem não estiver filiado, por ex.). Em casos extremos os incentivos selectivos podem assumir a forma de coerção em relação aos não membros para que adiram à organização. Caso encontremos uma organização num grupo anteriormente latente, a justificação para a sua existência e continuidade *não* está sobretudo no

---

156 É importante realçar que Olson não utiliza o conceito de forma explícita embora, como se pode ver pelo que segue, ele está subjacente a uma das problemáticas centrais do seu segundo livro.

157 Sobre esta questão ver Pereira (1996b). A tipologia que fizemos na secção 7.3 é devedora da abordagem de Olson embora não seja desenvolvida por este autor desta forma.

interesse comum por ela prosseguida, mas antes na existência dos ditos incentivos positivos de natureza privada ou de sanções.

Dois exemplos ilustram a teoria dos incentivos selectivos. Considere-se o caso da Associação DECO, que fornece um bem colectivo a todos os consumidores (sócios ou não) e que fornece um incentivo selectivo apenas aos sócios (Revista ProTeste). Ou o caso do sindicato dos bancários que fornece a toda a classe, filiados ou não, eventuais benefícios de melhores salários, mas que fornece apenas aos seus associados o apoio de serviços médicos. Na realidade todos os grupos de interesse que têm maior expressão social caracterizam-se pelo fornecimento de pelo menos dois "bens": um de natureza pública, que é o interesse geral que prosseguem, outros de natureza privada que são os benefícios específicos dados aos seus associados.

7.5.3. *Implicações*

A análise de Olson tem implicações[158] que em muito se distanciam quer da abordagem dos pluralistas, quer dos economistas "Paretianos" de Chicago, quer ainda dos que defendem um corporativismo social. A primeira implicação da lógica é que: "Não haverá países que alcancem uma organização simétrica de todos os grupos com um interesse comum e desta forma atinjam resultados óptimos através de um processo alargado de negociação." O problema aqui é o de saber se as sociedades alcançam uma afectação de recursos eficiente através de regateio ou negociação entre os grupos. A resposta de Olson é claramente negativa. Alguns grupos, como sejam os consumidores, os contribuintes, os desempregados e os pobres podem não ter incentivos selectivos necessários para se organizarem. Desta forma estes grupos, se não estiverem organizados, não serão capazes de bloquear alterações prejudiciais para eles, nem de pressionar o governo a adoptar políticas que os beneficiem.

Outra implicação importante é que "sociedades estáveis com fronteiras inalteradas tendem a acumular ao longo do tempo mais coligações de interesse e organizações para a acção colectiva." Isso advém de ser necessário tempo para organizar a acção colectiva, nomeadamente quando, em grupos grandes, é preciso criar incentivos negativos (coerção) ou positivos. O que é interessante é que, depois de criados esses incentivos, essas organizações perduram no tempo mesmo depois de o bem colectivo que fornecem já não ser necessário.

---

[158] As implicações da Lógica da Acção Colectiva são discutidas no capítulo 3 de Olson (1982) e sumarizadas na página 74. (as citações que se seguem reportam-se todas a essa página). O principal autor que tem desenvolvido a teoria é Todd Sandler (1992, 2004). Na ciência política ver Hardin (1982), Ver ainda a entrevista a Olson em Anexo a este livro.

Outra consequência da lógica da acção colectiva é que "membros de "pequenos" grupos têm um poder organizacional para a acção colectiva mais do que proporcional, e esta desproporção diminui, mas não desaparece ao longo do tempo." Isto deriva basicamente do facto de os pequenos grupos terem mais facilidade (daí maior rapidez) em se organizarem do que os grandes grupos. Daqui resulta que os pequenos grupos têm, *ceteris paribus*, em geral maior poder de *lobbying* que os grandes grupos. Em sociedades que apresentam um pequeno periodo de estabilidade espera-se então que a desproporção entre pequenos e grandes grupos seja maior, e que ela diminua ao longo do tempo.

Uma outra implicação importante é a de que "em geral, as organizações e coligações de interesses específicos reduzem a eficiência e o rendimento agregado nas sociedades onde operam e provocam uma vida política mais conflituosa." Isto deve-se a que a maioria dos grupos da sociedade são o que Olson chama "coligações distributivas"[159], e não grupos que pretendem aumentar a eficiência com que os recursos são afectados. A ideia é que há um paralelismo entre, por um lado a relação do indivíduo com o grupo, por outro a relação do grupo com a sociedade. O grupo organizado só receberá uma fracção diminuta dos ganhos de bem-estar que a sociedade como um todo possa ter como resultado da sua acção. Assim, se um grupo de empresas tiver um rendimento que é 1/100 do rendimento nacional só receberá 1/100 dos ganhos que a sua acção benéfica produzir para a sociedade. Vendo o problema doutra perspectiva, é necessário que os ganhos para a sociedade sejam pelo menos 100 vezes superiores ao custo da acção colectiva necessários para levar a cabo essa melhoria no bem-estar social para que ela se realize. Considere-se agora uma situação diferente, em que o grupo de interesse utiliza os seus recursos para obter uma maior parcela do *output* da sociedade. Essa redistribuição terá custos sociais, e esses custos serão também suportados pela organização, contudo ela só suportará 1/100 dos custos sociais associados à redistribuição (para além dos custos da acção colectiva). Desta forma justifica-se, *na óptica do grupo,* continuar com a redistribuição até que a redução no *output* social seja cem vezes superior ao que é ganho pelos clientes da organização na luta distributiva. Um exemplo ajuda a clarificar este ponto. Considere-se um grupo de interesse especial que realiza *lobby* para obter legislação para aumentar o preço de um bem[160]ou para tributar certos tipos de

---

[159] As coligações distributivas ("*Distributive coalitions*") são o que nós designámos na secção 6.2 deste artigo por grupos de interesse misto e privado.

[160] Aqui não podemos deixar de nos lembrar da controvérsia em torno do preço fixo do livro.

rendimento a taxas mais baixas. Em geral, estas medidas aumentam os rendimentos daqueles favorecidos pela legislação e introduzem custos de eficiência devido a uma distorção na aplicação de recursos que irá equalizar os rendimentos, líquidos de impostos, nas várias actividades económicas.

Outra forma de aumentar rendimentos é através da criação de cartéis que actuam no sentido de restringir o *output*, e desta forma obter um preço de monopólio como se de um monopolista se tratasse.[161] A predominância de coligações distributivas na sociedade faz com que as questões de distribuição estejam na ordem do dia e predominem na vida política tornando-a, desta forma, mais conflitual, visto que se trata normalmente de um jogo de soma nula.

Finalmente duas implicações que directamente têm a ver com a predominância de certo tipo de grupos de interesse. Olson defende que as "coligações distributivas abrandam a capacidade da sociedade de adoptar novas tecnologias e de reafectar recursos em resposta a condições em mudança, e desta forma reduzem a taxa de crescimento económico", e ainda que "a acumulação de coligações distributivas aumenta a complexidade da regulação, o papel do governo e altera a direcção da evolução social."

Sintetizando, podemos dizer que a principal oposição de Olson em relação aos pluralistas é dupla. Por um lado, a incapacidade destes de desenvolverem uma teoria acerca da génese dos grupos de interesse e, por outro, a posição *apriorística* dos pluralistas de que todos os interesses na sociedade se organizam com igual ou semelhante intensidade. Olson não relacionou a sua teoria explicitamente com o corporativismo, mas é fácil deduzir algumas implicações. A concertação com os "parceiros sociais" faz-se, obviamente, com os que estão organizados institucionalmente. E os que não estão? Mesmo dentro dos "parceiros" institucionais qual o peso que cada um deverá ter na negociação com o poder político? O principal problema que a teoria da acção colectiva coloca ao corporativismo parece-nos ser de dupla natureza: a não representação de grupos latentes e a distorcida representação dos "parceiros sociais" institucionais. Uma coisa parece clara, a abordagem em termos de teoria da acção colectiva é bastante mais céptica quanto às vantagens da acção de grupos de interesse misto ou privado, sobretudo quando têm um poder mais do que proporcional à sua importância numérica.

---

[161] A questão das restrições à concorrência é uma questão central e será retomada no capítulo 8.

7.5.4. *A crítica liberal dos grupos de interesse*

A crítica liberal dos grupos de interesse tem talvez como mentor principal, Friedrich Hayek. Na sua *Constitution of Liberty* (1960) Hayek é bastante claro na sua defesa da liberdade negativa (ausência de coerção) que justifica a crítica a alguma forma de coerção no sentido de indivíduos serem obrigados a pertencer a grupos de interesse, sejam eles quais forem. Samuel Brittan, representante desta abordagem liberal em Inglaterra (1975, 1987) tem a opinião que "O tema principal dos últimos trabalhos de Hayek é que a democracia degenerou num leilão sem princípios para satisfazer grupos rivais organizados que, no longo prazo, nunca poderão ser satisfeitos pois as suas exigências são mutuamente incompatíveis" (Brittan p.74, *tradução nossa*). O tema central do pensamento liberal é, de certo modo, o contrário do entendimento dos pluralistas. Uma acção desenfreada dos grupos de interesse com exigências inconciliáveis pode constituir uma ameaça séria à própria sobrevivência da democracia liberal. De certa forma podemos entender o corporativismo social contemporâneo como uma forma de evitar o que os liberais consideram ser os perigos para a democracia, advindos de um excessivo peso dos grupos de pressão e das suas reivindicações contraditórias e impossíveis de satisfazer.

7.6. Conclusões

Qualquer grupo de interesse organizado apresenta-se, nos seus estatutos e na intervenção pública dos seus dirigentes, como uma organização que pretende servir o interesse público, seja na forma da defesa de um código deontológico de uma classe profissional, de um sector económico vital para a sociedade, ou outro argumento qualquer. Seria de estranhar que alguma instituição dissesse que pretende defender o interesse dos associados *contra* o interesse público. Na realidade as situações são bastante mais complexas.

Neste capítulo tivemos ocasião de desenvolver uma tipologia de grupos de interesse, assente numa metodologia simples. As questões a colocar na análise de uma organização são essencialmente três: como é que a acção da organização afecta os membros da própria organização? E os membros do grupo que partilham o interesse comum prosseguido pela organização? E a sociedade como um todo? Da resposta a estas questões é possível distinguir grupos de interesse público, privado e misto. Esta distinção é essencial do ponto de vista das políticas públicas. Se a acção das organizações é complementar à acção do Estado ou de uma autarquia, porque fornecem bens e serviços públicos, então deverão ser apoiadas, havendo muitos instrumentos para o fazer (subsídios, incentivos fiscais, contratualização de projectos para a prestação de serviços, etc.). Se o seu enfoque é sobretudo redistributivo, dos restantes membros da sociedade para os da organização (grupos de interesse privado), as políticas públicas deverão ser precisamente no sentido de combater os efeitos nefastos dessa intervenção (por exemplo, assegurando a competição e evitando concertação de preços). Já no caso dos grupos de interesse misto, é necessário distinguir as actividades que efectivamente promovem o bem comum, e que deverão ser apoiadas, das que são meramente corporativas e que deverão ser atenuadas e restringidas.

Um outro aspecto a realçar é que nem todos os grupos que partilham um interesse comum se organizam, há grupos latentes que não expressam a sua voz (desempregados, idosos). E dentro dos grupos organizados, o poder que têm de influenciar as políticas é também muito diferenciado quer pelo diferente poder económico dos seus membros, quer pela capacidade, maior ou menor, de uso de acções de bloqueio, ou outras, em sectores estratégicos da economia nacional.

Embora a teoria da acção colectiva seja essencial como teoria dos grupos de interesse ou de pressão, há contudo uma crítica relevante, que diz respeito, não tanto à forma como os grupos de interesse se organizam, mas antes à influência que têm nas decisões políticas. A análise de Olson tende a subestimar o papel do Estado, considerando-o implicitamente como um agente passivo sujeito à actuação dos grupos de interesse. Por outro lado, considera que os decisores políticos são permeáveis às pressões dos interesses, mas secundariza o papel dos cidadãos enquanto votantes. A integração da análise dos grupos de interesse e dos votantes será feita no próximo capítulo. Iremos dar maior importância ao que tem sido entendido pelo conceito Estado e de quais os problemas essenciais que este defronta.

8. Interesses, regulação e o processo político

8.1. *Introdução*

Uma das funções mais importantes das instituições do sector público é a sua intervenção reguladora, ou seja, a sua intervenção no sentido de, em certa medida, alterar o livre jogo das forças de mercado. Esta interferência deliberada no mercado justifica-se do ponto de vista económico e social e o primeiro objectivo deste capítulo é explicar os principais fundamentos da intervenção reguladora pública e de como ela é necessária para servir o interesse público. Neste sentido existem variadíssimas entidades com funções reguladoras, quer na administração directa do Estado, quer em serviços autónomos.

Para analisar a eficácia da regulação, não basta, porém, identificar o que é o interesse público. É necessário desenvolver uma análise mais profunda de quais os efeitos dessa regulação, sabendo à partida que, interferindo com os mecanismos de mercado, haverá agentes que ganharão com essa interferência, mas haverá outros que irão perder. Dentro dos que irão perder, alguns se mobilizarão para a acção colectiva e tentarão bloquear ou subverter as intenções reguladoras dos agentes públicos. Um segundo objectivo deste capítulo será então perceber que tipo de estratégias poderão ser postas em marcha para subverter os resultados da regulação por parte daqueles que se lhe opõem.

8.2. Regulação e interesse público

Antes do mais é importante realçar que, em certo sentido, a maioria dos mercados são regulamentados, na medida em que o exercício de uma actividade (profissional ou outra) pressupõe sempre a conformidade com um conjunto de normas e requisitos legais. Não existem mercados legais fora de um enquadramento jurídico, e neste sentido toda a actividade económica está *regulamentada*. No caso de algumas profissões, a licenciatura é um requisito e a certificação dessa licenciatura é da competência do Ministério da Ciência e Tecnologia do Ensino Superior. Para além desta certificação existe em geral uma panóplia de legislação que regulamenta muitos actos praticados pelos profissionais. Para a grande maioria dos bens e serviços transaccionados no mercado argumenta-se que a *regulamentação legal* que referimos é suficiente. Mercados relativamente competitivos funcionam com o substrato dessa regulamentação e litígios que porventura existam poderão ser dirimidos através dos tribunais. Neste sentido quando falamos em mercados competitivos não regulados, estamos a referirmo-nos a mercados *regulamentados,* mas onde os agentes económicos interagem de forma atomística, isto é, sem comportamentos de conluio ou de concertação estratégica, e sem interferência directa de nenhuma instituição (pública, mista ou privada).

Para que se possa falar em *regulação* (em sentido estrito)[162], é necessário estarmos perante uma regulamentação legal forte (ou códigos de conduta) e uma regulação institucional, ou seja, não se trata apenas da existência de normas legais ou normas de conduta que levam a comportamentos não atomísticos dos agentes económicos, mas também da existência de instituições que actuam no sentido de implementar essas normas (que não os tribunais). Neste sentido aquilo que caracteriza a regulação é a existência de uma instituição reguladora. É neste sentido que actividades sujeitas a regulação se podem distinguir das actividades não sujeitas a regulação institucional (apenas a regulamentação legal fraca).

Definimos regulação de um ponto de vista puramente formal de forma a podermos abarcar todo o tipo de situações, mas convém avançar com uma tipologia, ainda que simples, dos diferentes tipos de regulação. A distinção entre regulação pública, mista ou privada, baseia-se na entidade que tem o poder discricionário para nomear os membros da instituição reguladora. No caso da *regulação pública* quem tem esse poder é apenas o governo podendo tratar-se de *regulação directa* (através da administração directa) ou *indirecta* (agência pública tutelada). No caso de *regulação mista*, quer o governo quer interesses sociais organizados poderão nomear e demitir os membros da instituição, enquanto que no caso da *regulação privada* a nomeação e demissão é da responsabilidade ou dos próprios agentes regulados (auto-regulação) ou de uma instituição não

---

[162] Por defeito, quando falamos em regulação, é em sentido estrito. Logo, estamos a pressupor uma regulação *institucional.* Poderíamos falar em regulação (em sentido lato) como abrangendo situações em que existem normativos legais que condicionam e distorcem a actividade dos agentes económicos, quer existam *ou não* instituições cujo objectivo é, entre outros, o de implementar essas normas.

governamental.[163] Temos ainda o caso da chamada regulação "independente" que não cai em nenhuma das categorias anteriores e na qual os membros da instituição reguladora, embora sendo nomeados pelo governo por um período fixo, não podem ser demitidos.

Convém esclarecer as razões pelas quais não defendemos uma tipologia baseada numa óptica funcional de estabelecer a função da regulação na própria definição. Essa tipologia foi sugerida por Marques *et al.* (1996) que sugerem que se entende por "*regulação pública* o conjunto de medidas legislativas e/ou administrativas através das quais o Estado determinada, controla, ou influencia o comportamento de terceiros, pretendendo evitar que esses comportamentos tenham efeitos lesivos de interesses socialmente legítimos e orientá-los em direcções socialmente desejáveis". A dificuldade em fundamentar funcionalmente uma tipologia prende-se com o facto de nem sempre a regulação pública servir interesses social (ou politicamente) legítimos[164].

A regulação pública tem por objectivo promover o interesse público. Ele pode basear-se num critério de *eficiência*, o que significa ultrapassar fracassos de mercado na presença de bens públicos, externalidades ou informação assimétrica. Nestas situações sabemos que os mercados não serão eficientes na afectação de recursos, pois os agentes económicos privados apenas consideram os custos

---

163 Para uma muito interessante discussão acerca do problema da regulação e das várias formas que pode assumir ver Marques *et al.* (1996) e também Moreira, V. (1996). Marques *et al.* (1996) apresentam uma tipologia que vai de um extremo em que só o Estado desempenha uma função reguladora até ao outro em que só o organismo privado é que regula a actividade ou sector. Assim temos (por ordem decrescente de intervenção do Estado): regulação pública directa, regulação pública indirecta, participação consultiva; co-decisão/concertação, regulação por associações de direito público (caso das Ordens profissionais), regulação por associações de direito privado ou sociedades "subcontratadas" e finalmente regulação privada. A tipologia de Marques *et al.* (1996) baseia-se antes do mais numa distinção funcional (regulação de interesse público *versus* interesse privado) e numa distinção legal (estatuto jurídico das instituições reguladoras). É assim que classificam as ordens profissionais no âmbito da regulação mista, embora perto da privada, dado o carácter de associação de direito público, enquanto segundo o nosso critério caem na forma de regulação privada. Obviamente que qualquer tipologia, incluindo a que sugerimos, é discutível.

164 Basta recordarmos a teoria da "captura" das agências reguladoras desenvolvida pelo economista George Stigler (1971) entre outros, assim como os estudos empíricos a que deu origem, para percebermos que, por vezes, a regulação pública (no sentido em que nós a definimos) pode ter como consequência servir o interesse das entidades reguladas e não o interesse público. Inversamente, podemos ter associações privadas a defenderem e implementarem códigos de conduta que servem não só os interesses dos membros como também o interesse público.

marginais privados das suas actividades não tendo em consideração os efeitos externos das suas actividades (ruído ou poluição, por exemplo) noutros agentes económicos. Por outro lado, a assimetria de informação entre os agentes económicos poderá levar a que certos mercados fracassem pelo que a intervenção reguladora pública poderá ser necessária. Este fracasso resulta de o potencial comprador e vendedor não acordarem em relação a qualquer preço, pois o comprador tem menos informação sobre o bem em causa (carros em 2ª mão). Uma racionalidade distinta para a regulação é a que tem a ver com um critério de *equidade*. Aqui a regulação pública justifica-se pois, na sua ausência, os indivíduos mais desfavorecidos socialmente seriam negativamente afectados.

8.3. Regulação e interesses privados

Nesta secção vamos delimitar com precisão um objectivo central que os grupos de interesse misto ou privado têm prosseguido de forma mais ou menos sistemática: restrições à concorrência no mercado em que operam e obtenção de benefícios fiscais ou outro tipo de privilégios. Assim, iremos considerar brevemente três correntes de investigação: restrições à concorrência com o objectivo de um agente alcançar a posição monopolista (teoria do *rent-seeking),* restrições à concorrência operada pela agência reguladora (teoria da "captura") e finalmente uma teoria do Estado que pretende explicar a necessidade da atribuição de privilégios especiais a partir de problemas de informação, de agência e de custos de transacção com que o próprio Estado se defronta ("nova" economia institucional).

8.3.1. *Restrições à concorrência: procura de rendas de monopólio*

O governo não é apenas uma instituição que permite a provisão de bens públicos (como a defesa nacional) e a correcção de indesejáveis efeitos externos (como a poluição), mas é também um instrumento para a transferência de riqueza e de rendimento e de extracção de rendas para o funcionamento da administração. O mercado é imperfeito, há assimetria de informação e há "empresários" que exploram informação privilegiada. A teoria da procura de rendas (*rent-seeking*) estuda a actividade política de indivíduos ou grupos que desviam recursos da actividade produtiva para procurar obter direitos de monopólio ou outras benesses fornecidos pelo governo. As proposições básicas da teoria são que (i) as despesas em recursos para obter rendas são um custo social (ii) os privilégios de mercado resultantes (ou rendas) são uma perca de bem-estar social. Esta teoria, que se desenvolveu já de forma substancial, tem uma abordagem incipiente do Estado enquanto agente que tem o poder discricionário de atribuir direitos exclusivos de propriedade, direitos de monopólio a certos agentes. É essa capacidade que leva às actividades de *rent-seeking* por parte dos agentes. Contudo, a análise do papel do Estado fica-se por aqui. Vale a pena considerarmos um mercado, que pode funcionar de forma monopolista ou concorrencial através da figura 8.1.

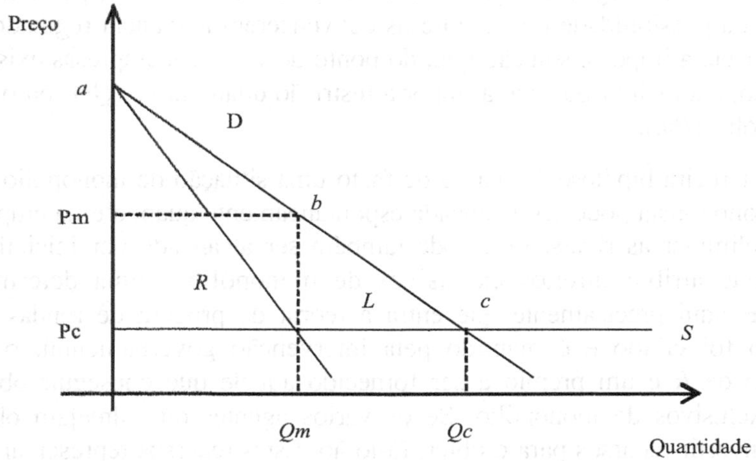

Figura 8.1 – Equilíbrios em mercado monopolista, com cartel e competitivo

Se este mercado for concorrencial o preço de equilíbrio será *Pc* e a quantidade *Qc* definidos pela intersecção da procura *D* com a oferta *S*. Contudo, há três situações distintas em que o preço de equilíbrio será superior (*Pm*), a quantidade de equilíbrio inferior (*Qm*), e em que é maximizada a renda (*R*) que é transferida dos consumidores para o(s) produtor(es). Note-se que há ainda algo que se perde no processo de restrição à concorrência e que sendo uma perca do "excedente dos consumidores" não é apropriado como renda dos produtores (o triângulo *L*).[165] O equilíbrio do monopolista (*Pm, Qm*) é assim considerado como sendo um preço excessivo, uma quantidade insuficiente, uma redistribuição dos consumidores para os produtores e uma perca de bem-estar social. A crítica neoclássica tradicional a este equilíbrio é que, do ponto de vista da eficiência, há uma perda de bem-estar social (*L*) e, do ponto de vista da equidade, há uma redistribuição dos consumidores para o monopolista. Mas como é essa solução alcançada? Três vias diferentes levam ao mesmo resultado.

---

165 O "excedente dos consumidores" é a área acima do preço de mercado e abaixo da curva da procura. Em mercado competitivo será [acP^c], em mercado monopolista [abP^m]

Uma situação possível é o preço monopolista ser alcançado através de uma acção concertada das empresas que utilizam um cartel para limitar a produção total a *Qm*. A acção colectiva das empresas, organizadas ou não em grupos de interesse, pode assim resultar numa acção *directa* quer de restrição quantitativa, quer de concertação em relação ao preço a praticar. Contudo, como há custos da acção colectiva (de negociação em relação a quotas de mercado, por exemplo) uma segunda possibilidade é as empresas convencerem a agência reguladora do sector a ser ela a impor a solução que, do ponto de vista das empresas existentes no mercado, é a melhor ou seja, a impor a restrição quantitativa (*Qm*) ou o preço de monopólio (*Pm*).

Uma terceira hipótese é criar-se de facto uma situação de monopólio. Uma posição monopolista pode ser alcançada espontaneamente quando uma empresa é capaz de eliminar as rivais, mas pode também ser alcançada por iniciativa do governo que atribui direitos exclusivos de monopólio a uma determinada empresa. É aqui precisamente que entra a teoria da procura de rendas. Se o monopólio foi criado e é mantido pela intervenção governamental, o valor actualizado de *R* é um prémio a ser fornecido àquele que conseguir obter os direitos exclusivos de monopólio. Se os vários agentes que almejam obter *R* puderem investir recursos para o obter, fá-lo-ão. Estes recursos representam uma perda de bem-estar associada ao monopólio, a adicionar à perda adicionada a *L*.

Na literatura, foram realizados esforços consideráveis para determinar em que medida as rendas de monopólio são, ou não, totalmente dissipadas pela luta para as obter. É possível desenvolver um modelo simples[166] em que se demonstra que os recursos totais investidos pelos agentes que procuram a posição monopolista igualam o valor das rendas de monopólio, e portanto, do ponto de vista social, essas rendas são totalmente perdidas. Isso não significa que não haja ganhadores. Há, de facto, *um* agente que ganha a posição monopolista e todos os outros perdem.[167] Aquilo que a teoria da procura de rendas procura fazer sobressair é que o custo social do monopólio ($R + L$) é bastante superior ao que a teoria neoclássica tradicional sugere (L). A economia dos privilégios especiais (como também é conhecida esta teoria) pretende mostrar que, sempre que há *um* privilégio especial num determinado sector, três tipos de actividades socialmente

---

[166] Ver, por exemplo, D.C. Mueller (1989, p. 229 e segs.). Em Mueller (2003, p. 333 e segs.) o modelo é mais complexo.

[167] O facto de as despesas em *rent-seeking* serem maiores, iguais ou menores que o valor global das rendas que se pretendem alcançar depende sobretudo de se relaxar uma de três hipóteses a saber: (1) Neutralidade em relação ao risco dos *rent-seekers;* (2) Posições simétricas dos agentes; (3) Não existência de obstáculos à entrada no "mercado" de *rent-seeking*.

improdutivas têm lugar. Por um lado, os agentes económicos privados despendem recursos, de forma isolada ou concertada, em grupos de interesse, para obter *esse* privilégio. Por outro, os agentes da administração pública despendem recursos para poder vir a ocupar os lugares que lhes permitirão administrar esses privilégios especiais, pois essa posição na administração estará associada a rendas "extraordinárias" para esse agente[168]. Finalmente, os agentes económicos privados irão tentar obter *outros* privilégios da mesma natureza. Neste sentido, na medida em que o governo atribui certos tipos de privilégios a certos sectores, desencadeia-se todo uma cadeia de exigências por parte dos grupos de interesse.

O modelo de *rent-seeking* é um modelo que considera a *procura* de benesses especiais, por parte de empresas ou grupos de interesse, através da intervenção governamental. Contudo, existe ainda aqui uma visão muito incipiente de qual a função do Estado, que é entendido apenas como fornecedor de direitos exclusivos de monopólio, muito embora não se percebendo muito bem porque razão o faz. As abordagens que consideramos de seguida dão respostas diversas a esta questão fundamental. Maior atenção será dada aos possíveis "interesses" dos agentes do Estado e à sua relação com o interesse público.

8.3.2. *A procura e a oferta de regulação*

Como já referimos, uma hipótese de as empresas restringirem a concorrência, mantendo o mercado com várias empresas, é a de concertarem a sua actividade, formando um cartel. Contudo, para além de violar a lei, isso defronta com os problemas da acção colectiva referidos anteriormente. Em teoria, só há duas formas de restringir a concorrência, mantendo um certo número de empresas em actividade. Ou elas se organizam e conseguem prosseguir esse objectivo de forma autónoma, ou é o próprio Estado que intervém nesse sentido.

A teoria da regulação desenvolvida por Stigler (1971) vai precisamente neste segundo sentido. A teoria tradicional da regulação assumia no início da década de setenta que, em sectores de monopólio natural onde existem fortes economias de escala[169] e em que só se justifica que haja apenas uma empresa, o governo deve

---

168 A teoria do *rent-seeking* está, desta forma, associada ao surgimento da chamada economia da corrupção e não é por acaso que um dos pioneiros desta teoria (Anne Krueger) desenvolveu a análise no âmbito dos países em vias de desenvolvimento.

169 Há "economias de escala" quando o aumento de escala de unidade produtiva permite reduzir os custos unitários, ou médios de produção.

regular essa indústria para que ela não pratique preços de monopólio. A regulação era vista exclusivamente com o objectivo de servir o interesse do público. Aquilo que se começou a perceber foi que, em parte, a regulação existia não apenas em sectores de monopólio natural mas também em sectores relativamente competitivos. Isto deu origem a uma nova teoria da regulação. Stigler desviou a atenção dos economistas do problema da determinação de qual o preço a ser praticado para minimizar *L*, para a questão da determinação do preço no contexto da luta pela renda *R*. Ele dá importância ao poder de criação de rendas por parte dos reguladores. Desenvolve a chamada *teoria da "captura"* da regulação em que empresas, que supostamente eram reguladas, passam a controlar as agências reguladoras. Isto percebe-se mais claramente no contexto de um mercado relativamente competitivo que seja regulado.

Há várias razões para se supor que existe uma *procura* de regulação por parte das empresas (isoladamente ou em grupo) e há algo que elas podem oferecer em troca da *oferta* de regulação por parte da agência governamental. De facto, o que as empresas procuram é a existência de um preço fixo perto do preço monopolista, barreiras à entrada, subsídios, estímulo à produção de bens complementares e supressão de bens substitutos. Em "troca" poderão oferecer informação técnica relevante para o processo de regulação, cooperação institucional, apoio financeiro ao partido do governo, colocações nas empresas de ex-quadros governamentais. A razão porque as empresas podem necessitar do governo e da regulação para prosseguir os seus objectivos prende-se com um eventual fracasso da acção colectiva. As empresas podem ser incapazes de formar um cartel e de estabelecerem acordos sobre os preços a praticar. A agência reguladora pode pois ser instrumentalizada com o fim de alcançar os objectivos que a acção colectiva não conseguir alcançar.

A abordagem de Stigler não pressupõe necessariamente que o governo (em sentido estrito) não pretenda prosseguir interesses públicos, mas privados. Essa é concerteza uma leitura possível, mas outra é a de que existe uma relação de informação assimétrica entre o governo e a agência reguladora, sendo apenas esta a defender objectivos privados.[170]

[170] Do ponto de vista do trabalho empírico a análise de Stigler pode ser entendida como uma hipótese a ser considerada em alternativa à hipótese de que as agências públicas actuam de acordo com o interesse público e só um estudo de casos poderá clarificar a relevância de cada uma das hipóteses.

8.4. Interesses, grupos organizados e votantes

Por muito importante que seja a abordagem da regulação na esteira de Stigler, ela defronta um problema fundamental. Se a regulação, de acordo com a teoria da captura, não satisfaz os interesses dos consumidores, porque é que eles, através do voto, não deitam abaixo o governo?

Quando Stigler desenvolve a sua nova teoria da regulação, estavam já plenamente desenvolvidos os fundamentos de uma nova teoria da democracia, conhecida como teoria processual da democracia ou análise económica da democracia[171] sobretudo no seguimento dos trabalhos de Schumpeter (1943) Downs (1957) e Buchanan e Tullock (1962). Neste modelo a luta política competitiva em democracia tinha como principal objectivo a maximização de votos. Estava pois preparado o terreno para a integração do efeito dos interesses, por um lado, e dos votantes, por outro, realizada por Peltzman (1976). Peltzman desenvolve a abordagem de Stigler através de um modelo em que a regulação é *oferecida* por um político que pretende maximizar os votos e em que estes são função quer da utilidade das empresas reguladas quer dos consumidores. Neste contexto a agência reguladora irá fixar os preços de modo a maximizar os votos, tendo em conta que subidas de preços (a partir de Pc na Figura 8.1) fazem perder votos da parte dos consumidores, mas ganhar "votos" de forma indirecta pois aumentam as contribuições financeiras das empresas, que se traduzem em maior capacidade de marketing político e de persuasão junto de eleitores. Um regulador (político) que queira maximizar votos irá estabelecer um preço de forma que o ganho marginal de apoio provocado por um incremento nas rendas de monopólio R é neutralizado pela perca de votos de uma redução no excedente dos consumidores. Tipicamente, de acordo com Peltzman, o preço escolhido pelo regulador situar-se-á entre o preço competitivo e o monopolista.

Note-se que esta análise tem um alcance considerável que extravasa a problemática da regulação. No fundo, de acordo com o quadro teórico que aqui se expõe, as políticas públicas podem ser vistas como um compromisso entre a satisfação de interesses privados (grupos de interesse privado) e de interesses públicos (manifestados através do voto dos cidadãos). Mas em que medida é que as políticas públicas se aproximam mais (ou menos) dos interesses dos cidadãos? As modernas teorias dos grupos de interesse, sobretudo na óptica da escolha

---

[171] Acerca desta teoria da democracia ver Pereira (1997 e 2000a) e Capítulo 14.

racional[172], tentam responder a este problema. Sem pretendermos avançar com grandes detalhes o debate centra-se, sobretudo, nos problemas do custo, para os cidadãos, de obterem informação, dos seus incentivos para obtê-la e das assimetrias de informação existentes entre cidadãos, por um lado, e grupos de interesse por outro. Várias abordagens tentam explicar um aparente enviesamento das políticas públicas em direcção a interesses especiais ou sectoriais.

Uma linha de argumentação vai na sequência de Downs e do votante *racionalmente ignorante*. Visto que a probabilidade de um voto particular alterar o resultado de uma eleição é praticamente nula, das duas uma: ou o cidadão pura e simplesmente não vota ou, caso vote, não vai dedicar muito esforço a conseguir informação sobre os candidatos. A sua racional ignorância, aliada ao facto de que muitas políticas públicas são complexas, no sentido de não se perceber quais os efeitos que terão no bem-estar dos cidadãos, levam a supor que os interesses do votante não não são relevantes para o eventual acto de votar. Este processo é agravado pelo modo de funcionamento parlamentar, em democracia, onde é possível que sejam aprovados projectos com benefícios totais (sectoriais) inferiores aos custos totais que são espraiados por todos os cidadãos. Esses projectos podem ser aprovados num processo de troca de votos (*logrolling*) embora representem uma diminuição da eficiência da economia e eventualmente do bem-estar social.[173]

Outra linha de argumentação segue Stigler-Peltzman e considera que certas políticas favorecem certos interesses em troca de contribuições para as campanhas partidárias (Baron 1994, Grossman and Helpman 1996).

Ainda outro tipo de argumentos (Arnold 1990, Lohmann 1998), para explicar a razão pela qual as políticas públicas estão enviezadas em direcção a interesses especiais em detrimento do interesse público reside nas assimetrias de informação quer entre governo e cidadãos quer entre governo e grupos de interesse. A ideia é que quando o votante se sente realizado com a *performance* do governo, mesmo que ele não perceba se isso tem ou não a ver com a qualidade dos governantes, ele votará a favor do governo nas próximas eleições. Já no caso dos grupos de interesse a informação que detêm sobre as políticas e os políticos

---

[172] A *rational choice politics* vai ocupando um espaço crescente na ciência política americana, nos *meetings* da American Political Science Association e na respectiva revista. Ver, por exemplo, o recente artigo de Susanne Lohmann (1989), na American Political Science Review. Tem, contudo, graves limitações (ver Friedman (ed.) 1995).

[173] Acerca deste problema ver o Capítulo 11, e ainda Mueller (1989), Barbosa (1997) e Pereira et al. (2007).

é muito maior[174] pois não só sabem em que medida é que o governo foi ou não responsável pelas políticas (ou em que medida factores exógenos foram determinantes) como também têm capacidade de colocar questões polémicas na agenda política. Aquilo que é fundamental em política, sobretudo em condições de informação assimétrica, não são apenas as decisões em si, mas a *saliência* pública dessas decisões, o que passará necessariamente pela colocação do debate sobre as políticas públicas na agenda eleitoral e nos meios de comunicação social em período não eleitoral.

É possível contra-argumentar que embora haja algo de verdade nestes argumentos, existe o chamado voto retrospectivo (Fiorina 1981, Rogoff 1990, Rogoff and Sibert 1988) ou seja os votantes olham para a *performance* passada do governo e caso a sua situação pessoal tenha melhorado votarão nele. Ou seja, mesmo que a informação seja custosa, que o votante seja racionalmente ignorante, que dedique menos tempo e atenção às coisas públicas que a uma partida de futebol, tem uma percepção da sua situação, nomeadamente em termos económicos e portanto penalizará políticos que, entre outras coisas, façam redistribuição para interesses especiais à custa do interesse público. Neste sentido, as políticas públicas não iriam contra o interesse da generalidade dos cidadãos, nem seriam enviesadas favoravelmente aos interesses sectoriais dos grupos organizados.

A perspectiva que subscrevemos é a de que, embora em regimes democráticos as eleições periódicas sejam uma forma de controle de limitação de um favorecimento excessivo de interesses sectoriais em detrimento do interesse público, esse favorecimento ou enviesamento existe. As causas são fundamentalmente três: o problema da acção colectiva, problemas de informação assimétrica e problemas de funcionamento do aparelho de Estado.

8.5. Interesses, grupos e políticas em Portugal

A razão pela qual um organismo do Estado delega poderes públicos poderá estar nos custos de transacção elevados (nomeadamente os custos de informação) que fazem com que haja consideráveis economias em se transferir esses custos

---

174 Note-se que nos EUA os grandes grupos de interesse (em termos de número de membros) fazem uma classificação ordenada dos políticos ("*rating*") em função da forma como no passado eles se posicionaram em relação aos interesses que o grupo defende.

para outras entidades semi-públicas ou mesmo privadas. Contudo, à medida que os grupos de interesse estão representados ou integram essas entidades onde são delegados poderes, a sua influência sobre as políticas públicas será também crescente. Na medida em que os seus interesses divirjam do interesse público existem pois custos e benefícios associados a um processo de "privatização" do Estado. Por um lado o Estado economiza em custos de transacção, por outro ao partilhar, parcial ou totalmente, os seus poderes com entidades semi-públicas ou privadas paga um preço que pode assumir várias formas: alienação, ainda que parcial, da implementação das suas políticas, dificuldades acrescidas de governação, diminuição das receitas fiscais (no caso da delegação de cobrança de impostos).

Estamos agora em condições de apresentar uma visão integrada da problemática que nos ocupa. Como é que os interesses organizados afectam as políticas públicas e como é que o desenho institucional do Estado e certas políticas públicas afectam a organização dos grupos de interesse? Fá-lo-emos com alguns exemplos sobre o caso português, muito embora sejam ainda poucos os estudos de análise empírica da "representação" dos interesses e da sua acção junto do poder político em Portugal.

A representação de interesses organizados não exclui, como vimos, uma forma de representação individual, nomeadamente através de dirigentes de importantes empresas, que influencia as políticas públicas. Num artigo interessante, Nuno Madureira (1997) analisa a forma como a Coroa portuguesa, na segunda metade do século XVIII utiliza, e é utilizada, pelos interesses sectoriais com vista a arrecadar receitas fiscais. Existia, à altura, uma certa incapacidade da administração pública em realizar a cobrança de impostos, delegando pois, de forma variável, grande parte dessas funções a entidades privadas que detinham direitos exclusivos de propriedade. "A partir de 1773, três grandes sociedades vão monopolizar, por mais de vinte anos, a economia da arrecadação de impostos: os grupos das alfândegas, formados à volta de Domingos da Costa Fortunato (...) o grupo do Paço da Madeira, liderado por Lourenço Peres e Rafael da Silva Braga (...), e o grupo das sisas de Julião Pereira de Castro (...)." (Madureira, 1997, p. 611). O trabalho empírico deste autor sugere que embora isso forneça uma certa estabilidade das receitas fiscais, o seu aumento será inferior ao que seria caso essas receitas fossem cobradas pela coroa. Esta situação monopolista, para além de distorcer o tecido produtivo nacional protegendo artificialmente certas indústrias, prejudica claramente os consumidores que pagaram esses bens mais caros. Temos, portanto, neste caso uma transferência de autoridade e de soberania régia[175] onde se delegam poderes eminentemente públicos a entidades privadas, não organizadas em grupos de pressão.

Para que os interesses se organizem é condição necessária, embora não suficiente, que haja liberdades políticas nomeadamente liberdade de associação. Entre nós o desenvolvimento de organizações de interesses das entidades patronais registou-se precisamente após a revolução liberal no séc. XIX. Assim, verificamos que em 1822 foi criada a Sociedade Promotora da Indústria Nacional, em 1837 a Associação Industrial Portuguesa, em 1852 a Associação Industrial Portuense e em 1860 a Associação Promotora da Indústria Fabril, para só citar alguns exemplos.[176] Embora não haja muita investigação acerca da acção destas associações, alguma evidência empírica sugere que se trataram de grupos de interesse misto, com características claras de grupo de pressão. A dimensão de interesse público está associada a alguns dos seus interesses explícitos, como seja a elevação dos conhecimentos técnicos da classe operária, deste modo colmatando uma lacuna no que hoje consideramos ser uma função tradicional do Estado, mas que em meados do século passado não o era pois o Estado não assegurava o ensino agrícola e industrial. Assistimos à criação de cursos primários nocturnos pela Associação Industrial Portuense e pela Associação Promotora da Indústria Fabril. Apesar do inegável interesse público da iniciativa, é evidente que isto não deriva necessariamente de uma atitude altruísta dos empresários da época, pois eles necessitavam de introduzir novas tecnologias para as quais uma formação básica seria indispensável.[177]

Há contudo uma dimensão de exclusivo interesse privado que merece atenção. De facto, não deixa de ser curioso observar que o desenvolvimento destas organizações anda associado a um período, que de acordo com as intenções programáticas de políticos liberais da época, pretendia ser de liberalização do comércio internacional e que mesmo certa historiografia até há pouco tempo identificou como tal.[178] Contudo, investigação mais recente vem mostrar, a nosso ver, o seguinte: que, mau grado os discursos oficiais, não se tratou de liberalização

---

175 Madureira faz distinção entre *transferência parcial* e *verdadeira transferência de autoridade e de soberania régia,* sendo este o caso da atribuição de exclusivos.

176 Os dados deste parágrafo são baseados na investigação de Ana Maria Matos reportados na Análise Social (Matos, A. 1996).

177 Não estamos a excluir que esse tipo de motivação possa ter existido, estamos apenas a realçar o carácter misto, das motivações subjacentes.

178 Pedro Lains atribui a divulgação desta perspectiva a obras de Miriam Halpern Pereira e Sandro Sideri (ver Lains (1987) nota 1, p. 481).

e da obtenção de pautas aduaneiras mais baixas[179], mas sim de uma forma subtil de aumento das pautas. Esse aumento, aparentemente irracional do ponto de vista económico, denota ainda uma aparente "racionalidade" política pois as empresas com maior capacidade de pressão política (nos têxteis nomeadamente) aparecem como as mais beneficiadas. Essa capacidade de pressão verifica-se quer ao nível individual das empresas quer ao nível da capacidade de se organizarem para a acção colectiva.[180]

Se passarmos, da segunda metade do século XIX para o segundo terço do séc. XX encontramos uma forma diferente de articulação de interesses com o poder político característica do regime corporativo. Manuel de Lucena (1958) descreve o período salazarista como uma forma de corporativismo *parcial*, porque não abrangendo a totalidade dos interesses, *subordinado*[181], pois a Câmara Corporativa onde estavam representados alguns interesses só tinha funções consultivas, e *de Estado*, dado o papel preponderante do Estado na estruturação da "representação" dos interesses organizados e na tutela apertada que sobre eles se exercia. Essa forma de corporativismo de Estado subordinado terá sido a dominante durante o período do Estado Novo.

Em regimes democráticos e em processos de corporativização social existe tipicamente uma crescente participação dos interesses organizados em estruturas de co-decisão como seja a administração consultiva. Nos últimos anos, em Portugal, tem-se verificado a proliferação de novas comissões e conselhos que integram a chamada administração consultiva.[182] Nestas entidades, para além de elementos da administração pública, estão representados em proporções variáveis os grupos de interesse organizados ("parceiros sociais") e técnicos em geral, dada a sua competência científica no sector. A criação destas organizações tem como objectivo melhorar a qualidade da administração, fazendo participar, ainda que de forma consultiva, os interesses organizados que eventualmente serão afectados

---

179 O argumento de Pedro Lains (1987), sustentado por análise empírica, é que muito embora as novas pautas aduaneiras apresentassem direitos *unitários* mais baixos, dada a descida do preço das importações no mercado internacional, esses mesmos direitos em proporção do preço (*ad valorem*) eram mais elevados.

180 Ver Olson 1998 [1965].

181 O corporativismo *subordinado*, de acordo com Manoilesco e Lucena, caracteriza-se por os organismos corporativos não deterem uma parcela de soberania, na acepção de poder legislativo (ver Lucena 1985, p. 835). Tal acontece nos regimes corporativos *puros*.

182 Para um excelente estudo da administração consultiva em Portugal ver M. M. Leitão Marques *et al.*(1996).

pelas decisões da administração. De forma institucionalizada há aqui uma espécie de "troca" entre o Estado e os grupos de interesse. O Estado recolhe informação de organismos que, em muitos casos, têm muito maior capacidade que o próprio Estado de produzir essa informação. Os grupos de interesse estão também na primeira linha de receber informação das intenções políticas do próprio governo e nalguns casos participam directamente na co-decisão, ainda que essencialmente consultiva.

Numa tentativa de aliviar custos económicos e políticos (de curto prazo) os governos, sobretudo na última década, têm transferido alguns poderes públicos para entidades públicas com autonomia da administração central (institutos públicos), para associações de direito público (ordens profissionais), para organismos consultivos (comissões). Dada a complementaridade de funções desempenhadas pelo Estado e por certos grupos de interesse o governo apoia associações a que outorga o estatuto de utilidade pública e que apoia financeiramente.

A este processo de transferência de direitos, podemos aplicar a análise da teoria da agência que referimos no Capítulo 5 e dos custos e benefícios dessa delegação de poderes. [183]

Em sociedades modernas os canais para a expressão dos interesses diversificam-se. A figura 8.2. permite uma visão de conjunto acerca do papel dos grupos de interesse num regime parlamentar. Uma via de influência reside nas manifestações extra-institucionais através da acção colectiva. Aqui, como vimos, certos grupos terão maior capacidade de se organizar e outros permanecerão latentes e portanto a capacidade de dinamizar a acção colectiva será distinta. A acção dos grupos de interesse *organizados* pode passar por uma acção directa junto das populações ou de sectores estratégicos que chamem a atenção dos meios de comunicação ou por uma acção mais institucional junto do parlamento, do governo ou da administração consultiva. Estas são as formas que os interesses organizados têm de se fazer ouvir. Os governos, dependem quer de boas políticas (ou que sejam apercebidas como tais pelos cidadãos), quer do apoio (ou pelo menos a não hostilidade) dos grupos de interesse.

---

183 Acerca das ordens profissionais em Portugal ver o Capítulo 9.

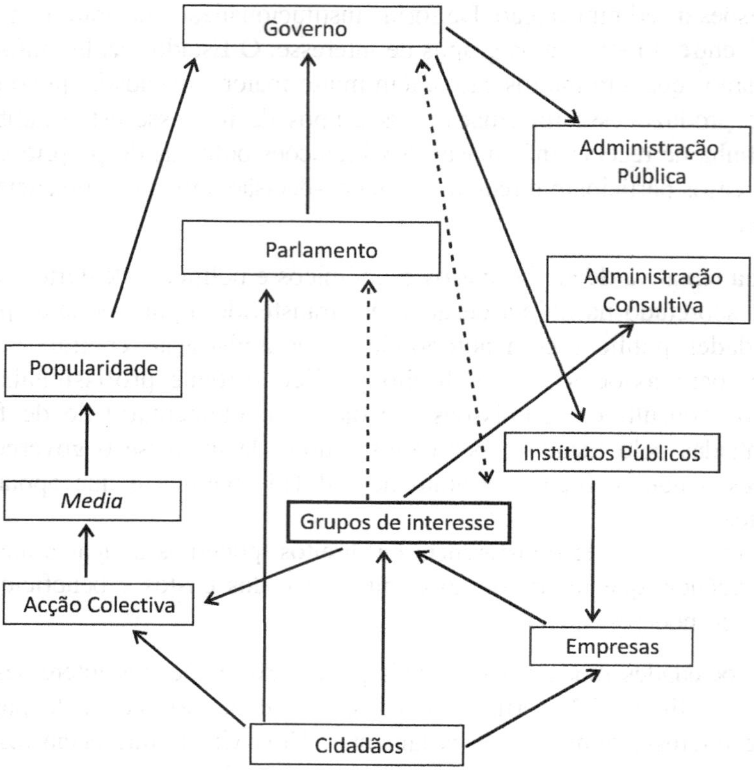

Figura 8.2 – A influência dos grupos de interesse num regime parlamentar

8.6. Como conceber melhores instituições reguladoras?

Para desenhar uma instituição reguladora que sirva o interesse público é necessário, antes do mais, conseguir identificar o que *é* o interesse público, se existe por razões de fracasso de mercado (externalidades) ou por razões de justiça social, como é que se concretiza, e quais as medidas que serão necessárias para implementar essa concepção de interesse público. Em segundo lugar, há que pensar bem qual o papel da entidade reguladora em relação aos entes regulados por um lado e aos cidadãos por outro. Em terceiro lugar, a questão do financiamento é crucial, pois daqui derivam relações de dependência que poderão ser cruciais para a eficácia da instituição.

Quando se delegam poderes públicos, a questão central é perceber, ontem como hoje, quais as vantagens que daí advêm e os inconvenientes que lhes estão associados. Nalguns casos, as ilações parecem claras. O governo ao criar (por decreto-lei) associações públicas, está a criar grupos de pressão com um poder muito superior ao que as organizações antecessoras (associações privadas) detinham. Em caso de conflito entre o interesse público dos cidadãos e os interesses privados destas organizações poderemos esperar uma oposição destes grupos de pressão. Mais uma vez é curioso registar que a proliferação destes grupos de pressão anda associada a um processo, mais intencional do que real, de liberalização do exercício das profissões liberais no espaço da União Europeia.

Convém ter presente esta dualidade permanente que existe entre a satisfação de interesses sectoriais e a satisfação do interesse público da generalidade dos cidadãos. A capacidade de implementar políticas que vão contra os interesses particulares dependerá obviamente da estrutura do poder político a cada momento histórico. Um governo com maioria absoluta no parlamento estará muito menos refém de interesses sectoriais do que, *ceteris paribus*, um governo minoritário. Por seu lado ter ou não ter maioria parlamentar depende, em primeiro lugar, das preferências políticas dos cidadãos, mas também do sistema eleitoral.

Finalmente convém não esquecer a "representação" individual de interesses. Os deputados, como cidadãos que são, participam em grupos de interesse e embora sejam, em teoria, deputados da nação (ou seja conforme estipula a Constituição), na prática podem ser também defensores de interesses sectoriais.

Neste capítulo abordámos a problemática da articulação dos interesses organizados com as políticas públicas. Se entendermos por governabilidade a capacidade de um governo, qualquer que ele seja, de implementar as políticas que constam do seu programa eleitoral, interessa distinguir o programa de governo, enquanto plataforma política que viabilizou um sucesso eleitoral, das políticas públicas implementadas ao longo da legislatura e que são da responsabilidade executiva do governo, e da responsabilidade legislativa partilhada do executivo e do legislativo. Uma plataforma política pode ser entendida como um vector de políticas, propostas num espaço multi-dimensional. A sua *formulação* dependerá da base social de apoio do partido que a formula e também dos grupos de interesse organizados que mais contribuem para o partido. A sua *implementação*, caso o partido alcance o poder executivo, dependerá antes do mais da existência ou não de maioria parlamentar. Dependerá ainda da acção de *todos* os grupos de pressão, e não só dos que apoiaram o partido do governo.

Este capítulo é essencialmente o desenvolvimento de um quadro teórico que permite a nosso ver contribuir para o desenvolvimento de uma área de investigação, ainda incipiente entre nós, o estudo dos *grupos de interesse,* em particular os grupos de pressão. A influência dos grupos de pressão nas políticas públicas e as formas como o Estado contribui ou não para o desenvolvimento destes interesses organizados e das suas competências acrescidas é um terreno fértil que poderá e deverá, a nosso ver, ser bastante mais explorado por economistas, sociólogos, historiadores e cientistas políticos. O capítulo seguinte apresentará uma aplicação desta teoria ao caso das ordens profissionais. Na realidade a auto-regulação, operada pelas ordens, não é mais que uma alternativa institucional à regulação directa do Estado.

9. Ordens profissionais: do corporativismo estatal ao corporativismo social?

9.1. Introdução

Em Portugal, no âmbito de certos grupos profissionais tem-se assistido à criação de diversas associações públicas (ordens profissionais e câmaras) que, ao contrário das associações de direito privado, se caracterizam pela sua unicidade, obrigatoriedade de adesão, controlo da profissão e poder disciplinar sobre os seus membros. Outros grupos profissionais, já organizados em associação, esperam a sua vez de lhes ver reconhecido, por parte do Estado, o estatuto de associação de direito público. Este fenómeno de progressiva corporativização das associações profissionais levanta vários tipos de problemas.

O primeiro tipo de problemas tem a ver, quer com as razões que poderão explicar este processo, quer com as suas consequências previsíveis. Neste âmbito estão questões como: Quais as razões que levam as associações profissionais a quererem adoptar a forma de ordem profissional? Quais os benefícios que os governos prevêem que possam advir da criação das ordens profissionais? Estas duas questões são de facto centrais na medida em que a outorga do estatuto de associação de direito público tem sido realizada essencialmente pelo governo (via Assembleia da República)[184], sendo deste modo necessário explicar a "oferta" de direitos exclusivos de representação por parte destes órgãos de soberania, do mesmo modo que é necessário explicar a "procura" por parte das respectivas associações. Interessa ainda tentar perceber as consequências da existência das ordens, quando comparadas com uma hipotética situação em que elas não existissem. Na realidade quando se adopta uma perspectiva histórica o que se

---

[184] Visto tratar-se de matéria de reserva relativa da Assembleia da Republica (ver CRP art.º 198, n.º 1 al. b) a regra tem sido a aprovação por decreto-lei do governo após aprovação de autorização legislativa no parlamento. O enquadramento de novas associações públicas profissionais é feito pela Lei 6/2008 de 13 de Fevereiro.

observa é a existência de profissões que desde há décadas têm sido auto-reguladas (médicos, advogados e engenheiros) a par de todas as outras que têm sido regulamentadas de forma indirecta até períodos bem mais recentes. Isto coloca outro tipo de problemas: que tipo de "necessidades específicas"[185] poderão justificar a atribuição a certas profissões (e não a outras) a possibilidade de se tornarem associações de direito público? São estes os problemas que iremos analisar no âmbito deste capítulo.

A secção 9.2, depois de clarificar o estatuto jurídico da ordem profissional, apresenta alguns dados que fundamentam a nossa asserção inicial do crescente número de ordens profissionais e compara as associações de direito privado e de direito público. A secção 9.3 enquadra o problema das ordens profissionais no contexto da teoria da regulação, visto que as ordens são consideradas como uma forma de administração autónoma. As secções 9.4 e 9.5 desenvolvem a análise do ponto de vista respectivamente da procura e da oferta de direitos exclusivos por parte das associações e do Estado.

9.2. As ordens profissionais em Portugal

9.2.1. *Breve nota histórica*

Não se pretende com esta secção clarificar o que foi o historial das ordens profissionais em Portugal, mas tão somente o de introduzir elementos que permitam clarificar o Estatuto das ordens quer durante o Estado Novo, quer sobretudo no regime democrático pós 1974 e de evidenciar alguns processos de criação e evolução das referidas instituições.

A criação das ordens segue sempre um padrão semelhante, na medida em que começaram por existir associações de classe, de participação voluntária, em que os profissionais utilizaram o direito de associação de particulares para se organizarem e defenderem aquilo que consideram ser os seus direitos. Em geral estas associações tentaram obter do poder político a outorga do estatuto de pessoa colectiva de direito público e em vários casos os membros dessas associações foram os primeiros "inscritos" nas respectivas ordens.

As quatro ordens profissionais criadas durante o período do Estado Novo foram, por ordem cronológica, a dos advogados, a dos engenheiros, a dos médicos

---

[185] Estamos propositadamente a utilizar a expressão utilizada no texto constitucional para justificar as associações públicas.

e finalmente, já no período marcelista, a dos farmacêuticos. Todas elas foram as sucessoras de associações de classe criadas no séc. XIX, em geral sediadas em Lisboa e em alguns casos sendo representantes apenas de profissionais da área de Lisboa.

Curiosamente, ou talvez não, a primeira ordem profissional em Portugal foi criada pouco depois do golpe militar de 28 de Maio de 1926. Os decretos que instituem a Ordem dos Advogados são de Junho e Setembro de 1926[186] sendo esta a herdeira da Associação de Advogados de Lisboa criada em finais do séc. XIX. No decreto fundador da Ordem pode ler-se que " o exercício da advocacia em Portugal não tem merecido da parte dos Poderes públicos a atenção e o interesse que por todos os motivos deviam ser dispensados a tam nobre e elevada profissão" e ainda que " em quási todos os países cultos se tem procurado cercar a profissão de advogado de garantias de independência e de condições de prestígio, organizando-se a respectiva Ordem e colocando-a em condições de

Profissão	**Organização**	**Data**	**Legislação**
Farmacêuticos	Sociedade Farmacêutica de Lisboa (Sociedade Farmacêutica Lusitana)	1835	Na
Engenheiros	Associação dos Engenheiros Civis Portugueses	1869	Na
Advogados	Associação dos Advogados de Lisboa	Séc. XIX?	Na
Médicos	Associação dos Médicos Portugueses	1898	Na
Advogados	Ordem dos Advogados	1926	Decretos 11715 e 12334
Farmacêuticos	Sindicato Nacional dos Farmacêuticos	1933	DL48547 Lei 2125
Engenheiros	Ordem dos Engenheiros	1936	
Médicos	Ordem dos Médicos	1938	DL 29171
Médicos	Ordens dos Médicos	1956	DL 40651
Farmacêuticos	Ordem dos Farmacêuticos	1972	DL 334/72
Médicos	Ordem dos Médicos (Estatuto)	1977	DL 282/77
Farmacêuticos	Ordem dos Farmacêuticos	1979	DL 212/79
Advogados	Ordem dos Advogados	1984	DL 84/84
Engenheiros	Ordem dos Engenheiros	1992	DL 119/92
Advogados	Ordem dos Advogados	1994	Lei 33/94

Quadro 9.1 – Ordens criadas durante o Estado Novo e organizações antecedentes

186 Decretos 11.175 de 12 de Junho e 12.334 de 18 de Setembro.

Profissão	Organização	Data	Legislação
Arquitectos	Associação dos Arquitectos Portugueses	1988	DL456/88
Médicos Veterinários	Ordem dos Médicos Veterinários	1991	DL 368/91
Médicos Dentistas	Associação Profissional dos Médicos Dentistas	1991	Lei 110/91
Enfermeiros	Ordem dos Enfermeiros	1998	DL 104/98
Economistas	Ordem dos Economistas	1998	DL 174/98
Arquitectos	Ordem dos Arquitectos	1998	DL 176/98
Biólogos	Ordem dos Biólogos	1998	DL 183/98
R.D.C.	Ordem dos Revisores Oficiais de Contas	1999	DL 487/99

Quadro 9.2 – Ordens criadas em regime democrático (após o 25 de Abril de 1974)

exercer a sua acção eficaz". Os argumentos que o legislador utiliza são pois o da necessidade de reconhecer a dignidade da profissão assim como o de acompanhar as tendências dos países "cultos", isto é, da Europa mais desenvolvida.

Até à Constituição de 1933, que institui o sistema corporativo, nenhuma outra ordem é criada. Com a nova constituição e o objectivo político de instituir sindicatos nacionais (unitários e não democráticos) dos trabalhadores de várias profissões, a Sociedade Farmacêutica Lusitana é transformada, a contragosto e não sem resistências, em sindicato nacional dos farmacêuticos. Alguns anos decorridos cria-se a Ordem dos Engenheiros (1936)[187] e a Ordem dos Médicos (1938). Também estas foram precedidas por associações de classe, respectivamente a Associação dos Engenheiros Civis Portugueses (1869) e a Associação dos Médicos Portugueses (1898).

Uma leitura que é possível fazer desta década inicial do Estado Novo é que numa orientação política de institucionalização das corporações profissionais, existe uma clara diferenciação entre aquelas que se considera mais nobres, e que poderão desempenhar um papel na Câmara Corporativa, de outras menos nobres e que são reduzidas ao estatuto de sindicatos (caso dos farmacêuticos e de todas as outras profissões). A subordinação das ordens ao poder político é assegurada por várias formas. Em primeiro lugar a administração pública faz-se representar

187 A Ordem dos Engenheiros é criada no culminar de um processo de uma certa euforia industrial dos anos iniciais do Estado Novo, onde os engenheiros desempenharam, de acordo com certos autores (J.M. Brandão de Brito 1987), o papel de ideólogos de uma burguesia industrial em ascensão. Em 1931 verificou-se o I Congresso Nacional de Engenharia, em 1932 a Grande Exposição Industrial, em 1933 o I Congresso da Indústria Portuguesa e em 1936 cria-se finalmente a Ordem dos Engenheiros.

nalgumas ordens (o director-geral de Saúde ou seu delegado é membro do conselho geral da ordem dos médicos) e só podem ser membros cidadãos politicamente aceites. Logo os primeiros artigos dos estatutos das ordens são claros acerca da subordinação das ordens ao regime corporativo, não só do ponto de vista programático como funcional. Assim, por exemplo, a Ordem dos Médicos estabelece que a organização não se pode envolver na luta de classes e o seu funcionamento deve integrar-se, de forma subordinada, na estrutura corporativa.

Com a instituição do regime democrático pós 25 de Abril de 1974 assistimos sobretudo à proliferação de sindicatos de profissões. As Ordens profissionais já existentes reescrevem os seus estatutos, adaptando-os à nova realidade democrática, enquanto outras profissões se organizam em associações, caso dos arquitectos, médicos veterinários, médicos dentistas, economistas, biólogos. Estas associações irão pressionar o governo para que entregue na Assembleia da República pedidos de autorização legislativa com vista à criação das respectivas Ordens profissionais. O XI Governo Constitucional cria as Ordens dos Médicos Veterinários e dos Médicos Dentistas, aprovando ainda a Associação Portuguesa de Arquitectos que tem um estatuto que a aparenta a uma ordem profissional. Mais recentemente o XIII Governo constitucional cria as ordens dos economistas, arquitectos, biólogos e revisores oficiais de contas, através da transformação das respectivas associações de direito privado de cada classe em associações de direito público. Na realidade os sócios destas associações são automaticamente inscritos nas ordens desde que reúnam as habilitações requeridas e o regime de transição e instalação destas novas ordens é assegurado pelas respectivas associações.[188]

Quando comparamos a criação das ordens profissionais, no período do Estado Novo e no regime democrático saído da revolução de Abril, resulta que estamos perante dois fenómenos de características distintas que Philippe Schmitter (1974) designou de corporativismo de Estado e corporativismo social

---

188 O caso da criação da Ordem dos Economistas não deixa de ser ilustrativo dos processos, por vezes atribulados, conducentes à criação de uma Ordem. Em 1992 a Associação Portuguesa de Economistas (APEC) lança um referendo aos *seus* sócios acerca da possível criação da ordem dos economistas. Dos 4631 sócios, só respondem 2817, sendo os votos favoráveis de 2654 . Inicia-se então um processo de tentativa de persuasão junto do governo e da AR. Aparentemente o XII Governo Constitucional não estaria muito interessado na criação da Ordem. Assim é que em 14.06.95 é aprovado em Conselho de Ministros a proposta de lei (137/VI) com o pedido de autorização legislativa para que o Governo possa legislar no sentido da criação da Ordem. Contudo, a proposta de Lei só é admitida na AR a 23 de Junho, dia do encerramento solene da AR. Encerrada a AR e finda a legislatura o assunto ficou encerrado. Com o novo Governo, saído das eleições legislativas, a APEC volta a insistir e na sequência de autorização legislativa o Governo acaba por aprovar a Ordem dos Economistas em 1998.

respectivamente. No primeiro caso é o Estado, em particular o governo, que para ter o controlo das profissões toma a iniciativa da criação das Ordens (e dos sindicatos "nacionais") impondo-lhes não só representantes da confiança do governo, como estatutos que não são legitimados pela classe, mas sim pelo poder político. No caso do "corporativismo social" o movimento é de sentido contrário, emerge da sociedade civil que se quer auto-regular e que pressiona o poder político a granjear-lhes o estatuto de Ordem sem o qual muitos objectivos da classe não poderão ser alcançados. Não será pois de estranhar que os objectivos prosseguidos, quer pelas associações profissionais quer pelo Estado, sejam diferentes no contexto de um Estado autoritário e de um Estado democrático de direito. As ordens surgiram em Portugal claramente na sequência de um processo em que as associações de direito privado, conseguiram convencer o poder político a transformar a sua natureza em associações de direito público. As consequências da existência de umas e outras são diversas pelo que interessa esclarecermos claramente o que as distingue assim como clarificar algumas ambiguidades que, de acordo com o ordenamento jurídico português, parecem subsistir. Isto dará o enquadramento necessário à abordagem económica das ordens profissionais.

9.2.2. *Associações privadas e públicas*

As associações de direito privado nascem, antes do mais, do exercício da liberdade de associação dos cidadãos consagrado constitucionalmente. Esta liberdade assume as duas dimensões que Isaiah Berlin (1958) definiu como liberdade positiva e negativa. O cidadão é livre de aderir e constituir associações, mas por outro lado nenhum cidadão pode ser obrigado a pertencer a uma associação.[189] A estrutura geral de uma associação de direito privado (assembleia geral, órgão de administração e conselho fiscal) assim como as regras processuais genéricas são apenas levemente regulamentadas pelo Código Civil, cabendo depois aos cidadãos a aprovação de estatutos mais específicos que estruturam o modo de funcionamento interno.

Já as associações públicas (caso das ordens profissionais) têm características completamente distintas. De acordo com a CRP trata-se de descentralizar e desburocratizar a administração pública e neste sentido "assegurar a participação dos interessados na sua gestão efectiva, designadamente por intermédio de

---

[189] CRP art.º 46 n.º 3 "Ninguém pode ser obrigado a fazer parte de uma associação nem coagido por qualquer meio a permanecer nela."

associações públicas." Neste contexto o Estado transfere para estas associações um conjunto de poderes públicos, que em parte deixam de o ser, mas ao mesmo tempo enquadra estas associações num regime de direito público sendo estas reguladas pelo Código Administrativo. As associações públicas são aquilo que diversos autores consideram uma forma de administração autónoma do Estado.

Note-se que, como referem Canotilho e Moreira (1984, 1985), elas só foram introduzidas no texto constitucional após a primeira revisão constitucional (1982) repescando algo que vinha da Constituição de 1933. Pelas características acima expostas dá para considerar em que medida é que existe consistência entre os art.ºs 46 e 267 da CRP, e se tem sentido designar pelo mesmo termo "associações" duas figuras constitucionais autónomas. Na medida em que o art.º 46 está nos Direitos e Deveres Fundamentais dos cidadãos, e o art.º 267 na Organização do Poder Político tudo indica que o primeiro terá primazia sobre o segundo numa futura revisão constitucional que acabe com esta incongruência na Lei fundamental, pois os direitos estabelecidos no art.º 46 são implicitamente cerceados no art.º 267.

Já as ordens profissionais, enquanto associações de direito público, com competências no âmbito da fiscalização e acção disciplinar sobre os profissionais da classe, devem a sua criação a Decreto-lei governamental (ou Lei da AR). Não deixa de ser curioso registar que todas as ordens à excepção da dos Médicos Dentistas foram criadas por decreto-lei o que pode indicar que é mais fácil pressionar o governo do que o parlamento, sobretudo no caso de o governo não possuir maioria absoluta no parlamento.

Uma associação profissional de direito público tem pois uma natureza mista. Por um lado defende os interesses dos respectivos profissionais, sendo nesta vertente claramente de interesse privado como teremos ocasião de o clarificar na secção seguinte, por outro desempenha funções que representam interesses de um público mais vasto que os próprios profissionais, como sejam a qualidade do exercício da profissão consubstanciada, entre outros aspectos, na defesa de códigos deontológicos (caso existam), o desenvolvimento científico numa determinada área do saber (engenharia, ciência médica, biologia, arquitectura).

9.3. As Ordens profissionais e o problema da regulação

A tipologia apresentada no capítulo 7, permite classificar as Ordens profissionais e ao mesmo tempo clarificar a problemática deste capítulo. Antes do mais as Ordens no período do Estado Novo podem ser vistas como forma de regulação pública na medida em que a nomeação e exoneração do bastonário dependia do poder político. Em oposição, as Ordens em regime democrático, em que o bastonário é eleito pelos membros da classe e a direcção da mesma é independente do poder político, podem ser entendidas como participando numa forma de regulação privada, ou auto-regulação (muito embora sejam associações de direito público). A problemática deste capítulo é pois dupla. Em primeiro lugar trata-se de entender porque é que o mercado de certas profissões é regulado e não apenas regulamentado. Em segundo lugar, a de encontrar uma explicação para que se tenha escolhido uma forma específica de regulação (privada) em alternativa a outras possíveis formas de regulação. Como referimos iremos abordar esta problemática no duplo aspecto da oferta e da procura de regulação.

9.4. A procura de direitos de monopólio de representação

9.4.1. *Os argumentos de fracassos de mercado*

Bens públicos

Nesta secção pretende-se encontrar racionalidades que justificam a procura de direitos exclusivos de representação por parte das associações, que como vimos, vieram mais tarde, constituir Ordens profissionais. No fundo trata-se de justificar a necessidade das Ordens na óptica dos membros da profissão. Como já nos detivemos sobre este assunto noutros escritos[190] vamos aqui limitarmo-nos ao essencial do argumento.

O argumento de *interesse público* para a justificação das ordens reside em que ele supostamente não pode ser devidamente defendido através de soluções meramente voluntárias (associações). Este argumento, numa perspectiva económica, desenvolve-se em torno do conceito de fracassos de mercado, em particular de dois tipos de fracassos que existiriam se os profissionais estivessem apenas organizados em associações de classe. Um diz respeito à noção de bem público e ao problema do *free-rider,* que a ele anda associado. Basicamente a ideia é que existe um código de comportamento deontológico que deverá ser observado por todos os profissionais e que é do interesse do público que ele seja de facto respeitado. Esse código, na medida em que seja respeitado por parte substancial dos profissionais, gera uma reputação geral para a classe, gerando pois benefícios para *todos* quer estivessem ou não associados na associação. Na

[190] Ver Pereira, P. T (1996, 1998).

medida em que os benefícios proporcionados pela associação tiverem natureza não rival, os não membros podem também deles beneficiar, sem para isso terem de contribuir. Algumas associações promovem colóquios, conferências, etc. Em geral estes acontecimentos podem ser participados quer por membros quer por não membros, dando origem ao fenómeno, conhecido na literatura económica por *free rider*, em que uns agentes andam "à boleia" das contribuições dos outros. Isto poderá levar ao desaparecimento, ou pelo menos a situações difíceis para certas associações.[191] Tornar a inscrição obrigatória, isto é passarmos de uma associação voluntária para uma Ordem, tem assim várias consequências. Antes do mais, deixa de haver potenciais "borlistas" e, além disso, é possível exercer um poder regulamentador e disciplinador sobre toda a classe.

O argumento do *free rider*, aplicado neste contexto, parece-nos ser pouco sólido. Em primeiro lugar, porque existem problemas semelhantes no caso dos sindicatos, em que os trabalhadores não sindicalizados também beneficiam dos eventuais sucessos dos sindicalizados sem com isso terem que pagar alguma quota. Não é por isso que parece justificável que os sindicatos passem a ordens.[192] Quanto ao poder disciplinar da ordem em relação aos seus associados, ele é uma vantagem na medida em que ele seja efectivamente exercido. Há aqui que contrabalançar as vantagens de um poder disciplinador sobre a classe (nas situações em que há harmonia e consonância entre o interesse dos profissionais e do público em geral) com as desvantagens que poderão advir de uma defesa corporativa dos interesses da classe contra os interesses do público (em situações de interesses conflituantes).

Informação assimétrica

Outro argumento de fracasso de mercado prende-se com a suposta situação de informação assimétrica entre, por um lado o agente prestador de serviços (o profissional) e o cliente. Isto acontece sempre que, através do mecanismo competitivo de mercado não é gerada suficiente informação para que os

---

191 Por exemplo em 1995 a Associação Portuguesa de Economistas tinha cerca de 6000 sócios, contudo cerca de 2000 encontravam-se inactivos sobretudo por não terem a quotização em dia. Note-se que as quotizações são uma importante fonte de receitas em muitas associações.

192 Costuma referir-se que as funções dos sindicatos e das ordens são distintas, actuando os primeiros mais na área salarial, condições de emprego e desemprego, enquanto as segundas tratariam de questões mais nobres como os códigos deontológicos, grandes questões de desenvolvimento estratégico do sector, etc. Contudo, como veremos abaixo esta distinção é mais aparente que real.

consumidores saibam efectivamente o que estão a escolher, de forma que não se verificam as propriedades benéficas que genericamente se associam aos mercados competitivos tais como a sobrevivência apenas dos melhores produtos (neste caso profissionais), a diversidade na oferta de serviços, com as diferenças de preços indicando diferenças de qualidade. A informação assimétrica dá origem a variados problemas[193], mas o que importa aqui reter é que a certificação atribuída pelas Ordens profissionais, de que certos indivíduos, e só aqueles, têm as competências necessárias para exercer a profissão, passa por reconhecer que o mercado só por si seria incapaz de realizar essa distinção e que portanto é necessária a certificação por uma entidade reguladora que, no caso das Ordens, inclui apenas os próprios profissionais da classe, daqui derivando o conceito de *auto-regulação.*

O argumento baseado na informação assimétrica para fundamentar a existência das Ordens é não só o de que a regulamentação legal do exercício das profissões não é suficiente, mas também que a regulação directa ou indirecta do Estado é inapropriada pelo que só a auto-regulação é satisfatória. Ou seja de que sem ela, os cidadãos e as empresas estariam incapazes de discriminar entre os bons e os maus profissionais, em se tratando de médicos, farmacêuticos, biólogos, arquitectos ou economistas. Contudo, tal já não se aplicaria, entre muitas outras profissões, a electricistas, canalizadores ou notários onde a regulamentação legal seria suficiente.

Seria possível, embora exigindo um espaço muito superior ao deste capítulo, discutir caso a caso, profissão a profissão, actualmente representada com uma Ordem e mostrar que na quase totalidade das situações os argumentos de informação assimétrica, *como fundamento da existência de uma ordem,* não colhem.

Há, contudo, situações algo diversas que interessa distinguir. O caso que nos parece mais paradigmático da existência de forte informação assimétrica entre prestador de serviço e cliente é o dos médicos. É também aquele onde o facto de um prestador de serviços sem qualificações apropriadas se fazer passar por médico poderá ter consequências mais danosas para o cliente. É esta a situação que a nosso ver exige maior regulação no sentido referido anteriormente, o que não significa necessariamente auto-regulação, mas regulação no sentido de haver uma entidade (que até poderia ser mista com representantes do Estado e da classe) a regular, ordenar, fiscalizar e disciplinar o exercício da profissão. No tocante às

---

193 Basicamente aos problemas de *selecção adversa* e *risco moral,* analisados no Capítulo 5. Ver ainda P. Pereira (1997).

outras profissões, parece-nos que o diploma, o currículo, a reputação do profissional, as informações que os cidadãos ou as empresas conseguem obter através de contactos pessoais, tudo isso contribui, melhor ou pior para a selecção de um bom profissional (na medida das posses de cada um).

Convém não esquecer que há várias formas de o Estado regulamentar o exercício das profissões e que uma das formas de resolver os problemas de informação assimétrica, *que existem em todos os mercados em maior ou menor grau*, é o de o Estado obrigar os agentes privados a produzir mais informação do que eles estariam dispostos a produzir (por exemplo que certos profissionais tivessem obrigatoriamente um registo das suas actividades mais relevantes: obras realizadas, causas defendidas e respectivas sentenças, etc.). Este tipo de intervenção poderia levar a resultados bastante interessantes em profissões como a dos advogados, dos engenheiros ou dos arquitectos que dispensariam a existência das ordens. O problema disciplinar poderia ser resolvido com recurso aos tribunais e a iniciativa da acção judicial poderia partir quer dos cidadãos ou empresas, quer do próprio Ministério Público.

Certas ordens profissionais devem a sua existência sobretudo ao que poderá ser designado por inércia institucional. O argumento da informação assimétrica foi relevante no passado, mas é hoje completamente irrelevante. Referimo-nos ao caso dos farmacêuticos. Quando foi formada a Sociedade Farmacêutica Lusitana (1835) foi no tempo em que ser farmacêutico era uma arte de consequências importantes. Era nas farmácias que se produziam os medicamentos, e essa função de primordial importância justificou talvez o enorme apoio dado por D. Maria II, nomeadamente na cedência de edifícios públicos para a sede da sociedade. Hoje, o acto de prescrição do medicamento é, ou deveria ser, da responsabilidade do médico e a produção do medicamento é realizada longe das farmácias[194], na indústria farmacêutica.

Em resumo, podemos dizer que os dois argumentos acabados de referir, relacionados com o conceito de fracasso de mercado (bens públicos e informação assimétrica), não nos parecem suficientes para explicar a procura de direitos de monopólio de representação por parte do conjunto de profissões que já obtiveram o estatuto de ordem.

---

194 Os medicamentos chamados "manipulados", efectivamente produzidos nas farmácias, são uma prática quase inexistente.

9.4.2. *Os benefícios de uma situação "monopolista"*

O argumento que queremos desenvolver é o de que a explicação para o surgimento das Ordens, no que toca à procura de direitos de representação exclusivos, prende-se essencialmente com os benefícios associados aos direitos de monopólio e não aos argumentos que acabámos de referir. Deixaremos para a secção seguinte uma interpretação das razões que poderão estar por detrás da oferta de direitos exclusivos por parte do Estado.

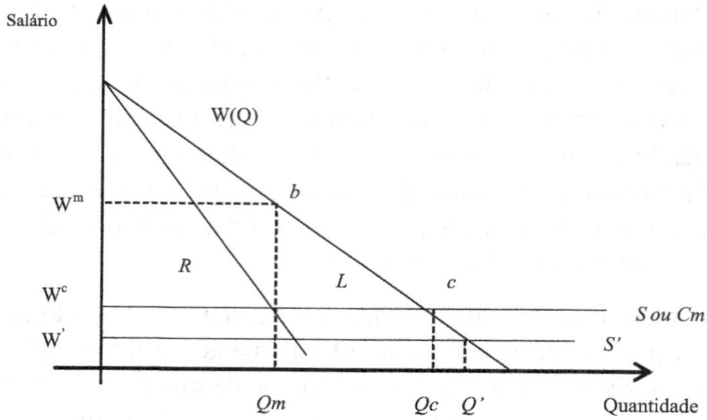

Figura 9.1 – O mercado das profissões liberais

A figura 9.1 apresenta uma simples ilustração de um mercado de uma profissão que tanto pode ser entendido como concorrencial ou monopolista, fechado ou aberto ao exterior, conforme se interprete a figura. Caso se trate de um mercado concorrencial *W(Q)* é a procura de profissionais, e *S* a oferta de longo prazo sem mobilidade internacional de profissionais liberais.[195] O salário de mercado será então *Wc* e a quantidade de equilíbrio será *Qc* que corresponde também ao número óptimo de profissionais no sector.

Agora considere-se a situação de direitos exclusivos de monopólio. *S* representa, à mesma, o custo marginal de mais um profissional no mercado interno (Portugal), mas agora a oferta de monopólio é dada pela quantidade *Qm* que maximiza os lucros do sector, ou seja onde a receita marginal *Rm* iguala o custo marginal *Cm*. Não só a quantidade de profissionais é inferior ao óptimo, como o

[195] Ao assumirmos que a oferta de longo prazo é infinitamente elástica (horizontal) estamos implicitamente a assumir que no longo prazo é possível aumentar o número de profissionais no sector a custos médios (e marginais) constantes.

salário do mercado monopolista (*Wm*) é superior ao que seria praticado em condições de concorrência (*Wc*), sendo *L* os lucros "anormais" a serem repartidos pelos profissionais que trabalharem no sector e *D* uma medida aproximada da distorção, ou ineficiência, gerada por esta restrição quantitativa.[196] Podemos apenas generalizar um pouco esta abordagem considerando a oferta internacional (*S'*), por hipótese assumindo custos mais baixos de formação no mercado internacional, o que deslocaria *S* para baixo. Neste caso ainda se tornaria maior a discrepância entre aquilo que seria o preço dos serviços dos profissionais num mercado concorrencial e aberto ao exterior (W'), nomeadamente aberto aos profissionais europeus, e o preço dos serviços num mercado onde, por via de auto-regulação e poder de monopólio sobre a classe, é possível restringir a oferta.

Note-se que a passagem de um mercado mais competitivo para um mercado de tipo monopolista poderá ser explicada precisamente pela passagem de uma regulamentação pública simples do exercício da profissão para uma auto-regulação (ordem).

A partir desta abordagem é possível também perceber como, nos sectores onde há ordens, a dicotomia entre questões salariais, tratadas pelos sindicatos, e questões de regulação de quantidades, influenciada pelas ordens, são apenas os dois lados de uma mesma moeda. É possível lidar com questões salariais indirectamente através de uma apropriada gestão da oferta pelo que no limite a existência de sindicatos, quando existem ordens profissionais, torna-se relativamente redundante.

Mas como é que as ordens podem operar a este nível? Antes do mais para se praticar uma profissão regulada por uma ordem, é necessário estar-se inscrito. A ordem pode regular a oferta sobretudo pela restrição no número de licenciaturas reconhecidas e apenas indirectamente poderá influenciar o número de vagas existentes em cada licenciatura. Outra forma de limitar a oferta é através da restrição à entrada no mercado de profissionais advindos de outros países nomeadamente de cidadãos da União Europeia, através da exigência de um conjunto de requisitos prévios para a inscrição que incluem o domínio do idioma português[197] assim como a aprovação em exames específicos.

---

[196] *L+D* é aquilo que os economistas designam como a perca do excedente dos consumidores devido à situação "monopolista" deste mercado, ou seja uma medida da perca de bem-estar dos que necessitam dos serviços dos profissionais liberais.

[197] O domínio da língua portuguesa parece razoável quando se trata de uma profissão como advocacia, mas já não se entende que um médico (sobretudo se praticar no sector privado) necessite de dominar a língua portuguesa. O mesmo se pode generalizar ao conjunto das restantes profissões onde o uso do idioma português não é essencial ao acto profissional (economistas, arquitectos, biólogos, etc.). Nestes casos trata-se de uma objectiva barreira à entrada.

Se a hipótese que estamos a formular for correcta será possível analisar em que medida é que as profissões que têm tido ordens profissionais há já algumas décadas (médicos, farmacêuticos e engenheiros) são aquelas onde, em maior ou menor grau, se tem verificado maiores restrições à autorização de novas licenciaturas, novas vagas, reconhecimento de graus académicos obtidos no estrangeiro, novos alvarás, etc.

O direito exclusivo de monopólio não permite apenas restringir a oferta, mas propicia um elevado poder económico e político da Ordem. Como já argumentámos noutro lugar (Pereira 1996) uma associação terá tantos sócios quantos os que consideram que os benefícios (pessoais ou colectivos) excedem a quota por eles paga. Uma associação tem que combater permanentemente o problema do *free rider* através do uso de incentivos selectivos, enquanto que tal não acontece numa Ordem que tem garantida, à partida, a "adesão" dos seus membros. Uma ordem pode aumentar a quota desde que a maioria dos delegados ao congresso a aprove e, após a aprovação, quem não estiver satisfeito resignar-se-á, enquanto que uma associação, cujos sócios aprovem um aumento de quota, arrisca-se a perder sócios a menos que esse aumento reflicta um efectivo aumento nos benefícios percebidos. Quanto aos recursos financeiros endógenos, uma ordem não pode ser comparada a uma qualquer associação de classe. Este poder económico das ordens, associado ao poder político advindo de ser o único organismo representativo da totalidade dos profissionais, confere aos respectivos bastonários um poder de afronta ao poder político inimaginável algumas décadas atrás.[198]

Convém então resumir o essencial do argumento desta secção. Os mercados de certas profissões (poucas), nomeadamente aquelas que beneficiam claramente da implementação de um código deontológico e onde existe um elevado grau de informação assimétrica exigem alguma forma de regulação. Essa regulação não tem contudo que assumir a forma de auto-regulação como é prática no caso das ordens profissionais. Se há algumas vantagens na forma de auto-regulação compulsiva pela eficácia com que poderá ser defendido o interesse público, a mesma eficácia poderá ser utilizada para defender os interesses de classe mesmo quando estes divergem do interesse público. Não parecem restar dúvidas que muito embora pesem os argumentos de interesse público na criação das ordens profissionais, há fortes argumentos de interesses privados que justificam a procura de direitos exclusivos de representação.[199] Contudo, há ainda que analisar os

---

[198] A título de exemplo, algumas declarações de um bastonário da ordem dos advogados referentes ao primeiro-ministro, foram claramente ofensivas.

[199] Por esta razão classificamos o grupo de pressão, ordem profissional, na categoria de grupo de interesse misto (ver Capítulo 7).

factores que condicionam a oferta destes direitos, ou seja da passagem desses direitos do Estado para uma organização onde apenas se encontram representantes da classe.

9.5. A oferta de direitos exclusivos de representação

A análise feita do processo de criação das Ordens profissionais no pós 25 de Abril, mostra que o elemento dinâmico neste processo foi da parte das associações de classe. Contudo, caso não houvesse uma decisão política de aprovar uma autorização legislativa na Assembleia da República e posteriormente a decisão de aprovação de decreto-lei em Conselho de Ministros, as Ordens nunca veriam a luz do dia. Neste sentido é necessário descortinar argumentos que permitam compreender a oferta de direitos exclusivos de representação.

É possível, do ponto de vista do governo, ensaiar uma análise que identifica custos e benefícios económicos e políticos das duas formas de regulação: directa e pública versus auto-regulação.

Num modelo de regulação directa das profissões, o governo tem o ónus económico e político da regulação. Do ponto de vista económico a regulação exige custos administrativos e estes serão tanto maiores quanto mais complexa for a profissão. Na realidade a regulação directa exige *custos económicos* em recursos humanos e outros custos correntes de implantação de um serviço, quer ele faça parte da administração central ou, de forma mais autónoma, de uma agência reguladora. Para além dos custos económicos há que considerar os *custos políticos*. Uma forma de analisar os custos políticos usando o modelo de Stigler (1971) e Peltzman (1976) é considerar que os governos necessitam simultaneamente do apoio dos cidadãos (voto) e dos grupos de interesse organizados[200] que podem fornecer apoio de *expertise,* financeiro, e contribuir (ou não) para a estabilidade social. No caso em que o interesse público (dos cidadãos) não coincide com os interesses de classe, o governo, ao regular, terá que entrar em

[200] Subscrevemos a tese de Mancur Olson (1965,1982) de que existe uma fundamental assimetria na capacidade de organização dos grupos de interesse. Assim o relativamente pequeno número de profissionais organiza-se mais facilmente que o grande número de cidadãos que beneficiam dos seus serviços. Contudo, é necessário considerar não apenas a pressão exercida pelos grupos de interesse como o voto por parte dos cidadãos que limita a acção de qualquer governo democrático que seja mais permeável aos interesses organizados. O modelo referido, de Stigler e Peltzman, acima referido, pretende precisamente capturar essa dimensão.

consideração com um conflito de interesses pois uma "má decisão" do ponto de vista dos profissionais de classe poderá ser boa do ponto de vista do interesse público e vice-versa. De qualquer modo, a regulação directa das profissões, apresenta a vantagem inequívoca de ser o poder político legitimado democraticamente a decidir directamente acerca do que entende ser o "interesse público" no âmbito da regulação das profissões e de o governo poder ser penalizado (pelo voto) caso tome decisões contra o interesse da generalidade dos cidadãos.

A passagem de um modelo de regulação directa para a auto-regulação das profissões (ordens, câmaras), ou seja a delegação de certas competências nos profissionais da classe, apresenta, na óptica do governo alguns benefícios. Antes do mais, deixam de existir, em grande medida, os custos administrativos suportados pelo Estado para a regulação das profissões. Há pois uma clara diminuição dos custos económicos da regulação. Por outro lado as medidas de natureza disciplinar ou outras que sejam implementadas pelas Ordens profissionais sobre alguns dos seus membros aparecem mais legitimadas *pelos membros da classe,* pois os órgãos (conselhos executivo, disciplinar, fiscal, etc..) são eleitos democraticamente pelos profissionais. Esta democraticidade orgânica leva também ao maior empenhamento de parte da classe na gestão dos assuntos que mais directamente lhe dizem respeito e que se traduzirá necessariamente numa melhoria da qualidade *técnica* da regulação[201]. Do ponto de vista político, de curto prazo, o facto de o governo aligeirar as suas responsabilidades na regulação destes mercados faz com que, em certa medida, transfira o ónus político de um conjunto de decisões que passam a ser responsabilidade das Ordens.

Estas parecem pois ser as razões de curto prazo que justificam a cedência dos governos aos pedidos de formalização de ordens profissionais. *Ceteris paribus,* pode-se até prever que governos minoritários serão mais permeáveis à pressão de grupos de interesse do que governos maioritários, dada a maior necessidade de, naqueles governos, se satisfazer uma pluralidade de clientelas.

---

[201] Convém fazer uma distinção entre qualidade *técnica* e *política* da regulação. Pela primeira entendemos que os agentes reguladores (da administração ou não) possuem um elevado conhecimento técnico acerca da profissão regulada. Neste contexto a auto-regulação supera quase sempre qualquer tipo de regulação pública. Por qualidade *política* da regulação entendemos a capacidade da regulação satisfazer o interesse do conjunto dos cidadãos. A qualidade da regulação *política* dependerá da forma de regulação, sendo possível pensar em formas de regulação pública que têm maior qualidade política que a auto-regulação e outras que têm menor qualidade política.

[202] Convém esclarecer que o grau de democraticidade interna varia de ordem para ordem. Poucas ordens (vide Ordem dos Biólogos DL 138/98 de 4 de Julho art.º 51) prevêem a possibilidade de referendos internos com carácter vinculativo sobre questões particularmente relevantes.

Embora, na óptica do governo, a passagem de um modelo de regulação pública para auto-regulação traga benefícios de curto prazo, não há dúvida que se trata da passagem de uma forma de legitimação democrática mais alargada (cidadãos votantes) para outra forma de legitimação mais limitada (profissionais). Poder-se-á argumentar que, embora mais limitada, a democracia interna das Ordens profissionais é mais substantiva[202] no sentido em que os governos são eleitos na base de programas políticos partidários que versam sobre uma multiplicidade de assuntos, que em geral nem incluem questões sobre regulação, enquanto que as listas vencedoras das ordens profissionais apresentam programas específicos sobre assuntos que dizem respeito ao exercício das profissões. Muito embora este argumento nos pareça válido, não deixa de ser verdadeiro que a auto-regulação, visto que é feita pelos representantes da classe, e legitimada apenas por estes, servirá os interesses dos profissionais e o interesse público quando forem consonantes, mas servirá os interesses privados e exclusivos da classe quando existir conflito entre estes interesses e o interesse público.[203] Qualquer reforma estrutural que sirva o interesse público, mas que afecte negativamente os interesses da classe será pois fortemente contestada por organismos que, pelas razões expostas, tendo o monopólio da representação dos profissionais têm condições ímpares de eficácia e de *lobby,* que nenhuma organização voluntária (associação) tem.

Para finalizar esta secção podemos então clarificar que, embora a iniciativa da criação de Ordens, tenha historicamente pertencido às associações de classe, a anuência para a sua criação parece estar relacionada com benefícios de curto prazo que efectivamente existem (diminuição dos custos da regulação em particular). Contudo, associados a estes poderão estar também significativos custos políticos de longo prazo que não parecem ser devidamente ponderados pelo poder político no acto da criação das ordens. Criar uma Ordem profissional, para além de ser uma alteração substancial na forma de regulação da classe, é outorgar o poder de monopólio sobre o exercício da profissão a indivíduos democraticamente eleitos *dentro da sua classe profissional.* Esse poder de monopólio é tanto mais conveniente quando, num processo de progressiva mobilidade dos profissionais liberais no espaço europeu, se tenta diminuir as barreiras à entrada existentes nos vários países para a prática do exercício das várias profissões.

---

[203] Múltiplos exemplos poderiam ser dados para ilustrar o que referimos, mas podemos ficar por um. Não parece oferecer dúvidas que uma maior liberalização no sector farmacêutico traz benefícios para o conjunto dos cidadãos que não só teriam uma oferta mais diversificada espacialmente como preços mais baixos. Medidas no sentido da liberalização são obviamente fortemente contrariadas quer pela Ordem quer pela Associação Nacional de Farmácias.

PARTE III

Instituições, Escolhas Colectivas e Democracia

10. Regras e decisões colectivas

10.1. Introdução

Há diferentes regras para tomar decisões colectivas e cada uma delas tem consequências distintas. Somente após entender-se os efeitos práticos das regras é possível, de acordo com uma particular ponderação de um conjunto de critérios normativos, sugerir que certa regra deverá ser usada em certo contexto e outra noutro. Assim, este capítulo aborda apenas regras simples e muito generalizadas de tomada de decisão: por maioria (relativa, absoluta ou qualificada) e por unanimidade. No início, ir-se-á analisar algumas propriedades destas regras (10.2), depois passar-se-á à análise normativa (10.3) que pretende dar resposta ao seguinte problema: que tipo de regras de decisão deverá ser adoptada para cada tipo de problemas e em cada estádio da escolha ("constitucional" e "parlamentar")? As secções seguintes retomam a análise positiva das regras. Primeiro, considera-se a instabilidade das escolhas colectivas em geral (10.4). Depois, o caso particular onde as decisões são "espaciais" isto é quando podem ser consideradas numa dimensão ou várias (10.5). No caso de serem sobre uma única variável (tempo, despesa, gravidade duma sanção, etc.) aplica-se o teorema do votante mediano e mostra-se que aquela instabilidade não existe (10.5.1). Contudo, ao alargar-se a análise para escolhas envolvendo simultaneamente várias dimensões (multidimensionais) volta a ter-se instabilidade (10.5.2). Nesta secção discutem-se algumas consequências dessa instabilidade para a competição política em democracia. A última secção conclui com a clarificação da necessidade de, em geral, as instituições desenharem processos para evitar a ocorrência de ciclos e estruturarem as escolhas colectivas (10.6).

10.2. As consequências das regras

Nas instituições de democracia directa ou representativa é sempre possível que embora se tratando de escolhas colectivas elas se façam apenas por um indivíduo que dirige o grupo, o comité ou a assembleia. Muitas outras decisões se poderão fazer através apenas da deliberação e do consenso sem necessidade de uma regra explícita de decisão, nem necessidade de "ir a votos". Contudo, na prática, quase todas as instituições que realizam escolhas colectivas têm regras explícitas ou implícitas que definem a forma como o grupo chega a uma decisão final. Para simplificar ir-se-ão considerar apenas quatro regras: a maioria relativa – escolhe-se a proposta ou candidato que tiver mais votos que *qualquer* outra (excluindo as abstenções); a maioria absoluta – é aprovada a proposta que tiver mais votos que *todas* as outras juntas (incluindo as abstenções); a maioria qualificada de 2/3, em que é aprovada a proposta se os votos favoráveis forem superiores a 2/3 dos votantes, e a unanimidade em que é necessário que todos votem favoravelmente para a aprovação da proposta.[204]

Há algumas consequências práticas do uso destas regras que facilmente se identificam. Quanto menor for a maioria necessária para aprovar uma proposta, mais rapidamente ela será aprovada. Assim, a maioria relativa é a regra que permite maior celeridade na tomada de decisão e a unanimidade a mais morosa. Aliás, para se perceber que assim é, basta notar que, sob a regra da unanimidade, qualquer indivíduo tem poder de veto, isto é pode bloquear a aprovação de uma proposta. Isto significa que é necessário que haja consenso entre todos para que a proposta seja aprovada. A dificuldade, em muitos contextos, de se gerar consensos leva a que esta regra quase nunca seja utilizada.

Outra consequência importante é o peso diferencial que cada regra dá ao *status quo*, isto é, à situação presente. Na realidade, uma proposta é sempre votada contra outras, ou mesmo quando votada isoladamente é uma votação contra o *status quo*. Se a proposta numa assembleia municipal é a de fazer uma biblioteca municipal, se ela for derrotada, ganha a proposta implícita de não se fazer nada. Também aqui é fácil entender que a unanimidade é a regra que implicitamente atribui mais peso ao *status quo*. Sob a unanimidade basta que um indivíduo esteja contra a proposta para que tudo fique como está. Inversamente a maioria relativa é a que torna mais fácil a aprovação de novas propostas.

As duas últimas são um pouco menos evidentes pois dependem de um conjunto de hipóteses. Qual o efeito das diferentes regras no bem-estar dos membros? Depende do tipo de proposta, da forma como os indivíduos votam, do

---

[204] As maiorias relativa, absoluta, qualificada e a unanimidade podem definir-se quer relativamente aos efectivamente votantes ou aos que estariam em condições para votar. Por exemplo, neste último caso, a maioria absoluta define-se num colégio eleitoral com N indivíduos se os votos favoráveis forem pelo menos iguais a N/2 +1 se N for par, ou N/2+0,5 se for ímpar. A análise das regras faz-se aqui em termos discretos, para facilidade de compreensão.

tipo de informação que têm, do conhecimento das implicações da aprovação da proposta, dos valores que partilham. Se a informação for completa e for possível antecipar as consequências futuras de cada proposta, se as propostas afectarem directamente todos os indivíduos (positiva ou negativamente), se cada indivíduo se preocupar apenas com o seu bem estar e votar em consonância com isso, então, e só então, é possível concluir que, em termos probabilísticos, a regra que mais garante que a passagem de uma proposta leve a uma melhoria do bem-estar de todos é a da unanimidade. Na realidade os indivíduos só votarão favoravelmente se melhorarem a sua situação e a única garantia que todos beneficiam com a aprovação da proposta é o uso da regra da unanimidade. Se se passar da unanimidade para a maioria qualificada, é *possível* que uma proposta aprovada por apenas 2/3 dos membros leve a uma deterioração do bem estar de pouco menos de 1/3 dos membros que poderão votar contra. Se se passar para uma maioria absoluta serão ainda mais os que podem ficar descontentes com a proposta e, finalmente, se for apenas uma maioria relativa de votantes ainda são menos os que beneficiam da proposta.

Característica	**Maioria Relativa**	**Maioria Absoluta**	**Maioria Qualificada (ex. 2/3)**	**Unanimidade**
Rapidez da decisão	++	+	-	- -
Poder de veto (de qualquer indiv.)	0	0	0	Sim
Peso do *status quo*	- -	-/+	+	++
Efeito probabilístico no bem estar dos membros	-	+/-	+	++
Efeito probabilístico na possibilidade de redistribuição	++	+	-	- -

Quadro 10.1 – As propriedades das regras de decisão

Outra consequência difícil de avaliar é a probabilidade de que o uso de uma regra tenha efeitos redistributivos, ou seja, em que alguns indivíduos fiquem melhor e outros pior. A questão agora é a de saber em que medida uma certa regra contribui ou dificulta a redistribuição? Novamente a resposta depende das hipóteses que se introduzirem relativamente às motivações e ao comportamento dos votantes. Para ilustrar, considere-se a votação sobre o aumento da progressividade de um imposto sobre o rendimento. Assumindo as mesmas hipóteses referidas acima, a resposta é simples: a regra da unanimidade impediria *qualquer* alteração na redistribuição, pois o indivíduo que perdesse com a proposta votaria contra e com isso usaria o poder de veto. Já com uma maioria qualificada de 2/3 seria possível alguma redistribuição, pois a minoria de bloqueio é agora de 1/3. Isto é, uma proposta que afecta negativamente, pelo menos 1/3 dos rendimentos individuais, seria reprovada. À medida que o limiar mínimo de aprovação se reduz (passagem para maioria absoluta e relativa) as possibilidades de redistribuição aumentam.

Note-se que a discussão destas últimas consequências das regras está crucialmente dependente das hipóteses sobre as motivações individuais. Com indivíduos altruístas, a redistribuição para os mais desfavorecidos é possível mesmo com a regra da unanimidade, pois aqueles que ficariam com menos rendimento, não se sentiriam penalizados, uma vez que para eles é importante o bem estar dos que estão pior na sociedade.

10.3. A escolha *das* regras: uma análise normativa

10.3.1. *Regras para decisões "constitucionais" e "parlamentares"*

A tomada de decisões colectivas não é uma tarefa simples, isto porque há que saber sobre que tipo de problema incidirá a escolha e se se trata de uma escolha "constitucional" ou "parlamentar". Os problemas sobre que incidem as escolhas, ou são questões em que todos potencialmente ganham (jogos de soma positiva), ou são problemas em que uns ganham e outros perdem (jogos de soma nula ou negativa). Há vários autores que têm argumentado que a escolha das regras óptimas deve estar relacionada com o tipo de problemas que serão decididos.

Há escolhas que dizem respeito à subscrição, ou não, de um "contrato social" inicial, designadas apropriadamente de "escolhas constitucionais", porque constitutivas de algo (sociedade política, empresa, associação) e que inclui a escolha *das* regras que irão ser usadas futuramente para tomar decisões. Outras escolhas, que se desenvolvem *após* esse contrato inicial e a que, à falta de melhor termo, chamaremos "parlamentares" ou "escolhas normais", pois de carácter mais frequente do que as anteriores, são decisões que se tomam sendo dadas as regras de decisão, são escolhas *sob* regras.

Os países do Leste europeu que, após a queda do muro de Berlim, reescreveram e aprovaram novas constituições, tomaram decisões sobre algo que é essencialmente um jogo de soma positiva. Uma Constituição, que estabelece as regras do sistema político e os direitos, liberdades e garantias dos cidadãos, é algo que pretende ser para a melhoria do bem-estar de todos, inclusive, e particularmente das minorias. Já as decisões que se desenvolvem no quadro de uma Constituição, nomeadamente as decisões parlamentares podem ser de uma dupla natureza. As que envolvem *redistribuição* (tributação, subsídios, apoios ao rendimento, etc.) são essencialmente "jogos" de soma nula pois aquilo que uns recebem é aquilo que outros contribuem. Outras decisões, que envolvem a construção de infra-estruturas (portos, estradas), beneficiam a generalidade dos cidadãos sendo por isso "jogos" de soma positiva, contribuindo para a melhoria na *afectação* de recursos. Esta distinção entre decisões em que todos *podem* ganhar e aquelas em que à partida se sabe que uns ganham e outros perdem é essencial para o estudo das regras.

Começar-se-á com um exemplo simples para clarificar estas distinções e daqui poder retirar conclusões. Três indivíduos, encontram-se numa praia, ao fim do dia, para fazerem a "limpeza" da areia e ver se encontram algo de valioso: relógios que alguns banhistas tenham deixado ficar para trás, fios de ouro ou de prata, etc. Neste momento eles têm uma decisão a tomar: seguir cada um por seu lado e aquilo que cada um encontrar é seu, ou fazer um acordo em que colectivizem a procura dos objectos e no final repartir os achados entre os três. Esta primeira decisão chamar-se-á decisão constitucional, pois decidirá se se vai na via da privatização ou na da colectivização respectivamente.

Caso os indivíduos decidam colectivizar uma actividade, que poderia ser privada, então isso significa que eles decidiram *unanimemente* colectivizar a actividade de busca.[205] Vale a pena questionar quais as razões que poderão levar os indivíduos a colectivizar esta actividade. Basicamente elas são duas: incerteza em relação aos resultados da busca e alguma aversão ao risco. A colectivização pode ser explicada pelo desejo de, independentemente de cada um ter ou não a sorte de achar algo valioso, vir a ganhar alguma coisa. Não querem arriscar ter azar, não encontrar nada e ficar de mãos a abanar.

---

205 Este exemplo estilizado tem o paralelismo com a decisão de países se juntarem numa federação. Todos os que aderem são unânimes em considerar que é melhor aderir que não aderir, pois caso contrário não adeririam. Isto não significa que *após* a regra de decisão que irão utilizar para tomar decisões colectivas seja a unanimidade (ver discussão que segue).

Nesta fase *inicial*, há uma decisão *constitucional* que os indivíduos devem tomar: que regra de decisão será usada no final da busca para repartir os eventuais achados? Tratando-se apenas de três indivíduos, as opções são apenas a regra da maioria absoluta (que é também de maioria qualificada (2/3) neste caso) ou unanimidade.

É plausível que a regra escolhida neste estádio inicial seja a *unanimidade*, pois na medida em que a razão de ser da colectivização é que todos ganhem algo, a única forma de tentar garantir que isso aconteça é usar-se a regra da unanimidade. Contudo, esta regra dá *poder de veto* a todo e qualquer indivíduo, pelo que pode inviabilizar a decisão colectiva. Imagine-se que foi escolhida inicialmente a regra da *unanimidade* e no final do dia só um indivíduo é que encontrou algo (divisível). Pode propor que tenha uma parcela superior aos outros pois foi ele que encontrou, argumentando que se esforçou mais, etc. Se os outros se opuserem, terá que haver uma renegociação da proposta até que se gere um consenso, mas ele pode nunca vir a emergir. Em suma, a escolha constitucional da regra da unanimidade é possível, mas não inevitável. Devido às hipóteses de veto, é possível que a regra escolhida seja a maioria qualificada.

A Constituição política, os estatutos de uma associação o "pacto social" de uma empresa, são o tipo de decisões constitucionais a que nos estamos a referir. Quanto mais qualificada for a maioria maior o peso do *status quo*. No limite, se a regra de decisão for a unanimidade este peso é máximo, só um consenso permitirá tomar decisões, o que significa que o desenho do "contrato social" inicial elaborado pelos fundadores só seria alterado se todos concordassem. Em geral, embora os fundadores queiram deixar uma marca indelével na sua obra, permite-se que haja decisões tomadas mesmo com alguns (não muitos) descontentes. Caso contrário a instituição poderia ser levada ao imobilismo. É assim que os "*Founding Fathers*" da constituição americana, ou os sócios fundadores de uma associação ou de uma empresa, definem em geral maiorias qualificadas para alteração das regras constitucionais. Aquilo que se tem verificado na União Europeia é que, à medida que se realiza o alargamento a novos países, o conjunto de matérias para as quais é necessária a unanimidade tem vindo a ser reduzido e deverá ainda ser mais reduzido, sob pena de se chegar ao bloqueio e à paralisia da tomada de decisão nas instituições comunitárias. Daí a necessidade de se aprovar uma "Constituição Europeia". A passagem de 6 países para 27 obriga a uma alteração nas regras de decisão.

É também no estádio constitucional que se devem escolher as regras que irão ser usadas posteriormente em jogos de soma nula. Se se considerar escolhas que envolvem redistribuição, obviamente que haverá alguns indivíduos que ficarão pior. Se estes pensarem nos seus interesses pessoais votarão contra e então qualquer redistribuição será, no seu caso, involuntária e coerciva.[206] Daqui deriva que propostas com clara incidência redistributiva não poderão ser escolhidas na base de maiorias qualificadas, pois uma pequena minoria poderia bloqueá-las. Por exemplo com uma maioria de ¾ bastaria haver uma minoria de ¼ a bloquear a proposta, vencendo assim o *status quo* e impedindo qualquer redistribuição.

Podem então tirar-se algumas conclusões importantes acerca da escolha e do uso das regras. A regra da unanimidade só deve ser escolhida nas raras circunstâncias em que se queira dar poder de veto a todo e qualquer indivíduo, de forma a que qualquer decisão posterior terá de ser plenamente consensual. A maioria qualificada tem precisamente a vantagem de assegurar que, com maior probabilidade, as escolhas colectivas levam à melhoria do bem estar de todos. Assim, esta última deve ser usada para decisões constitucionais e para todas as decisões "parlamentares" de soma positiva. Finalmente, a regra da maioria relativa é a que permite maior redistribuição, dado que é compatível com a maior minoria possível associada à aprovação de uma proposta. É também a que dá menos poder ao *status quo* e a que minimiza os custos (em tempo) da tomada de decisão. A principal desvantagem do uso desta regra é que não assegura que todos, ou o maior número, ganhem, *mesmo quando se pretende aprovar propostas neste sentido* como se verá a seguir.

10.3.2. *Do uso incorrecto das regras*

Seja, por exemplo, o problema do financiamento de um bem público puro (quantidade fixa) que dá origem a um benefício de 4 u.m. para cada indivíduo (A, B, C) e cujo custo global (D) é de 6 u.m.

Considere-se que os indivíduos têm o mesmo rendimento[207] e seja a proposta X, a de tributação uniforme, por forma a que o preço fiscal (impostos) pago por cada indivíduo é de $D/n = D/3 = 2$. Esta proposta será eventualmente aprovada, mesmo com a regra de quase unanimidade, pois trata-se de uma clara melhoria para todos. Contudo, pense-se numa alteração da regra de decisão em

[206] Com preferências "altruístas" em que o bem-estar dos grupos que estão pior na sociedade, entram como argumento da função utilidade dos grupos que estão melhor na sociedade então há um nível de redistribuição voluntária óptima. (ver Hochman e Rodgers 1969). Este caso não é considerado no texto.

[207] Esta hipótese é introduzida para nos mantermos no quadro da análise Wickselliana ao pensar que estamos a tratar apenas de problemas de afectação de recursos e que a redistribuição foi previamente resolvida. O objectivo aqui é mostrar que uma má aplicação de uma regra produz um resultado indesejado.

que em vez da quase unanimidade temos a maioria. É possível que se forme uma coligação de dois indivíduos (A e B, por exemplo) e que se faça uma proposta diferente (X') em que o custo desse bem público passe a ser pago exclusivamente pelo membro fora da coligação (C, neste exemplo). Neste caso uma proposta que inicialmente representava um melhoramento para todos, foi reformulada e passa a significar essencialmente redistribuição da minoria para a maioria. Neste caso extremo teríamos os seguintes benefícios líquidos,

	X	X'
A	+2	+4
B	+2	+4
C	+2	-2
	+6	+6

Quadro 10.2 Regras de decisão e conteúdo das propostas.

Este exemplo ilustra o caso em que um problema, que era inicialmente apenas de melhoria *geral* de afectação de recursos, passa a ter também consequências redistributivas. Isto é um resultado de se passar de uma regra de quase unanimidade para uma maioria absoluta. De facto a proposta X' não seria aprovada se a regra de decisão fosse a unanimidade.

10.4. A escolha *sob* regras: o estádio "parlamentar"

10.4.1. *A possibilidade de ciclos*

Volte-se ao exemplo dos três indivíduos na praia – a que chamaremos *A*lice, *B*runo e *C*atarina – para analisar as possíveis consequências das escolhas de regras. No final da limpeza, a única coisa que foi encontrada por um dos indivíduos foi um bilhete de lotaria com o número 1234567 e todos sabem que este foi o número sorteado com um prémio de 100.000 euros.

A partir do momento em que o bilhete foi encontrado tem-se um problema de *repartição*. A decisão sobre a forma de repartir o prémio dependerá, em parte, da *regra de decisão* escolhida no contrato inicial para a repartição dos "achados".

A escolha da repartição do prémio *sob a regra da unanimidade*, exige que haja um *consenso*. A hipótese de repartição igualitária é plausível (1/3, 1/3, 1/3), mas nada garante que assim seja. Dependerá das relações que existirem entre eles. Se forem relações de fraternidade ou mesmo de amizade é provável que sim.

Contudo, se os laços sociais forem menos intensos, a Alice, que encontrou o bilhete, poderá argumentar que tem direito a uma maior parcela do prémio e tentar, assim, evitar a repartição igualitária. Poderá surgir negociação em torno quer da proposta igualitária, quer de outra que favoreça a Alice. O resultado dessa negociação é incerto, pois depende de vários factores, desde a capacidade de argumentação de cada interveniente, o tempo para deliberação, as posições económicas à partida dos três indivíduos, etc.

Proposta/ /Indivíduo	*U**	*X*	*Y*	*Z*	*X*	*Y*
Alice	33,3	50	0	40	50	0
Bruno	33,3	50	60	0	50	60
Catarina	33,3	0	40	60	0	40
Coligação	A,B,C	A,B	B,C	A,C	A,B	B,C

Quadro 10.3 – Unanimidade e maioria: possíveis repartições do prémio

Veja-se agora o que aconteceria se a regra da decisão fosse a maioria. Quando o problema é de *repartição,* se a regra escolhida tiver sido a da *maioria,* a previsão do que irá acontecer é impossível de fazer. Infinitas propostas poderiam ser aprovadas, mas para ilustrar o problema da indeterminação considerem-se as propostas *U*, X, Y* e *Z* que estão ilustradas no quadro 10.3.

Interessa salientar aqui dois aspectos. Em primeiro lugar que sob a regra da maioria, qualquer uma das propostas (X, Y e Z) ganharia à repartição igualitária (U*) com dois votos contra um. Em segundo lugar, note-se que entre as três propostas não existe nenhuma que possa ser considerada a melhor ou seja não há nenhuma que, em votação duas a duas, bata todas as outras. Não existe portanto aquilo que é conhecido como o *vencedor de Condorcet* e que daqui em diante será designado por a *melhor proposta.*

Para ver isto note-se que Alice e Bruno poderiam combinar entre si dividir o prémio a meias (X), mas que a Catarina poderia propor ao Bruno juntar-se a ela oferecendo-lhe um prémio maior do que receberia na anterior situação e deixando a Alice de fora (Y). Entretanto a Alice que estava fora da coligação e sem prémio vai falar com a Catarina e mostrar-lhe que pode aumentar a parcela da lotaria ganha se se aliar consigo e se deixarem o Bruno de fora (Z). O processo pode continuar indefinidamente, e não se sabe qual vai ser a decisão.

Esta situação de inexistência, ou melhor, de incapacidade de prever o que irá acontecer é devido à existência de um *ciclo de votação,* já referido no capítulo 2. Quando há ciclos, o processo de votação, segundo o *método de Condorcet* (de votar todas as propostas duas a duas), não tem vencedor e portanto diz-se que não há equilíbrio. A inexistência de equilíbrio é um fenómeno perturbador que para além de perturbar o Marquês de Condorcet, distraiu também Lewis Carrol quando andava às voltas com outra Alice... a do País nas Maravilhas.[208] A questão central a ser tratada neste capítulo é determinar se é provável que eles sejam frequentes ou não. De facto se for algo de raro não valerá a pena grande preocupação com este assunto. Como se verá, há situações em que nunca existem ciclos e outras em que a sua existência é praticamente inevitável.

10.4.2. *Métodos de votação e agenda*

Os problemas que foram encontrados têm a ver com o perfil de preferências, a ausência de deliberação e o *método de votação.* O método usado foi o proposto pelo Marquês de Condorcet que era votar todas as propostas duas a duas.

Imagine-se agora que surge um indivíduo que vendo Alice, Bruno e Catarina em dificuldades de tomar uma decisão propõe um *método diferente*, que consiste em que se votem duas propostas entre si e a que ganhar vai ser votada contra a terceira, desta forma se encontrando um vencedor. Este indivíduo, amigo de Catarina, propõe não só o *método* referido acima como também uma *agenda* de votação. A agenda consiste em seleccionar quais as propostas que serão votadas primeiro e qual a que será votada no fim. Especificamente ele propõe que se vote primeiro Y contra X e depois a que ganhar (que ele sabe de antemão que será Y) será votada contra Z (que irá ganhar).[209] Com um *novo método* e uma *agenda* se pode tentar controlar a escolha colectiva e desta forma o amigo de Catarina conseguiu fazer a proposta que mais lhe agradava.

As razões pelas quais o método que se acabou de descrever, por vezes conhecido por *método das emendas*, é geralmente preferido ao método de Condorcet são sobretudo duas. Votar todas as propostas duas a duas leva consideravelmente mais tempo do que votar um par, eliminar a derrotada, votar a vencedora com outra proposta e assim sucessivamente. O método de Condorcet, se houver uma proposta vencedora (à Condorcet) escolhe-a, mas se não existir "anda às voltas" sem fim. Com o método da *emenda há sempre um vencedor*, mas nem sempre esse vencedor é a melhor proposta.

---

208 Lewis Carrol (1832-1898), mais exactamente Charles Lutwidge Dodgson de seu nome, foi um importante matemático do seu tempo e dedicou-se, entre outros assuntos, ao estudo dos processos de votação.

209 Como veremos no capítulo 13 este resultado só é garantido com votação honesta. Contudo, a votação estratégica pode subvertê-lo.

A importância dos métodos de votação justifica que se lhes dedique mais atenção e por isso serão analisados em maior detalhe no capítulo 11. Antes disso ir-se-á ainda analisar as principais implicações do uso da regra da maioria absoluta que é de longe a regra mais comummente utilizada para tomar decisões colectivas e observar em maior detalhe os fenómenos acabados de descrever. A questão que norteará toda a secção seguinte é esta: usando a regra da maioria, em que medida o resultado da escolha colectiva reflecte as preferências e os desejos dos que votam?

10.5. Escolhas "espaciais"

10.5.1. *O votante mediano em decisões unidimensionais*

Existe uma convicção, em grande parte acertada, de que existe nas democracias actuais uma tendência para os partidos do centro (esquerda e direita) do espectro político adoptarem propostas semelhantes sendo às vezes difícil distinguir as plataformas de ambos. Esta realidade pode ser explicada pelo teorema do votante mediano e pela distribuição de preferências dos votantes.

A intuição do teorema pode ser percebida se se considerarem três ministros de um governo que têm que decidir entre si a parcela (% do capital social) a privatizar de uma empresa pública. Considere-se que existe um ministro mais estatizante (E) que defende que nada deve ser privatizado (proposta A, 0%), outro mais moderado (M) que considera que o Estado deve manter a maioria do capital, mas abrindo a empresa a capitais privados (proposta B, 49%) e por fim outro mais liberal (L) que acha que deve ser totalmente privada (proposta C, 100%). Se estas propostas fossem a votação ganharia muito provavelmente a do ministro moderado, que é o votante que tem a preferência mediana.[210] Basta que ninguém se abstenha e que todos os ministros tenham preferências unimodais, ou seja, que à medida que se consideram propostas mais afastadas da sua preferência máxima, a sua satisfação diminua. Seja ">" a relação de preferência entre as propostas, então para E tem-se necessariamente A>B>C, para L tem-se C>B>A, e para o

---

210 A mediana divide uma distribuição em duas partes iguais. Assim, por exemplo, a dimensão mediana das empresas em Portugal (em número de trabalhores) é precisamente o número em relação o qual existem tantas empresas maiores como menores. À empresa com esse número poder-se-á chamar empresa mediana. No exemplo do texto, com apenas três indivíduos, a preferência mediana relativamente às privatizações é a moderada pois há tantos que preferem mais como menos.

ministro moderado poder-se-á ter B>A>C.[211] Facilmente se poderá verificar que em votações duas as duas a proposta "moderada" (B) defendida pelo ministro com preferência mediana ganhará sempre. Pois ao ser votada contra a privatização total terá também o apoio do ministro estatizante, e ao ser votada contra a proposta de se manter totalmente sob controlo estatal terá o voto favorável do ministro liberal.

Este resultado pode ser generalizado para *n* (ímpar) indivíduos, ordenados nas suas preferências em relação a uma variável qualquer da "esquerda" para a "direita". A proposta defendida pelo votante mediano (o $n/2+0,5$) ganhará sempre, pois ao ser votada contra qualquer proposta mais à esquerda, terá o apoio de todos os da direita, e inversamente, se for votada contra qualquer proposta mais à direita terá o apoio de todos os votantes mais à esquerda.

O significado de "esquerda" e "direita", pode ser ideológico ou meramente topológico, ou seja, os que se situam à esquerda ou à direita do valor apoiado pelo votante mediano.

Considere-se agora o exemplo da interrupção voluntária da gravidez (IVG) e os resultados de um hipotético referendo a 1000 cidadãos com a seguinte questão: "Concorda com a liberalização da IVG até às 10 semanas?". Aos que se opõem (320) a resposta seria "não", mas outros preferiam duas semanas, quatro etc. (ver Figura 10.1). Como votariam?

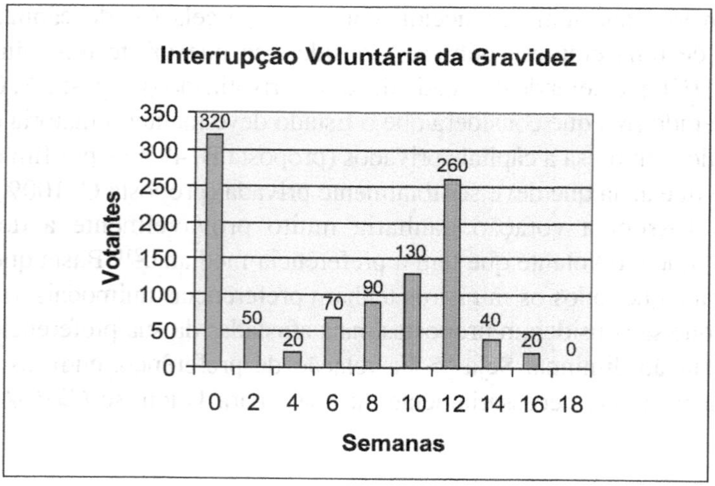

Figura 10.1 – A interrupção voluntária da gravidez

---

211 O ministro moderado tanto poderá ter as preferências B>A>C como B>C>A, que não altera o resultado da votação que é a aprovação de B.

Para se saber qual o provável resultado de um referendo a esta questão basta introduzir algumas hipóteses simplificadoras e aplicar o teorema do votante mediano. Considere-se que os que são contra a IVG votam contra qualquer proposta que não seja 0 semanas. Os restantes votam ou na sua preferência ideal, se a proposta estiver à votação, ou na que estiver mais próxima, sendo a "distância" medida em número de semanas. Assim, por exemplo, os que defendem que o limite máximo deveria ser 8 semanas, se as propostas em votação, forem não liberalizar a IVG (0 semanas) ou liberalizar até às 10 semanas votarão nesta proposta, que dista apenas 2 semanas da sua proposta-ideal (10-8=2) enquanto que a não liberalização dista 8 semanas.

Neste caso o votante mediano está nos que defendem as oito semanas, pois há aproximadamente tantos que aceitam o mesmo limite ou limites superiores (10, 12, 14 e 16 semanas) como limites inferiores (6, 4, 2 e 0).[212] O que diz a teoria é que a proposta *apoiada* pelo votante mediano é a que sairá vitoriosa, mas ao contrário do exemplo anterior, em que a proposta preferida idealmente por este votante estava na *agenda de votação*, aqui não está. Na contingência de ter de votar entre 0 e 10, o votante mediano vota em 10 e esta proposta ganhará. Caso, as propostas submetidas a votação fossem 6 e 12, a proposta que ganharia seria novamente a apoiada pelo votante mediano, que neste caso seria a 6, mais próxima da sua preferência ideal.

O *teorema do votante mediano* estabelece pois que: *i*) se a votação for sobre uma variável unidimensional (exemplos: % do capital social ou tempo limite para IVG, ou despesa pública, etc.); *ii)* se as preferências dos votantes forem unimodais, ou seja com uma preferência máxima para um valor da variável (por ex.) e decrescendo monotonamente quer para valores superiores quer inferiores; *iii)* se a regra da decisão for a maioria absoluta, então a proposta aprovada será a proposta que consta da agenda de votação e que for a preferida pelo votante mediano. A intuição subjacente é simples se atentarmos a que este votante divide a distribuição em duas partes iguais e se consideramos uma distribuição normal. É junto ao votante mediano que estão mais votantes, pelo que uma proposta apoiada por este terá mais apoio do que outra proposta qualquer que dele mais se afaste (ver figura 10.2).

---

212 A aplicação da teoria é obviamente mais simples quando o votante mediano (VM) é único. Contudo, no caso discreto em que há vários indivíduos em cada classe o VM será o da classe que contém os 50% (mediana) da distribuição, que neste caso é o da classe dos que defendem as 8 semanas. Note-se que há 44% que defendem até 6 semanas e 53% que defendem até 8 semanas.

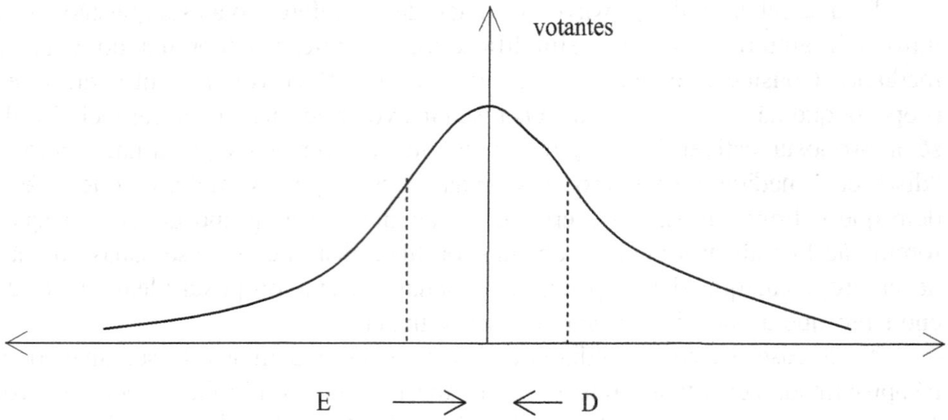

Figura 10.2 A uni-dimensionalidade da escolha colectiva

A aplicação do teorema do votante mediano, no caso estilizado de competição entre dois partidos, um mais à esquerda e outro mais à direita, numa sociedade com uma classe média significativa, e sem abstenções é também fácil de identificar. Caso, o espaço político fosse unidimensional então o partido vencedor, seria aquele que ajustasse a sua plataforma política à preferência do votante mediano. Obviamente que se ambos adoptarem essa estratégia ganhadora vão convergir para as mesmas propostas.

Acima já se ilustraram algumas implicações do teorema. No essencial o que ele significa é que a tomada de decisão colectiva é, em questões unidimensionais, dominada por um tipo particular de votante, que é o votante mediano, e que neste contexto, não existem problemas de ciclos de votação, ou paradoxos de Condorcet, pois é possível prever o resultado da votação. Assumindo que o grau de insatisfação do eleitorado é directamente proporcional à distância da proposta aprovada em relação à sua preferência ideal, facilmente se verifica que a proposta ganhadora é a que minimiza a insatisfação colectiva.

As implicações do teorema são várias quer no caso de democracia directa, quer representativa. Voltaremos a ele nos caso dos referendos (12.2.2)

10.5.2. *Problemas multi-dimensionais e ausência de equilíbrio*

Quando se passa de uma para várias dimensões da escolha colectiva, a capacidade de prever as propostas que serão aprovadas, fica drasticamente reduzida. Na realidade é possível mostrar que qualquer que seja a proposta apresentada por um indivíduo, ou partido, haverá sempre outra proposta que a poderá derrotar. Isto pode ser ilustrado com um simples exemplo de votação de um orçamento com duas dimensões da escolha (despesa pública e receita pública) representadas respectivamente no eixo das abcissas e das ordenadas da figura 10.3.[213]

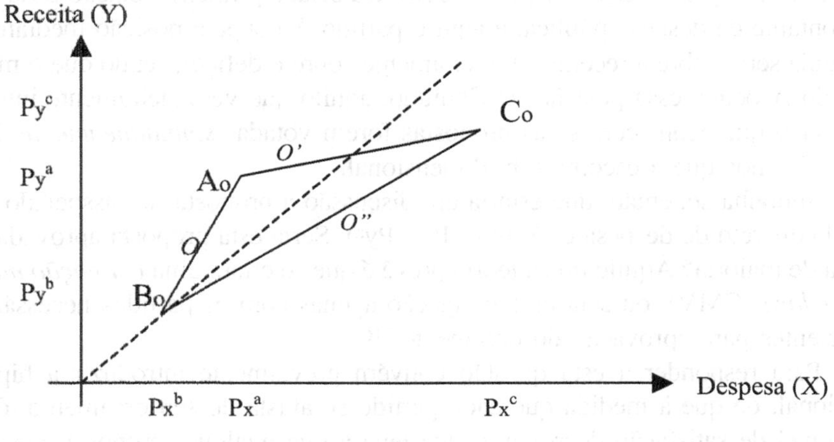

Figura 10.3 – Espaço bi-dimensional de aprovação de um orçamento

Cada ponto no quadrante representa um orçamento distinto nestas duas dimensões. Assim, a linha de 45.º representa o conjunto dos orçamentos equilibrados, acima da bissectriz orçamentos com *superavit* e abaixo com défice. Os pontos Ao, Bo e Co da figura 10.3, representam precisamente as primeiras preferências dos respectivos partidos nas duas dimensões e por isso se designam de *pontos-ideais.* Assim, o partido B, é o mais liberal em termos económicos, pretendendo um orçamento pequeno e equilibrado. O partido C é o mais intervencionista, aceitando maior despesa pública (Px^c) e mais receita pública (não financeira), mas mesmo assim aceitando um défice orçamental. O partido A, tem uma posição mediana relativamente à despesa pública, e também em relação às receitas públicas, defendendo um excedente das contas públicas. Considere-se ainda que todos os partidos têm preferências unimodais e concêntricas no respectivo ponto ideal, e que têm igual peso parlamentar pelo que é necessário alguma coligação para ser aprovada uma qualquer proposta, embora não haja

213 Em alternativa poder-se-ia ter considerado votar no saldo orçamental (SO) e no montante da despesa pública (D). Dada a restrição orçamental estando duas variáveis escolhidas (R e D ou SO e D) a terceira fica automaticamente determinada.

coligações "naturais" e qualquer uma possa ser substituída por outra, sem custos.[214]

Se as propostas fossem votadas separada, sucessiva e honestamente, poder-se-ia aplicar o teorema do votante mediano duas vezes e as propostas aprovadas seriam (Px^a, Py^a), ou seja o orçamento *Ao*. Ou seja, a primeira votação seria sobre o montante da despesa pública, e aqui o partido A ocupa a posição mediana, e a segunda seria sobre a receita (implicitamente sobre o défice), sendo que o mesmo partido A ocupa essa posição.[215] Contudo, aquilo que verdadeiramente interessa é saber o que acontecerá se as propostas forem votadas *simultaneamente*. Neste caso dizemos que a escolha é bi-dimensional.

Suponha-se, então, que estaria em discussão a proposta *Ao*, associado a um nível concreto de despesa e receita: (Px^a, Py^a). Seria esta proposta aprovada com regra de maioria? Aquilo que a teoria prevê é que se criará uma *coligação mínima vencedora* (CMV), ou seja uma coligação apenas com os partidos necessários e suficientes para aprovação do orçamento.[216]

Para responder a esta questão convém previamente introduzir a hipótese adicional, de que à medida que cada partido se afasta do seu orçamento-ideal o seu nível de satisfação decresce, o que leva a que qualquer proposta que esteja equidistante do ponto ideal (numa circunferência de centro no ponto ideal) representa o mesmo nível de satisfação. Note-se que o segmento de recta $\overline{AB}$ é o conjunto de orçamentos pareto-eficientes para os partidos A e B. Por outras palavras, formando-se uma coligação entre A e B haverá um acordo relativamente a um orçamento que se situa neste segmento, que é melhor (para ambos) do que qualquer orçamento fora do segmento. Esta a razão porque se designa o segmento por "curva de contrato" entre A e B. Se o poder negocial do Partido A for mais forte o orçamento estará mais próximo de *Ao*, se o poder do Partido B for mais forte situar-se-á mais próximo de *Bo*, e se ambos tiverem semelhante poder negocial, com informação simétrica, o resultado será algures no meio (por

---

[214] As coligações "naturais" poderão sê-lo por razões de proximidade ideológica. Existindo coligações estáveis que assegurem uma maioria, é óbvio que o problema da escolha colectiva fica resolvido. Nesta secção dar-se-á ênfase a todos os factores que geram instabilidade (ou desequilíbrio) nas escolhas colectivas. Nas conclusões introduzem-se os mecanismos através dos quais o equilíbrio nas escolhas colectivas pode ser introduzido.

[215] Não há razão pela qual o *mesmo* partido ocupe a mediana nas duas dimensões. Este exemplo é apenas ilustrativo de como, mesmo quando isto acontece, não há uma proposta que seja um vencedor de *Condorcet*.

[216] Note-se que a CMV depende da regra de tomada de decisão. Se a regra for a unanimidade a CMV é igual ao número total de partidos.

exemplo em *O*).[217] Este será o orçamento aprovado se a coligação entre A e B for estável. Contudo, verifique-se que é sempre possível a quem está fora da coligação (neste caso C) propor um orçamento (*O'*) que é mais favorável para um dos parceiros da coligação (neste caso A) do que o orçamento inicialmente acordado entre os partidos A e B (*O*). Ou seja, formando-se a coligação entre os Partidos B e C teríamos um orçamento diferente aprovado (*O'*). Este orçamento, por sua vez, não é imune a ser desestabilizado por outro orçamento (*O''*) apoiado por uma coligação entre os partidos C e A.[218]

Com a regra da maioria absoluta, e três partidos, nenhum dos quais com maioria parlamentar não existe *nenhum* orçamento que seja um vencedor de Condorcet, isto é, que ganhe a toda e qualquer proposta alternativa. Facilmente se verificarão ciclos em que a proposta *O*, pode ser derrotada pela proposta *O'*, por sua vez derrotada por *O''* e esta por sua vez derrotada pela primeira. Este exemplo mostra que com apenas duas dimensões de escolha e três partidos minoritários a estabilidade política está dependente da estabilidade das coligações.

A multi-dimensionalidade das escolhas colectivas tem a ver com votação *simultânea* em duas ou mais propostas (ou uma proposta com mais de uma "dimensão"). As principais consequências do desequilíbrio são a imprevisibilidade da escolha colectiva, a instabilidade política, a possibilidade de manipulação dos resultados através do *voto estratégico* e da *manipulação da agenda* como se verá no capítulo seguinte.

10.6. Conclusão

Diferentes regras de escolha colectiva têm diferentes implicações. Se o objectivo é assegurar um maior consenso a regra ideal será uma maioria qualificada, sempre que os custos da unanimidade sejam muito elevados. É por isso a regra indicada para questões de natureza "constitucional", ou para todo o tipo de propostas em que se pretenda que todos os membros do colectivo (ou os

---

217 Note-se que qualquer ponto no segmento de recta, minimiza a distância conjunta aos pontos ideais *Ao* e *Bo*. Se designarmos por "curva de indiferença" o conjunto de orçamentos aos quais um partido é indiferente, facilmente se verifica que as curvas de indiferença concêntricas dos dois partidos (A e B) são tangentes ao longo do segmento de recta $\overline{AB}$. Para simplificar não desenhamos as curvas de indiferença. O leitor que queira uma análise económica mais aprofundada poderá consultar Pereira, P.T *et al.* (2007) ou Mueller, D. (2003).

218 Trata-se de qualquer orçamento *O''* que satisfaça as seguintes condições: *i)* esteja na curva de contrato entre A e C, *ii)* esteja mais próximo de C do que está *O'* e *iii)* esteja mais próximo de A do que está *O'*.

que representam) ganhem. Por seu lado, decisões que envolvam necessariamente ganhos de uns e percas de outros deverão ser aprovadas com regras de maioria (relativa ou absoluta). Qualquer alteração de regras a partir da maioria relativa e em direcção a maiorias mais exigentes (absoluta, qualificada) terá maior probabilidade de gerar benefícios colectivos, embora com custos adicionais de tomada de decisão.[219]

Quando o espaço da escolha é unidimensional, o resultado da tomada de decisão é claro e corresponde às preferências do votante mediano, ou seja aquele que tem uma preferência mediana em relação ao que se está decidir.

Contudo, à medida que aumenta *i)* o número de votantes (ou de partidos) e as possíveis combinações de coligações vencedoras, *ii)* a heterogeneidade de preferências de um grupo, e *iii)* o número de dimensões da escolha, aumenta a probabilidade da existência de ciclos.

Porque há tanta estabilidade nas escolhas institucionais em concreto quando o potencial de instabilidade é tão grande? As razões são essencialmente duas. Primeiro, porque existe *deliberação* de propostas e as preferências com que os intervenientes começam um debate não são usualmente as mesmas com que terminam esse debate. Por vezes geram-se consensos e muitas instituições gostam de deliberar por unanimidade para assegurar a coesão do colectivo (por exemplo órgãos directivos de associações, de empresas ou de partidos políticos). Segundo, e este aspecto é muito importante, porque as instituições desenvolvem uma estrutura do processo de deliberação e de votação precisamente para evitar desequilíbrios. Isto é, as organizações desenvolvem regras processuais para, mesmo quando não exista um vencedor de Condorcet, haja propostas vencedoras. Uma forma é transformar decisões multi-dimensionais em votações sucessivas. Outra é utilizar-se o método das emendas, ou o das eliminatórias utilizado nos torneios desportivos. Finalmente, podem criar-se diferentes grupos (ex: comissões parlamentares) para decidirem sobre várias dimensões separadamente.

---

[219] Uma recente aplicação de uma mudança de regras para alcançar objectivos de melhoria da eficiência são dados pela Lei das Finanças Locais (2/2007) que no seu artº 38º passou a prever que "sempre que os efeitos da celebração de um contrato de empréstimo se mantenham ao longo de dois ou mais mandatos, deve aquele ser objecto de aprovação por *maioria absoluta* dos membros da assembleia municipal." Esta mudança de uma *maioria relativa* para *absoluta*, obviamente que dificulta ligeiramente a aprovação desses empréstimos. Mas se eles são para o benefício geral dos munícipes, e serão pagos não só pelos actuais como pelos vindouros, certamente que se justifica que não seja apenas uma maioria relativa a deliberar.

11. Métodos de votação, agenda e voto estratégico

11.1. Introdução

Várias instituições têm que realizar escolhas importantes, quer de propostas concorrentes, quer de candidatos em concursos públicos. Não deixa de ser curioso assinalar que em importantes situações reais, não está definido à partida qual o método de votação que irá seleccionar a proposta ou candidato, quando é sobejamente conhecido na literatura especializada que da selecção do método de votação poderá resultar a escolha de um candidato em detrimento de outro. Este é o caso, entre nós, dos muitos concursos nas inúmeras carreiras da administração pública e de processos de selecção em empresas privadas. Na administração pública, tipicamente sai em Diário da República o Edital de abertura de concurso com os requisitos de candidatura e eventualmente os critérios que deverão ser considerados para a selecção, mas não é definido, nem nesse Edital nem numa lei geral, qual o método de votação utilizado. Este acaba por ser decidido, em caso de necessidade, pelo próprio júri. Ora o método de votação escolhido é, em muitos casos, decisivo.

Por outro lado, há instituições que, dada a importância das decisões tomadas e a necessidade de um elevado consenso acerca dos procedimentos da tomada de decisão, têm uma descrição minuciosa de todas as etapas decisórias desde o momento em que as propostas surgem para apreciação até à sua votação final. Este é o caso da Assembleia da República, em que os procedimentos de tomada de decisão estão minuciosamente descritos no *Regimento da Assembleia da República*. A razão da existência destes procedimentos é pouco estudada e interessa começar a análise precisamente por uma assembleia qualquer sem que estejam definidas *a priori* regras sobre processos de votação para se perceber a importância da sua clarificação.

Num colectivo ou numa assembleia, o líder tem poderes acrescidos pois pode sempre ter alguma margem de manobra na definição da *agenda* de votação. Essa margem de manobra é tanto maior quanto menores forem as regras que definam os procedimentos de decisão. Certos autores argumentam que um excesso de regras provoca uma rigidez, que muitas vezes não considera a flexibilidade necessária da tomada de decisões nas organizações em relação a situações imprevistas. Se há algo de verdade nesta asserção, não deixa de ser verdade também que a ausência de regras dá um poder bastante grande a quem dirige a organização – o decisor da agenda – que o poderá utilizar estrategicamente em função dos seus interesses. Contudo, os restantes membros da assembleia podem, através do *voto estratégico*, contrariar a estratégia do líder. Uma outra forma pela qual o líder ou os membros da assembleia podem influenciar as escolhas colectivas é através da introdução de *novas propostas fracturantes*.

Este capítulo inicia-se com a clarificação de alguns conceitos (*voto estratégico, agenda, decisor da agenda*) e com aquilo que alguns designaram por "arte da manipulação política" (11.2). De seguida consideram-se os diferentes métodos de votação e as suas propriedades, ou seja, em que medida são imunes ou não aos problemas da eventual manipulação das escolhas colectivas e se seleccionam ou não a melhor proposta (vencedor de Condorcet) caso ela exista. Aí se apresentam as virtualidades de um método de votação pouco conhecido, o *voto por aprovação*. Uma aplicação dos diferentes métodos de votação a um caso hipotético num concurso na administração pública esclarece certas diferenças nos métodos (11.3). Na secção seguinte (11.4) analisa-se a forma como são reveladas as diferentes intensidades de preferências nas escolhas colectivas através da "troca de votos" e o problema da assimetria entre benefícios concentrados e custos difusos (o problema da *common pool*).

11.2. A "arte" da manipulação política

11.2.1. *Agenda e voto estratégico*

O exemplo seguinte é histórico, passou-se cerca de 100 anos depois de Cristo e retirámo-lo de um livro de William Riker com o sugestivo nome: *A arte da manipulação política.* [220] Ilustra a interacção entre a manipulação da agenda por parte do líder e o voto estratégico, por parte dos membros do Senado romano.

Um cônsul romano, Afranius Dexter, é encontrado morto em sua casa. Ele pode ter cometido suicídio ou ter sido morto pelos seus criados, alguns escravos,

---

[220] Para uma exposição detalhada e discussão do caso ver Riker (1986) p.78-88

outros homens livres. Neste segundo caso, eles poderão tê-lo morto por solicitação deste (suicídio assistido) ou tê-lo feito com intuitos puramente criminosos.

Plínio, o líder do Senado, tem que pôr o assunto à votação, para se decidir acerca dos culpados do assassínio. Quanto aos criados escravos, que nesse tempo eram suspeitos imediatos do assassínio, julga-se que terão sido imediatamente mortos (não são sequer referidos por Plínio na sua carta). A questão, perante o Senado, era tomar uma decisão em relação aos homens livres que trabalhavam na casa de Dexter.

Três possibilidades se abriam:

A) Considerá-los inocentes e deixá-los ir *livres*.
B) Considerá-los culpados de suicídio assistido e nesse caso seriam *banidos* da cidade.
C) Considerá-los culpados de um crime e condená-los à *morte*.

Plínio tem, ele próprio, uma opinião e inclui-se nos que consideram os homens livres inocentes, ou seja inclui-se nos apoiantes de A. Convém referir que 45% dos senadores eram da mesma opinião, 35% consideravam que tinha sido suicídio assistido (proposta B) e os restantes 20% apoiavam a pena de morte.

Para se perceber aquilo que se passou, não basta contudo conhecer as primeiras preferências de cada senador, mas é necessário saber também as segundas e as terceiras. Como o grau da pena é crescente de A, para B e para C, é natural que os senadores que defendem a inocência, ordenem A>B>C e os que defendem a culpabilidade criminosa C>B>A. Finalmente, como banir da cidade está mais próximo de libertar do que condenar à morte é natural que os defensores da culpabilidade de suicídio assistido ordenem B>A>C.

Assim, as preferências completas eram, muito provavelmente as seguintes:

Apoiantes de A (45%): **A**>B>C
Apoiantes de B (35%): **B**>A>C
Apoiantes de C (20%): **C**>B>A

Plínio que apoiava a proposta A, e que conhecia as inclinações dos restantes senadores, propôs um método de votação que o favorecia – a votação à *pluralidade de votos* – onde a proposta que recebesse a maior parte de votos ganharia. Tendo a inocência (proposta A) uma maioria relativa de votos a seu favor sairia deste modo ganhadora. Note-se que se Plínio tivesse escolhido outro método de votação – votar primeiro culpado versus inocente e a seguir, caso ganhasse culpado, votar suicídio assistido versus crime – ganharia imediatamente a proposta B. Nesta medida a escolha do método de votação por parte do líder do Senado não parece ter sido totalmente desinteressada.

O líder da facção C do Senado, compreendendo a estratégia de Plínio, diz-se convencido pela argumentação deste e retira a sua proposta de condenação à morte dando instruções aos seus correligionários para votarem em B. Este comportamento estratégico da facção C de votar na sua segunda preferência B, para evitar que a terceira preferência A ganhe, acaba por se revelar o mais eficaz.

Há várias ilações que se podem retirar desta história de Plínio, que longe de ser algo de bizarro é bastante comum na tomada de decisão em certos organismos. Antes do mais é importante ter presente que nestas propostas existe uma que ganha a todas as outras em votações aos pares, a proposta *B* é de facto a vencedora de Condorcet, ou a "melhor" proposta. Isto porque o votante mediano está na facção B (ver figura 11.1).[221]

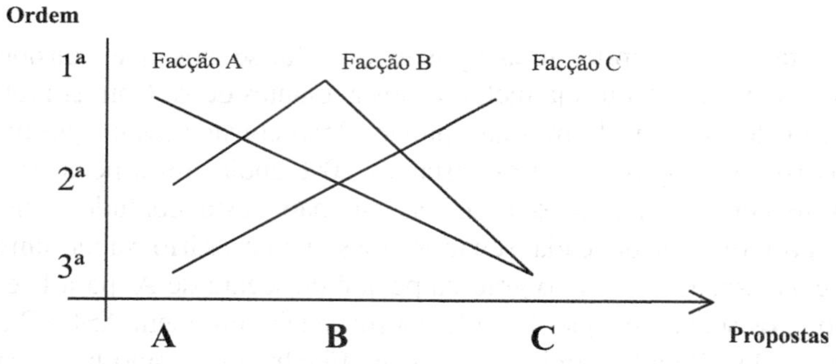

Figura 11.1 – As facções no senado romano e o votante mediano

Ao escolher o método de votação, Plínio está a tentar que uma proposta, que não é a "melhor proposta" ganhe. Através do comportamento estratégico, a facção C, soube contrariar essa estratégia e com isso fazer com que a melhor proposta ganhasse.

Pode-se então definir votação estratégica. Existe *voto estratégico*, sempre que um qualquer indivíduo, ao votar, não vota na sua primeira preferência, com

[221] Só tem sentido falar em votante mediano a partir de propostas que se possam ordenar de acordo com uma determinada variável. Neste caso assumimos implicitamente que essa variável é o grau de intensidade da pena. Caso a opção fosse entre as três propostas que referimos no capítulo 2 (piscina, jardim, escola) não tem sentido aplicar o teorema. A diferença entre estes dois grupos de propostas é que as primeiras traduzem-se em preferências *espaciais* dos agentes e as segundas em preferências *não espaciais*. Alguns autores que escrevem livros sobre *public choice,* não fazendo esta distinção, erroneamente aplicam o teorema a preferências não espaciais.

o intuito de obter um resultado final da votação mais desejável do que pensa que obteria caso o fizesse.

O comportamento estratégico, inclui, mas não se esgota no voto estratégico. Na realidade abarca duas situações, aquela em que um indivíduo retira uma proposta que corresponde à sua primeira preferência (caso da facção C) ou em que introduz uma proposta que não corresponde à sua primeira preferência com o intuito de alcançar um resultado superior ao que pensa que obteria se não o fizesse. Este segundo caso é ilustrado de seguida.

11.2.2. *O espaço da escolha: a introdução de propostas*

Uma forma diferente de se tentar manipular as escolhas colectivas é através da alteração do espaço de propostas à votação, que será ilustrado com um exemplo.

Sejam três raparigas: Catarina, Inês e Mariana e duas propostas, X e Y, tendo as seguintes preferências:

Catarina: X>Y
Inês: X>Y
Mariana: Y>X

Ou seja duas preferem X a Y e só uma prefere o contrário. Qualquer que seja o método de votação escolhido e a regra usada (à excepção da unanimidade) X ganha a Y. A questão relevante é saber como se chegou a este *espaço da escolha.* Porquê estas *duas* propostas e não outras duas? Porque não três? O espaço da escolha, isto é, o tipo e o número de propostas à votação, é um elemento fundamental para se prever o resultado da votação.

Que pode Mariana fazer? Caso seja democrata e ache que o número e natureza das propostas é justo, então poderá argumentar, tentar convencer Inês e Catarina a mudarem a opinião e no final aceitar o resultado da votação independentemente da sua capacidade de persuasão e do facto de, caso não tenha sido bem sucedida, defender uma posição minoritária.

Contudo, pode também adoptar uma estratégia para tentar que Y ganhe. Neste sentido poderá introduzir uma proposta "fracturante" Z que divide o campo dos apoiantes de X, entre os que apoiam muito essa proposta e os que não apoiam nada a proposta. O objectivo desta iniciativa é pois, antes do mais, dividir o campo adversário. Neste sentido a proposta Z, vai provocar a hierarquia de preferências seguinte:

Catarina: **X>Y>Z**
Inês: **Z>X>Y**
Mariana: **Y>Z>X**

Note-se que Z é a última preferência de Catarina e a primeira de Inês. Verifique-se ainda que a introdução da proposta Z, criou um ciclo (de Condorcet). Se as propostas forem votadas duas a duas não há vencedores. Contudo, como sabemos, neste caso qualquer proposta poderá ganhar com um método "apropriado". Neste sentido não basta a Mariana propor Z, ela deverá ainda propor um método e agenda de votação: que se vote Z vote contra X e a proposta que ganhar, que seja votada contra a que ficou de fora (Y). Na ausência de voto estratégico, a proposta mais apoiada por Mariana será assim aprovada.

É claro que, agora como dantes, poderá haver votação estratégica para subverter o resultado da escolha colectiva. A Inês (por exemplo) percebe o que se está a passar e *vota estrategicamente* em X num primeiro momento (embora prefira Z) para que se aprove X. Seguidamente será X contra Z e irá ganhar Z, a proposta mais apoiada por ela.

Mais uma vez temos um caso de como o comportamento estratégico pode alterar o resultado de uma votação. Interessa agora analisar diferentes métodos de votação para ver em que medida podem resolver ou atenuar o comportamento estratégico.

11.3. Métodos de votação para escolha de candidatos ou propostas

Os métodos de votação que a seguir se apresentam estão adaptados à escolha de um candidato ou proposta, o que significa que devem ser decisivos, no sentido de ser capaz de realizar uma escolha qualquer que seja o número de propostas submetidas à votação.[222] Assim a regra da maioria absoluta (MA), só por si, não satisfaz o critério de ser decisiva pois caso haja 3 ou mais propostas nenhuma pode ter essa maioria. A MA só é decisiva se houver apenas duas propostas e não houver abstenções nem empate. Na prática a regra da maioria absoluta está em geral associada a outras regras, como é o caso da maioria absoluta a duas voltas.

Desenhados para ser decisivos em relação a uma proposta ou candidato, vários métodos se adaptam à escolha de vários candidatos. Alguns destes métodos estão na base de sistemas eleitorais (maioria relativa e sistema de Hare) como veremos no capítulo 13.

---

[222] Ignoramos nesta secção, o problema dos possíveis empates, que em grandes números são altamente improváveis, mas em pequenos números são mais frequentes. Todos os métodos estão sujeitos ao caso particular do empate, sobretudo se o número de votantes for par. Isto significa que os casos de empate, na aplicação de um método, deverão ser considerados previamente e poderão passar pela aplicação, *para resolver o empate,* de outro método auxiliar. Por exemplo pode-se usar o método de Aprovação (ver em baixo) e, em caso de empate, a maioria absoluta entre as duas propostas (ou candidatos) mais votadas, para resolver o problema.

11.3.1. *Regra da maioria (a duas voltas)*

Se um dos candidatos recebe a maioria absoluta dos votos na primeira votação é eleito. Caso contrário haverá uma segunda volta entre os candidatos mais votados. À segunda volta podem passar apenas os *dois* candidatos mais votados – caso da eleição presidencial em Portugal – ou os candidatos que ultrapassam uma certa percentagem de votos – caso das eleições legislativas francesas. Na segunda volta é eleito o candidato que tiver a maioria dos votos.

11.3.2. *Regra da maioria simples ou relativa (plurality rule)*

Escolhe-se o candidato que tiver maior número de votos, ou seja primeiras preferências, quer se trate de maioria absoluta ou relativa (em caso de empate poder-se-á votar entre os dois candidatos mais votados). O exemplo mais importante em sistemas eleitorais é o sistema maioritário em que a eleição de deputados se faz em círculos uninominais, isto é cada círculo elege um e um só deputado, sendo eleito o que tiver mais votos que os restantes (*first past the post*).[223] Em Portugal, a regra da maioria simples é das regras mais utilizadas para aprovar propostas ou candidatos, apesar de todos os seus problemas que serão analisados nesta secção.

11.3.3. *Votação por "aprovação" com n candidatos*

A *votação por aprovação* é um método proposto independentemente por vários autores na década de 70 do século XX e recentemente aprofundado e divulgado entre outros pelo cientista político Steven Brams, da Universidade de Nova Iorque. Vai ganhando aceitação a pouco e pouco pelas suas propriedades apelativas, em particular porque é pouco permeável ao voto estratégico. O Secretário-Geral das Nações Unidas é desta forma eleito bem como os presidentes de várias sociedades científicas americanas e europeias.[224]

---

[223] Este sistema é sobretudo utilizado em países anglo-saxónicos. Ver desenvolvimentos no capítulo 13.

[224] Econometric Society, Mathematical Association of America (MAA), American Statistical Association (ASA), Institute of Management Science (TIMS), European Public Choice Society, entre muitas outras. Para artigos de divulgação sobre *Approval Voting* o leitor interessado poderá consultar Brams (1993) ou Brams e Herschbach (2001). Para maiores aprofundamentos ver Weber (1995) e Brams e Fishburn (1983). Há vários recursos na *internet* dedicados a este método de votação.

Cada votante tem um boletim com os nomes de todos os n candidatos. Vota em k candidatos, k maior ou igual a 1 e menor que n. Ou seja, pode votar só em A, ou em A e C, ou em A, D, E ou em todos os candidatos menos um.[225] Ganha o candidato que tiver maior número de votos. Um exemplo com 5 votantes e 5 candidatos está no quadro 11.1.

	Votante 1	Votante 2	Votante 3	Votante 4	Votante 5	Votos
Candidato A	0	0	0	0	0	0
Candidato B	1	0	0	0	0	1
Candidato C	0	0	1	0	1	2
Candidato D	0	1	0	1	1	3
Candidato E	0	1	1	0	0	2

Quadro 11.1 – Método de votação por aprovação

No fundo o que os votantes têm que manifestar é a sua aprovação relativa em relação a certos candidatos e a desaprovação relativa em relação a outros. assim, os votantes 1 e 4 preferem claramente um candidato (B e D respectivamente) em detrimento de todos os restantes. Já os votantes 2, 3 e 5, "aprovam" dois candidatos cada um desaprovando os restantes. Note-se que só tem sentido votar num candidato, sob este método, se efectivamente se acha que um só candidato é merecedor da nossa aprovação. Votar estrategicamente é muitíssimo difícil, pois o número máximo de pontos que se dá a cada candidato é 1; logo, ao votar num candidato, está-se automaticamente a possibilitar que ele seja o vencedor. Deste modo, só se vota num candidato que seja realmente preferido, caso contrário o risco é elevado.

11.3.4. *Método de Borda*

Este método é atribuído a Jean Charles de Borda. Com m (por exemplo 5) candidatos, cada votante pode dar m (5) pontos à sua primeira escolha, m-1 (4

[225] Votar em todos os candidatos não faz muito sentido pois não altera o resultado da votação.

	Vot. V1	Vot. V2	Vot. V3	Vot. V4	Vot. V5	Pontos*	Vot. V4'	Pontos **
Candidato A	4	1	3	2	2	12	4	14
Candidato B	5	2	2	1	1	11	3	13
Candidato C	3	3	4	3	4	17	1	15
Candidato D	2	4	1	5	5	17	5	**17**
Candidato E	1	5	5	4	3	**18**	2	16
Total	15	15	15	15	15	75	15	75

* Pontos sem votação estratégica, ** Pontos com votação estratégica de V4'

Quadro 11.2 – Método de Borda com e sem voto estratégico

pontos) à segunda escolha, ...etc.... 1 ponto à sua última escolha. Ganhará o candidato que tiver maior número de pontos.[226]

A ideia de dar pontos a todas as opções tem a ver com o desejo de introduzir na decisão a ordenação total das preferências por parte dos votantes. Contudo, a introdução de uma *cardinalidade* operada através da *soma* dos pontos leva a resultados algo paradoxais. Neste exemplo com cinco candidatos, a aritmética dos pontos de Borda, significa que cada votante está a atribuir ao seu primeiro candidato *cinco vezes* mais pontos que ao último candidato, ou *duas vezes e meia* os pontos atribuídos ao quarto candidato na sua ordem de preferência.

Esta tabela está construída para ser consistente com a anterior assumindo revelação honesta de preferências, ou seja pode ser entendida como o *resultado da votação dos mesmos indivíduos*. Note-se que o método de Borda (sem voto estratégico) selecciona o candidato E, enquanto que o método de aprovação o candidato D, ou seja que *as mesmas pessoas, votando honestamente, escolheriam candidatos diferentes só porque o método de votação é diferente.*

O problema do método de Borda é que é muito permeável a comportamentos estratégicos. Neste sentido tudo pode acontecer. Por exemplo, o votante 4, que no fundo só aprova o candidato D (ver quadro 11.1) pode decidir votar estrategi-

[226] Uma variante do método de Borda apresentado por William Riker, é dar *m-1* pontos à primeira escolha e zero pontos à última escolha. Outra variante é, em vez de dar o máximo número de pontos à escolha preferida, dar o *mínimo* de pontos, ganhando o que tiver o menor número de pontos.

camente e em vez de dar 4 e 3 pontos respectivamente aos candidatos E e C – sabendo que eles têm hipótese de ganhar – dá-lhes 2 e 1 ponto. Em contrapartida dá 4 e 3 pontos aos candidatos A e B respectivamente. Com este voto, o votante 4, se for o único a votar estrategicamente, faz ganhar o seu melhor candidato.

11.3.5. *Sistema de Hare (com 5 candidatos)*

Cada votante, vota apenas uma vez e pode ordenar todos candidatos da 1ª à 5ª preferência. Ao contrário do método de Borda, não se trata da introdução de uma cardinalidade, mas antes de uma ordinalidade, pois como se verá não há uma métrica introduzida. Para apurar o vencedor, exclui-se da lista de preferências aquele que tiver o menor número de primeiras preferências (por exemplo, o quinto). Ficam apenas os quatro primeiros candidatos. As preferências de todos os votantes em relação aos quatro candidatos restantes, permite excluir aquele que tem menos primeiras preferências. O processo continua até que haja apenas um candidato que será o vencedor.

Exemplo: 5 votantes e 4 propostas (X, Y, Z, W):

Votante 1	Votante 2	Votante 3	Votante 4	Votante 5
Y	W	X	Y	W
X	Z	Z	Z	X
Z	X	W	X	Z
W	Y	Y	W	Y

Quadro 11.3 – O perfil de preferências de cinco votantes

O Z não tem 1.ª preferências e é excluído. Fica-se então com:

Votante 1	Votante 2	Votante 3	Votante 4	Votante 5
Y	W	X	Y	W
X	X	W	X	X
W	Y	Y	W	Y

Quadro 11.4 – Método de Hare (1ª exclusão)

O X tem uma 1.ª preferência, o Y e o Z têm duas cada, sai o X.

Votante 1	Votante 2	Votante 3	Votante 4	Votante 5
Y	**W**	**W**	**Y**	**W**
W	Y	Y	W	Y

Quadro 11.5 – Método de Hare (2.ª exclusão)

O "W" tem três "primeiras" preferências enquanto que o Y, só tem duas, logo ganha o W.

A grande preocupação de Thomas Hare, que propôs este método de selecção, assim como um sistema eleitoral que nele se baseia, é de evitar que haja desperdício de votos.[227] Neste método, as preferências de *todos* os eleitores podem contar para determinar quem é o vencedor. Na realidade trata-se de diminuir a pluri-dimensionalidade da decisão para apenas dois candidatos. Nesta situação, ganha o preferido da maioria dos votantes.

11.3.6. *Sistema de Coombs*

Semelhante ao de Hare, o sistema de Coombs difere daquele, por ir excluindo sucessivamente os candidatos com *maior número de últimas preferências*. Repete-se o processo até ficar um candidato.

11.3.7. *Comparação entre métodos de votação*

É possível uma comparação entre os métodos de votação, quer a partir da teoria quer de simulações computacionais em que se consideram milhares de perfis alternativos de preferências individuais .[228] Os resultados dessa comparação são ilustrados no quadro 11.6.

Um critério importante na comparação de métodos é a capacidade de seleccionar o "melhor" candidato, aquele que ganharia se fossem realizadas votações entre todos os candidatos dois a dois (método de Condorcet). Aqui os métodos que apresentam probabilidades elevadas são os de Aprovação e o de Hare. Outros critérios importantes são: o das opções de voto do votante (maiores

---

227 A ideia de evitar desperdício de votos será explicada no capítulo 13, quando apresentarmos o sistema do voto único transferível.

228 Para resultados de simulações a partir de simulações computacionais ver Merrill (1988).

Critérios\Métodos	Maioria Simples	Maioria a duas voltas	Método de Borda	Método de Hare	Método de Aprovação
Probabilidade de escolha do melhor candidato*	Baixa	Moderada	Baixa	Alta	Alta
Opções de voto : (com *n* candidatos/propostas)	Uma	Duas	*n-1* *(cardinalidade)*	*n-1* *(ordinalidade)*	*n-1* *(sem ordenação)*
Devido tratamento a candidatos minoritários	Não	+/-	+/-	Sim	Sim
Incentivo ao Voto Estratégico	Forte	Moderado	Forte	Fraco	Fraco
Efeito provável no aumento da abstenção	Forte	Moderado	Fraco	Fraco	Fraco
Simplicidade	Sim	Sim	Não	Não	Sim

Quadro 11.6 – Comparação entre métodos de votação para selecção de candidatos

nos métodos de Borda, Hare e Aprovação)[229]; o grau de incentivo ao voto estratégico (maior em Borda e Maioria Relativa); o efeito provável na abstenção (maior em Maioria Relativa). Há métodos que são mais adversos a candidatos minoritários pois os seus apoiantes tendem a não votar neles por razões de "voto útil". Aqui os melhores métodos são novamente Hare e Aprovação. Hare porque um votante nunca é penalizado por pôr em primeiro lugar um candidato minoritário. Se não for eleito contará a segunda (ou terceira) preferência do votante. Em voto por aprovação, pois o votante pode sempre votar quer no candidato minoritário quer noutro(s).

Em resumo, os métodos mais apropriados são os de Hare e de Voto por Aprovação. O primeiro, tem vantagem sobre o segundo pois introduz mais informação com a possibilidade de ordenação dos candidatos, com pouco efeito no voto estratégico. Em contrapartida, o segundo tem a vantagem de que é muito mais simples.

---

[229] As "opções de voto" do votante foram consideradas de *n-1* nos três casos embora em Hare e Borda sejam *n*, porque na presença de *n* candidatos, é suficiente ordenar *n-1* (graus de liberdade). A questão das opções de voto é complexa, pois o que efectivamente interessa é o efeito dessas opções nas escolhas colectivas. Este problema é discutido no capítulo 13 a propósito do boletim de voto de vários sistemas eleitorais e desenvolvido em Pereira, P. T. e Silva, J.A (*no prelo*).

11.3.8. *Concursos para selecção de candidatos na administração*

Tendo em conta a panóplia de métodos de votação à disposição e o facto que esses métodos têm propriedades e consequências diferentes, então da selecção do método de votação pode resultar a escolha de um candidato em detrimento de outro. Por exemplo, o método de Borda, dada a sua simplicidade, é um método que é por vezes usado. Contudo, ele é muito permeável ao voto estratégico. Pense-se no caso de haver quatro candidatos (X, Y, W, Z) e uma única vaga a ser preenchida. Se um dado membro do júri tiver os candidatos ordenados por essa ordem, mas se tiver uma clara preferência por X em relação aos restantes três, assumindo que Y tem hipóteses de ganhar, ele tem um forte incentivo para ordenar estrategicamente da seguinte maneira (X, W, Z, Y) desta forma apoiando o seu candidato preferido e evitando contribuir para a vitória de Y. É fácil construir um exemplo em que o *melhor* candidato (vencedor de acordo com o método de Condorcet) pode sair derrotado com o método de Borda. Só quem não participou em júris pode pensar que não se pratica voto estratégico. O que é mau no método de Borda é que se houver membros do júri que votem estrategicamente enquanto que outros revelem honestamente as suas preferências, são estes últimos os penalizados.

Daqui resulta uma conclusão importante. Em certos contextos o método de votação deve estar claramente determinado na Lei, em regulamento, regimento ou Estatuto. Tratar-se-á dos casos em que da escolha de métodos menos apropriados possam advir consequências mais adversas. Noutros casos o júri deve ser soberano na escolha do método, mas deveria clarificar publicamente a razão pela qual adoptou certo método de votação em detrimento de outro.

11.3.9. *Métodos de Votação para líderes partidários*

Até um passado recente os líderes da maioria dos partidos políticos em Portugal eram eleitos através da democracia representativa. Mais concretamente, numa primeira eleição eram eleitos os delegados ao Congresso, sendo que este órgão dispunha também de um número significativo de elementos por inerência (não eleitos). No Congresso então, por processos vários, eram eleitos os líderes. Convém realçar que a representação, mesmo não considerando as inerências, não era proporcional. Pequenas secções estavam sobre representadas na escolha de delegados e as grandes sub-representadas.

A introdução de directas foi feita em primeiro lugar no Partido Socialista. O ex-Presidente da República Jorge Sampaio, propôs o método, mas seria António Guterres o primeiro líder a ser eleito por "directas", método que ainda vigora no partido. O Primeiro-Ministro José Sócrates foi assim eleito Secretário-Geral, contra Manuel Alegre e João Soares. Posteriormente ao PS, também o Partido do Centro Democrático e Social (CDS/PP) e o Partido Social Democrata (PSD) adoptaram o método das eleições directas. O Partido Comunista Português elege o líder em reunião de Comité Central. O Bloco de Esquerda não tem estatutariamente um líder, mas uma direcção colegial.

Para além da questão interessante de saber as consequências da alteração do processo de selecção de líderes da "democracia representativa" para a "democracia directa", existe outra questão muito importante que é a da escolha do método de votação. Quase todos os partidos utilizam a maioria simples para tomar decisões, não apenas na escolha do líder, mas também na escolha de candidatos para cargos electivos unipessoais. Dados os problemas com esta regra não deixa de ser paradoxal a sua utilização generalizada.

Uma ilustração das consequências desta regra foi a eleição, por *maioria simples*, da líder do PSD Manuela Ferreira Leite em 2008 com 37,6% dos votos, um pouco mais que os seus mais directos concorrentes Pedro Passos Coelho (31,7%) e Pedro Santana Lopes (29,8%). Caso o método de votação fosse o de aprovação, maioria a duas voltas ou Hare, teria sido eleita? Provavelmente não. Com a maioria a duas voltas, bastaria que das segundas preferências dos que votaram PSL, houvesse mais apoiantes de PPC do que MFL e que essa diferença fosse superior a 5,9 pontos percentuais, o que é um cenário altamente plausível. Não só o resultado teria sido diferente com outro método de votação como a legitimidade do líder eleito com aprovação, Hare ou maioria a duas voltas seria muito superior.

11.4. A troca de votos (*logrolling*) e o problema da *common pool*[230]

11.4.1. Compromissos, acordos e "troca de votos"

Uma característica essencial dos processos democráticos é o de que cada eleitor tem um voto ou um número idêntico de votos. O facto de ser dado, em geral, apenas *um* voto implica que não é possível revelar a intensidade das preferências. Isto é, alguém pode votar a favor de uma proposta que gosta

[230] Esta secção retoma uma versão inicial deste livro *(mimeo)* que depois foi incorporada em Pereira *et al.* (2007) cap. 4, a que o leitor poderá recorrer para uma discussão mais económica do problema. Daí que a discussão do problema e exemplo sejam semelhantes, embora aqui se desenvolvam mais as implicações político-económicas.

ligeiramente, e votar contra uma outra proposta à qual tem uma aversão profunda. De qualquer modo no método democrático, a expressão da preferência individual é apenas 1 voto a favor e 1 contra, respectivamente. Nos boletins de voto não transparece a intensidade de adesão ou aversão às propostas.

Mesmo no método de Borda, analisado acima, os pontos seguem uma ordenação de preferências, mas não reflectem, do ponto de vista cardinal a intensidade variável de preferências com que cada votante apoia certo candidato. Um dos poucos métodos de votação em que seria possível a revelação dessa informação, seria a atribuição de um número igual de pontos que ele poderia afectar a um único candidato ou a vários. Acontece que este método ainda é mais permeável ao voto estratégico.

A característica igualitária do processo político é distinta do que se passa no mercado onde os que têm mais poder económico têm mais "votos", seja em dólares ou em euros. O problema que será discutido nesta secção tem a ver com diferentes intensidades de preferências e não deve ser confundido com diferente poder económico. Neste sentido assumiremos que, para simplificar todos os indivíduos têm a mesma posição económica.

Suponhamos que há uma proposta X para ser votada e que há apenas 3 indivíduos na sociedade: A, B, C. Suponhamos ainda que é possível medir cardinalmente as variações nos níveis de bem-estar (ou utilidade) destes indivíduos, associados à aprovação ou não das propostas. Considere-se que se uma dada proposta X for aprovada, temos as seguintes variações de utilidade de dada indivíduo, expressa em unidades monetárias no Quadro 11.7.

	Proposta X
A	-2
B	+5
C	-2
	S = +1

Quadro 11.7 – Efeitos no bem-estar de uma proposta X

Há apenas um indivíduo que beneficia directamente da aprovação de X (o indivíduo B) mas valoriza favoravelmente essa proposta de forma mais intensa que os indivíduos A e C. Se a proposta for votada segundo uma regra de maioria absoluta, sem negociação, ela não será aprovada porque só um indivíduo (B) votaria a favor e dois contra (A e C).

No entanto, há um forte incentivo para B pagar mais de 2 u. m. (ex.: 2,2 u. m.) a A (ou, alternativamente, a C), para que este vote favoravelmente a proposta X. O indivíduo A ficaria melhor, B também e só C ficaria pior (-2 u. m.).

A compra de votos é, em democracia, ilegal e qualificada de corrupção. Aquilo que acontece mais frequentemente é, não a corrupção, mas algo que é perfeitamente lícito a que foi dado o nome de *logrolling,* ou seja um compromisso que envolve troca de votos. Esta troca resulta precisamente da diferente *intensidade de preferências* dos envolvidos na negociação e pressupõe a existência de pelo menos duas propostas.

A aprovação das propostas derivadas do *logrolling*, pode estar, ou não, associada a uma melhoria no bem-estar da sociedade. Para simplificar iremos assumir que o bem estar da sociedade é dado pela soma dos níveis de bem estar dos três indivíduos.[231] Assim, para se ver os efeitos no bem estar social da aprovação conjunta de duas propostas basta somar os efeitos nos três indivíduos, agregar e ver se o resultado é positivo (caso em que haverá melhoria) ou negativo (caso em que haverá deterioração).

Num primeiro caso, ilustrado pelo quadro 11.8, considere-se a seguinte estrutura de benefícios líquidos decorrentes da aprovação das propostas X e Y, para os indivíduos A, B e C.

	X	Y	Soma
A	– 2	– 2	– 4
B	5	– 2	+3
C	– 2	+5	+3
Soma	+1	+1	+2

Quadro 11.8 – Troca de votos e melhoria do bem estar social

Quer a proposta X, quer a Y, votadas em separado, segundo a regra da maioria absoluta, seriam derrotadas. Contudo, há um grande incentivo para B e C "trocarem votos" porque ambos ganham se as propostas forem aprovadas simultaneamente.

Então poder-se-á formar uma convergência entre B e C. Isto deriva da diferente intensidade de preferências entre os votantes e de uma *assimetria* entre benefícios e custos entre os indivíduos que formam a coligação. Contudo,

[231] Esta é *uma* forma de avaliação do bem-estar social designada por *utilitarismo* e foi sugerida inicialmente por Jeremy Bentham. Uma forma alternativa é o *rawlsianismo.*

note-se que esta coligação não é estável, sendo que A pode propor a B (ou a C) uma coligação para que se aprove X e não Y. Sem compensação adicional, A ficaria melhor (-2 em vez de –4) e B também (5 em vez de 3). Facilmente se verificará que esta coligação também não é estável.

A troca de votos teve, neste caso, efeitos benéficos, pois permitiu revelar a intensidade das preferências e deste modo fazer passar duas propostas que levaram a uma melhoria do bem-estar social.[232]

Consideremos agora um segundo caso, ilustrado pelo Quadro 11.9 em que a estrutura dos benefícios é diferente:

	X	Y	Soma
A	– 2	– 2	– 4
B	3	– 2	+1
C	– 2	3	+1
Soma	– 1	– 1	– 2

Quadro 11.9 – Troca de votos e deterioração do bem estar social

Neste caso, sem votação estratégica, as propostas seriam derrotadas e "bem" derrotadas, dado que a sua aprovação traria uma diminuição do bem estar social.

No entanto, mantém-se o incentivo para a troca de votos e ele far-se-á em princípio porque quer C quer B têm benefícios líquidos em fazê-lo, levando à aprovação simultânea das duas propostas. Isto apesar de isso causar, no global, uma deterioração do bem-estar social (na óptica utilitarista).

Facilmente se pode verificar que se todos os indivíduos tiverem *igual* intensidade de preferências (embora potencialmente de sinais contrários) em relação à aprovação das duas propostas não há, nem pode haver, lugar a *logrolling*. Apenas neste caso, a regra da maioria absoluta produz sempre o resultado correcto, pois neste caso não há voto estratégico. Assim, com votação honesta, se o número de votos favoráveis excede os desfavoráveis as propostas são aprovadas e o bem estar social melhora (no quadro 11.10 é o caso para $k<0$). Caso contrário as propostas são reprovadas e bem, pois o bem estar social pioraria se elas fossem aprovadas (é o caso para $k>0$).

[232] Esta conclusão só é válida se aceitarmos o utilitarismo como teoria sobre o bem-estar social.

	X	Y	Efeito no Bem-Estar
A	$-k$	$-k$	$-2k$
B	$+k$	$-k$	0
C	$-k$	$+k$	0
	$-k$	$-k$	$-2k$

Quadro 11.10 – Ausência de incentivos para troca de votos.

Há duas conclusões muito importantes desta análise. A primeira é que a regra da maioria funciona melhor se a intensidade (pró ou contra) das preferências dos votantes for semelhante. A segunda é que se essa intensidade for diferente e assimétrica entre os votantes, a *votação* apenas não é um método muito eficaz de revelar o *interesse público*. Se o identificarmos com a melhoria do bem-estar social então fica claro que ele necessita de *deliberação* apropriada para distinguir os casos em que serve e não serve o interesse público.[233]

11.4.2. Os recursos comuns e a economia política dos regionalismos

O problema de decisões colectivas que envolvem recursos comuns, conhecido na literatura como problema de *common pool,* é o problema de se tomarem decisões cujos benefícios são localizados num grupo, mas o seu financiamento provém ou de *outro* grupo distinto, ou de um grupo *mais alargado* que inclui, mas ultrapassa em muito a dimensão do primeiro. Em qualquer dos casos os beneficiários não suportam a totalidade dos custos de uma determinada decisão e portanto poderá acontecer que as decisões tomadas não envolvam uma melhoria do bem-estar social.

Dois exemplos mostram a importância dos problemas de *common pool.* Vital Moreira, professor da Universidade de Coimbra, tem vindo a defender que é injustificável que as empresas de transportes da área de Lisboa que são deficitárias, devido às receitas de passes sociais não cobrirem os custos, tenham asseguradas a cobertura desse défice pelo Orçamento de Estado, enquanto que

[233] A questão de saber se é o *utilitarismo* que traduz o bem-estar social ou não depende de vários factores e do contexto da análise. No exemplo desta secção considerámos os três indivíduos com a mesma capacidade económica para nos concentrarmos em questões de eficiência e não de redistribuição. A principal alternativa teórica ao utilitarismo é o *rawlsianismo* que será abordado no capítulo 14. Pessoalmente, subscrevemos o *rawlsianismo* na forma como o apresentamos neste capítulo, e não como o apresentam os manuais de microeconomia (por exemplo Varian, *Intermediate Microeconomics*), que apenas retiram de Rawls o princípio do *maximin.*

noutros municípios isso não acontece tendo os munícipes respectivos, neste caso, de suportar os custos totais desses transportes. Temos pois o caso de benefícios localizados num grupo, cidadãos da área metropolitana de Lisboa, que utilizam os transportes das empresas públicas deficitárias, e de custos difusos por um grupo mais alargado, que o contém, que são todos os contribuintes que pelos seus impostos financiam o Orçamento do Estado.[234]

Um outro exemplo, que temos vindo a mencionar em alguns escritos,[235] é o do financiamento da despesa das regiões autónomas. Os cidadãos das regiões beneficiam dos bens públicos nacionais (funções gerais de soberania e de representação do Estado português, negócios estrangeiros, defesa nacional), mas não contribuem fiscalmente para isso. Aqui é um problema de *common pool* ao contrário, benefícios comuns a um grupo alargado (todos os cidadãos portugueses), só financiados por um sub-grupo (os contribuintes, cidadãos e empresas sediados no continente).

Sempre que há um desfazamento entre o padrão territorial dos beneficiários e o padrão territorial dos financiadores há uma situação de *common pool*. Nesta situação, em geral os recursos são afectados de forma *ineficiente*.[236]

O exemplo que iremos ilustrar de seguida, de forma estilizadas é o da selecção de um projecto de investimento municipal. Se este for financiado por impostos municipais é natural que o município compare receitas com custos e avalie se o projecto é defensável numa óptica custo-benefício, e se não haveria um melhor projecto para ser implementado. Contudo, se ele for decidido localmente, mas financiado pelo Orçamento de Estado, então nada garante que os benefícios superem os custos.

Note-se que a análise custo-benefício pode ser económica ou política. Numa análise económica calcula-se por exemplo o *valor actualizado líquido* (VAL) do projecto que deve ser positivo para uma taxa de desconto semelhante à taxa de

---

[234] Vital Moreira tem parcialmente razão, mas uma resposta a este problema exigiria um estudo e uma discussão que ultrapassa em muito o âmbito deste livro.

[235] Ver Pereira (1998 e 2003). A nova Lei das Finanças Regionais (Lei Orgânica n.º1 2007 de 19 de Fevereiro), melhorou a situação, mas não resolveu, nem poderia o problema fundamental do federalismo orçamental em Portugal que vem da Constituição de 1976. Este tema será retomado no capítulo 14.

[236] Esta situação foi analisada pela primeira vez por Mancur Olson (1969) naquilo que ficou conhecido por *princípio da equivalência orçamental*. Note-se que a *ineficiência* associada ao desajustamento entre beneficiários e contribuintes *poderá* ser justificada por um aumento da justiça distributiva. Mas para se saber se sim ou se não, é necessário que haja transparência sobre os efeitos redistributivos e alguma deliberação pública sobre o assunto. Caso contrário, as questões serão decididas apenas por *votação* e o interesse público poderá não prevalecer.

juro do mercado.[237] Numa análise custo-benefício política, economistas da *public choice* têm sugerido que os políticos, comparam o ganho marginal de votos associado ao aumento da despesa pública com a perca marginal de votos *associado ao aumento de impostos necessário para a financiar*. Para maximizar os votos os políticos aumentarão a despesa até ao ponto em que o ganho e a perca marginais de votos se igualem.[238] Independentemente de qual o tipo de análise, económica ou política, feita pelos decisores locais,[239] o importante aspecto que explicaremos de seguida é o de que a análise custo-benefício política altera-se sempre que há um problema de recursos comuns e alterações ao desenho institucional, embora a análise custo-benefício económica não.

Considere-se então o "modelo" estilizado, ilustrado no quadro 11.11 de um país com dois territórios *A* e *B*. Este país tem um governo nacional, e 5 câmaras municipais. Poderá ter, ou não, consoante os casos que iremos analisar, governos regionais. O território *A* tem cinco municípios (*M1* a *M5*) com igual número de eleitores. Há dois partidos políticos *X* e *Y*, que dominam completamente os executivos camarários, sendo que X em três câmaras e Y em duas. Assume-se que os eleitores em cada município votam *todos* num só partido.[240] Ambos os partidos estão representados num parlamento nacional com 23 mandatos, 20 do território *B* e 3 do território *A* .

Há cinco projectos de investimento público local à consideração nos cinco municípios da região *A* (*M1i* a *M5i*), cada um gerando um conjunto de benefícios

---

[237] O valor actualizado líquido (VAL) de um projecto de investimento, cujo impacto é em *t* anos, é igual à diferença entre o valor de todos os benefícios (tangíveis e intangíveis) futuros (*Bj*) descontados à taxa de desconto *i*, e o valor de todos os custos (tangíveis e intangíveis) futuros *(Cj)*, actualizados da mesma forma, a que se subtrai o custo do investimento inicial. Analiticamente será dado por $\text{VAL} = -I_0 + \sum_{j=1}^{n} \frac{Bj - Cj}{(1+i)^j}$. Ter uma VAL positiva é claramente uma condição necessária, mas não suficiente, para a justificação *económica* do projecto, pois pode haver um projecto alternativo com um VAL superior.

[238] O leitor deverá já estar familiarizado com a abordagem económica, considerada por exemplo na discussão sobre o Teorema de Coase, na secção 4.3.3 ou no modelo de Niskanen em apêndice ao capítulo 6, de que a maximização de benefícios líquidos *totais* se faz quando benefícios *marginais* igualam custos *marginais*.

[239] O leitor terá certamente uma opinião sobre qual é a análise custo-benefício (explícita ou implícita) dominante ao nível local ou nacional. A nossa opinião é que a natureza humana é diversa e haverá os dois casos (quer nas autarquias quer no aparelho de Estado). Decisores políticos que se esforçam por servir o interesse público e que tentam basear as suas escolhas na percepção de benefícios e custos para a colectividade (fundamentados ou não em estudos económicos sérios de análise custo-benefício) e decisores que se preocuparão sobretudo com a sua popularidade política e que portanto considerarão apenas os custos e benefícios políticos.

[240] Esta hipótese deste modelo estilizado serve apenas para simplificar a aplicação do método d'Hondt (a ser explicado no capítulo 13). Não põe em causa a generalidade das conclusões.

futuros actualizados e de custos actuais (investimento) e custos futuros actualizados dados pelos valores das colunas (4) e (5). Cada Presidente da Câmara Municipal (ou do governo regional) toma a decisão em função da sua percepção sobre a comparação entre os benefícios e custos líquidos actualizados para os residentes do município.[241]

	Mandatos	Munic.	Partido	Invest.	Benef. Liq.	Custos Liq. 1	VAL	Custos Liq. 2	VAL *p1*	VAL *p2*
	(1)		(2)	(3)	(4)	(5)	(6)	(7)	(8)	(9)
Territ. A	3	M1	X	*M1i*	3	4	-1	2	1	1
		M2	X	*M2i*	6	8	-2	4	2	2
		M3	X	*M3i*	8	10	-2	5	3	3
		M4	Y	*M4i*	6	2	+4	1	5	-3
		M5	Y	*M5i*	7	5	+2	2,5	4,5	-2
Tot. A					30	29	+1	+14,5	+15,5	+1
Territ. B	20				0	0	0	-14,5	-14,5	0

Quadro 11.11 – Projectos de investimento, *VAL* económico e *VAL* político

Vejamos o que se espera que sejam as decisões colectivas em três quadros institucionais distintos. No primeiro caso este país, tem apenas 5 municípios em A e um governo nacional. As decisões colectivas sobre os projectos de investimentos, resultam então de uma leitura directa da coluna (6), sendo então aprovados os projectos *M4i* e *M5i.* Nos outros municípios os projectos não serão aprovados, e pensar-se-ão em alternativas de projectos com VALs positivos. Note-se que não há aqui problema de recursos comuns *(common pool).*

Considere-se agora o quadro institucional em que se cria uma região no território A, dominada politicamente pelo Partido X, tudo o resto constante. Se os projectos de investimento local continuarem a ser financiados e decididos

[241] Exclui-se portanto a possibilidade de projectos serem aprovados quando o VAL, *para os residentes do município,* fosse negativo. Claro que isto é uma possibilidade, devido à possível influência de grupos de interesse local, mas neste caso, como vimos no capítulo 8, os eventuais ganhos pelo apoio de uma empresa ou de um grupo de interesse, poderiam ser contrabalançados em época eleitoral pelas percas em votos. Facilita o argumento a hipótese formulada de que o Presidente da Câmara considera os benefícios líquidos municipais, o que em muitos casos será verdade.

localmente, como a teoria económica sugere, então nada de essencial se alterará. Contudo, há obviamente a possibilidade de a região co-financiar esses investimentos locais. Considere-se que a região, apesar de ser dominada pelo Partido X, assume a regra de co-financiar todos os investimentos locais em 50% porque tem possibilidade de obter esses fundos no exterior ou seja no território B. Nesse caso, os custos para os munícipes da região A passarão a ser metade do que eram anteriormente (coluna (7)) e os benefícios líquidos *para os residentes* de cada um dos municípios passará agora a ser positivo (coluna 8). Como a regra de decisão do autarca é o beneficio líquido para os seus residentes (VAL*p1* na coluna 8) todos os projectos passarão a ser aprovados. Claro que este cenário está dependente da possibilidade de redistribuição *inter*-territorial de B para A que explicaremos mais adiante. Note-se que agora tem-se um problema de *common pool inter*-regional: projectos que não deveriam ser aprovados, numa perspectiva económica, passam a sê-lo devido à redistribuição entre regiões. A alteração do modo de financiamento, ou as alterações institucionais não alteram o VAL económico, pois a estrutura de benefícios e custos não se altera.

Um terceiro caso é a região A, incapaz de extrair recursos da região B, como é dominada politicamente pelo Partido X operar redistribuição *intra*-territorial, dos municípios em que não domina (M4 e M5) para os que domina (M1, M2 e M3) de modo a favorecer a sua base social de apoio. Neste caso seriam aprovados os projectos nos municípios em que X domina politicamente enquanto que nos restantes tal não aconteceria (ver coluna (9)). Trata-se agora de um problema de *common pool intra*-regional.

De que depende a capacidade de a região A extrair recursos da região B, contra a vontade desta? Numa perspectiva político-económica depende da razoabilidade dos líderes respectivos, mas depende sobretudo do *poder* da região A. O poder da região *A* depende de duas coisas: *i)* de os seus deputados serem, ou não, *pivots* na determinação de maiorias políticas no parlamento nacional e *ii)* das fidelidade regionais serem mais fortes que as fidelidades partidárias ou verificar-se o contrário. Assim, na região A, a aplicação do método d'Hondt determina, com as hipóteses do modelo, que o Partido X terá dois deputados e o Partido Y apenas um. Caso os mandatos advindos da região B sejam distribuídos igualitariamente pelos dois partidos, 10 para cada, então os deputados do partido X da região A funcionam como *pivots*. Se a fidelidade com a região for superior à fidelidade partidária, poderão utilizar o seu poder de fiel de balança para, através de *logrolling,* trocarem o seu apoio a projectos que o Partido X quer realizar em B, pelo apoio da direcção nacional do Partido X a projectos, mesmo que ineficientes, em A. Em contrapartida, se na região B o Partido X tiver uma maioria confortável (por exemplo 12 dos 20 mandatos), já não há deputados *pivots*, e mesmo que *todos* os 3 deputados da região *A* tenham fidelidades regionais superiores às partidárias (leia-se nacionais), não haverá *logrolling* no sentido de fazer aprovar projectos ineficientes, visto que 12 constitui uma maioria absoluta num parlamento nacional com 23 deputados.

Para finalizar, convém referir que este exemplo mostra que a razão de ser das regiões (sejam autónomas ou administrativas) não deve ser a realização de investimentos locais, mas sim de âmbito regional como teremos ocasião de abordar no capítulo 14, aquando de uma breve incursão no problema da regionalização.

11.5. A "arte" da deliberação pública e a escolha de instituições justas

A "arte da manipulação política", ou a arte da manipulação das escolhas colectivas é sobejamente conhecida não só por cientistas e economistas políticos, mas sobretudo pelos que, na prática do dia a dia das decisões colectivas – em pequenas ou grandes assembleias, em parlamentos, em comités, em júris, etc. – estão envolvidos em processos de votação que envolvem propostas ou candidatos. O que caracteriza o resultado do exercício desta "arte" é que os que a exercem com sucesso obtêm benefícios para si ou para as suas "causas", mas isso é feito à custa dos interesses da organização e do interesse público. A redução dos efeitos negativos desta actividade só pode ser conseguida por duas vias complementares, a escolha de regras de decisão colectiva mais justas e o aumento da qualidade, e não quantidade, da deliberação pública.

A regra da maioria simples, ou relativa, é uma das mais aplicadas na selecção de candidatos a cargos unipessoais e o método de Borda (pontos) é por vezes utilizado na ordenação em concursos em que entram vários candidatos. Clarificou-se que estas regras têm vários problemas e que há regras com propriedades apelativas muito mais interessantes. É o caso do método por aprovação, a ser utilizado na escolha de um candidato ou do método de Hare na escolha de vários candidatos. Ambos minimizam a "arte" do voto estratégico. Voltar-se-á a este método no capítulo 13 pois ele é utilizado num interessante sistema eleitoral, utilizado na República da Irlanda e em Malta, conhecido por voto único transferível.

Também se clarificou neste capítulo que a *votação*, só por si, não é capaz de discriminar o que é do interesse público do que não é. A existência de diferente intensidade de preferências, implica que os processos de votação, sobre várias propostas, envolvem, frequentemente acordos, compromissos, ou "troca de votos" (*logrolling*). A inevitabilidade do *logrolling,* associada ao problema dos recursos comuns (possível sempre que benefícios localizados são financiados por recursos gerais), torna imprevisível saber se as escolhas colectivas servem, ou não, o interesse público. Só processos de escolhas colectivas que envolvem uma verdadeira *deliberação* pública poderão clarificar qual dos casos está presente.

12. Referendo, quórum e representação

12.1. O problema do quórum

Até ao presente capítulo assumimos implicitamente que o grupo daqueles que votam é o mesmo que o grupo daqueles que têm direito a votar. Pelo menos não considerámos explicitamente o problema de analisar as consequências das situações em que os que votam são menos do que os com capacidade de votar.

Nas assembleias gerais das associações, a prática corrente é que passada uma hora, da hora marcada para o início da reunião, a assembleia reunirá e deliberará com qualquer numero de membros presentes. Esta regra tem como objectivo que as associações possam tomar decisões, mesmo quando um número significativo (a maior parte em geral) não comparece às reuniões. Quem tem experiência de assembleias gerais sabe que, mesmo quando se trata de eleger os corpos sociais (mesa da assembleia geral, conselho fiscal e direcção), caso haja lista única, o número de participantes é geralmente muito reduzido em relação ao número de sócios. Estão os membros que cessam funções, os membros que irão ser eleitos (quando estes grupos não coincidem) e mais alguns sócios históricos, mais ou menos militantes.

Há, contudo, um número significativo de organizações em que tal não é possível. As deliberações, nestas instituições, têm que ser tomadas por um número que exceda uma determinada quota, tipicamente cinquenta por cento dos membros. A ideia subjacente é que os que deliberam devem constituir uma parcela significativa do corpo a que pertencem. Se a regra de votação utilizada para votar cada proposta, for a maioria absoluta, então conjugando esta regra com o quórum de 50%, verificamos que se assegura que qualquer proposta aprovada deverá ter o apoio de pelo menos 25% dos membros da organização. Mas será que a existência do quórum é a melhor forma de se alcançarem os objectivos pretendidos? Não haverá outras formas de se alcançar o mesmo objectivo sem ter que se introduzir uma regra do quórum?

Antes de responder a estas questões é útil pensar um pouco sobre a razão de ser da regra geralmente utilizada nas associações – passada uma hora qualquer número de associados pode decidir. O motivo fundamental, pelo qual as associações não têm regra de quórum é que se a tivessem, ficariam completamente bloqueadas e incapazes de tomar decisões, pois muitas vezes o número de associados é elevado, podem estar dispersos por várias zonas geográficas tendo dificuldade de se deslocar aos locais de voto. Há ainda o problema de *free rider.*

As instituições mais pequenas, por exemplo departamentos universitários, estão também, embora em menor grau, sujeitas ao mesmo tipo de problemas. Contudo, com a regra do quórum, se houver um grupo que queira bloquear as decisões da instituição, de forma pouco democrática é certo, aquilo que poderá fazer é não comparecer nas reuniões. Sob a regra do quórum existe pois o risco que certas instituições fiquem completamente bloqueadas na sua capacidade de tomar decisões e, mais grave ainda, se vejam impossibilitadas de operar alterações estatutárias que podem ser cruciais para o seu desenvolvimento.

Na realidade um apoiante do *status quo,* ou seja de não se tomar decisão nenhuma, poderá ir à reunião e votar contra as propostas que sejam feitas. Neste caso, se a sua posição for minoritária, ele estará a contribuir para que a reunião tenha quórum, ou seja, na prática para que a proposta seja *aprovada.* Pelo contrário, se ele não for à reunião, poderá estar a contribuir para que *não* seja aprovada. Este resultado da votação é conhecido por *paradoxo da não comparência* (*no show paradox*), pois o indivíduo fica melhor não indo, do que comparecendo à reunião e votando honestamente.

Pense-se agora que em vez da regra do quórum havia uma outra regra que estabelecia que para que uma assembleia pudesse aprovar uma proposta, era necessário não só que a maioria dos membros votasse a favor, mas também que aqueles que votam a favor representassem pelo menos vinte e cinco por cento dos membros. No fundo garantia-se à mesma que nenhuma proposta poderia ser aprovada sem um mínimo de "representatividade", mas desta forma eliminava-se o paradoxo da não comparência. Quer os indivíduos que estavam contra a proposta quer os que estavam a favor teriam incentivos para ir à reunião e defender os seus pontos de vista, tentando argumentar em defesa das suas opiniões.

Isto significa que se comparamos estas duas regras, a primeira (quórum e maioria) é menos favorável à participação do que a segunda (limiar de aprovação). Como veremos, na secção seguinte, estas regras são as mesmas que estão por detrás do referendo em Portugal e na Alemanha, respectivamente.

12.2. Da democracia directa

12.2.1. *Tipos e formas de referendos*

Na sequência dos primeiros referendos em Portugal sobre a regionalização e a interrupção voluntária da gravidez, cujas taxas de participação (votos validamente expressos a dividir pelo número de eleitores) não chegaram a atingir os cinquenta por cento, houve um conjunto de comentadores, que consideraram que a instituição do referendo em Portugal não tinha futuro.

Tipos de Referendo	Maioria dos Votos ("sim" /"sim+não")	Limiar de Particip.	Limiar de aprov.	Maioria dos Estados/ /cantões	Exemplos
A. Simples	Absoluta				Irlanda, Suíça (Lei)
A. Simples	Qualificada				Namíbia
B. Limiar Participação	Absoluta	50%			Portugal, Itália
C. Limiar de Maioria	Absoluta		25%		R. F. Alemanha (Lander)
C. Limiar de Maioria	Absoluta		30%		Dinamarca (Lei)
C. Limiar de Maioria	Absoluta		40%		Dinamarca (emenda Const.)
D. Federal	Absoluta			Sim	Austrália, Suíça (emenda Const..)

Fonte: Adaptado de P. Côrte -Real e P.T. Pereira (2004)

Quadro 12.1 – Regras de decisão e tipos de referendo

Sendo necessário que haja pelo menos cinquenta por cento de votantes para que o referendo seja vinculativo, e não tendo sido alcançada essa fasquia, houve também quem defendesse que visto que a democracia directa não tinha "funcionado", deveria ser a democracia representativa (isto é, os deputados no parlamento) a decidir. A questão que não mereceu reflexão foi saber se as regras que regem o referendo, em Portugal, são as mais apropriadas. Antes de abordar esta questão importa distinguir brevemente os principais tipos de referendos que se praticam um pouco por todo o mundo, mas sobretudo nos países mais desenvolvidos.

Há vários critérios que permitem distinguir os referendos. Um primeiro critério diz respeito ao direito de iniciativa e é basicamente a resposta à questão: quem tem direito de propor um referendo? Em certos (poucos) países um número mínimo de cidadãos pode requerer um referendo, enquanto que noutros a iniciativa só pode partir ou de um número mínimo de deputados, ou do Presidente ou do monarca. Os referendos podem debruçar-se sobre propostas de lei, sobre leis ordinárias ou leis constitucionais e o seu efeito pode ser de aprovação, ratificação ou veto. Há referendos locais, regionais, estaduais ou nacionais. Finalmente, os referendos podem distinguir-se quanto às regras para apurar os resultados. É sobre este último aspecto que vale a pena clarificar, antes do mais a variedade de regras existentes que, no fundo, se resumem a quatro tipos.

Todos os referendos, para se tornarem afirmativamente decisivos, os "sim" têm que ser mais que os "não", muito embora o significado da decisão seja diverso (aprovação, ratificação ou veto). De qualquer modo há países em que basta esta condição de *maioria* para ser "válido" o resultado. É o caso do país que mais utiliza o referendo, a confederação Suíça, e também da Irlanda. Este é o único caso de perfeita simetria entre o voto sim e o voto não, ou se quisermos entre o *status quo* e a mudança. Esta simetria pode ser observada na Figura 12.1 (à direita) em que a manutenção do *status quo* está a sombreado e a passagem da proposta a branco, dentro do triângulo [0; 100%sim; 100% não]. [242]

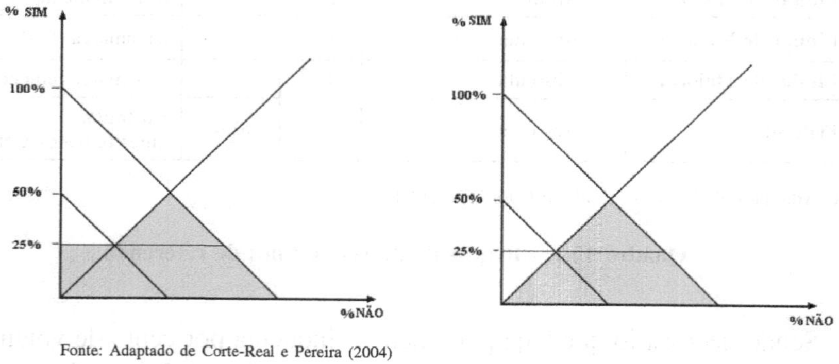

Fonte: Adaptado de Corte-Real e Pereira (2004)

Figura 12.1 – O referendo Alemão e Irlandês

[242] Sem perda de generalidade iremos assumir que o *"não"* vencedor representa a manutenção do *status quo.* Neste caso simétrico é irrelevante onde estará o *status quo* (sim ou não), mas já não o será nos restantes tipos de referendo.

Há pelo menos três justificações possíveis para este tipo de referendo, que torna o seu resultado aceitável do ponto de vista normativo. Primeiro, quem não vota é porque não está interessado e portanto não deve ser considerado para a decisão. Segundo, quem não vota é indiferente e portanto se votasse fá-lo-ia de forma aleatória, o que não alteraria o resultado. Terceiro, os que votam podem ser considerados como representantes dos abstencionistas e portanto pode-se extrapolar o resultado dos votantes para o universo dos eleitores.

Qualquer que seja a hipotética interpretação, uma coisa é certa, este é o tipo de referendo que propicia, *ceteris paribus,* maior taxa de participação, assumindo que votar não é um acto obrigatório (o que acontece nalguns países). Há uma questão que os eleitores não põem neste tipo de referendo e que poderão pôr nos outros que referiremos de seguida: valerá a pena ir votar, isto é, será que o resultado do referendo vai ser válido? O voto neste referendo conta sempre.

Num segundo tipo de referendo, para além de se exigir, para derrotar o *status quo*, que o *sim* vença o *não,* também se exige que a percentagem de *sim* nos votos expressos (sim ou não) seja superior a uma dada percentagem, por exemplo 25% (ver Figura 12.1 à esquerda). Esta regra adicional, que se pode designar por *limiar de aprovação* obviamente torna a alteração do *status quo* mais difícil (a zona a sombreado aumenta). No fundo está-se a dar alguma primazia normativa ao *status quo.* Este é o caso de alguns referendos na República Federal da Alemanha e noutros países.

Por fim, temos um terceiro tipo de referendo (ver Quadro 12.1 e Figura 12.2) ilustrado pelo casos Português e Italiano e recentemente adoptado por alguns países do Leste europeu. É o mais restritivo de todos os referendos (para certos parâmetros), ou seja aquele em que é mais difícil a aprovação do *sim.* Isto significa que é aquele em que o peso do *status quo* é maior e simultaneamente *é o único que sofre do paradoxo da não comparência,* provocado pela introdução de um quórum mínimo de participação. Conforme ilustrado pela figura 12.2 admita-se que as sondagens sugerem que há 30% que tencionam votar "sim" e 27% tencionam votar "não" (ponto *x* na figura). Nesse caso o resultado do referendo seria vinculativo pois votariam 57% dos eleitores e ganharia o "sim". Contudo, se a percentagem dos apoiantes do "não" que forem às urnas for muito menor, por exemplo 5 % (ponto *y* na figura) já o referendo será *não* vinculativo pois apenas 35% dos eleitores terão ido votar. Este é o efeito perverso do tipo de referendo usado em Portugal.

De facto, as características do referendo português são, do ponto de vista formal, semelhantes às que analisámos acima quando referimos o problema do quórum. A imposição de um *quórum mínimo* de cinquenta por cento, para se tornar vinculativo, impõe uma fasquia elevada, tanto mais que basta que o caderno de eleitores esteja desactualizado e com mais nomes do que deveriam estar (por não se ter dado baixa dos já desaparecidos). Do ponto de vista da "representação" dos "sim", a condição mínima é idêntica à que se verifica no terceiro tipo de referendo utilizado por exemplo na Alemanha.

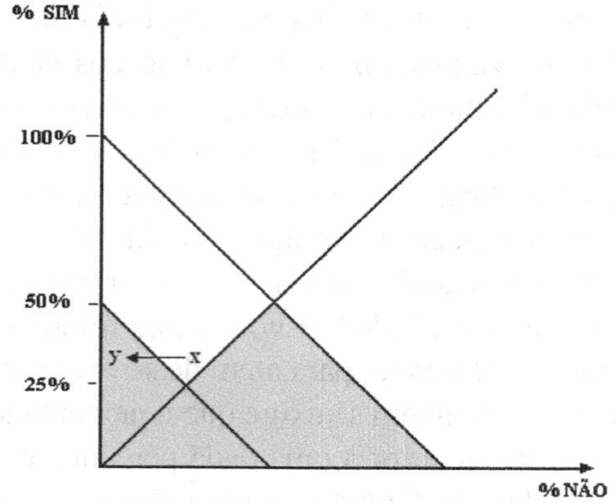

Fonte: Adaptado de P. Côrte-Real e P.T. Pereira (2004)

Figura 12.2 – O paradoxo do referendo Português e Italiano.

Para se perceber a diferença entre o referendo português e o adoptado na R.F. Alemanha, veja-se que neste país, se votarem apenas 30% dos eleitores e 90% votarem *sim* a proposta é aprovada. Contudo, tal já não aconteceria no referendo Português ou italiano em que seria, não vinculativo.[243]

Finalmente, o último tipo de referendos aplica-se a Estados federados ou confederações que substituem a condição de limiar de aprovação por maioria de Estados ou cantões. É no fundo, aplicar ao referendo a mesma lógica que a legislação segue nos parlamentos bicameralistas em que, para ser aprovada, tem que ser aprovada na câmara dos representantes (representando os cidadãos) e o "senado" (representado os estados ou cantões). Assim, nestes referendos para o sim ganhar, não só os *sim* têm que ser mais que os *não*, em termos agregados, como também tem que se verificar o mesmo numa maioria de Estados (cantões).[244]

---

[243] Luís Conraria e Pedro Magalhães (2007) exploraram empiricamente, um corolário do paradoxo, que é o nível de abstenção ser superior nos países que utilizam referendos mais hostis ao *status quo*. Os seus resultados são genericamente consistentes com as previsões teóricas.

[244] Note-se que se os *sim* estiverem muito concentrados, é possível haver uma maioria nacional sem que haja uma maioria dos Estados.

Não valerá muito a pena estendermo-nos sobre as virtualidades e os problemas dos vários tipos de referendo, pois o fundamental parece ser o seguinte. Apesar de os referendos serem tradicionalmente associados à democracia directa, existe sempre implícita uma ideia de representação, pois os votantes são apenas uma parcela do universo dos eleitores e há que considerar os abstencionistas.

Como vimos, há vários tipos de referendos e as diferentes regras criam incentivos diferentes e resultados diferentes. De qualquer modo poder-se-á perguntar porque se devem manter as actuais regras? Será que se quer aumentar a participação? Isso não passará por uma mudança de regras?

12.2.2. *Referendos: das possibilidades de manipulação*

As vantagens potenciais do uso do referendo, em certas circunstâncias, não deve fazer esquecer os seus riscos, sobretudo quando é usado *contra* a democracia representativa e não em *complemento* desta.

Pode haver manipulação dos resultados de um referendo se houver uma "apropriada" manipulação das propostas na agenda de votação. O tema foi aliás desenvolvido no contexto da despesa em educação nos Estados Unidos da América do Norte.[245] Aqui as escolas do ensino público são geridas por autarquias da educação (os *school districts*), financiadas em grande parte por um imposto equivalente ao nosso imposto municipal sobre imóveis (a *property tax)* e são feitos referendos locais à população para ver se estão dispostos a pagar mais uns cêntimos no imposto com vista a financiar as escolas. Imagine-se que os cidadãos estão satisfeitos com o actual nível de despesa, mas que lhes é posto à consideração, ao voto, por parte dos dirigentes da direcção do distrito, escolar ou aumentar a despesa em 10% ou encerrar duas escolas do distrito. Face ao menu da escolha, o votante mediano da jurisdição,[246] votará "do mal o menos", ou seja o aumento da despesa (e dos impostos locais) pois apesar de tudo, entre as duas possibilidades, quer evitar que escolas sejam fechadas. Isto apesar de aquilo que ele verdadeiramente deseja nem sequer ser colocado à consideração, isto é deixar estar tudo como está. A aplicação do teorema leva de facto à conclusão de que é possível manipular referendos e mais, fornece os elementos, para se perceber como é possível que tal aconteça. Basta que se ponha em alternativa a proposta

---

245 Ver os artigos de Romer e Rosenthal (1978, 1979).

246 O teorema foi analisado no capítulo 10. Em muitos estudos empíricos em que se aplicou o teorema do votante mediano, considerou-se que as preferências medianas estão associadas com os indivíduos com rendimento mediano.

desejada por quem promove o referendo, contra uma proposta que seja claramente indesejável.

Há duas leituras distintas dos resultados acabados de analisar. A primeira, defendida pelos cépticos dos referendos, é a de que dadas as possibilidades de manipulação não vale a pena o recurso a esta forma de democracia directa. A segunda, defendida pelos que pretendem mais participação, é que é indispensável que haja maior deliberação pública em torno do referendo, nomeadamente sobre aquilo que se vai pôr à votação. Na realidade, a manipulação só é possível se se desconhecer totalmente a preferência do votante mediano de modo a que as propostas apresentadas sejam muito distintas da sua preferência. Caso esta seja conhecida, torna-se muito mais evidente que se a proposta preferida não constar da agenda, isso significa claramente uma tentativa de manipulação e quem o tentar fazer será penalizado politicamente. Isto poderá constituir um factor dissuasor a uma tentativa de manipulação através do tipo de propostas oferecidas à consideração do eleitorado.

12.3. Da democracia representativa

12.3.1. *Representação: porquê e para quê?*

Apesar de haver, mesmo na "democracia directa", uma ideia implícita de representação, onde ela se manifesta mais claramente é na, propriamente dita, democracia representativa. Há um conjunto alargado de problemas que se põem quando se considera o problema *da representação* em organizações democráticas:

- Representação porquê e para quê? Para tomar decisões em substituição dos representados? Para tomar decisões independentemente dos representados?
- Será que a representação se coloca de forma idêntica em regimes parlamentares, onde o parlamento tem capacidade de derrubar o executivo e em regimes presidenciais onde tal não é possível?
- Caso se trate de representação parlamentar, deve a assembleia representativa ter uma ou duas câmaras?
- Quem deve ter direito a votar? Quem são os cidadãos?
- Quais as consequências das regras de selecção de candidatos (sistemas eleitorais) nas características pessoais dos próprios candidatos (inteligência, dedicação à causa pública, etc.) e no sistema partidário (número e organização dos partidos)?
- Que consequência têm as regras de representação (sistema eleitoral) no *conteúdo* das propostas que são apresentadas numa dada assembleia?

Dada a vastidão destes problemas e a necessidade de se compreender a "tecnologia" da representação, vamos abordar aqui apenas os dois primeiros, sendo a questão do bi-cameralismo deixada para a secção seguinte. A questão da cidadania é obviamente uma questão importante, mas que exigiria um espaço de tratamento que não temos. Os dois últimos problemas serão tratados no capítulo 14 depois de se ter analisado as questões da "engenharia eleitoral" no capítulo 13.

Representação porquê? Esta a questão de mais fácil resposta. Basta ter estado em reuniões com mais de dez pessoas para se perceber que se todas elas intervierem e isso não for feito de forma muito organizada, não é possível nenhum debate nem clarificar argumentos, muito menos debatê-los. As dimensões das sociedades modernas exigem necessariamente formas de representação dos cidadãos e a chamada "democracia directa" para tomar regularmente decisões é qualquer coisa que pertence definitivamente ao passado. Só em pequenas comunidades e relativamente homogéneas tal parece possível. Neste sentido a representação é, digamos assim, inevitável. Mas será que o representante deve representar as preferências dos representados ou deve ser livre de exprimir as suas próprias preferências? Esta questão alimentou debates acalorados, no início dos regimes democráticos modernos e traduz duas visões distintas dos mecanismos de representação. No primeiro caso o, doravante designado, deputado tem um *mandato imperativo* e deveria seguir aquilo que forem os desejos de quem o elegeu. No segundo caso, esse *mandato é livre*, seguindo o deputado a voz da sua consciência em cada situação após deliberação com os seus pares. Apesar de distintas, estas perspectivas não são tão antinómicas como poderia parecer. Sobretudo se o deputado quiser ser reeleito ele atenderá àquilo que são as preferências de quem nele confiou, ou então, tentará convencê-los a mudar de opinião em direcção às suas preferências. Em qualquer dos casos há uma relação entre as preferências dos votantes e dos deputados. Este debate acabou por ser ganho pelos defensores do mandato livre e é este que vigora nas democracias modernas.

Já o problema das funções do órgão para o qual serão eleitos representantes se torna mais delicado. É necessário clarificar quais são estas funções para se analisar que tipo de critérios deverão ser considerados para efeito da escolha das regras através das quais se elegem os representantes. Para clarificar esta ideia pense-se na distinção entre regimes parlamentares e regimes presidenciais nas actuais democracias liberais. Ambos comungam do princípio de separação de poderes em que o executivo governa, o legislativo faz as leis e o poder judicial fiscaliza, controla, julga. A aplicação deste princípio significa que cada um actua e deve actuar apenas na sua esfera particular de competências e não deve interferir na dos restantes. Ao governo não cabe instruir processos judiciais, aos tribunais não compete fazer leis e ao parlamento não faz sentido assumir funções executivas.

A separação de poderes clarifica as coisas, mas não o significado da representação. Em *regimes parlamentares* o executivo, responde perante o parlamento, o que implica que geralmente o parlamento tem capacidade de demitir o executivo através da aprovação de uma moção de censura (proposta por um partido da oposição) ou da não aprovação de uma moção de confiança (apresentada pelo próprio governo). Significa também que o governo tem geralmente o apoio parlamentar ou de um partido maioritário, ou de uma coligação ou do maior partido minoritário. Mas o parlamento é simultaneamente a assembleia legislativa, o que leva a uma certa dualidade no fenómeno da representação. Exemplificando: por um lado ao votar, estou eventualmente a contribuir para a eleição de um representante que penso ter ideias parecidas com as minhas e ao *mesmo tempo* estou a votar no líder de um partido como potencial candidato a primeiro-ministro (isto caso vote num partido que sozinho ou em coligação possa alcançar o poder). Na realidade quando voto, posso estar a pensar sobretudo na primeira condição ou na segunda, ou em ambas. Este último caso pode ser complicado por ser possível que eu apoie as ideias do Partido A, mas ache que o Partido B seria mais eficaz a implementá-las no governo.

O significado do voto e da representação num *regime presidencial* é claramente distinto, pois aqui o executivo é escolhido pelo presidente, respondendo à mesma perante a assembleia, mas não caindo na assembleia. Na realidade o votante participa em dois actos eleitorais e tem dois votos separados e com eles pode expressar as suas preferências quer no mesmo sentido – ou seja votando no mesmo partido para a assembleia e para a Presidência – quer em sentidos distintos. Por outro lado o representante parlamentar tem sobretudo uma função legislativa e de fiscalização da acção do executivo chefiado pelo Presidente.

Há claramente vantagens e inconvenientes dos dois sistemas, razão pela qual existem sistemas mistos. O aspecto que importa reter é o de que o significado da representação é diferente e que os critérios para avaliar os sistemas eleitorais são claramente distintos.

12.3.2. *Representação, bi-cameralismo e ponderação de votos*

O parlamento da maioria das democracias dos países desenvolvidos, com maior tradição de regimes democráticos, tem duas câmaras. Isto deve-se sobretudo a razões históricas de dupla natureza. Uma primeira, prende-se com o alargamento progressivo do sufrágio universal às classes trabalhadoras que fez com que ficassem ameaçados os interesses das classes dirigentes, nomeadamente de certa aristocracia. É assim que ainda hoje as duas Câmaras são conhecidas como Câmara Alta e Câmara Baixa. No Reino Unido temos a Câmara dos Lordes e a Câmara dos Comuns espelhando esta forma de estratificação social. Uma segunda razão está ligada, sobretudo nos emergentes Estados Federados, à existência de dois entes políticos diferentes: os cidadãos e os próprios Estados. Na realidade, praticamente todas as federações, antes de o serem, eram Estados autónomos com a sua identidade própria. Precisamente para que os Estados aceitassem aderir à federação preservou-se a representação política de cada um, a par da representação dos cidadãos. Assim, vemos que o Congresso dos EUA é composto pela Câmara dos Representantes e o Senado, estando representados os cidadãos na primeira e os Estados na Segunda, através da eleição de dois senadores por Estado com excepção de dois pequenos Estados que só têm um senador. Visto que uma Lei para ser aprovada tem de passar na Câmara *e* no Senado significa que terá que ter o apoio da maioria política dos cidadãos e aproximadamente da maioria dos Estados.

A existência de *duas* Câmaras assegura deste modo que entes políticos diferentes – cidadãos e Estados – estejam representados. Caso esta representação não fosse assegurada o que poderia suceder? Se houvesse apenas a Câmara de representantes seria possível que passasse legislação que embora satisfizesse a maioria política dos americanos não satisfaria a maioria dos Estados. Na realidade uma minoria de Estados com a maioria da população poderia dominar a tomada de decisão. Isto poderia provocar fenómenos de secessão por parte de Estados que estivessem quase sempre em minoria, levando-os a abandonar a União. Esta a razão pela qual os "pais fundadores" da Constituição Americana desenharam um sistema bicameral.

Na medida em que a democracia tem uma dimensão *deliberativa* a existência de dois *fora* de discussão levará necessariamente a consensos e conflitos diferentes dos que resultariam se existir apenas um *forum*. Para além disso, a aplicação da regra da maioria por duas vezes leva não só a uma maior morosidade do processo decisório como também, na prática, equivale à aplicação de uma maioria qualificada para a tomada de decisão.[247]

A existência de dois entes políticos distintos coloca-se ainda com mais força no caso da União Europeia, pois para além de povos e países historicamente muito mais antigos que os Estados americanos, na época da convenção de Filadélfia, existe uma diversidade linguística que ainda reforça mais a identidade nacional.

---

247 Para desenvolvimentos, ver Mueller (1996) cap. 13.

Uma das explicações para o "défice democrático" da União Europeia, ou seja o baixo poder decisório do único órgão verdadeiramente eleito da união (o Parlamento), reside precisamente aqui. Tendo o Parlamento europeu uma única Câmara, os grandes países (sobretudo a Alemanha) sentem-se sub-representados, pois o seu número de deputados é menos que proporcional relativamente à população. Daí que não tenham tido até hoje incentivos para lhe dar mais poderes. As instâncias efectivamente decisórias da União, o Conselho e a Comissão – têm um sistema de ponderação de votos – precisamente para garantir que, não só a maioria da "população", mas também a maioria dos "países" apoia as decisões.[248] As maiorias requeridas para tomar decisões são variáveis (maioria absoluta, maiorias qualificadas, unanimidade) em função do tipo de decisões.

O Tratado de Nice, alterou estas regras de tomada de decisão na União com vista a preparar o alargamento. Contudo, vários autores consideram que mesmo as novas regras vão levar ao bloqueamento da União ou seja à sua incapacidade de tomar decisões com 27 ou mais membros.[249] Na realidade o facto de se manter a unanimidade para um conjunto alargado de decisões dá poder de veto a todo e qualquer país, o que tende a bloquear a capacidade de tomar decisões. O projecto fracassado de "Constituição" europeia e agora do Tratado de Lisboa, não ratificado pela Irlanda, vão ambos no sentido de tornar mais célere a tomada de decisão. A alteração das regras de decisão segue muitas vezes um compromisso político assente no poder de negociação dos vários intervenientes. Esse compromisso é influenciado pelo poder de decisão de cada país no processo decisório após a alteração das regras de decisão (essencialmente os ponderadores de cada país e as maiorias necessárias à aprovação das propostas). Neste processo, em que cada país olha para os seus interesses, escapa por vezes a visão de como a União como um todo vai ter, ou não, capacidade de tomar decisões.

12.4. Deveria o Tratado de Lisboa ter sido ratificado ou referendado?

Genericamente, os tratados internacionais não são nem devem ser referendados, pois num referendo estão ausentes as condições de ponderação e deliberação, necessárias mas não suficientes, para que o conteúdo dos tratados corresponda ao interesse colectivo dos povos envolvidos.[250] Ou seja, em geral é desejável a forma de ratificação parlamentar e assim é praticamente na

[248] Note-se que a representatividade destes órgãos decisórios é indirecta, daí as aspas.
[249] Felsenthal e Machover (2001).
[250] Acerca da importância da deliberação em democracia ver capítulo 14.

generalidade dos países Europeus. Em 2008 a quase totalidade dos países Europeus ratificou o tratado por via parlamentar e a Irlanda, único país que por imperativo constitucional era obrigado a fazer referendo, recusou o Tratado com 752.451 votos pelo "sim" e 862.415 votos pelo "não".

O Tratado de Lisboa tem um conjunto de alterações institucionais importantes para o futuro da UE, e incorpora os elementos essenciais daquilo que outrora foi a proposta de Constituição Europeia. Aqueles que mais directamente se relacionam com as temáticas abordadas neste livro são três. Em primeiro lugar, estabelece que o representante máximo da política externa da União Europeia se designará *Alto Representante para a Política Exterior e de Segurança Comum da União Europeia* e será também vice-presidente da Comissão Europeia e preside ao Conselho de Ministros de Negócios Estrangeiros da União. Esta subida de estatuto e de poder significativo do futuro "Ministro de Negócios Estrangeiros" da União, é uma mudança institucional que reflecte o peso significativamente maior que se quer dar a estas áreas no seio da União Europeu. Na verdade, grande parte do projecto Europeu foi desenvolvido para se evitar mais guerras entre povos europeus, e se há algo que se pode identificar como o "bem comum" europeu, acima dos benefícios do mercado interno e da coesão económica e social, é a capacidade de, por um lado, manter a harmonia e a paz social entre os povos europeus e por outro contribuir de forma activa e empenhada para a paz e o desenvolvimento de todas as nações, contribuindo activamente para a resolução de conflitos regionais. Ora é neste segundo aspecto que a União tem fracassado, ou pelo menos não tem feito o suficiente, como se pode ver pelo papel modesto desempenhado pela Europa nos conflitos do Afeganistão, Iraque, Irão ou Médio Oriente. Cada potência Europeia tende a seguir os seus interesses estratégicos, subordinando os interesses da União aos interesses de cada país. O facto de a União não ter uma voz única sobre estes assuntos faz com que acabem por ser as grandes potências (na última década os EUA) a ditarem, ou a tentar ditar, as regras de jogo. O que se pretende então com a nova figura de *Alto Representante para a Política Exterior e de Segurança Comum* é reduzir os custos de tomada de decisão colectiva sobre política externa, diminuindo um pouco o poder colegial dos ministros dos negócios estrangeiros de cada país e dando mais poder à Comissão. É pois uma alteração que altera o equilíbrio de poderes dentro das instituições europeias a favor da Comissão (o órgão executivo da UE) em detrimento do Conselho de Ministros, um órgão tipicamente intergovernamental.

Um segundo aspecto essencial é que a partir de 2014, as decisões passariam a ser tomadas por uma *dupla maioria*, 55% dos Estados membros (num mínimo de 15) englobando 65% da população. Esta alteração institucional, que tem enormes repercussões na distribuição de poder entre os países da União, tem um efeito algo semelhante ao do bi-cameralismo discutido acima. Trata-se de assegurar a representação de Estados e de cidadãos.[251]

Um referendo europeu sobre o Tratado levaria a um melhor conhecimento dessas alterações e de como é necessário ultrapassar a regra da unanimidade em muitas decisões, regra essa estabelecida quando a CEE tinha seis membros, mas que é inoperante numa UE a 27, como já há mais de um século nos lembrou o grande economista e cidadão sueco Knut Wicksell. Deveria haver um grande debate europeu sobre o Tratado seguido de um verdadeiro referendo europeu, em que cada cidadão teria um voto, assim se assegurando a igualdade de todos os cidadãos europeus perante a nova estrutura institucional da União.

O problema é que não existe essa figura de referendo europeu. O que tem sido posto à consideração é a existência de referendos nacionais o que é uma coisa muito diferente. Será que o recurso a referendos nacionais é mais democrático, no sentido de cada cidadão europeu contar do mesmo modo para a decisão colectiva europeia, que a ratificação parlamentar? Acho que não por duas ordens de razões. Primeiro, pela assimetria que se estabelece entre o resultado de uma maioria "não" num país e uma maioria "sim" noutro país. Por exemplo, uma pequena maioria "não" no Luxemburgo, poria em causa o Tratado, mesmo que em todos os restantes 26 países da União haja largas maiorias sim. Ou seja o resultado prático da agregação dos eventuais referendos nacionais é a não democraticidade da decisão colectiva. É esta "externalidade" e este poder de veto do voto não, num qualquer país, que fez com que líderes como Merkel, Sarkozy ou Brown tenham sido contra o uso do referendo. O problema persiste, mas é minimizado, com a ratificação parlamentar. Uma segunda razão contra os referendos nacionais como forma de ratificação é que vários países da UE (Portugal, Itália, Eslovénia e Eslováquia) têm sistemas de referendo paradoxais em que pode ser melhor um apoiante do "não" abster-se de votar do que ir às urnas, ou seja têm sistemas de incentivos ao não voto perversos.[252]

Do ponto de vista económico, da escolha colectiva, não parece haver dúvidas da pouca democraticidade da utilização dos referendos nacionais e da maior razão de ser para a ratificação parlamentar, na impossibilidade de um referendo europeu. O ideal, porém, seria a existência de um referendo europeu, que estaria

---

[251] Note-se que as diferenças com o modelo federal típico são significativas. As maiorias são mais fortes do que as utilizadas nas duas câmaras dos países que têm parlamentos bicamerais e a proposta destas novas regras de decisão não é para se aplicar ao parlamento europeu.

[252] Trata-se do "*no show paradox*" analisado no início deste capítulo. Ver ainda o artigo de Corte-Real, P. e Pereira, P. T. (2004) e o artigo de divulgação dos mesmos autores no Jornal *O Público* de 10 de Novembro de 2003.

associado a uma deliberação alargada e aprofundada sobre os méritos e deméritos do Tratado e que levaria a um maior acompanhamento da construção europeia por parte dos cidadãos da Europa.

12.5. Democracia directa, representativa, quórum e deliberação.

Em termos gerais as decisões colectivas na presença de um grande número de votantes devem ser feitas por um conjunto reduzido de representantes. Isto melhora as possibilidades de efectiva deliberação sem a qual pode existir manipulação das escolhas colectivas e o referendo ser apenas uma forma de se alcançar algo que não se conseguiu alcançar com a decisão dos representantes.

Há, contudo, situações excepcionais em que o uso do referendo se parece justificar. Quando se trata de decisões muito importantes e quando, no caso de decisão parlamentar com partidos políticos (a nível nacional ou local) a questão em discussão é fracturante internamente a cada partido, pois neste caso os próprios partidos não quererão tomar posição. Na realidade se um partido toma posição clara, sem liberdade de voto, sobre uma questão fracturante, arrisca-se a alienar parte do seu eleitorado. Neste caso particular justificar-se-á o uso do referendo, mas o uso deste instrumento de democracia directa deverá ser cauteloso, não só na escolha da questão, como também no próprio tipo de regras de referendo. Mostrámos neste capítulo, com uma análise institucional comparada, como as regras expressas no referendo português, derivadas da utilização da norma do *quorum*, geram incentivos perversos. Se o objectivo é criar alguma assimetria favorável ao *status quo* isso pode ser alcançável com outro tipo de referendo (por exemplo o de tipo alemão).

Em decisões com poucos votantes, por exemplo departamentos nas Universidades, a regra do quórum tem o mesmo efeito perverso. Em vez de promover a participação e a deliberação, promove o contrário, a abstenção e a não deliberação, sobretudo por aqueles que pretendem manter o *status quo*, e que podem utilizar a estratégia de não ir às reuniões para bloquearem a tomada de decisão. Também aqui, se a intenção é assegurar alguma "representatividade" nas decisões colectivas é preferível definir que os votos favoráveis tenham que ser uma dada proporção dos votantes.

13. Sistemas Eleitorais: tipos, dimensões e consequências

13.1. Tipos de sistemas eleitorais

Os sistemas eleitorais para a eleição de um ou mais representantes, são talvez o conjunto de regras mais importante para a vida democrática. Na realidade, os sistemas eleitorais influenciam o número de partidos com assento parlamentar, a sua estrutura interna, o tipo de características pessoais dos deputados da nação, a natureza e conteúdo das iniciativas legislativas, a maior ou menor estabilidade política e o grau de "personalização" dos mandatos. Antes de abordar as consequências dos sistemas eleitorais importa perceber quais as suas dimensões fundamentais, para que se possa medi-las e assim realizar não só uma comparação entre o sistema eleitoral português e o dos restantes países europeus, como aventar uma explicação para as razões do bloqueio da reforma do sistema eleitoral português, o que será feito nas conclusões do capítulo.[253]

Quando os actuais eleitores mais jovens nasceram, já o sistema eleitoral para a Assembleia da República estava desenhado nos seus traços fundamentais. O "contrato social" inicial – a Constituição de 1976 – consagrou o sistema, não apenas como *proporcional* mas ainda como sendo o *método do resto mais alto d'Hondt,* isto é definiu o método de transformação de votos em mandatos. Ao ficar constitucionalizado o tipo de sistema eleitoral, limitam-se as possibilidades de (re)desenho através de alteração da Lei Eleitoral (sem

---

[253] O leitor menos interessado em questões "técnicas" dos sistemas eleitorais, poderá saltar a secção 13.2. O leitor mais interessado, para além dos capítulos 11 (incluindo apêndice) e 13 poderá consultar Colomer (ed.) 2004, Lijphart (1994), ou os artigos de Amartya Sen (1995) e outros no *Journal of Economic Perspectives* 9 (1) totalmente dedicado aos sistemas eleitorais. Entre nós, as obras de Jorge Miranda, Manuel Braga da Cruz, André Freire Pedro Magalhães, Marina Costa Lobo e António Costa Pinto merecem destaque (ver bibliografia). Recentemente, a obra de Vargas e Valente (eds) 2008, é também bastante útil.

necessidade de revisão prévia da constituição). Com elevados custos de transacção políticos[254] é natural que só tenha havido uma única tentativa quase bem sucedida de alteração estrutural do sistema a merecer a concordância dos dois maiores partidos.

Na óptica do (re)desenho de um sistema eleitoral várias questões se podem colocar. Qual o nível de proporcionalidade ideal? Se tivermos de eleger 10 representantes a partir de 1005 votos expressos em dois partidos não é possível assegurar uma proporcionalidade pura. De facto, a *proporcionalidade pura* exigiria que as proporções de votos que todo e qualquer partido obtém sejam idênticas às respectivas proporções de mandatos. Se um partido tem 1/5 dos votos deveria ter 20% dos mandatos, se outro obtiver 1/100 deveria ter 1% dos mandatos. Na realidade o que se tem sempre é uma proporcionalidade *imperfeita*, ou seja sistemas com diferentes *graus de proporcionalidade*[255], pois há geralmente partidos que têm votos e não têm assentos parlamentares e os grandes partidos têm em geral uma maior proporção de mandatos do que de votos. Dado que um sistema tem sempre proporcionalidade imperfeita, quão imperfeita pode ela ser para ainda ser proporcional? Deve considerar-se a proporcionalidade média ou também a proporcionalidade por círculo eleitoral?

Outra questão é saber o porquê da constitucionalização do método d'Hondt, que é um método de *divisor*. Porque não fixaram os deputados da Assembleia Constituinte apenas o sistema de *representação proporcional* e não deixaram a fórmula eleitoral para a Lei Eleitoral? Porque não escolheram o método de St. Lague (modificado) que também é de *divisor*? Ou o método de Hare que utiliza uma *quota*? Na realidade os legisladores constituintes poderiam ter expresso a opção por um sistema proporcional sem necessidade de especificar qual o método específico deixando esse aspecto para a Lei Eleitoral. Tal não foi, contudo, a opção escolhida. A implicação é que, por exemplo, se Portugal quisesse adoptar o sistema de voto único transferível, do sistema eleitoral da República da Irlanda (baseado numa quota), que como se verá adiante tem características muito interessantes, teria que primeiro rever a constituição.

Uma outra questão diz respeito à escolha do boletim de voto com *listas fechadas* em que se vota apenas num só partido. Este tipo de opção faz com que o eleitor vote apenas numa ideologia ou num programa partidário ou num

[254] A Constitucionalização do método de transformação de votos em mandatos, aumenta os custos de transacção políticos, o que, como vimos no capítulo 4, tem vantagens e inconvenientes.

[255] Ver apêndice deste capítulo para algumas medidas do grau de proporcionalidade. O indicador mais utilizado de não proporcionalidade *d*, é um meio da soma dos módulos dos desvios da proporção de votos em relação à proporção de mandatos. A proporcionalidade será *1-d*.

candidato a primeiro ministro, mas não em candidatos concretos do seu círculo eleitoral. A maioria dos países europeus tem, contudo, possibilidade de *personalização* dos mandatos. Essa personalização pode fazer-se de quatro formas distintas. Em sistemas *maioritários*, pela existência de círculos uninominais de candidatura e de apuramento (caso do Reino Unido). Em sistemas *proporcionais mistos* (em que existem círculos uninominais de candidatura e plurinominais de apuramento) em sistemas proporcionais de *voto preferencial* numa lista partidária (em que o eleitor escolhe o(s) candidato(s) da sua preferência), ou em sistemas em que o eleitor pode escolher entre candidatos de vários partidos. Dada a panóplia de possibilidades porquê a escolha pela lista fechada?

Finalmente interessa questionar o porquê da adopção da divisão administrativa distritos como círculos eleitorais, quando a população de cada distrito é tão díspar? Deixaremos para já estas questões em aberto e vamos considerar para já os tipos e depois as características dos sistemas eleitorais.

As duas famílias importantes de sistemas são: os maioritários e os proporcionais. Há ainda sistemas mistos que combinam características de um e do outro. Em *sistemas eleitorais maioritários (SM)* o eleitorado está dividido em *circunscrições uninominais* de dimensão eleitoral semelhante e que elegem apenas um deputado cada. Isto é, sendo a dimensão da assembleia de, por exemplo, 300 deputados sabe-se à partida que haverá 300 círculos uninominais.

Os sistemas maioritários têm sido utilizados na sua grande maioria nos países anglo-saxónicos. Apresentam algumas características que lhe são específicas. Em primeiro lugar são relativamente pouco proporcionais. No Reino Unido, em 1997, os Trabalhistas tiveram 63% dos mandatos com apenas 43% dos votos (semelhante situação aconteceu no tempo dos Conservadores liderados por Margaret Thatcher). Em teoria é mesmo possível, que um partido tenha, digamos 33% dos votos e 100% dos mandatos. Seria o caso em que houvesse três partidos com votos uniformemente distribuídos pelo território (pelos círculos) e em que esse partido tivesse ligeiramente acima dos 33% e os outros ligeiramente abaixo. A fraca proporcionalidade do sistema maioritário é uma das grandes críticas feitas ao sistema. Outra, é o incentivo para o voto útil (leia-se estratégico) e a inerente redução do número de partidos com assento parlamentar, sobretudo quando os partidos têm votos dispersos. Na realidade, os eleitores que apoiam um partido que está em terceiro (quarto, quinto) lugar nas intenções de voto local, a menos que estejam a votar a pensar em futuras eleições, têm poucos incentivos para votar nesse partido. A pressão para o voto útil torna-se muito forte e isso pode ter um efeito considerável na eliminação dos pequenos partidos.

Os principais argumentos geralmente utilizados a favor dos sistemas maioritários são dois. Primeiro, mais do que a proporcionalidade, o que os defensores do sistema maioritário pugnam é pela *estabilidade governativa*, isto é o governo cumprir a legislatura, o que significa não cair antes do término do seu mandato natural, e *governabilidade*, no sentido de o partido que ganha as eleições ter capacidade, com uma maioria confortável no parlamento, de implementar o seu programa e as suas medidas de política, mesmo que eventualmente contra a pressão de grupos de interesse específicos.

Em segundo lugar, existe maior personalização dos mandatos, visto que tratando-se de círculos uninominais os eleitores conhecem de perto os candidatos dos vários partidos (um de cada) e a relação do eleitor com o eleito, após as eleições, é muito mais próxima do que em sistemas eleitorais proporcionais.[256]

Aquilo que caracteriza os chamados *sistemas proporcionais (SP)* parece ser apenas que a transformação de votos em mandatos é feita (o apuramento) em círculos eleitorais com mais do que um deputado. Desta forma se obtém, em geral, maior proporcionalidade entre distribuição de votos e mandatos embora em grau muito variável consoante as características do sistema. Situações como as descritas acima, onde se verifica fraca proporcionalidade, não podem acontecer. Também não se sentem tão intensamente os efeitos do voto estratégico, se os círculos não forem muito pequenos, pelo que os sistemas proporcionais estão, em geral, associados a parlamentos com um maior número efectivo de partidos. Aliás, a defesa da proporcionalidade reside no entendimento que, em democracia, as diferentes concepções sobre as várias questões que se colocam às sociedades modernas deverão ter expressão no parlamento e não fora dele. Associados a sistemas proporcionais, estão muitas vezes governos de coligação e menos vezes governos com maiorias parlamentares estáveis ou governos minoritários. Daí que haja, em geral, um maior grau de instabilidade governativa associado a este tipo de governo, pois o poder dos grupos de pressão é maior quer em governos minoritários quer em governos de coligação. Certos defensores da proporcionalidade indicam, contudo, que o objectivo a que dão maior importância, não é a estabilidade governativa, mas sim a estabilidade social e que esta só se consegue com a expressão parlamentar dos interesses conflituosos que existem na sociedade.

Há, contudo, uma grande variedade de sistemas proporcionais, pelo que uma compreensão detalhada dos sistemas eleitorais é essencial para se perceber as características e as consequências destes sistemas.

---

256 Estes são os argumentos dos autores que defendem o sistema maioritário. Como veremos, alguns deles não são válidos, nomeadamente o da personalização dos mandatos que pode ser obtida também em sistemas proporcionais, embora desenhados de forma especial.

13.2. As dimensões do sistema eleitoral

Quais as principais dimensões ou características de um sistema eleitoral? Quando se pode dizer que um sistema eleitoral mudou? Será que Portugal desde 1976 alterou significativamente o seu sistema eleitoral? Em caso afirmativo essa mudança foi intencional ou "espontânea"?

Arend Lijphart (1994) identifica quatro dimensões mais importantes de um sistema eleitoral que nos parece útil reter. As duas principais são a *fórmula eleitoral (FE)* que determina, para uma certa distribuição de votos, quais os mandatos que são seleccionados e a *magnitude da circunscrição (MC),* ou seja o número médio de deputados eleitos por cada círculo. Também importantes são a existência ou não de um *limiar de representação (LR),* ou seja de uma percentagem mínima de votos que um partido tem que obter para ter assento parlamentar e finalmente a *dimensão da assembleia representativa (DA),* ou seja qual o número de mandatos a eleger. Há uma quinta dimensão, a *estrutura do boletim de voto* que apesar de considerada menos importante por Lijphart, é, em nossa opinião, bastante importante.[257] Estas cinco dimensões permitem não só distinguir os sistemas como também perceber a especificidade de cada sistema eleitoral. Em particular, existe uma grande variedade de sistemas proporcionais e só a consideração *simultânea* destas características permite clarificar as propriedades de cada sistema.

13.2.1. *Magnitude da circunscrição*

A magnitude de uma circunscrição é dada pelo número de mandatos a ela associado. Aplicando a um sistema eleitoral toma-se geralmente como indicador a *dimensão média do círculo eleitoral (MC)* que pode ser obtida pela divisão do número de membros da assembleia *(DA)* pelo número de círculos (*NC*).[258]

O limite inferior de *MC* é um, ou seja, neste caso existem tantos círculos como representantes a eleger, logo cada círculo elege um representante. É o caso dos sistemas maioritários. Dado que a população não está dividida homogeneamente pelo território há que dividir o território em círculos de desigual

---

[257] O termo "estrutura do boletim de voto" (*ballot structure*) foi introduzido por Rae (1967).

[258] Note-se que este cálculo pode ser feito quer as circunscrições sejam não sobrepostas (*non overlapping*), quer sejam sobrepostas. Um caso de sobreposição é haver um círculo nacional, mas também círculos regionais. A interpretação do mesmo valor para *MC,* num caso e no outro é, contudo, diferente.

área, mas aproximadamente igual número de eleitores de forma a que cada um eleja um deputado. As formas mais usuais de seleccionar esse deputado são a regra da maioria simples (à "pluralidade dos votos") como acontece no Reino Unido ou um sistema de maioria a duas voltas como acontece em França.

O limite superior de *MC* é só existir um círculo pelo que nele se elege a totalidade dos mandatos, como é o caso do sistema eleitoral português para o parlamento europeu ou de Israel para o parlamento. Situações intermédias há muitas, na certeza porém que, *ceteris paribus*, quanto menor o número de círculos, ou seja quanto maior a magnitude da circunscrição, maior o grau de proporcionalidade. Em qualquer caso, havendo vários deputados por círculo, coloca-se o problema de saber a forma de transformar votos em mandatos. Diferentes métodos produzem diferentes resultados como se verá de seguida.

13.2.2. *Fórmulas eleitorais*

As fórmulas eleitorais em sistemas maioritários são bastante simples. Como se trata de eleger apenas um deputado por círculo, caso se pretenda apenas um acto eleitoral adopta-se a regra da maioria relativa (*first past the post*), caso se admita a existência de dois actos eleitorais adopta-se a regra da maioria a duas voltas, numa das suas duas variantes.[259] O único problema reside no facto de, na sequência de alterações demográficas, com a perca de população de certas circunscrições e o aumento de outras, haver necessidade de alterar a dimensão de umas e de outras (*redistricting*) e esta alteração poder ser feita não de forma imparcial, mas com objectivos de aumentar a representação parlamentar de certos partidos.[260]

Já as fórmulas nos sistemas eleitorais proporcionais podem ser relativamente simples ou mais complexas. Basicamente temos dois tipos de fórmulas, as que adoptam o método do *divisor* e as que adoptam uma *quota*. Em ambas podemos distinguir os métodos com listas partidárias e de votos em candidatos.

13.2.2.1. Métodos de divisor (d'Hondt, St. Lague)

O método do divisor consiste em adoptar uma série de divisores, que são utilizados para se dividir os resultados eleitorais em cada partido. Os mandatos serão então atribuídos por ordem dos quocientes mais elevados.

---

259 Ver a secção 11.3 acima.

260 Esta prática de manipular o redesenho dos círculos tem até um termo que a define *gerrymandering*, de difícil tradução em português.

A série de divisores mais conhecida, utilizada no método d'Hondt, é a série de números inteiros 1, 2, 3, 4... Divide-se o número de votos de cada partido por esta série e os mandatos vão sendo atribuídos por ordem.

Série d'Hondt	Partido A	Partido B	Partido C	Partido D
	400	330	120	90
1	400	330	120	90
2	200	165	60	45
3	133,3	110	40	30
4	100	82,5	30	22,5
Mandatos:				
Círculo 4 M	2	2	0	0
Círculo 8 M	4	3	1	0

Quadro 13.1 – O Método de divisor d'Hondt.

Cada coluna do Quadro 13.1 é obtida pela divisão do número de votos pela série d'Hondt (números inteiros). Assim o primeiro mandato a ser atribuído será ao partido A, o segundo ao B, o terceiro ao A e o quarto ao B. Caso o círculo tenha quatro mandatos serão distribuídos dois por cada um dos dois maiores partidos. Os mandatos são atribuídos em função da média mais alta. Ou seja o Partido C não consegue eleger deputados, *num círculo de 4 mandatos,* porque os seus votos (120) são inferiores à média de votos do Partido A quando coloca dois deputados (200) e à do Partido B (165). A principal justificação do método d'Hondt é que os deputados que são eleitos são aqueles que recebem um número médio de votos mais elevado. [261] Contudo, há duas críticas que podem ser feitas a este método, uma é a de que há deputados com graus de representatividade diferentes, e outra é que há eleitores que não estão representados – os 210 votos nos partidos C e D.

O primeiro problema é inerente ao método d'Hondt, mas já o segundo pode ser minorado se se aumentar a dimensão do círculo eleitoral. Na realidade com oito mandatos a situação já será diferente. O Partido C consegue agora eleger um deputado e é o sexto a entrar, antes ainda do terceiro deputado do Partido B (7.º) e do quarto deputado do Partido A (8.º). Aumenta assim o grau de proporcionalidade do sistema como pode ser visto pelos Quadros 13.1 e 13.2.

[261] Razão pela qual os métodos de divisor são também conhecidos por *média mais alta.*

	Partido A	Partido B	Partido C	Partido D	Índices
% total de votos	42,6%	35,1%	12,8%	9,6%	
% Mandatos (4)	50%	50%	0	0	
Diferença (módulo)	7,4%	14,9%	12,8%	9,6%	44,7%
Ind. Prop. I (Rae)					11,2%
Ind. Prop. II (L-H)					**22,4%**
% Mandatos (8)	50%	37,5%	12,5%	0	
Diferença (módulo)	7,4%	14,9%	0,3%	9,6%	32,2%
Ind. Prop. II (L-H)					**16,1%**

Quadro 13.2 – Método d'Hondt e índices de desproporcionalidade

Comparando a percentagem de votos e mandatos, com as duas dimensões em mandatos do círculo (4 e 8 mandatos), facilmente se verifica que a duplicação de mandatos faz aumentar significativamente a proporcionalidade do sistema (faz diminuir o indicador de não proporcionalidade de Loosemore-Hanby de 22,4% para 16,1%). Ou seja, o favorecimento dos grandes partidos, que é uma característica do método d'Hondt, acontece sobretudo quando a dimensão das circunscrições é pequena.

Vejamos agora uma série alternativa de divisores proposta por St. Lague – a série 1,4; 3; 5; 7,...[262] – e como ela produz *resultados diferentes para a mesma distribuição de votos do eleitorado.*

Série St. Lague (modificada)	Partido A	Partido B	Partido C	Partido D
	400	330	120	90
1,4	285,7	235,7	85,7	64,3
3	133,3	110	40	30
5	80	66	24	18
7	57,1	47,1	17,1	12,9
Mandatos				
Círculo 4 M	2	2	0	0
Círculo 8 M	3	3	1	1

Quadro 13.3 – O Método de divisor de St. Lague

262 Esta é conhecida como a série de St. Lague (modificada). Inicialmente ele tinha proposto a série dos números ímpares, conhecida como série de St. Lague.

Facilmente se verifica que esta série premeia mais os pequenos partidos, sobretudo quando a dimensão do círculo aumenta.[263] Neste caso o *Partido D,* consegue fazer eleger um deputado. Em termos de indicadores de proporcionalidade, embora o grau de proporcionalidade dependa genericamente também da distribuição das preferências do eleitorado, a série de St. Lague apresenta no geral maior proporcionalidade (como ilustrado neste exemplo).

13.2.2.2. Métodos de quota com listas partidárias

Um dos primeiros métodos a ser inventado baseia-se numa ideia simples. Cada deputado deveria ser eleito, se possível, por um número idêntico de votos – uma *quota.* Caso, após o preenchimento das quotas, ainda sobrassem mandatos por afectar deveriam ser atribuídos aos partidos por ordem dos *restos mais altos.* Daí que este tipo de métodos seja conhecido por métodos de quota ou do resto mais alto.

A primeira proposta de quota é atribuída a Thomas Hare, tendo ele sugerido que se divida o número de votos expressos (V), pelo número de mandatos (M) para se obter a quota (Qh=(V/M)). Assim numa certa jurisdição, cada partido teria um número de mandatos igual ao número de vezes que obtivesse a respectiva quota. Caso, após todos os partidos terem os seus mandatos, houvesse algum por atribuir ele seria atribuído por ordem do resto mais alto.

Assim, usando os mesmos dados utilizados no método do divisor e tendo em conta que os votos expressos são 940, caso se trate de 8 mandatos temos uma quota de 118 (valor arredondado para cima). Desta forma são imediatamente distribuídos, em função das vezes que perfazem a quota, 3, 2 e 1 mandatos, respectivamente para os Partidos A, B e C. Retirando os votos que correspondem às quotas, obtêm-se os restos. Havendo dois mandatos a atribuir o primeiro vai para o resto mais alto do Partido B (94 votos) e o segundo para o Partido D cujo "resto" é a sua própria votação (90 votos)

---

263 Isto deve-se ao facto das séries de divisores de St. Lague crescerem mais rapidamente do que a série do Método d' Hondt pelo que mais depressa se alcança o número de votos dos pequenos partidos.

	Partido A	Partido B	Partido C	Partido D	Total
Votos	400	330	120	90	940
Quota Hare (Qh)	118	118	118	118	118
Mandatos Quota (Qh)	3	2	1	0	6
Votos Qh	354	236	118	0	
Restos	46	94	2	90	
Mandatos R Restos	0	1	0	1	2
Total Mandatos	3	3	1	1	8

Quadro 13.4 – O Método de Quota de Hare

Outra quota comummente utilizada é a de Droop, que é dada pelo número de votos divididos pelo número de mandatos mais um (Qd=(V/(M+1)).[264] Sendo a quota de Droop mais baixa que a de Hare, o número de mandatos atribuídos através da quota será superior e os atribuídos pelos restos menor, como pode ser ilustrado pelo exemplo seguinte.

	Partido A	Partido B	Partido C	Partido D	Total
Votos	400	330	120	90	940
Qd	104	104	104	104	104
Mandatos Quota	3	3	1	0	7
Votos Qd	312	312	104	0	
Restos	88	18	16	90	
Mandatos Restos	0	0	0	1	1
Total Mandatos	3	3	1	1	8

Quadro 13.5 – O Método de Quota de Droop

Estes métodos têm também uma interpretação clara sendo o de Hare mais proporcional que o método d'Hondt. Como se verifica, continua contudo a haver restos.

13.2.2.3. Métodos de quota com voto único transferível

O único método onde praticamente não há votos desperdiçados porque não há candidatos eleitos com votos "a mais", nem há votos desperdiçados em candidatos que não são eleitos é o sistema de *voto único transferível* (VUT).[265] O VUT

---

[264] Numa variante é dada por Qd'=(V/M+1)+1

[265] Em inglês *single transferable vote.*

tem sido utilizado em países como a Irlanda ou Malta, e é um sistema que utiliza uma quota, em geral a quota de Droop. Apresenta várias características interessantes, pois é um sistema proporcional, personalizado, sem desperdícios voluntários de votos, onde o votante pode revelar as suas preferências pelos vários candidatos. Dado tratar-se de um sistema complexo de implementar, sobretudo antes da existência de leitura óptica e de computadores para apurar resultados, tem sido pouco adoptado na prática, embora visto com grande interesse. Na actualidade, com a facilidade de tratamento informático dos dados a sua aplicabilidade é fácil e o argumento para a sua eventual não utilização não pode ser a sua complexidade.

A primeira grande diferença, em relação às outras fórmulas eleitorais proporcionais, reside em que se vota personalizadamente em candidatos e não em partidos políticos (o que não quer dizer que esses candidatos não possam pertencer a partidos políticos o que frequentemente acontece). Cada votante pode votar em *todos* os candidatos do seu círculo eleitoral por ordem de preferência ou escolher votar só em *um,* ou só em *dois,* etc.. Na certeza de que se votar em todos o seu voto não será concerteza desperdiçado, pois se não for eleito o candidato da primeira preferência poderá ser o da sua segunda preferência, ou terceira.

Assim, pense-se que há cinco candidatos: a ***I***nês, a ***M***aria, o ***P***edro, o ***F***rancisco e a ***T***eresa e há 104 votantes para eleger 3 candidatos. Os votantes poderão votar nos que quiserem. Assim os resultados dos boletins de voto, já depois de agrupados por votantes com idênticas ordenações, poderiam ser dados por:

Perfis	Nº votantes	1ª Pref.	2ª Pref.	3ª Pref.	4ª Pref.	5ª Pref.
A1	25	Inês	Pedro	-	-	-
A2	25	Inês	Teresa	Maria	-	-
B1	20	Maria	Pedro	-	-	-
B2	16	Maria	Francisco	-	-	-
C	10	Francisco	-	-	-	-
D	8	Pedro	-	-	-	-

Quadro 13.6 – Votantes e preferências com voto único transferível

Neste caso nenhum votante utilizou a totalidade da ordenação de preferências possível, o que significa que se arrisca a que o seu voto não seja transferido. Em todo o caso a maioria dos 104 votos vai ser utilizado para eleger 3 deputados. Para facilitar o exemplo considere-se que há apenas seis perfis de votantes diferentes (A1, A2, B1, B2, C e D) sendo que o número de votantes em cada categoria é dado pela segunda coluna do quadro 13.6.

Utilizando a quota de Droop, esta quota será de 26 (=104/(3+1)). Isto significa que a Inês que ultrapassa essa quota será eleita e o excedente dos seus votos será de 24 (=50-26). Também a Maria, com os seus 36 votos (primeiras preferências) ultrapassa a quota, mas agora em 10 (=36-26) votos. Para que não haja "desperdício de votos", os votos em excesso, num caso e no outro, serão distribuídos na proporção das segundas preferências.

	1ª Pref.	Quota	Sobras.1ª Pref.	2º pref. Aj.	5ª Pref.
Inês	50	26	**24**	0	-
Teresa	0	26	0	**12**[(1)]	-
Maria	36	26	**10**	0	-
Pedro	8	26	8	**12**[(1)]+**6**[(2)]	-
Francisco	10	26	10	10+**4**[(2)]	-

[(1)] Votos provenientes da Inês e [(2)] Votos provenientes da Maria

Quadro 13.7 – A aplicação do Voto Único Transferível

Assim, os votos em excesso da Inês serão transferidos para as segundas preferências na respectiva proporção entre a Teresa e o Paulo (12 para cada) e os votos excedentários da Maria são repartidos entre o Pedro e o Francisco na proporção das respectivas segundas preferências (5/9=20/36; 4/9=16/36). Vão-se eliminando os candidatos com menos votos (primeiras preferências ou votos transferidos) até que se obtêm os mandatos desejados. Neste exemplo, o terceiro e último a ser eleito é o Pedro muito embora tenha menos votos (primeira preferência) do que o Francisco, mas recebe votos transferidos, quer dos que votaram na Inês quer dos que votaram na Maria. Os votos desperdiçados. são poucos, comparativamente com os métodos anteriores e são "voluntariamente" desperdiçados pois devem-se ao facto do votante não pretender revelar a totalidade das suas preferências.

No final deste capítulo compararemos este método com os anteriores. Por ora vamos antes debruçarmo-nos sobre outras dimensões dos sistemas eleitorais.

13.2.3. *Limiar de Representação (LR)*

É outra dimensão importante de um sistema eleitoral. Por *limiar de representação* (LR) entende-se um nível mínimo de votos (ou uma percentagem mínima) definida na Constituição ou na Lei Eleitoral, que um partido necessita para ter representação parlamentar, independentemente do que resultaria de uma aplicação directa da fórmula eleitoral. Este limiar é geralmente definido em termos nacionais, mas poderá sê-lo também a nível de circunscrições, ou em termos regionais.

É claro que o LR afecta a proporcionalidade, sendo esta tanto menor quanto mais elevado for, *ceteris paribus,* o limiar de representação. Assim é que certos países têm LR e outros não. Contudo, o LR tem que ser visto em conjunção com as outras características do sistema eleitoral em particular com a magnitude da circunscrição (MC). Na realidade, mesmo na ausência de um LR explícito, existem *limiares efectivos de representação* dependendo da dimensão dos círculos eleitorais (MC), das fórmulas eleitorais (FE) e do número de partidos concorrentes.

O *limiar efectivo de representação (ou inclusão)* é o *limiar mínimo* de votos (ou percentagem de votos) que, nas condições *mais favoráveis*, um partido *tem que ter* para eleger um único candidato (doravante *LR*min). O *limiar efectivo de representação (de exclusão)* é o *limiar máximo* (ou percentagem de votos) que, nas condições mais adversas, um partido pode ter, sem que consiga eleger um deputado (doravante *LR*max).

Assim, por exemplo, num *sistema maioritário*, dado que um círculo só elege um deputado, se um partido tiver pouco menos que 50% dos votos (expressos em partidos) poderá não eleger o deputado, pelo que este será o limiar máximo de representação (*LR*max).[266] Neste círculo, caso haja três candidatos (A, B e C), o limiar mínimo de representação é de 33%. Isto significa que, nas condições mais favoráveis, os votos seriam divididos por dois candidatos (B e C), cada um com pouco menos que um terço dos votos, bastando a A ter pouco mais de um terço para conseguir eleger o seu candidato. Havendo quatro candidatos o limiar mínimo seria 25%.

Tendo em conta que o limiar efectivo de representação está entre *LRmin e LRmax,* tornam-se claro as limitações já referidas do sistema maioritário com os seus elevados limiares de representação. Neste sistema ou o terceiro e quarto partidos têm uma base geográfica de implantação forte (ao invés de voto disperso a nível nacional), conseguindo alcançar alguns lugares, ou pura e simplesmente desaparecem do parlamento. Na realidade com 4 partidos, e *nas condições mais favoráveis possíveis,* é necessário 25% dos votos.

Já num *sistema proporcional* com método d'Hondt, um círculo eleitoral que eleja três deputados, e três partidos, o limiar mínimo de representação é de 20%, assumindo as condições mais favoráveis, ou seja que os outros dois partidos têm

---

266 Na realidade trata-se de 50% menos um, no caso dos votos expressos serem um número par e 50% menos meio, se for número ímpar.

mesmo abaixo dos 40%. Por seu lado o limiar máximo de representação (exclusão), assumindo a maior adversidade possível, é de cerca de 25%. Seria a situação em que quase todos os votos seriam concentrados num único partido com 75% dos votos que ficaria com os três mandatos visto que com d'Hondt temos divisão por 1 (75%), divisão por 2 (37,5%) e divisão por 3 (25%). É fácil calcular quais seriam os limiares máximos para outras situações visto que este limiar (em percentagem) só depende do número de mandatos do círculo: *LRmax*=100/(M+1).[267] Isto significa que o número de partidos é irrelevante (para *LRmax*). Com 2 mandatos esse limiar é de 33,3% e com 3 25%.

Já o cálculo do *limiar máximo de representação* no sistema proporcional é mais complexo pois depende do número de partidos, do número de mandatos e da formula eleitoral. [268] Com o método d'Hondt, com três partidos, e um círculo com três mandatos, um partido poderá ter 24,99% dos votos sem que, nas condições mais adversas, consiga eleger um único deputado. Esta situação não é muito provável, mas o que é certo é que um partido terá que ter necessariamente pelo menos 20% dos votos para eleger um deputado.

	Sistema Maioritário	Sistema Maioritário	Sistema Maioritário	Sistema Proporcional	Sistema Proporcional	Sistema Proporcional	Sistema Proporcional
Nº de Mandatos	1	1	1	2	3	3	48
Nº de Partidos	2	3	4	5	3	4	5
Limiar de representação (mín.)*	33,3%	25%	20%	20%	20%	11,1%	1,05%
Limiar de representação (máximo)*	50%	50%	50%	33,3%	25%	25%	2,04%

*Vizinhança dos votos expressos nos candidatos

Quadro 13.8 – Limiares efectivos de representação

[267] Basta pensar que nas condições mais adversas para o Partido A, todos os mandatos vão para outro partido B, o que com o método d'Hondt significa que a média de votos no partido B quando são atribuídos M mandatos (100-x)/M) terá que ser ligeiramente superior aos votos no Partido A (*x*). Logo, de ((100-x)/M)>x, resulta que x<100/(M+1).

[268] Sendo *x* a percentagem de votos do Partido A, *n* o número total de partidos, e *m* o o número de mandatos por círculo, *sob as condições mais favoráveis*, cada um dos restantes partidos receberá o mesmo número de votos ((100-x)/(n-1)). Com o método d'Hondt, caso *m*=*n* para que cada um dos restantes partidos obtenha um e um só mandato, é necessário que a percentagem de votos no partido A seja superior a *metade* da percentagem dos votos em cada um dos restantes, ou seja *x>(100-x)/(2.(n-1))*. Resolvendo em ordem a *x* obtém-se *x>100/(2n-1)*.Ou seja com 3 mandatos e 3 partidos o limiar mínimo é 20%.

O Quadro 13.8 ilustra várias situações e serve para compreender uma *importante iniquidade do sistema eleitoral português.* O círculo eleitoral de Portalegre tem apenas dois mandatos (*n=2)*. Considerando os cinco partidos com assento parlamentar na X legislatura (BE, PCP, PS, PSD, CDS), para o cálculo do limiar mínimo de representação verifica-se que, nas condições mais favoráveis (mas inverosímeis), um partido necessita de ter pelo menos 20% dos votos para assegurar representação. Contudo, só ultrapassando a barreira dos 33,3% dos votos expressos em partidos (limiar máximo de representação), poderá ter a garantia que elegerá um deputado. Se situar-se no intervalo]20%, 33,(3)%[poderá eleger, ou não, um deputado dependendo das votações nos restantes.

Esta situação tem repercussões a vários níveis: voto estratégico, diminuição da proporcionalidade no círculo eleitoral e uma barreira efectiva à representatividade, tendo em conta que para a Assembleia da República não há círculo nacional. Agora veja-se o que se passa no círculo de Lisboa com 48 mandatos e considerando à mesma os cinco partidos. Um partido que ultrapasse a barreira dos 1,05% poderá ter representação parlamentar, mas se chegar aos 2,04% terá de certeza. Parece claro que os eleitores de Portalegre e de Lisboa são tratados de maneira claramente diferente no que toca à possibilidade de serem representados.

Compreender os limiares efectivos de representação é fundamental para se perceber os efeitos das magnitudes de cada um dos círculos eleitorais. Não basta pois considerar apenas a dimensão média dos círculos à escala nacional, mas é necessário também considerar a dimensão de cada um.

Na prática, os países que têm um único círculo eleitoral, dada a maior proporcionalidade, têm a "necessidade" de impor um limiar de representação legal para limitar um pouco o "excesso" de proporcionalidade (tem sido o caso da Holanda e de Israel). Outros países não têm nenhum LR legal, mas têm vários círculos eleitorais de modo que, na prática, impõem à mesma limiares efectivos de representação por vezes bastantes mais fortes que os limiares legais. Do ponto de vista técnico os efeitos de um apropriado desenho dos círculos eleitorais e da escolha de um LR legal, podem ser semelhantes.[269]

[269] O que estamos a analisar são alternativas técnicas para gerar o mesmo nível de proporcionalidade do sistema e neste sentido considera-se círculos *versus* LR. Nada impede, contudo, que um país adopte simultaneamente círculos e LR.

13.2.4. *Dimensão da Assembleia Representativa*

A dimensão da assembleia representativa é, *ceteris paribus*, outro elemento essencial para se perceber a proporcionalidade de um sistema eleitoral. Na realidade, dado que a magnitude média da circunscrição é o quociente da dimensão da assembleia pelo número de círculos (MC=DA/NC), sendo fixo o número de círculos (NC) qualquer diminuição da dimensão da assembleia não deixará de afectar negativamente a proporcionalidade do sistema.

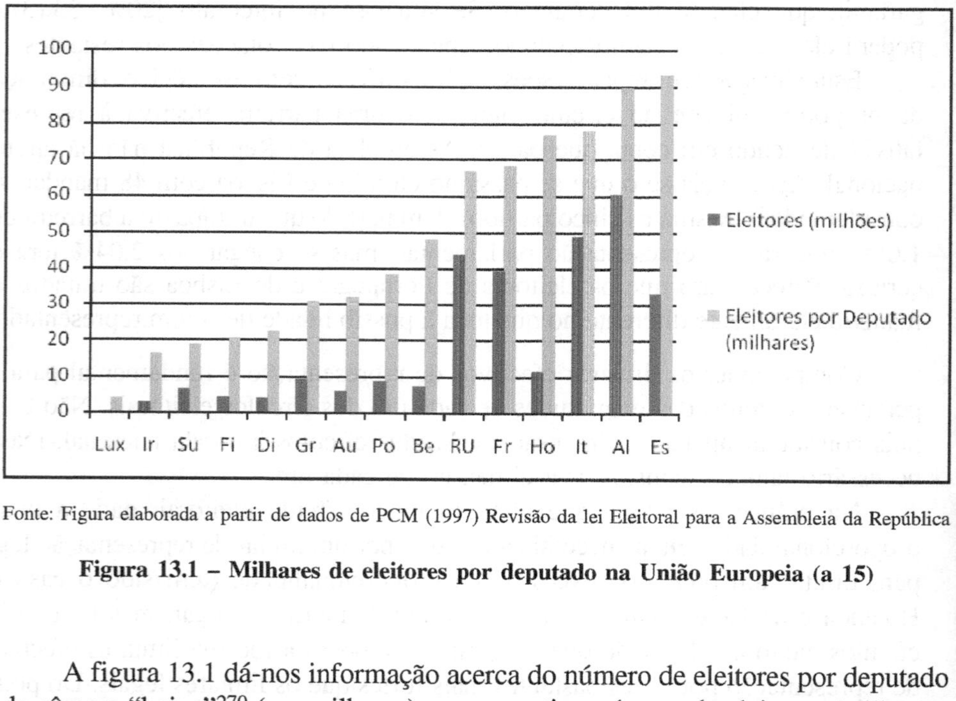

Fonte: Figura elaborada a partir de dados de PCM (1997) Revisão da lei Eleitoral para a Assembleia da República

Figura 13.1 – Milhares de eleitores por deputado na União Europeia (a 15)

A figura 13.1 dá-nos informação acerca do número de eleitores por deputado da câmara "baixa"[270] (em milhares) e o respectivo número de eleitores (milhões), estando os países ordenados por ordem crescente daquele quociente. Portugal ocupa uma posição intermédia com 37877 eleitores por deputado, o Luxemburgo tem o menor quociente com apenas 4000 eleitores por deputado, enquanto que a

[270] A Câmara "baixa" é a câmara dos deputados eleitos por sufrágio directo e universal e é a única câmara do Parlamento em vários países (casos da Dinamarca, Finlândia, Grécia, Luxemburgo, Portugal e Suécia). Nos restantes países o Parlamento é constituído também por uma Segunda câmara, em geral designada por Senado, em que os senadores são escolhidos de forma diversa de país para país.

Espanha ocupa a primeira posição com 92948. Torna-se claro que o quociente vai aumentando com o número de eleitores, o que significa que existe uma correlação positiva entra estas duas variáveis, muito embora a dimensão da assembleia cresça menos do que proporcionalmente do que o número de eleitores. Contudo, se em termos de tendência isso se verifica, há várias excepções como se pode observar. Por exemplo, a Holanda com 11,4 milhões de eleitores tem metade dos deputados da Grécia com 9,1 milhões. Isto não significa que o grau de proporcionalidade de cada acto eleitoral na Holanda seja menor do que na Grécia, pois a Holanda tem apenas um círculo eleitoral (o que favorece a proporcionalidade) enquanto que a Grécia tem vários. Na realidade para se analisar as características dos sistemas eleitorais é necessário analisá-las em conjunto.

13.2.5. *O boletim de voto e a liberdade dos votantes*

Por fim, uma quinta dimensão do sistema eleitoral é o tipo de boletim de voto. Apesar de por vezes não ser considerada uma dimensão importante, parece-nos que é, pois o tipo de boletim de voto, associado ao sistema eleitoral é o que permite determinar o tipo de informação, maior ou menor, que é transmitida através das eleições. Pode-se veicular apenas informação sobre uma ideologia partidária, votando num partido; pode-se votar num partido e num candidato particular ao mesmo tempo; pode-se revelar preferências por vários candidatos e pode-se até, em certos boletins, expressar preferências por vários candidatos de vários partidos.

Por exemplo, no método do *voto único transferível*, o eleitor recebe um boletim de voto com os seguintes dizeres: "Ordene, qualquer número de candidatos de acordo com as suas preferências" seguido da lista de candidatos e uma caixa à frente onde poderá pôr o número 1 à frente do nome José da Silva, o número 2 à frente da Leonor Botelho, e assim sucessivamente. Obviamente que neste sistema eleitoral a dimensão média dos círculos não é muito grande, para que o número de nomes seja razoável (na Irlanda é de 3,95 e em Malta 5). O sistema de voto preferencial, tem várias variantes, e vários boletins de voto associados. O que alguns autores entendem por *sistema preferencial forte* (Karvonen (2004) e Pereira e Silva, *no prelo*) é quando apenas os votos dos eleitores são relevantes para a escolha do candidato. É o caso da Finlândia onde os cidadãos *têm* que expressar a sua preferência por um, e um só, candidato escrevendo no boletim de voto o seu número respectivo. Assim, num círculo eleitoral com 20 candidatos, o cidadão recebe um boletim de voto com 20 nomes associados a números e apenas tem de escolher um. Nos sistemas preferenciais *fracos*, existem listas partidárias e o cidadão tem a liberdade de escolher um número limitado de candidatos (2,3,4 consoante os sistemas) da sua preferência numa dada lista. Se não escolherem um candidato vale a ordenação da lista. Se escolherem, esse candidato será eleito se e só se ultrapassar uma certa quota definida por lei, mesmo que ocupe um lugar em baixo numa lista partidária. Em alguns sistemas mistos, como o alemão, os eleitores têm dois votos (voto duplo). Um utilizam-no para votar num círculo eleitoral uninominal de candidatura, o outro utilizam-no para votar num dado partido. O candidato que tiver a maioria relativa dos votos no círculo é sempre eleito.

O quadro 13.9 ilustra os principais tipos de boletins de voto associados a diferentes sistemas eleitorais.

	Tipo de Boletim	**Sistema Eleitoral**	**Votos**	**Votos num Partido (P), num candidato (C) (ou ambos)**	**Círculos uninominais (SMD) e/ou plurinominais (MMD)**
1	Boletim de candidatos	Maioritário (sem primárias)	1	C	SMD
2	Boletim de Lista Partidária	Rep. Prop. (lista fechada)	1	P	MMD
3	Boletim de candidatos (2 voltas)	Maioritário	1 ou 2	P	SMD
4	Boletim de Candidato Pref.	Maioritário ("voto alternativo")	1	C	SMD
5	Voto duplo	Sistema Misto	1	P	SMD
			1	C	MMD
6	Boletim de candidatos	Maioritário (com primárias)	1	C	SMD
7	Boletim de Voto Preferencial Em lista ("fraco")	Rep. Prop. (lista aberta) ("fraco")	1	C,P	MMD
8	Boletim de Voto Preferencial ("forte")	Rep. Prop. (lista aberta) ("forte")	1	C,P	MMD
9	Boletim Aberto	Rep. Prop. (boletim aberto)	1	C,P	MMD
10	Boletim Ordenado (Rank Ballot)	Voto Único Transferível	1	C, P	MMD

Fonte: Pereira e Silva (*no prelo*) *Electoral Studies*

Quadro 13.9 – Tipos de boletim de voto em diferentes sistemas eleitorais

Aquilo que no essencial discrimina os boletins de voto é: num extremo o poder exclusivo que é dado aos aparelhos partidários para escolherem a ordenação dos candidatos a deputados (caso das listas fechadas sem primárias), no outro extremo a liberdade dos cidadãos terem uma palavra activa a dizer sobre a escolha dos parlamentares, o que pode assumir diversas formas. O caso português cai na primeira categoria. Uma breve apreciação crítica far-se-á nas conclusões.

13.3. A relação entre as várias dimensões

Ao desenhar-se (ou reformar-se) um sistema eleitoral há que realizar uma escolha entre as várias dimensões: o número de membros da assembleia, a dimensão média das circunscrições e de cada círculo, a existência ou não de limiar de representação, a fórmula eleitoral e o boletim de voto. Uma questão que tem preocupado vários autores, desde sobretudo o século XIX, é o de saber as consequências das regras eleitorais. Os nomes referidos neste capítulo, para designar as fórmulas eleitorais não são mais que os apelidos dos autores deste século que assim se celebrizaram: Thomas Hare, Victor d'Hondt, Sainte-Lague, Henry Droop, não se preocuparam em apenas propor métodos novos, mas antes em criar métodos com propriedades que lhes pareceram interessantes. É, contudo, no século XX, com o desenvolvimento da sociologia e da ciência política, que se alargou de forma sistemática a análise dos sistemas eleitorais e das suas consequências, sociais, culturais e políticas.

De certo modo a formulação das "leis de Duverger" estimularam o debate. Maurice Duverger enunciou várias hipóteses, uma das quais, que considerou que mais se aproximava de uma "lei sociológica", era a de que "o sistema de maioria simples a uma só volta favorece o sistema bipartidário". Outra hipótese relevante, que formulou, foi a de que "o sistema de maioria simples com uma segunda volta e a representação proporcional favorecem o multipartidarismo".

A importância dos sistemas eleitorais é tal, que levou mesmo um cientista político italiano, Giovanni Sartori, a afirmar que se trata do "mais específico instrumento manipulativo da política". Sartori, Douglas Rae, Dieter Nohlen, William Riker, Arend Lijphart, Rein Taagepera and Mathew Shugart têm sido alguns dos mais eminentes autores que se têm debruçado sobre o problema.[271]

---

271 Para uma versão portuguesa de artigos deste autores ver a obra *Sistema Eleitorais, o debate científico.* Coordenada por Manuel Braga da Cruz (1998), tem uma muito interessante introdução à temática.

Não sendo este o local apropriado para ensaiar uma síntese, convém contudo reter algumas ideias que parecem ser relativamente consensuais.

Não existem efeitos *deterministas* dos sistemas eleitorais sobre variáveis como sejam o número efectivo de partidos com assento parlamentar, o grau de proporcionalidade do sistema ou de estabilidade governativa. Na realidade o que a história mostra é que os eleitores vão aprendendo os efeitos dos sistemas eleitorais e adaptando-se a ele. Na realidade quando um país adopta um sistema há em geral mudanças imediatas, mas com o passar do tempo, sem que haja alterações do sistema, o número de partidos vai-se alterando e o grau de proporcionalidade também. Contudo, se a análise for feita em termos probabilísticos, é possível prever o efeito da variação de certas dimensões do sistema eleitoral, naquelas que são, talvez, das mais importantes características do sistema, a saber: a proporcionalidade, a estabilidade governativa e a personalização dos mandatos. Uma leitura horizontal do quadro 13.10 permite analisar os efeitos possíveis de alterações em várias regras dos sistemas eleitorais nestas características.

Para analisar as alterações a um sistema eleitoral utilizaremos os seguintes indicadores: *i)* dimensão média dos círculos, *ii)* número efectivo de partidos, *iii)* como indicador de fragmentação do parlamento *iv)* o índice de proporcionalidade de Loosemore-Hanby (que mede a proximidade entre % votos e % de mandatos, sendo que o voto pode ser estratégico) e, finalmente, *iv)* o índice de liberdade de escolha dos votantes, que mede a liberdade que os eleitores têm, face ás máquinas partidárias, para revelarem as suas preferências sobre candidatos, mesmo que exclusivamente propostos por partidos (ver Apêndice deste capítulo).

Assim, a diminuição do número de círculos, quer pela criação de um círculo nacional quer pela agregação de círculos já existentes, a ter algum efeito no número de partidos com assento parlamentar é o seu aumento. Isto é devido ao aumento da proporcionalidade do sistema, o que poderá fazer diminuir a estabilidade governativa (em particular se aumentar o número de partidos) e a personalização do mandato.

A alteração das fórmulas eleitorais terá também os seus efeitos prováveis.[272] A passagem do método de Hondt para o de St. Lague (modificado) poderá provocar um aumento do número de deputados e da proporcionalidade do sistema com os efeitos associados que daqui advêm. Já a passagem do método d'Hondt para o sistema do voto único transferível (VUT), levaria não só a um aumento da proporcionalidade associado a um provável aumento de número de partidos com

---

[272] Aqui faz-se uma discussão genérica sem considerar restrições de natureza constitucional. Para o último capítulo deixar-se-á a consideração das restrições constitucionais.

assento parlamentar, como ainda a uma personalização muito maior do voto, pois o eleitor pode ordenar os candidatos da sua preferência. Potencialmente o VUT poderá levar a uma maior instabilidade governativa devido à maior fragmentação parlamentar. Contudo, a história parlamentar da República da Irlanda mostra que os eleitores adaptam-se ao sistema. O nível de fragmentação parlamentar diminuiu e a Irlanda manifestou considerável estabilidade política.

A introdução de um limiar de representação ou, caso já exista, o seu aumento leva muito provavelmente a uma diminuição do número de partidos. Basta pensar que pode eliminar imediatamente pequenos partidos que anteriormente tivessem representação parlamentar e que deixam de alcançar a fasquia necessária. Do ponto de vista técnico, a introdução do limiar é equivalente ao aumento do número de círculos eleitorais o que, sendo fixa a dimensão da assembleia, significa uma dimensão média menor.

Variável	**Sentido da Variação**	**Número de partidos**	**Proporcio-nalidade**	**Estabilidade Governativa**	**Perso-nalização**
Nº de círculos	Diminuição do número	0/+	+	0/-	-
Fórmula Eleitoral (Sist. Prop.)	De Hondt para St. Lague (mod.)	0/+	+	0/-	0
Fórmula Eleitoral e Tipo de Boletim	1. De Hondt para Voto Único Transferível	+	+	0/-	+
	2. De Lista Fechada para Lista Aberta	0	0	0/-	+
Limiar de Representação	+ (Introdução LR ou aumento)	0/-	-	+	-
Dimensão da Assembleia	Diminuição	-	-	+	-

Quadro 13.10 – A relação entre as várias dimensões do sistema eleitoral

A diminuição da dimensão da assembleia, sendo dado o número de círculos eleitorais, tem efeitos claros na diminuição da proporcionalidade do sistema e na eventual diminuição do número de partidos e na diminuição da personalização, caso ela exista previamente à dimensão da assembleia.

Uma outra leitura do quadro 13.10 é vertical. Pode-se manter a proporcionalidade do sistema de várias formas, fazendo alterações apropriadas em certas regras. Entre as mudanças possíveis a partir de um sistema eleitoral proporcional, com método d'Hondt e vários círculos eleitorais estão as seguintes: *i)* diminuição do número de círculos e diminuição da dimensão da assembleia representativa, *ii)* adopção do sistema do voto único transferível e diminuição da assembleia *iii)* adopção de um único círculo nacional, mas introduzindo simultaneamente um limiar de representação. Poder-se-á analisar comparativamente os vários sistemas eleitorais relativamente a alguns indicadores, nomeadamente o número efectivo de partidos, a dimensão média do círculo eleitoral, o grau de proporcionalidade e a liberdade que os votantes têm, face aos aparelhos partidários, em escolher os deputados.[273]

A análise feita não esgota, de forma alguma, as possíveis consequências das regras eleitorais, mas permite desde já compreender que *qualquer sistema eleitoral regula o grau de competição política permitido*. Também permite analisar quais os previsíveis efeitos em certas variáveis objectivo (estabilidade política, personalização de mandatos) de alterações às regras eleitorais. A secção seguinte considera pois o sistema eleitoral português para a Assembleia da República.

13.4. O sistema eleitoral português para a Assembleia da República

13.4.1. *Características legais*

A Constituição da República Portuguesa (CRP) delimita de forma bastante precisa o sistema eleitoral, isto é, restringe as possibilidades de reforma dos sistema. No seu n.º 1 art.º 149 estabelece que: "*Os Deputados são eleitos por círculos eleitorais geograficamente definidos na lei, a qual pode determinar a existência de círculos plurinominais e uninominais, bem como a respectiva natureza e complementaridade, por forma a assegurar o sistema de representação proporcional e o método da média mais alta de Hondt na conversão dos votos em número de mandatos.*" [274]

Este artigo esclarece que os círculos podem ser plurinominais ou uninominais, desde que seja preservada a proporcionalidade e o método d'Hondt. Ou seja não é só a proporcionalidade que é definida, como também o específico método de divisor. A CRP também esclarece que o número de deputados nos círculos plurinominais (à excepção de um eventual círculo nacional) é proporcional ao número de eleitores neles inscritos, que não pode existir um limiar de

---

[273] Para perceber a forma de cálculo destes indicadores ver o Apêndice 13 deste capítulo.

[274] Subjacente a este artigo está a possibilidade, agora existente, de círculos uninominais de *propositura*, mas círculos plurinominais de *apuramento*, uma forma de se garantir a proporcionalidade do sistema eleitoral.

representação (percentagem nacional de votos mínima) e que os deputados são deputados da nação e não dos distritos por que foram eleitos.

Os círculos eleitorais são 22 e correspondem aos 18 distritos do Continente a um círculo na Madeira, outro nos Açores, um na Europa e outro fora da Europa. Só podem apresentar candidaturas partidos políticos ou coligações de âmbito nacional, cada eleitor dispõe de um voto, singular e pode votar apenas em listas plurinominais bloqueadas e fechadas.

Distritos e Regiões Autónomas	**Recenseamento Eleitoral**			**Deputados 2005**
	Inscritos 2003	Inscritos 2002	Variação	
AVEIRO	582.032	579.498	0,40%	15
BEJA	138.507	139.533	-0,70%	3
BRAGA	674.399	671.086	0,50%	18
BRAGANÇA	148.039	148.883	-0,60%	4
CASTELO BRANCO	186.795	187.699	-0,50%	5
COIMBRA	373.642	374.618	-0,30%	10
ÉVORA	145.306	145.598	-0,20%	3
FARO	320.049	318.440	0,50%	8
GUARDA	168.220	169.124	-0,50%	4
LEIRIA	379.862	378.231	0,40%	10
LISBOA	1.785.480	1.788.080	-0,10%	48
PORTALEGRE	108.385	109.085	-0,60%	2
PORTO	1.430.272	1.423.914	0,40%	38
SANTAREM	385.044	385.346	-0,10%	10
SETÚBAL	653.797	650.014	0,60%	17
VIANA DO CAST	228.575	228.254	0,10%	6
VILA REAL	218.050	218.763	-0,30%	5
VISEU	351.016	352.017	-0,30%	9
AÇORES	186.641	187.037	-0,20%	5
MADEIRA	223.834	215.158	4,00%	6
EUROPA				2
FORA da EUROPA				2
TOTAL				230

Fonte: STAPE 2008 (informação online)

Quadro 13.11 – Recenseamento e número de deputados por círculo

13.4.2. *Uma análise comparativa do sistema eleitoral português*

Parece-nos que a Constituição, em termos comparativos, faz restrições em excesso.[275] Utilizando o paralelismo com a teoria dos contratos incompletos desenvolvida no capítulo 4, o que parece é que os deputados Constituintes quiseram especificar bem as cláusulas deste "contrato social" no que diz respeito ao sistema eleitoral.[276] Talvez essas restrições fossem justificadas em 1976, mas trinta e poucos anos depois parece um pouco excessivo.

Dado que os círculos eleitorais do continente correspondem aos distritos há círculos altamente proporcionais (Lisboa e Porto) e outros muito pouco proporcionais (Portalegre, Beja e Évora). Isto significa que, embora se afirme, e seja cumprido legalmente, que não pode haver limite legal para a transformação de votos em mandatos, o que é certo é que, em termos matemáticos, este limite existe – é o limiar mínimo de representação.

Uma análise comparativa com outros países europeus, pode ser feita a partir do quadro 13.11.[277] O nível de proporcionalidade do sistema eleitoral português, situa-se ao nível dos sistemas maioritários que, como se sabe, têm baixos níveis de proporcionalidade. A liberdade que os eleitores têm em escolher os seus deputados também se situa aos mais baixos níveis, dentro do grupo de países considerados. Com menos liberdade de escolha só mesmo Israel e a Holanda, que têm um semelhante boletim de voto, mas que têm um único círculo nacional. Esta liberdade de voto, é o indicador que preferimos para medir o grau de personalização do voto e não a existência, ou não, de círculos uninominais conforme

---

[275] Na página 300. Seria útil, e porventura já existe embora o desconheçamos, uma análise constitucional comparada, para ver até que ponto as outras Constituições de outros países europeus, vão tão longe como a portuguesa, na especificação do sistema eleitoral. Um conhecimento episódico de algumas Constituições, indica-nos que as especificidades do Sistema Eleitoral é deixada para a Lei ordinária. A revisão constitucional de 1997 abriu campo a círculos uninominais sem pôr em causa a proporcionalidade.

[276] Esta uma norma de difícil aplicação e que tem tido algumas flagrantes excepções (vidé os votos do deputado Daniel Campelo, à revelia do seu partido (CDS/PP), para viabilizar os Orçamentos do Estado de 2001 e 2002 apresentados pelo governo PS, a troco de benesses para a sua região).

[277] Note-se que dos quatro indicadores apresentados, dois são independentes de resultados eleitorais e portanto têm especificamente a ver com características dos sistemas eleitorais (dimensão média dos círculos e índice de liberdade de escolha dos votantes) e dois estão dependentes de resultados específicos eleitorais (proporcionalidade e número efectivo de partidos). Apesar de tudo estes dois últimos não se alteram em geral significativamente com resultados eleitorais pelo que são bons indicadores do sistema eleitoral.

tem sido defendido entre nós.[278] Os círculos eleitorais têm uma dimensão superior a muitos dos países considerados, mas aqui o principal problema é o de haver círculos muito pequenos (Portalegre) a par de círculos muito grandes (Lisboa) o que leva a uma acentuada discriminação no tratamento dos eleitores dos respectivos círculos eleitorais.

13.4.3. *Uma tentativa de reforma do sistema eleitoral português*

A maior tentativa de reforma do sistema eleitoral no pós-25 de Abril terá sido protagonizada durante o governo do Partido Socialista com o Primeiro-Ministro António Guterres e o Ministro da Presidência António Vitorino, responsável do texto de apresentação da proposta de reforma.[279] Aparentemente, o acordo necessário fracassou, pois o PSD requeria a diminuição do número de deputados na AR, reivindicação a que o PS se opôs. Os restantes partidos com assento parlamentar foram contra esta proposta de reforma.

As linhas gerais do projecto seguiam um modelo semelhante ao alemão em vários aspectos, embora sem voto duplo. Tratava-se de combinar círculos uninominais de candidatura com círculos regionais de apuramento. Para permitir a existência de círculos uninominais foi mesmo aprovada uma alteração constitucional. Os círculos regionais seriam os mesmos, à excepção de Beja, Évora e Portalegre integrados num único círculo, e Bragança e Vila real também num único círculo.[280] Cada círculo regional com *k* mandatos, contém *k*/2 círculos uninominais se *k* for par e *k*/2+0,5 se *k* for ímpar. Assim, por exemplo, Braga com 14 deputados tem 7 círculos uninominais. Deste modo para se apurar quais os candidatos de cada partido a ser eleitos por Braga, aplica-se o método d'Hondt ao círculo regional e apuram-se os mandatos que cabem a cada partido, por exemplo o Partido A teria 7 mandatos, o Partido B, 5 mandatos e o Partido C, 2 mandatos. Depois analisa-se quais os candidatos eleitos nos círculos uninominais de cada partido. Por hipótese o Partido A elege 5 e o Partido B elege 2. Então os restantes

---

278 Para ser claro os círculos uninominais, mesmo só de propositura, aumentam claramente a personalização do voto, mas o que mostrámos ao longo deste capítulo é que há outras formas de personalização do voto, nomeadamente através da maior liberdade de escolha do eleitor.

279 *Cf.* PCM (1997) Revisão da lei Eleitoral para a Assembleia da República, para os detalhes da proposta. Aqui apresenta-se uma ilustração simples para o leitor perceber o essencial da proposta, bem como os resultados de algumas simulações então realizadas.

280 Na base de uma estrita racionalidade económica não se percebe porque é que a proposta não previa a integração também dos círculos de Castelo Branco e Guarda. Há, contudo, uma possível racionalidade política para esta não proposta.

candidatos eleitos serão os primeiros 2 nomes (=7-5) da lista regional do Partido A, os primeiros 3 nomes (=5-2) do Partido B e os 2 primeiros nomes (=2-0) da lista regional de C.

A argumentação para o apoio a esta proposta baseou-se essencialmente na maior personalização dos mandatos.

Esta proposta tem sobretudo duas virtualidades aliás relacionadas. Resolve alguns problemas dos círculos pequenos pela junção de distritos e aumenta o conhecimento dos candidatos por parte dos eleitores bem como o envolvimento das estruturas locais dos partidos. As campanhas seriam, à semelhança dos países que têm círculos uninominais, mais aguerridas e participadas.

Há, contudo, um conjunto de efeitos negativos que ultrapassam os eventuais benefícios. Outros há que, não o sendo, devem ter sofrido a objecção das estruturas partidárias. O principal efeito, na perspectiva de um observador externo, é que aumentaria, devido a um efeito psicológico, a bi-polarização do sistema partidário português. Nas simulações realizadas, *que não consideram o voto estratégico (ou "útil")*, os pequenos partidos PCP e CDS não elegiam um único deputado nos círculos uninominais. Isto significa que, muito provavelmente, o voto estratégico associado à introdução do sistema seria muito forte o que tenderia a concentrar os votos nos partidos do centro (PS e PSD). Uma segunda consequência, também importante, seria o acrescido poder das estruturas de base (concelhias ou secções em grandes concelhos). Este poder acrescido dessas estruturas faria com que, à luz do fenómeno do *logrolling* descrito no capítulo 11, aumentasse a representação de interesses locais no parlamento, contrariando aquilo que está expresso, e bem, na Constituição da República, de que os deputados são deputados da nação. Para lidar com questões locais existe outra estrutura de poder político mais adequada que são as autarquias locais. Estas são as duas críticas fundamentais que fazemos ao modelo proposto. Uma terceira consequência, esta não necessariamente negativa, é que haveria uma competição *intrapartidária* acrescida, para ser candidato no círculo uninominal e isso pode não ter agradado a certas estruturas partidárias.

13.4.4. *A reforma necessária do sistema eleitoral português*

Não é aqui o espaço para uma análise da reforma desejável do sistema eleitoral português. Convém, contudo, realçar que nos parece urgente essa reforma por razões políticas e económicas. As razões políticas prendem-se com o acabar da discriminação dos eleitores no território nacional e o aumentar a personalização dos mandatos que levem a maior participação democrática dos cidadãos. As razões económicas são associadas com a necessidade de círculos regionais mais vastos, o que pressupõe suprimir os círculos distritais, um dos grandes obstáculos ao desenvolvimento económico regional em Portugal, como teremos ocasião de argumentar no próximo capítulo.

A reforma deve partir da discussão pública dos objectivos que a devem nortear. Neste sentido parecem dever ser ponderados os seguintes critérios:

1. Não deveria haver uma significativa alteração da fragmentação parlamentar (medida pelo número efectivo de partidos).
2. Dever-se-ia resolver o problema dos círculos muito pequenos e dos muito grandes.
3. Não se deveria promover o voto estratégico.
4. A reforma deveria contribuir para o desenvolvimento regional e a reforma administrativa e não para trazer "localismos" para o parlamento.
5. Deve aumentar a personalização dos mandatos através do aumento da liberdade de escolha dos eleitores, sem que isso ponha em causa a liberdade das estruturas nacionais e regionais dos partidos de seleccionarem candidatos.

Gostaríamos de finalizar este capítulo com algumas questões – será que alguns países com quem por vezes nos gostamos de comparar, (a Finlândia, a Suécia, a Dinamarca, a Irlanda), serão mais desenvolvidos por, entre outros factores, terem sistemas eleitorais mais adequados à selecção daqueles que mais condições têm para servir o interesse público? Será que, deste modo, os deputados produzem melhor legislação, a administração tem melhor capacidade de a aplicar e os agentes económicos individuais e as empresas mais facilidade em cumpri-la? Será que após mais de três décadas de democracia, o povo português não tem maturidade para ter mais liberdade de voto na escolha dos seus representantes, à semelhança dos seus congéneres europeus?

Boletim de Voto	País	Nº Efectivo de Partidos	Dimensão Média do Círculo Eleitoral	Índice de Prop. Loosemory-Handy	Índice de Liberdade de Escolha
Boletim Lista Partidária	Holanda	4.81	150	0.95	0.31
Boletim Lista Partidária	Israel	5.63	120	0.96	0.32
Boletim Lista Partidária	**Portugal**	**3.14**	**10.45**	**0.83**	**0.50**
Boletim Lista Partidária	Noruega	4.36	8.68	0.95	0.52
Boletim Lista Partidária	Roménia	3.37	8.17	0.92	0.52
Boletim Lista Partidária	Espanha	2.73	6.73	0.93	0.55
Boletim Voto Pref. em lista (fraco)	Rép. Checa	4.15	25	0.89	0.88
Boletim Candidato (sem primárias)	Reino Unido	2.11	1	0.80	1.00
Boletim Candidato (sem primárias)	Canadá	2.98	1	0.83	1.00
Boletim Voto Pref. em lista (fraco)	Suécia	4.29	12.03	0.97	1.02
Boletim Voto Pref. em lista (fraco)	Eslovénia	5.52	11.25	0.84	1.03
Boletim Voto Pref. em lista (fraco)	Dinamarca	4.92	10.53	0.98	1.05
Boletim Voto Pref. em lista (fraco)	Bélgica	9.05	7.5	0.96	1.13
Boletim Voto Pref. em lista (forte)	Finlândia	4.93	13.33	0.95	1.15
Boletim Candidato (com primárias)	E.U.A.	1.99	1	0.94	1.22
Boletim Voto Pref. em lista (forte)	Polónia	2.95	8.85	0.82	1.26
Boletim duplo	Alemanha	3.30	1.99	0.94	1.54
Boletim duplo	Hungria	3.45	1.97	0.86	1.55
Boletim duplo	Nova Zelândia	3.78	1.82	0.96	1.59
Boletim aberto (*"panachage"*)	Suiça	5.08	7.69	0.93	1.59
Boletim duplo	Japão	2.93	1.61	0.86	1.66
Boletim Voto Pref. em Candidato (*"voto alternativo"*)	Austrália	2.61	1	0.84	1.73
Boletim duplo	Taiwan	2.46	1.42	0.95	1.74
Boletim Ordenado de Cand. (*"rank order"*)	Malta	2.00	5	0.98	1.77
Boletim duplo	Coreia do Sul	2.36	1.18	0.84	1.87
Boletim Ordenado de Cand. (*"rank order"*)	Irlanda	3.39	3.95	0.88	1.88

Fonte: Pereira, P.T. e Silva, J. A. (*a sair*) "Citizens' freedom to choose representatives: Ballot Structure, Proportionality and "Fragmented" Parliaments", Electoral Studies

Quadro 13.12 – Indicadores de características de sistemas eleitorais e eleições

Apêndice 13
Indicadores de características de sistemas eleitorais

A seguir apresentam-se alguns indicadores para medir características dos sistemas eleitorais referidos neste capítulo e que são mais utilizados na literatura.

Para medir a fragmentação parlamentar é usualmente utilizado o número efectivo de partidos, proposto por Laakso and Taagepera (1979) em que s^i

$$N^e = \left(\sum_{i=1}^{n} s^{i^2} \right)^{-1}$$

representa a percentagem de votos do partido *i*.

O índice de desproporcionalidade mais usado na literatura é o de Loosemore e Hanby (1971), é dado por[281]

$$I_{L-H} = \frac{1}{2} \sum_{i=1}^{n} \left| v^i - s^i \right|$$

em que v^i e s^i representam a percentagem de votos e mandatos do partido *i*, respectivamente. Uma variante foi apresentada por Michael Gallagher:

$$I_{MG} = \sqrt{\frac{1}{2} \sum_{i=1}^{n} (v^i - s^i)^2}$$

A dimensão média dos círculos eleitorais é dada pelo rácio dos mandatos *(S)* dividido pelo número de círculo *(D)*, quer se trate de círculos não sobrepostos ou sobrepostos.

$$M = \frac{S}{D} = \frac{S_h}{D} + \frac{S_l}{D}$$

Paulo Pereira e João Andrade e Silva (*a sair* em *Electoral Studies*) propuseram um índice de liberdade dos eleitores na escolha dos deputados dado por

$$FC_i = \frac{\sqrt{c_i p_i}}{(1 + \log M_i)\sqrt{3}}$$

281 Esta é uma variante do índice inicialmente proposto por Douglas Rae, que dividia a soma do módulo dos desvios por *n*. Havendo muitos pequenos partidos isto faria diminuir consideravelmente o índice. Posteriormente Bernie Grofman propôs que se dividisse pelo número efectivo de partidos:

$$I = \sum_{i=1}^{n} s^{i^2} . \sum_{i=1}^{n} \left| v^i - s^i \right|$$

A liberdade de escolha (*Freedom to Choose*) é função das escolhas em que "*c*" são as opções disponíveis para os votantes no boletim de voto, "*p*" as possibilidade de revelar preferências efectivas e *M* a dimensão média do círculo eleitoral.

14. Democracia, competição e deliberação

14.1. As promessas não cumpridas

Quando se fala em democracia podemos ter presente duas perspectivas consoante nos estejamos a referir à realidade dos regimes democráticos, ao seu *modus operandi,* ou a um ideal, *o ideal democrático. O modus operandi* diz respeito ao que se poderá designar por análise positiva do que são, e como funcionam, efectivamente os regimes democráticos na sua variedade, mas também na sua unidade fundamental. Como se estrutura o poder político, não só conforme expresso na Constituição, mas na realidade do funcionamento da relação entre os três principais poderes (executivo, legislativo e judicial). Como funciona a instituição parlamento, como se estrutura e se delibera em cada partido político, qual o papel dos grupos de interesse e por aí fora. Grande parte deste livro tem-se debruçado precisamente sobre o funcionamento real de algumas destas instituições e regras, quer da "sociedade civil" quer da decisão colectiva e política.

Por outro lado o ideal democrático, é isso mesmo, um ideal que se foi desenvolvendo a partir dos escritos e dos discursos dos democratas, alguns na época da democracia ateniense, mas sobretudo a partir da revolução francesa até aos nossos dias. Desse ideal fazem parte, entre outros, as noções de poder soberano dos cidadãos, participação e deliberação pública, igualdade de direitos civis e políticos e transparência do poder político.[282]

Entre a realidade do *modus operandi* democrático e o ideal democrático existem tensões ou conflitos, mais ou menos manifestos, derivados do desajustamento entre um e outro. Vários autores pensam que estes conflitos estão

---

282 Vários escritores contemporâneos têm tido dificuldade em perceber esta distinção, o que gera alguma confusão no tratamento do conceito de democracia. Veja-se por exemplo o artigo de Amy Gutman "Democracy" em Robert Goodin e Philip Pettit (ed.) 1993 que identifica democracia sobretudo apenas com o ideal.

a assumir proporções crescentes nos nossos dias e que isso poderá fazer perigar o próprio regime democrático se ele não for sujeito a *transformação*, embora não haja consenso sobre quais as mudanças necessárias.

O caminho para um consenso passa necessariamente por compreender, antes do mais, o real funcionamento das instituições da democracia representativa com um modelo adequado do que constitui a natureza humana e depois por clarificar esse ideal. Na realidade há duas formas distintas de encarar o conflito acima referido. A desadequação entre o *modus operandi* e o ideal pode ser devida ao *ideal* ser perfeitamente *utópico,* ou seja, como a etimologia da palavra indica (*a-topos*), não estar em lado nenhum. É inatingível, não alcançável e portanto qualquer que seja a reforma das instituições, o conflito entre ambos permanecerá. Ideais utópicos, desempenharam um papel fundamental, quer nos regimes fascistas quer nos comunistas, regimes esses que suprimiram as liberdades individuais e com elas a própria democracia. Uma das questões que tornou esses ideais utópicos foi basearem-se numa concepção demasiadamente perfeccionista da natureza humana. É o caso típico dos regimes comunistas que pretendiam alcançar uma sociedade perfeita a partir do homem novo com uma "moral comunista".

A perspectiva mais interessante de abordar o conflito é utilizar um ideal mais realista, que seja ao mesmo tempo suficientemente cativante e distinto da realidade, para poder ser mobilizador para a reforma institucional, mas não tão utópico que leve a uma de duas coisas: frustração e desencanto ou tentativa de supressão das liberdades fundamentais, como aconteceu no passado. É esta demanda de um ideal mais realista que possa orientar a reforma institucional que iremos abordar neste capítulo.

Convém não esquecer o papel mobilizador que os ideais representaram e podem ainda representar na transformação das democracias. O alcance do sufrágio universal, foi durante séculos um ideal que só muito recentemente ganhou expressão concreta entre nós. Muitas jovens portuguesas talvez não saibam que antes do 25 de Abril de 1974, as mulheres (que não eram chefes de família) não votavam e muitas delas estavam convencidas, pelo regime, que assim era e assim devia continuar a ser. O alcance do sufrágio universal foi pois uma *regra* do sistema eleitoral, que hoje damos por adquirida, mas que numa perspectiva histórica foi o resultado de lutas importantes pelos sufragistas, e que mostra a interacção que pode existir entre o *ideal* democrático e o *modus operandi* democrático.

Quais as componentes de um *ideal* democrático realista que possa servir de referência para a reforma e aperfeiçoamento das instituições? Um ponto de partida na procura de resposta a esta questão é a abordagem que Norberto Bobbio faz sobre o futuro da democracia.[283]

Bobbio compara aquilo que são seis ideais democráticos com aquilo que se verificou na realidade dos regimes democráticos concluindo que, no essencial, se trata de promessas não cumpridas.

O primeiro ideal era de uma democracia de cidadãos, sem a presença dos chamados *corpos intermédios*. Foi neste sentido que, por exemplo a revolução francesa endeusou o *citoyen*, e proibiu a existência de organizações de classe, ou facções organizadas. Modernamente este ideal expressa-se na ideia da inexistência de corpos intermédios entre o cidadão e o poder político. Contrariamente, diz Bobbio, na realidade das democracias os verdadeiros agentes são os grupos e não os indivíduos isoladamente.

O segundo ideal, em parte relevando do primeiro, é o da primazia da representação política sobre a representação dos interesses. Em democracia os representantes eleitos devem ser livres de expressar o seu ponto de vista de acordo com o que consideram ser o interesse nacional ou devem ir para a assembleia expressar as opiniões daqueles que os elegeram? Deve o mandato ser livre ou imperativo? Esta questão colocou-se e discutiu-se acesamente nos primórdios dos regimes democráticos, vencendo em teoria a tese dos defensores do mandato livre de acordo com aquilo que os representantes consideram ser o interesse público. Na realidade, muitas vezes os representantes são protagonistas de interesses daqueles que os elegeram, sejam eles grupos de interesse associados a um dado território, ao futebol, às autarquias, ou a outro interesse específico e não ao interesse público geral.

O terceiro ideal democrático é a derrota do poder oligárquico, ou seja do poder nas mãos de poucos e a supremacia do poder de muitos, dos cidadãos enquanto indivíduos livres e autónomos. Torna-se claro que a participação dos cidadãos nas centenas de decisões legislativas tomadas por um parlamento, mesmo considerando a possibilidade hipotética de uma democracia electrónica, é completamente utópica. Se em última análise os que detêm o poder são escolhidos pelos cidadãos, estes em pouco interferem nas milhares de decisões concretas (se adicionarmos às decisões políticas as administrativas) que são tomadas em seu

[283] "O futuro da democracia" é o título de um artigo de Bobbio originalmente publicado em *Civiltá delle machine*, e que deu o título a um livro em língua portuguesa publicado pela D. Quixote (Bobbio 1988). Norberto Bobbio (1909-2004) foi talvez o politólogo (ou cientista político) e jurista mais marcante do século XX em Itália e um dos melhores ao nível europeu. Este artigo deveria ser bibliografia obrigatória de qualquer estudante de ciência política, sociologia política ou economia política.

nome. Aliás nem poderia ser de outra forma. Como refere Bobbio, "não há nada que ameace mais mortalmente a democracia que o excesso de democracia".[284] Na realidade são elites, usualmente em alternância no poder, que tomam essas decisões. A derrota do poder oligárquico é assim mais uma promessa não cumprida da democracia.

Uma quarta promessa, diz respeito ao domínio e ao processo das decisões democráticas. Frequentemente se considera que o aprofundamento da democracia, após o alcance do sufrágio universal, reside agora na extensão do domínio das decisões colectivas e políticas do domínio político em sentido estrito para outros domínios, como seja o das decisões na empresa, na administração pública, ou em associações de moradores . É assim que Bobbio refere que a questão essencial já não é a de *quem* vota, mas sim *em que* se vota. Assim, para quem considera que o aprofundamento da democracia é uma extensão dos espaços em que se tomam decisões democráticas, esta é mais uma promessa não cumprida.

Uma quinta promessa, associada aos ideais democráticos, é a derrota dos poderes invisíveis como por exemplo a "máfia, camorra, lojas maçónicas anómalas, serviços secretos não submetidos a controlo e protegendo os autores da subversão que deveriam controlar".[285] A ideia de transparência das decisões políticas é central no ideal democrático, tanto mais importante quanto hoje em dia as possibilidades do poder político ou judicial obterem informações sobre os cidadãos atingiu níveis impensáveis há poucas décadas. Desde as escutas telefónicas, aos sistemas de processamento e cruzamento de dados informatizados individuais, às possibilidades de vigilância e controle electrónico de vária natureza (televisão, vídeo, etc.), o manancial de possibilidades para o uso da moderna tecnologia, corre o risco de violar os direitos fundamentais dos cidadãos. Neste caso a questão que se coloca é a de saber quem controla a judicatura (em particular o Ministério Público) ou quem controla os serviços secretos.

Finalmente, uma sexta e última promessa, muito incompletamente cumprida é a de educação para a cidadania. O ideal democrático consubstancia-se aqui no aumento da participação cívica, o que pressupõe uma crescente "cultura política" dos cidadãos associada a uma crescente participação política e cívica. A este ideal, Bobbio contrapõe o que observa em termos de crescente apatia e mesmo desinteresse pela política ilustrado entre outro pelos crescentes níveis de abstenção em actos eleitorais nas velhas democracias.

Neste capítulo, ir-se-á utilizar aquilo que foi tratado nos restantes capítulos, para analisar os conflitos ou tensões entre o ideal e o *modus operandi*

---

[284] Bobbio (1988) p.34.
[285] Bobbio (1988) p.37.

democrático. Isto pressupõe clarificar o que se entende por cada um deles. Antes do mais o que se entende por um ideal *razoável* e não utópico? Que elementos referidos por Bobbio pertencem a esse ideal e quais os que não pertencem?[286] A partir da clarificação deste *ideal razoável*, que parte de uma concepção realista, e não hercúlea, da natureza humana, já é possível equacionar o problema de saber se as actuais instituições favorecem a implementação desse ideal ou se é possível uma melhor sociedade baseada numa reforma das actuais instituições e eventualmente na criação de algumas novas instituições.

Na secção 14.2 começa-se por apresentar a concepção *processual,* ou *elitista, de democracia* desenvolvida por Schumpeter e prolongada por alguns autores da teoria da escolha pública, em particular Anthony Downs. É uma visão pragmática, pretensamente de análise positiva, mas que parte de uma visão em parte verdadeira, mas algo redutora e economicista da natureza humana. Tem, contudo, um mérito fundamental que é o de clarificar a importância das regras e instituições no funcionamento dos regimes democráticos e de como alterações nestas regras, *ceteris paribus*, provocarão alterações no resultado do funcionamento das instituições democráticas. Aqui se esclarece como os actuais modelos de democracia liberal se podem ajustar a uma visão processual de democracia. Por fim discutem-se as limitações desta abordagem que são essencialmente três. Parte de uma abordagem sobre o *comportamento humano* que não é adequada em todos os contextos institucionais, não dá respostas satisfatórias ao problema de saber *quais as regras e instituições políticas desejáveis* (visto que elas são endógenas), nem ao problema de saber o que é o *interesse público* e como é ele revelado no processo político.

A secção 14.3 considera o problema de desenhar instituições justas e a importância da perspectiva constitucional, sendo que aqui a análise de John Rawls é incontornável. É no contexto da discussão sobre a teoria da justiça que se introduz a problemática da cidadania e a importância do espaço público e da *deliberação* na esteira das reflexões de Jurgen Habermas. A secção 14.4 define o que seriam as condições para uma convenção constitucional ideal e as dificuldades da sua implementação prática, bem como a justificação das regras e instituições da democracia constitucional que devem estar protegidas da regra da maioria. A secção 14.5 aborda a alteração no equilíbrio de poderes em Portugal considerando a problemática das autonomias regionais. A secção 14.6 analisa a

286 Note-se que apesar de apresentar e confrontar seis ideais ou promessas da democracia com as suas realizações práticas, Bobbio não subscreve a totalidade desses ideais. A clarificação da posição de Bobbio levar-nos-ia a bastante espaço e a ultrapassar o nível introdutório que se pretende com este livro.

possível extensão da decisão democrática às regiões "administrativas" do continente. A secção 14.7 ilustra a aplicação do institucionalismo económico aos partidos políticos. Finalmente, a secção 14.8 conclui com um esboço de definição de ideal democrático razoável.

14.2. Democracia: competição pelo poder?

Joseph Schumpeter, um dos grandes economistas do séc. XX, desenvolveu uma teoria de democracia, que ficou conhecida na literatura por teoria elitista da democracia.[287] O seu objectivo não era o de descrever o ideal democrático, mas sim o funcionamento real e concreto das democracias a partir da observação sobre o comportamento humano, quer dos cidadãos quer dos políticos, sendo que ele próprio foi ministro, o que lhe terá dado um conhecimento "por dentro" sobre o tema da sua análise. Muita da crítica que é feita à análise de Schumpeter parece-nos desajustada pois deriva da não compreensão de que o seu intuito era desenvolver uma análise *positiva* e não *normativa* do funcionamento das democracias. No essencial a argumentação de Schumpeter começa por uma apresentação da teoria clássica de democracia, para logo de seguida mostrar, não só o carácter limitado da sua aplicação histórica, como a sua não viabilidade nas sociedades contemporâneas, tendo em conta aquilo que ele considera ser a natureza humana, a sua racionalidade e a sua "volição" em relação a assuntos públicos.

Schumpeter tem a virtude da clareza conceptual. Define assim a doutrina clássica de democracia: "*o arranjo institucional para alcançar decisões políticas que realizam o bem comum fazendo com que o próprio povo decida sobre questões através da eleição de indivíduos que se juntam para implementar essa vontade.*". A primeira crítica que Schumpeter faz a esta concepção clássica é a de

---

[287] Para uma defesa contemporânea da teoria da democracia "minimalista" de Schumpeter ver, entre outros, Adam Przeworski (1999). Autores tão variados como Norberto Bobbio ou Raymond Aron têm também uma concepção semelhante e *minimalista* da democracia. A abordagem processual e competitiva de democracia desenvolvida por Schumpeter foi formalizada analiticamente mais tarde naquilo que ficou conhecido como a *análise económica da democracia*, tal como desenvolvida por Downs (1957) e seus seguidores da teoria da escolha racional. Em comum têm alguns aspectos. Ambos consideram a analogia entre o processo político e o mercado, os partidos semelhantes a empresas, estas pretendendo maximizar consumidores e vendas aqueles maximizar votos e alcançar o poder. Os agentes são vistos como racionais e egoístas. As principais diferenças entre Schumpeter e Downs é que para este as preferências dos votantes são *dadas* e exógenas, o que é essencial para a sua abordagem analítica, enquanto que para Schumpeter, o marketing político altera as preferências dos votantes (elas são pois endógenas).

que não existe algo que se possa considerar "bem comum", algo com o qual todas as pessoas concordem ou que sejam levadas a concordar se dialogarem umas com as outras na base de argumentos racionais. Isto porque os valores essenciais sobre o que a vida e a sociedade *deveriam ser* não derivam da racionalidade, mas antes de convicções pessoais. A segunda crítica que faz é que mesmo que as pessoas concordassem sobre o que é o bem comum, não concordariam sobre a forma de o alcançar. Terceiro, e como corolário das críticas anteriores ele conclui que não pode existir *uma* "vontade do povo".[288]

Acerca da natureza humana em política e da vontade do povo, *Capitalism, Socialism and Democracy* antecipa muito da investigação que se seguiria nas décadas seguintes e muito da realidade do *modus operandi* democrático até aos nossos dias. Desenvolve-se nesse livro: a ideia de que apesar da individualidade pessoal, as multidões são muitas vezes manipuladas, aquilo que designa por "psicologia das massas"; a constatação de que a publicidade e o *marketing* têm um efeito de persuasão não só no campo do mercado (consumidores) mas também no campo político (cidadãos)[289]; a percepção de que os indivíduos dedicam alguma atenção a assuntos políticos que têm implicações directas nas suas vidas familiares ou nos seus negócios, mas que quando os assuntos se afastam de um interesse imediato não lhes dedicam atenção. Na sua opinião o cidadão é pois levado a um nível baixo de atenção e actividade mental quando lida com assuntos políticos importantes, tornando-se a sua reflexão, associativa e afectiva. Isto porque ele é "membro de um comité que não funciona, o comité de toda a nação, e isto é a razão pelo qual devota menos esforço intelectual em compreender um problema político do que a um jogo de bridge."[290] Entre nós é fácil verificar que

---

288 Mesmo se se admitisse que a doutrina clássica da democracia era válida, dever-se-ia então concluir que, ao decidir através de votações por maioria simples, o que se está a expressar é a vontade dessa *maioria* e não a *vontade do povo*. Mais, a representação proporcional, ao produzir maior fragmentação no parlamento, leva a uma maior ineficácia governativa o que, em tempos de crise, pode ser problemático. Assim, Schumpeter advoga o sistema maioritário e defende que "a democracia torna-se insustentável se o seu princípio [*implícito na teoria clássica*] for consistentemente seguido". (*cf.* pags. 272/3). Regressaremos a esta ideia na discussão final das ideias deste autor.

289 Basta pensar-se na forma como, na base de uma informação falsa – que o Iraque tinha armas nucleares – foi possível convencer uma larga maioria do povo americano e parte do europeu da justeza de uma guerra desencadeada unilateralmente pelos EUA.

290 Schumpeter pg. 261. Aqui acrescenta em nota 15: "Na mesa de bridge temos uma tarefa definida; temos regras que nos disciplinam, sucesso e fracasso são claramente definidos; e estamos prevenidos de nos comportarmos irresponsavelmente porque qualquer erro que fizermos, não só será tornado evidente mas ser-nos-á directamente inputado. Estas condições, pelo facto de não serem satisfeitas no comportamento político do cidadão normal, explicam porque é que em política ele não tem o alerta e o juízo que mostra na sua profissão."

assuntos não políticos, como o desporto em geral, e o futebol em particular, mobilizam muito mais a atenção dos cidadãos do que matérias políticas, a menos que tenham um impacto directo na vida dos cidadãos (como seja os impostos sobre o produtos petrolíferos). Isso explica também porque são os jornais desportivos os de maior tiragem.

Com esta abordagem da natureza humana como é possível continuar a falar em vontade do povo? Na opinião de Schumpeter não é, e neste sentido apresenta a sua concepção de democracia: "*o método democrático é o arranjo institucional para alcançar decisões políticas no qual os indivíduos adquirem o poder de decidir através de uma luta competitiva pelo voto do povo*". Estamos, pois, perante uma definição *processual* de democracia em que, por outras palavras, a democracia é um modelo institucional com regras definidas de competição pelo voto, permitindo que, periodicamente, através deste voto, e de forma pacífica, se decida quem deve a cada momento deter o poder. Aquilo que distingue as democracias de outros regimes é precisamente que a transição de poder é feita de forma pacífica e pelo *método democrático.* Dá assim importância ao papel da liderança partidária na luta política e clarifica a relação entre democracia e liberdades individuais. Na medida em que tem que haver competição, e qualquer pessoa deve poder competir, então deverá haver liberdade de pensamento e de expressão para todos, bem como liberdade de imprensa.

Como economista, Schumpeter faz uma analogia entre a competição política e a competição no mercado. Para se compreender o funcionamento do parlamento, é necessário perceber que as suas funções primordiais são eleger um governo e demiti-lo. Isto não significa que não lhe reconheça outras funções importantes, como a legislativa e mesmo "administrativa" (onde inclui a aprovação do Orçamento), mas significa que, para perceber a lógica da luta parlamentar, é necessário entrar em linha de conta sobretudo com a luta pelo acréscimo de poder eleitoral de cada partido.

Esta visão pragmática, e poder-se-á dizer, um pouco cínica da política é, contudo, mais próxima da verdade do que eventualmente desejaríamos. De facto há partidos, sobretudo os do arco do poder, que definem plataformas políticas muito próximas pois, prevê a teoria do votante mediano, é isso que lhes permitirá mais facilmente alcançar o poder. Na realidade o processo de votação dos grupos parlamentares em matérias importantes (como o Orçamento de Estado) segue essencialmente uma lógica de estratégia política e não qualquer lógica de debate sobre a substância do tema em causa. Por vezes um partido na oposição vota contra algo que defendeu quando estava no poder. Mas o que é mais impressionante é que Schumpeter em 1943 antecipa algumas conclusões teóricas desenvolvidas nas quatro décadas subsequentes, quer no quadro de uma análise axiomática das escolhas colectivas (teoria da escolha social) quer no quadro da análise económica da política (teoria da escolha pública). A impossibilidade de traduzir a "vontade do povo", entendida como a impossibilidade de, *a partir de preferências individuais diversificadas*, se encontrar uma única escolha colectiva satisfatória, ficou demonstrada através quer do teorema da impossibilidade de Arrow quer do dilema do liberal Paretiano. Como vimos no capítulo 2, Amartya Sen demonstrou a impossibilidade de se satisfazer simultaneamente o critério de liberdade individual e ao mesmo tempo a decisão democrática.

As razões porque hoje certos autores defendem a teoria Schumpeteriana de democracia é que consideram que é inevitável o pluralismo de opiniões e de visões do que é o "bem comum" ou o "bem estar social" e face a estas visões irredutíveis inconciliáveis, o que há a fazer é eleger um governo para implementar a *sua* visão sobre o "bem comum". Há, contudo, a nosso ver um problema essencial na análise de Schumpeter, pois se a democracia é competição pelo poder político *sob* determinadas regras do jogo, não se percebe como é que essas regras, que são também elas próprias escolhidas, são determinadas. A teoria elitista da democracia não formula sequer o problema da reforma das instituições, e como tal muito menos lhe dá uma resposta.

Sendo a democracia competição política regulada, que por sua vez depende das regras do jogo (regime presidencial ou parlamentar, sistema maioritário ou proporcional, liberdade ou não dos cidadãos escolherem candidatos ao parlamento, etc..) há que ter uma perspectiva em relação a quais as *regras ideais* para regular essa competição. Este é precisamente um dos objectivos deste capítulo.

14.3. Democracia: participação e deliberação no "fórum"?

Nas duas últimas décadas do século XX desenvolveram-se abordagens diferentes de democracia, que são conhecidas como partilhando a perspectiva da *democracia deliberativa.*[291] Concentram-se nas condições ideais de participação e deliberação pública sobretudo no que diz respeito à concepção do que são

[291] Os autores intelectualmente mais robustos e que mais influência tiveram e têm na conceptualização da democracia deliberativa foram sem dúvida, e de longe, John Rawls e Jurgen Habermas, isto apesar das perspectivas diferentes de ambos os autores. John Elster merece também destaque, mas muitos outros têm acompanhado esta abordagem de democracia com perspectivas algo diversas (ver por exemplo as contribuições em Elster (ed.) (1998) e em Bohman and Rehg (1997)). Nesta secção apresenta-se algumas ideias destes autores e desenvolve-se a nossa abordagem em torno do conceito de *deliberação óptima*.

instituições justas, de forma a permitirem uma deliberação com vista ao *bem comum*. A democracia não é entendida, como na teoria elitista apresentada anteriormente, apenas como um processo competitivo entre interesses conflituosos, nem um processo mecânico de agregação de preferências dadas *a priori* sob determinadas regras de decisão e um enquadramento institucional. Em primeiro lugar porque a tomada de decisão política envolve não apenas *votação*, mas também *negociação* e *argumentação*. Ou seja, a *deliberação* própria da democracia extravasa bastante a mera decisão através das urnas, pois envolve discussão sobre as propostas, identificação das divergências, argumentação fundamentada tecnicamente para melhor esclarecimento de questões complexas, e negociação para se alcançar um apoio significativo a propostas que, à partida, poderiam não ter possibilidade de ser aprovadas. Em segundo lugar, todo este processo de deliberação, *transforma* as preferências dos cidadãos, pois ouvir argumentos contrários, tornar-se mais informado sobre determinados assuntos, reflectir sobre custos e benefícios de determinados cursos de acção alternativos, forma e transforma as nossas opiniões. Ora esta ideia de que o processo democrático transforma as preferências dos cidadãos, torna obviamente problemática a abordagem de que as preferências são exógenas e que a democracia pode ser vista como apenas um mecanismo de, através do voto e da regra da maioria, se alcançarem decisões colectivas. Um terceiro aspecto importante diz respeito ao "bem comum" ou "interesse público". Como vimos, Schumpeter critica a doutrina clássica de democracia precisamente por se basear nestes conceitos ambíguos. Será que numa sociedade como a nossa com pessoas e grupos com interesses tão distintos e contraditórios em matérias como o papel do Estado na sociedade, as actividades religiosas, as formas desejáveis de família, a sexualidade, o próprio conceito de vida humana, se poderá pensar em ultrapassar estas divergências e gerar consensos? Será que se poderá falar com propriedade *no* "bem comum" e *no* "interesse público", ou estaremos condenados a uma perspectiva mais pragmática de que o "interesse público" num dado momento não é mais do que o interesse *do* público, leia-se a agregação dos interesses dos votantes, numa dada época histórica?

A resposta as estas questões depende antes do mais do que se considera o modelo descritivo mais adequado de comportamento humano.[292] Tome-se por exemplo estas palavras de Nicolau Maquiavel: "Há uma coisa que se pode dizer, de uma maneira geral, de todos os homens: que são ingratos, mutáveis, dissimulados, inimigos do perigo, ávidos de ganhar." Ao ler esta frase cerca de

---

[292] Daqui a razão de ser de termos dedicado uma secção inteira no capítulo 3 ao comportamento humano.

três séculos mais tarde Napoleão Bonaparte acrescenta a seguinte nota: "Os que diziam que *todos* os homens são bons queriam enganar os príncipes."[293]

Numa versão mais moderada, e mais influente em certo pensamento político contemporâneo, tome-se a frase célebre de David Hume de que "a razão é, e deve ser apenas, a escrava das paixões".[294] Se estas perspectivas forem consideradas adequadas para *todos* os homens, nomeadamente os que exercem actividades políticas, então não há dúvida que não há consensos possíveis, e que dificilmente se pode perceber o que seja o "interesse público". Neste caso o nível de restrições, de poderes e contra-poderes, a ser introduzidos na Constituição e nas leis ordinárias, deverão ser muito significativos para se evitar que qualquer "príncipe" ou detentor de qualquer poder tente aumentar e usurpar esse poder em detrimento dos cidadãos. Neste caso as regras, quais cordas atadas ao mastro para se evitar seguir o cântico da "sereia" do poder, deverão ser muito apertadas.

A perspectiva desenvolvida pelos autores que são uma referência para a democracia deliberativa é diferente. Rawls defende que os cidadãos têm duas *faculdades morais*, uma capacidade para um sentido de justiça e para uma concepção do bem e também *faculdades de razão* (juízo, pensamento, inferência).[295] "*i)* para além da capacidade para uma concepção do bem, os cidadãos têm uma *capacidade* de se apropriarem de concepções de justiça e equidade e um desejo de agir segundo os requisitos dessas concepções; *ii)* quando *acreditam* que as instituições ou práticas sociais são justas, ou equitativas (...) eles estão dispostos e desejosos de cumprir as suas obrigações, estipuladas naquelas convenções, desde que estejam razoavelmente seguros de que os outros lhe serão igualmente fiéis; *iii)* se as outras pessoas se esforçam, com intenção evidente, por honrar os seus compromissos estatuídos em convenções justas ou equitativas, cumprindo os seus deveres, cada cidadão tende a desenvolver *confiança* nelas desde que estejam razoavelmente seguros de que os outros lhe serão igualmente fiéis; *iv)* esta confiança torna-se mais forte e mais completa quando perdura o êxito dessas convenções de cooperação, mantendo-se por longos períodos de tempo; e *v)* a confiança é também reforçada à medida que as instituições básicas configuradas para assegurar os nossos interesses fundamentais (os direitos e liberdades básicos) se tornam mais firme e voluntariamente reconhecidas."[296] Rawls não diz que os

---

293 Ver a edição portuguesa de Maquiavel (1976) p. 89 (itálico nosso) e a nota 427 de Napoleão na p. 162.

294 Hume, D. [1749] (1960) A Treatise of Human Nature, Oxford, O.U.Press.

295 Note-se que Rawls considera que a sua perspectiva é essencialmente *normativa*. Na realidade a democracia deliberativa é, como se verá, uma análise sobretudo normativa da democracia. Dizer que os cidadãos têm *faculdades morais* não implica que as utilizem. Para o argumento de Rawls é suficiente a consideração de que as *têm*, não que as *usem*.

296 Rawls, J. [1993] (1996) p. 103.

cidadãos usam sempre as suas faculdades morais, e portanto que se comportam de acordo com os seus princípios, mas antes que têm essas capacidades, pelo que avaliam se as instituições básicas da sociedade em que vivem são justas. Em caso afirmativo, e usando de uma lógica de *reciprocidade*, Rawls defende que os cidadãos estão dispostos a seguir as convenções ditadas por essas instituições se, e só se, os outros também o fizerem. Da reciprocidade, da estabilidade temporal e da razoabilidade das instituições resulta a *confiança* que nelas se deposita.[297]

Voltemos então à questão formulada acima, que Rawls apresenta de forma ligeiramente diferente: "como é possível que possa haver uma sociedade estável e justa cujos cidadãos livres e iguais estejam profundamente divididos por doutrinas religiosas, filosóficas e morais conflituantes e mesmo incomensuráveis?".[298] A pergunta, já em si, parte do pressuposto que as doutrinas são diferentes e que não se podem comparar, dito por outras palavras, *não há nem é provável que haja consenso* em relação a doutrinas.[299] Contudo, pode e deve haver um "consenso de sobreposição" (*overlapping consensus*) em relação a um conjunto de instituições básicas da sociedade que se considera justas. É sobre elas, e apenas sobre elas, que é desejável que haja um consenso e é no quadro definido por estas instituições que é possível desenvolver-se um pluralismo de opiniões e doutrinas conflituantes entre si, que poderão ser prosseguidas livremente desde que respeitem essas instituições justas. Pode parecer então que a resposta de Rawls ao problema que formulámos apenas eleva a questão a um patamar superior: não havendo consenso sobre doutrinas como poderá haver consenso sobre o que são instituições justas?

---

[297] Usando a terminologia da teoria dos jogos empregue nos capítulos 2 e 3, podemos dizer que aquilo que permite superar a "armadilha" do dilema do prisioneiro do equilíbrio de estratégias dominantes *não* cooperativo, ou seja, aquilo que torna possível alcançar a *solução cooperativa* é, *partindo de instituições justas:* (i) a *racionalidade* e *razoabilidade* dos indivíduos, que se traduz (ii) na sua *capacidade moral* de reconhecer que elas são justas e (iii) o seu comportamento seguindo a lógica da *reciprocidade*. Porém, se a situação *à partida* for de instituições apercebidas pelos indivíduos como injustas então será mais difícil alcançar-se a solução cooperativa. Poder-se-á dizer que um dos problemas de países onde grassa a corrupção e onde os níveis de confiança na justeza das instituições é muito baixo, é precisamente este. A reciprocidade tanto actua para manter a cooperação, se ela for a situação à partida, como a não cooperação se esse for o *status quo* e a norma dominante.

[298] Rawls (1996) p. 141.

[299] É isto que distingue o liberalismo político de Rawls da doutrina *comunitária* que considera desejável que mais do que indivíduos livres e iguais a lutar pelos seus interesses em conflito, é necessário fazer reviver e perdurar onde existe o sentimento de comunidade.

A estratégia argumentativa de Rawls para responder a esta questão é dizer que poderá haver consenso relativamente a princípios que norteiam instituições justas desde que esses indivíduos, racionais e razoáveis, estejam por detrás de um "véu de ignorância", uma metáfora para indicar que eles não podem saber várias coisas sobre as *suas* características próprias, isto é, não poderão saber quais os seus interesses. Desta forma adoptarão uma postura *imparcial* e poderão alcançar um consenso sobre os princípios que norteiam instituições justas.[300] Este desenvolvimento da justiça como *fairness*,[301] associado à ideia de imparcialidade é importante. Considerem-se os seguintes problemas: o que é um sistema eleitoral justo? O que é uma distribuição de rendimentos justa? Caso a resposta seja dada por quem tenha interesses directos na questão ela será forçosamente *parcial* e afectada por esses interesses. Dificilmente algum consenso poderá ser alcançado quando indivíduos diferentes com interesses plurais estão à frente do "véu da ignorância", isto é, quando se pertence a um partido político e se discute a reforma do sistema eleitoral, ou quando se é muito rico ou muito pobre e se pondera sobre a distribuição de rendimento justa.[302]

O problema então é o de saber como é possível desenvolver um enquadramento institucional que promova a *deliberação,* que leve a resultados *imparciais,* logo justos, entre indivíduos considerados *livres* e *iguais.* Não há

---

[300] Os princípios de justiça a que se chegaria numa hipotética posição original por detrás do véu da ignorância foram discutidos na magistral obra de Rawls (1971) e discutidos e aperfeiçoados nos seus escritos posteriores até à sua morte. São eles: "1.º – *Princípio de iguais liberdades*: cada pessoa deve ter as mais extensas liberdades básicas, compatíveis com semelhantes liberdades dos outros; 2.º – *Princípio da diferença*: desigualdades sociais e económicas devem ser dispostas de forma a que: *a)* se espere que sejam vantajosas para todos, *b)* estejam associadas a posições e lugares acessíveis a todos." Esta não é a única formulação que Rawls faz dos seus famosos princípios de justiça. Estes são retirados de Rawls (1971), p. 60.

[301] *Justice as fairness* tem sido traduzido nas línguas latinas por "justiça como equidade" (ou "justice comme equité"). Na realidade a melhor tradução de *fairness* para português seria o termo *justiça* que no contexto desta expressão é impraticável. Note-se que aqui a língua inglesa é mais rica do que as latinas pois aquela tem os termos *justice, fairness, equity* e *impartiality* enquanto que a estas falta-lhes o termo *fairness* que não tem tradução rigorosa possível. Em Rawls *fairness* tem, em nossa opinião, mais a ver com *imparcialidade* do que com *equidade.*

[302] Há cerca de dez anos fui com alguns alunos ao ISCTE a um debate sobre sistemas eleitorais. Na mesa estavam Lobo Xavier (CDS), Carlos Encarnação (PSD), Nunes de Almeida (área do PS) e Luís Sá (PCP). Depois de animado debate, Luís Sá a certa altura diz mais ou menos o seguinte: "estamos aqui a discutir o sistema eleitoral ideal, mas todos sabemos que quando analisamos propostas de reforma do sistema eleitoral, cada um de nós nos seus partidos faz as suas contas para ver quantos deputados ganharia ou perderia com a reforma." Aqui reside, de facto, uma das dificuldades das reformas institucionais. Qualquer reforma tem efeitos "redistributivos". Os actores não estão por detrás do "véu de ignorância", mas bem à frente e são influenciados no seu julgamento pelo impacto redistributivo da reforma.

soluções fáceis para este problema. É, contudo, possível tentar melhorar a qualidade da deliberação pública a dois níveis distintos: *i)* a um nível "constitucional" da escolha indagando qual o contexto institucional ideal para promover a *deliberação imparcial* em torno de uma nova Constituição, *ii)* a um nível "parlamentar" da escolha tentando saber qual o contexto institucional ideal para que a *deliberação* entre indivíduos livres e iguais, com interesses diferentes, promova o "interesse público" ou o "bem comum".[303] A diferença entre as perspectivas é que no primeiro caso, a ser discutido na próxima secção, o objectivo é colocar os indivíduos numa espécie de posição original de imparcialidade, enquanto que no segundo, que tem a ver com o normal funcionamento da democracia, trata-se de criar condições para, partindo de interesses diferentes, se possa alcançar um interesse comum.

Há um conjunto de aspectos que, de uma forma ou outra, os autores que defendem a *democracia deliberativa* defendem como *desejável* e que podem ser resumidos do seguinte modo. Todos os que são afectados por decisões colectivas devem participar directa ou indirectamente (através de representantes) nas decisões. A deliberação deve realizar-se entre agentes considerados livres, iguais e autónomos em certas dimensões relevantes. Livres e iguais remete para os direitos liberdades e garantias, presentes na maioria das democracias constitucionais actuais associados com um conjunto de direitos cívicos e políticos: liberdade de pensamento, de reunião, de expressão, de religião, de informação, de voto, de ser candidato a lugares políticos, etc.[304] A autonomia, é uma componente mais substantiva e menos processual da liberdade individual. Passa um pouco por aquilo que Amartya Sen designou como satisfação de *capacidades básicas* dos indivíduos. Sem níveis mínimos de rendimento, que dêem acesso a um cabaz alimentar básico, sem um certo nível de instrução formal, de saúde e de outros bens primários, os indivíduos não terão sequer capacidades materiais e cognitivas para participarem no processo de decisão colectiva. A deliberação pressupõe que todos os indivíduos tenham essas capacidades básicas satisfeitas.[305] Para além da

---

[303] A distinção entre escolhas "constitucionais" e "parlamentares" foi desenvolvida no capítulo 10. As primeiras são escolhas *das* regras, que vão condicionar as segundas, que são escolhas *sob* regras.

[304] O assegurar destes direitos é hoje um *acquis* de várias concepções de democracia, nomeadamente da *democracia liberal* e está mesmo presente na concepção elitista de democracia de Schumpeter. Aquilo que distingue a democracia deliberativa destas concepções é mais o que referimos a seguir: a *autonomia*, o *fórum*, a *argumentação* baseada em argumentos racionais, etc.

[305] É sabido como o acesso, maior ou menor, a estes bens primários bem como certas características sócio-demográficas da população condicionam a participação cívica e política dos cidadãos. Para análises empíricas sobre a realidade portuguesa ver M. Villaverde Cabral (1997).

igualdade, liberdade e autonomia, a deliberação pressupõe a existência de *fora,* ou seja espaços propícios para a apresentação de diferentes pontos de vista, a justificação pública dos argumentos, o que pressupõe alguma publicidade, informação relevante sobre as questões em debate, liberdade de imprensa que possa escrutinar os argumentos apresentados. A deliberação envolve, como referimos, argumentação, negociação e porventura votação, quando não se alcança consenso. Havendo discussão pública e ponderada de argumentos, com diversidade de opiniões, é mais difícil defender interesses seccionais contra o interesse público. No *fórum* público, com condições imparciais de deliberação *universal* entre indivíduos racionais, teria sido impossível sustentar a escravatura, o *apartheid,* a negação de direitos cívicos e políticos a negros ou a mulheres, entre outras formas de discriminação e exclusão. O sufrágio universal *e,* depois dele, as condições propícias a uma *deliberação democrática,* são pois ingredientes processuais fundamentais para as decisões que almejam o "interesse público".

A abordagem de democracia deliberativa é, assumidamente, uma abordagem *normativa* de democracia. É, em certa medida, um *ideal* a partir do qual é possível avaliar o funcionamento das democracias concretas, que passa por se perceber se as condições para uma *deliberação imparcial,* ou uma argumentação, negociação e decisão em condições de maior igualdade é satisfeita.

14.4. A convenção constitucional e as regras e instituições da democracia constitucional

14.4.1 *Deliberação, feitura e ratificação das Constituições*

As Constituições definem as regras fundamentais do sistema político, são um produto de mentes humanas individuais, de maior ou menor deliberação colectiva, de maior ou menor participação democrática e reflectem o período histórico em que foram elaboradas. Historicamente, encontram-se casos em que o processo constituinte foi não democrático e não deliberativo, democrático e não deliberativo, ou democrático e deliberativo.[306] Nesta secção, apresenta-se as condições institucionais que favorecem uma *deliberação constituinte,* isto é a

---

Em geral, os mais pobres, as mulheres, os idosos, os de menor nível de instrução e os de menor estatuto sócio-económico (sendo que algumas destas variáveis estão correlacionadas) estão menos expostos aos *media,* recebem menos informação, têm menor "mobilização cognitiva", participam menos na vida social e estão mais distantes do poder.

[306] Esta tipologia devemo-la a Elster que apresenta exemplos para os três casos apresentados.

deliberação sobre uma *nova* constituição. Esta problemática tem sido o objecto de análise, teórica e empírica, há mais de uma década por Jon Elster que define as condições óptimas de um processo constituinte num qualquer país nos seguintes termos:[307]

"1. Para reduzir o âmbito dos interesses institucionais, as constituições devem ser escritas por assembleias constituintes e não por corpos que também são legislaturas ordinárias. Nem estas legislaturas devem ter um papel central no processo de ratificação.
2. Mais genericamente, outras instituições ou actores cujo comportamento será regulado pela constituição não devem fazer parte do processo constituinte. Isto inclui obviamente, o executivo, a judicatura e os militares.
3. O processo deve conter elementos quer de secretismo (discussão em comités) quer de publicidade (discussões em assembleia plenária). Com um secretismo total, os interesses partidários e o *logrolling* tornam-se preponderantes, enquanto que a publicidade total encoraja um excesso de retórica e protagonismo. Inversamente, o secretismo permite uma discussão mais séria, enquanto que a publicidade assegura que quaisquer acordos feitos são capazes de resistir à luz do dia.
4. As eleições para a Assembleia Constituinte devem seguir o sistema proporcional e não o maioritário (...).
5. Para reduzir a possibilidade de ameaças e tentativas de influenciar a deliberação por demonstrações de massas, a assembleia não deveria reunir na capital nem numa grande cidade. Nem se deveria permitir às forças armadas pernoitarem na vizinhança da assembleia.
6. A Constituição deveria ser sujeita a ratificação popular por referendo.
7. Para ultrapassar interesses de curto prazo ou partidários, a assembleia deveria impor-se o princípio de que a Constituição deveria entrar em vigor, digamos vinte anos depois de ser adoptada. Este processo seria equivalente a criar-se um véu de ignorância artificial e forçar cada membro da assembleia constituinte a pôr-se no 'lugar de qualquer um'."

Elster tem consciência não só que o primeiro e o último ponto são difíceis de satisfazer, como também de um certo paradoxo da situação constituinte: deveria ser realizada em condições de calma e tranquilidade, mas quando é necessária uma nova constituição é muitas vezes em momentos históricos de grande intensidade, de alterações na estrutura de poder e em que há uma certa urgência em se desenhar uma nova constituição.

A tipologia de critérios apresentada por Elster, é obviamente discutível, mas tem o mérito de apresentar as condições ideais de deliberação constitucional e a partir delas poderemos avaliar os casos históricos concretos. Por exemplo, no caso da Assembleia Constituinte de 1976 em Portugal poder-se-á ver que vários pontos foram cumpridos: a saber 1, 2, 3 (em certa medida) e 4. Em relação ao ponto 5, e para se perceber a sua importância, lembre-se que em Portugal a Assembleia Constituinte esteve cercada em Novembro de 1975 por uma manifestação que impediu os deputados de sair do edifício da Assembleia. Os pontos 6 e 7 também não foram cumpridos. Se observarmos agora o processo conducente ao (malogrado) Tratado Constitucional da União Europeia, vemos que ele se afasta muito mais do ideal do que no caso da Constituição da República Portuguesa, desde logo porque não houve nenhuma Assembleia Constituinte eleita. Nem se pode dizer que o ponto 6 tenha sido satisfeito, porque aquilo que se fez não foi a ratificação *num* referendo, mas referendos em *vários* países. Como tivemos ocasião de demonstrar no capítulo 12, isto não só não é equivalente à ratificação *num* referendo, como parece ser *menos* democrático do que a ratificação parlamentar dado o poder de veto de um resultado "*não*" num qualquer referendo. Interessa, contudo, realçar que uma variante do ponto 7 foi introduzido (quer no Tratado Constitucional, quer posteriormente no Tratado de Lisboa que retomou vários aspectos essenciais daquele) pois as alterações de regras dos Tratados, só seriam aplicadas vários anos depois da sua ratificação.

Uma outra utilidade dos critérios de Elster é que podemos perceber, *a contrario,* como é que os interesses seccionais ou regionais podem penetrar quer no processo constituinte, quer no processo de revisão constitucional quando alguns destes critérios não são satisfeitos.

14.4.2 *As regras e instituições da democracia constitucional*

Genericamente uma Constituição numa democracia liberal deve conter disposições que abarcam os seguintes domínios:

a) O conteúdo dos direitos, liberdades e garantias dos cidadãos.

b) A separação das igrejas do Estado.

c) A separação de poderes e as relações entre os diferentes órgãos de soberania.

d) A estrutura da judicatura, incluindo a definição do órgão fiscalizador da constitucionalidade das normas jurídicas.

e) A especificação do sufrágio universal, directo, secreto e periódico para eleição dos titulares eleitos dos órgãos de soberania.

f) (1) Regras e procedimentos para revisão constitucional e (2) limites à revisão material da Constituição.

g) Natureza do Estado: unitário ou federado.

h) Forma de governo: república ou monarquia

i) Forma de regime: parlamentar, presidencial ou misto.

j) As competências do Presidente ou do Monarca.

k) A estrutura do(s) órgão(s) legislativo(s): nomeadamente a existência de uma ou duas Câmaras.

l) O sistema de representação: maioritário, proporcional ou misto (opcional).

A escolha *constituinte* incide pois sobre estes aspectos que conjuntamente definem os direitos, liberdades e garantias dos cidadãos e a estrutura do poder político. Muitas destas alíneas constituem o que alguns chamam de "alma" da Constituição, pelo que alterações nelas significam uma *nova* Constituição exigindo uma nova assembleia constituinte. Alterações noutros artigos da Constituição podem ser feitas de acordo com certos processos, mas estes estão protegidos pelo *limite material da revisão constitucional.* O *poder constituinte* é assim distinto do *poder de revisão.*

Os artigos que, em cada Constituição, estão "protegidos" das eventuais (más) escolhas dos deputados, são precisamente aquilo que caracteriza uma democracia *liberal* e a distingue do *populismo.*[308] Se por democracia se entendesse apenas a *vontade da maioria* dos representantes eleitos, então não haveria razões para quaisquer limites à livre escolha dos deputados. Essa escolha poderia então versar também sobre os direitos, liberdades e garantias dos cidadãos. Esta é a perspectiva populista, que não é adoptada em nenhuma democracia liberal contemporânea. Numa democracia *liberal*, os direitos, liberdades e garantias do cidadão têm *prioridade* sobre as escolhas democráticas pós-constituintes e não são pois objecto de decisão democrática, aliás na esteira da justificação teórica tão bem formulada por John Rawls. É um corolário de *(a),* que tenha que haver separação das Igrejas do Estado *(b),* pois só assim se garante o direito à liberdade religiosa. A *separação de poderes* entre o executivo, o legislativo e o sistema judicial (*c*) é também um ingrediente fundamental de uma democracia liberal e contra uma visão

---

[307] *Cf.* John Elster (1998; p. 117, tradução nossa), Elster tem estado como Professor do Departamento de Ciência Política na Universidade de Columbia (EUA). Autor de uma extensa obra sobre questões constitucionais, numa lógica de escolha racional, tem sido um dos impulsionadores da teoria da *democracia deliberativa.*

[308] Para uma boa discussão da confrontação entre liberalismo e populismo ver William Riker (1982a) *Liberalism Against Populism.*

populista de democracia. Se a vontade do povo fosse totalmente soberana, não haveria necessidade de verdadeira separação de poderes, de "*checks and balances*", nem de existir um tribunal constitucional (ou outro órgão desempenhando essas funções) que vigiasse se os actos normativos saídos da assembleia legislativa estão conforme ou violam a Constituição (*d*). A existência de sufrágio directo, secreto, universal e periódico (*e*) introduz a essencial componente *democrática* das democracias liberais em geral.

Visto que as Constituições são documentos enquadradores – o "contrato social" por excelência – não devem ser completamente rígidas mas algo flexíveis adaptando-se em certa medida à evolução da sociedade envolvente. Devem existir regras que definam os termos do processo de revisão constitucional (*f*(1)). Regras comuns são que as revisões ordinárias devem ser feitas só de x em x anos, e que é necessária uma maioria qualificada (usualmente 2/3) dos deputados para se aprovar uma revisão constitucional.[309]

Já quanto às opções consideradas nas alíneas *g*) a *l)* todas elas são compatíveis com democracias constitucionais, sendo que cada *democracia liberal específica* é uma configuração particular destas opções. Assim, temos que, por exemplo os EUA são uma república federal, com o Presidente como chefe do executivo, um Congresso com duas Câmaras (dos Representantes e Senado) e sistema maioritário de representação.

Interessa agora colocar quatro questões que nos parecem essenciais. Primeiro, quanto densa e extensa deve ser a Constituição? Há constituições com poucas páginas, como a dos EUA, e que sobreviveram bem ao teste do tempo e há outras com muitos artigos que soçobraram. A resposta a esta questão fica facilitada se pensarmos na analogia da discussão sobre o *contrato* realizada no capítulo 4. Aí se viu que todos os contratos são *incompletos*, pois é impossível prever todas as contingências futuras, mas que isso não é um problema grave se houver confiança mútua entre as partes. Com confiança, a densificação do contrato, pela introdução de mais cláusulas, não traz grandes benefícios, mas traz custos significativos pois torna-a mais rígida aumentando os custos de transacção políticos. Nesta situação a Constituição deve ter poucas cláusulas. Porém, sem confiança, há benefícios de uma maior densificação do contrato, para cobrir mais riscos associados a possíveis contingências futuras indesejáveis, mas também

[309] No capítulo 10 tivemos ocasião de explicar, na sequência de Buchanan e Tullock (1962). porque é que uma maioria qualificada é a regra ideal na tomada de decisão sobre propostas em que todos potencialmente ganham, como é o caso de uma Constituição (mas já não é para propostas que têm consequências distributivas).

haverá custos acrescidos. Há pois um nível óptimo de densificação do contrato relacionado com o nível de confiança na sociedade.

Segundo, quais os limites materiais de revisão constitucional, isto é quais os artigos que *não* devem poder ser objecto de revisão pelos deputados? Em rigor todas as alíneas referidas acima são candidatas a estar dentro dos limites da revisão material da Constituição, pois elas são caracterizadoras da "alma" de uma Constituição específica. Na Constituição da República Portuguesa são todas à excepção da *f* 1) e da *j*). A não "protecção", nos limites materiais à revisão, das próprias regras de revisão constitucional aparece-nos como paradoxal. Em teoria parece pois ser possível que uma revisão baixe a maioria necessária para a revisão, de qualificada para absoluta (ou relativa) e que dessa forma se facilite a revisão Constitucional.[310] A não protecção dos poderes do Presidente, ou pelo menos de alguns poderes essenciais, parece-nos também ser um risco que pode pôr em causa a natureza digamos "semi-presidencial" da nossa Constituição, para uma de natureza essencialmente parlamentar, pela perca dos poderes do Presidente.

Terceiro, como se explica que certos artigos estejam na Constituição e outros não? Há aqui duas possibilidades de resposta: porque servem o interesse da colectividade como um todo (eficiência), ou porque servem os interesses de certo tipo de agentes. Parece-me que ambas as respostas têm algo de verdadeiro. Há razões, que explicitámos acima, que justificam os artigos sobre direitos e liberdades dos cidadãos na base de que serve os interesses últimos da comunidade política. Mas há artigos que parecem ultrapassar o que seria razoável (definir a representação como proporcional) e vão, no caso português, à especificação no texto *constitucional* do tipo de fórmula eleitoral (método d'Hondt). Ora, se em política aquilo que parece é, este método favorece os grandes partidos em detrimento dos pequenos pelo que parece desenhado com esse objectivo.

Quarto, o que explica a evolução constitucional, ou melhor a alteração no "equilíbrio de poderes" que qualquer Constituição consagra? Tem sido a evolução constitucional no sentido de maior eficiência, na linha do que os teóricos da economia dos custos de transacção sugerem, ou no sentido de beneficiar certo tipo de poderes em detrimento de outros? Recorrendo novamente aos critérios de Elster podemos prever que como a entidade que revê a Constituição é a Assembleia da República que ela tenha ganho poder ao longo do tempo. Na secção seguinte far-se-á uma breve análise *positiva* da evolução constitucional tomando como exemplo o caso da autonomia das regiões autónomas.

---

310 Claro que se houver argumentação deliberativa e não apenas votação será muito mais difícil fazer passar a proposta de diminuir a maioria necessária para aprovar propostas de revisão constitucional.

14.5 O (des)equilíbrio de poderes e as autonomias regionais

Em Novembro de 2007, a Assembleia Legislativa Regional dos Açores aprovou a terceira alteração ao estatuto Político-administrativo dos Açores.[311] A Assembleia da República por sua vez aprovou por unanimidade o Decreto 217/X em 27 de Junho de 2008. O Presidente da República, Aníbal Cavaco Silva, a quem competia promulgar como Lei (ou não) o referido diploma decidiu-se por não o promulgar e enviar para o Tribunal Constitucional, para que este apreciasse a constitucionalidade de doze normas do diploma. O Tribunal Constitucional no seu Acórdão (402/2008) pronuncia-se pela inconstitucionalidade de algumas das normas referidas pelo Presidente da República que faz posteriormente uma comunicação ao país mostrando a importância do caso e a sua insatisfação, mesmo em relação a normas consideradas constitucionais, dado que na sua opinião restringem as competências do Presidente da República e deste modo alteram o equilíbrio de poderes consagrado na Constituição. O professor de Direito Constitucional, Jorge Miranda, diz-se profundamente entristecido com esta situação por considerar que o acordo da revisão constitucional de 2004 seria para resolver definitivamente as questões de autonomia regional, e estar agora a tentar-se, por lei ordinária da Assembleia da República, não só alterar a Constituição, como pôr em causa esse acordo.[312]

Este episódio, em torno do processo legislativo e da revisão constitucional levanta questões importantes, no só do ponto de vista do direito constitucional como da economia das instituições, mais precisamente da economia política

---

[311] O estatuto político-administrativo dos Açores foi aprovado pela Lei 39/80 de 5 de Agosto, sendo a primeira revisão a operada pela Lei 8/87 de 26 de Março e a segunda revisão pela Lei 61/98 de 27 de Agosto.

[312] Jorge Miranda, em entrevista à RTP de 01 de Agosto de 2008 afirma: "Em 2004 fez-se uma revisão constitucional que se pretendeu destinada a resolver, de uma vez por todas, as questões da autonomia regional, das regiões dos Açores e da Madeira. Passados poucos anos vem este projecto de Estatuto com normas claramente inconstitucionais pôr em causa o acordo a que se tinha chegado em 2004. Estamos portanto numa espécie de PREC [Processo Revolucionário em Curso], numa espécie de factos consumados sucessivos, em que primeiro se chega a um acordo e depois, através da lei ordinária, se põe esse acordo em causa e então vai-se exigir uma nova revisão constitucional e isto sucessivamente. Não deixa de ser extremamente significativo que todos os partidos, nitidamente por razões eleitoralistas por haver eleições nos Açores em Outubro, tenham aprovado por unanimidade as propostas vindas da Assembleia Legislativa dos Açores e agora já venham dizer que afinal não estavam de acordo, que afinal na especialidade tinham reservas ou que estão dispostos a reconsiderar quando o problema voltar à Assembleia da República. É uma situação muitíssimo triste."

constitucional (EPC).[313] As questões colocadas pela EPC são sobretudo duas. No âmbito da análise normativa trata-se de saber qual o tipo de restrições constitucionais que deveriam existir para que políticos que pretendam servir o interesse público possam sobreviver no processo de competição política. No fundo quais as instituições a implementar para evitar a Lei de Gresham em que a "má moeda" expulsa a boa moeda. No âmbito da análise preditiva a questão é tentar explicar as causas, ou as forças subjacentes aos processos de reforma institucional, nomeadamente às revisões constitucionais. Note-se que esta segunda análise não tem nada a ver com a primeira pois aquilo que *são* as revisões constituicionais não tem necessariamente a ver com o que *deveriam ser.*

Há problemas concretos a que uma análise económica positiva da revisão constitucional deve colocar. O ponto de partida da análise é a percepção que as revisões constitucionais são aprovadas por, pelo menos, 2/3 dos deputados. A teoria prevê que se formem coligações mínimas ganhadoras para aprovar essas propostas, isto é, que se coliguem apenas os partidos necessários para alcançar os dois terços. A partir daqui é possível formular duas hipóteses teóricas e investigá-las empiricamente. Uma primeira hipótese que formulámos (ver Pereira 1998a) é a de que "*quando o sistema de separação de poderes não está em equilíbrio, a revisão constitucional levará, ceteris paribus, a um aumento do poder da legislatura no seio do sistema político*". Isto significa que no quadro da separação de poderes entre o Executivo, Legislativo, Poder Judicial e Presidente da República esperar-se-á que o legislativo vá ganhando mais poder em detrimento dos outros órgãos de soberania. Uma segunda hipótese que formulámos é que "*quando os maiores partidos políticos têm votos suficientes para alcançar a maioria qualificada necessária para rever a Constituição, um acordo explícito ou implícito emergirá para emendar a Constituição, e as revisões operadas beneficiarão sobretudo os maiores partidos*." Uma análise preliminar, então realizada, considerando todas as revisões constitucionais até 1997 e as coligações mínimas ganhadoras, dá apoio a estas hipóteses, ou seja, que a Constituição de 1976 tem sofrido uma evolução que não é independente dos interesses dos que têm o poder de a modificar. No essencial a legislatura tem ganho poder e dentro dela os partidos com maior peso eleitoral, em particular o PS e o PSD.

---

[313] A economia política constitucional (EPC), iniciada por James Buchanan, é uma área de investigação associada ao novo institucionalismo e à teoria da escolha pública, embora haja várias perspectivas de análise (ver Buchanan (1990, 1993) e um *survey* em Voigt, 1997). Buchanan fundou uma nova revista para promover esta investigação: *Constitutional Political Economy (CPE).* Aquilo que é comum à maioria dos autores da EPC é o individualismo metodológico e a abordagem em termos de escolha racional.

O "modelo" que ilustrámos em 11.4.3 tem um óbvio paralelismo com as problemáticas quer da regionalização autonómica, quer da regionalização "administrativa". Sempre que os deputados regionais tenham maior fidelidade à região do que ao respectivo partido e tenham poder, isto é ocupem uma posição charneira na determinação de maiorias parlamentares nacionais, esperar-se-á que pressionem no sentido de uma crescente autonomia. Pode-se então avançar uma terceira hipótese que merece investigação futura: "*as maiores alterações ao equilíbrio de poderes consagrados na Constituição, favoráveis às autonomias regionais, processar-se-ão em períodos em que os deputados regionais tiveram uma posição charneira na determinação de maiorias parlamentares.*"

Uma forma de se analisar se o funcionamento real democrático se aproxima mais do modelo competitivo schumpeteriano-downsiano ou de um processo ideal de deliberação rawlsiano-habermasiano é estudar casos particulares e testar estas hipóteses e outras. Outra análise empírica que urge fazer é uma análise constitucional comparada até com estados federados. Por exemplo, ao nível financeiro verificar-se-á que a situação portuguesa é bastante *sui generis* e sem grande paralelo em países mais desenvolvidos, de uma parcela do território nacional ter a *totalidade* das receitas nelas cobradas, mais um conjunto de fundos atribuídos a título de solidariedade nacional, mais a cobertura de um conjunto de despesas regionais. Este preceito, de não partilha de receitas regionais, consagrado constitucionalmente desde 1976, não existe nos outros países desenvolvidos pois se esse princípio se estendesse às várias regiões de um dado país nada sobraria de receitas fiscais, nem para o governo central (ou federal) nem para as câmaras municipais. Aquilo que existe em países federais, é uma *partilha das principais receitas fiscais pelo três níveis de governo*, ou pelo governo central e regional. Poder-se-á argumentar, que a constitucionalização daquele preceito se deve ao momento histórico então vivido, com a independência das ex-colónias e fortes movimentos autonomistas nas ilhas. Este argumento, em parte verdadeiro, só vem reforçar a ideia que o equilíbrio de poderes consagrado na Constituição de 1976 não deveria ser alterado em direcção ao alargamento da autonomia.[314]

Uma leitura cuidada das revisões constitucionais desde 1976 mostra claramente um caminho no sentido da "federalização" do Estado Português. Esta alteração substantiva da "alma" da Constituição tem sido feita sem deliberação pública e com forte assimetria de informação entre cidadãos e elites regionais e nacionais.

---

[314] Temos plena consciência que não estamos por detrás do "véu da ignorância". De qualquer modo apenas sugerimos que se faça uma análise constitucional comparada, ou que se divulgue melhor, se já feita, em relação a estes temas.

14.6. Democracia a diferentes níveis de governo: a "regionalização administrativa"

Uma possível extensão do espaço das decisões democráticas seria a criação de regiões "administrativas" em Portugal continental. Na realidade, actualmente as questões do desenvolvimento regional são abordadas no âmbito das Comissões de Coordenação e Desenvolvimento Regional, serviços periféricos da administração directa do Estado, cujo Presidente é *nomeado*. A instituição das regiões administrativas, que ficariam com significativas (mas não todas) as atribuições e competências das CCDR, significaria que se passaria a ter um órgão democraticamente *eleito*, directa ou indirectamente.

Será a criação dessas instituições, prevista na Constituição, desejável do ponto de vista do desenvolvimento económico português? Limitar-nos-emos aqui a resumir os aspectos centrais da argumentação apresentada noutros escritos e a desenvolver alguns pontos que vieram reforçados com a reflexão desenvolvida neste livro.[315] No essencial o argumento desenvolve-se em quatro pontos. Primeiro, do ponto de vista normativo a regionalização justifica-se. Segundo, do ponto de vista da análise predictiva tudo pode acontecer, isto é, o efeito da regionalização pode ser positivo ou negativo dependendo das instituições e regras concretas que forem implementadas. Terceiro, há que escolher as instituições ideais. Quarto, caminhar no sentido da reforma institucional desejável implica ultrapassar obstáculos difíceis, dada a inércia institucional e os interesses associados ao *status quo*.

14.6.1 *A racionalidade económica normativa da regionalização*

A teoria económica normativa do federalismo orçamental dá uma resposta à questão de saber se se justifica ou não a criação de regiões administrativas. Essa teoria foi desenvolvida sobretudo por Wallace Oates (1972, 1999, 2005) e é hoje tratada em quase todos os manuais de finanças públicas e de economia pública.[316] A teoria é relativamente consensual quanto à sugestão que, das três funções do

---

[315] A nossa reflexão inicial sistemática em torno da problemática da regionalização administrativa encontra-se vertida em livro (Pereira, 1998c), onde se explana um modelo de financiamento das regiões administrativas, mas que também discute a questão genérica do federalismo orçamental em Portugal. Abordagens posteriores estão em Pereira, et al. (2007) e Pereira (*no prelo*) que incorpora a problemática dos custos de transacção políticos.

[316] Em língua inglesa podem consultar-se os manuais de Stiglitz (*Economics of the Public Sector*), Rosen (*Public Finance*) ou Musgrave e Musgrave (*Public Finance in Theory and Practice*). Em português veja-se Pereira *et al.* (2007) caps. 10 e 11.

sector público (afectação, redistribuição e estabilização), aquela em que se justifica uma *descentralização político-administrativa* para um nível regional (e local) é sobretudo a função afectação, neste contexto cabendo à administração central a provisão de bens públicos nacionais (defesa nacional, diplomacia, etc.) à administração regional os bens públicos de nível regional (turismo, hospitais, orquestras metropolitanas ou regionais, investimentos estruturantes como portos, aeroportos, etc.) e ao nível local os bens públicos locais (escolas, museus municipais, parques, bibliotecas, etc.).

A instituição das regiões administrativas permitiria assim uma deliberação democrática (e não burocrática como actualmente) no sentido de adequar a oferta de bens e serviços regionais às preferências dos cidadãos e das empresas, adoptando estratégias de desenvolvimento regional sustentadas e sustentáveis. "Com regiões com uma escala territorial significativa e um adequado modelo de financiamento, que assegure equidade inter-territorial, estabilidade de recursos, responsabilidade política e esteja associado a um apropriado controlo financeiro, o processo de descentralização política levaria, muito provavelmente, a um crescimento económico significativo e a uma melhoria na afectação de recursos".[317]

A questão é saber se a implementação em concreto das regiões administrativas satisfaz os desígnios da análise normativa.

14.6.2. *Uma análise político-económica da regionalização "administrativa"*

A resposta a se se devem instituir regiões "administrativas" não é aquilo que o senso comum gostaria de ouvir: nem um claro "sim", nem um claro "não". Depende. Das instituições que forem implementadas no terreno e dos objectivos do processo: "Caso o objectivo da regionalização fosse meramente político e de redistribuição de recursos públicos das regiões mais ricas para as menos desenvolvidas, então não teria muito sentido, pois essa redistribuição,(...), já existe. Nesse caso assistir-se-ia a um endividamento excessivo e à pressão das regiões por uma maior participação nas receitas do Estado, excedendo as competências e os recursos humanos transferidos. Este é o modelo que designámos por *modelo redistributivo de regionalização política* e obviamente não o subscrevemos. (...) Para evitar cairmos neste modelo sugerem-se várias medidas: a constitucionalização (explícita ou "implícita") da partilha de receitas do Estado

---

317 *Cf.* Pereira 1998c p. 129-130, bem como para as citações seguintes.

entre níveis de administração, a transparência do mecanismo de redistribuição onde haja a determinação de contribuintes líquidos e recebedores líquidos, a análise integrada de *todas* as relações financeiras intergovernamentais, o controlo estrito do endividamento regional."

"As vantagens da regionalização derivam essencialmente de conseguir melhorar a afectação de recursos no sector público e incentivar uma melhor localização geográfica do investimento privado através de um sistema de incentivos (que não se esgotam no financiamento regional) de forma a combater os fracassos de mercado. Os benefícios advirão da exploração das vantagens comparativas regionais, e quem melhor que os agentes regionais para tentarem identificá-las. Toda a diversidade cultural das várias regiões pode vir ao de cima, a descentralização política da decisão em relação aos assuntos de natureza regional pode tornar-se uma realidade. Mas é fundamental que todo este processo se faça com uma administração central forte e com uma forte disciplina financeira. Daqui deriva o *modelo político-administrativo* de regionalização que pensamos ser o que melhor pode desenvolver as virtualidades de todo este processo."

A reflexão adicional desenvolvida neste livro, sobre o processo de regionalização autonómica, reforça a necessidade de só se avançar com a regionalização com a constitucionalização do modelo de financiamento regional e após algum debate público sobre o processo de desenvolvimento das autonomias regionais.[318]

A consideração dos *custos de transacção políticos,* clarificada neste livro, e discutida em Pereira (*no prelo*), sugere que sem alteração do sistema eleitoral no sentido da adequação dos círculos regionais às NUTsII e consequente alteração da estrutura interna partidária e supressão dos distritos e governos civis, não parece ser viável o caminho para a regionalização. Os obstáculos a uma reforma político--administrativa estão pois ligados à estrutura interna dos partidos políticos que mimetiza a estrutura administrativa do país. Haveria decerto ganhos de eficiência

---

[318] Estamos a ir ligeiramente mais longe do que fomos em Pereira (1998) e Pereira (*no prelo*) pois achamos que *deve ter consagração constitucional* o modelo de financiamento. Aí se dizia que: "O sistema de financiamento deve ser baseado numa partilha de receitas de IVA, IRS e IRC entre níveis de administração, deve permitir alguma autonomia na obtenção de recursos próprios (claramente delimitados) e deve ser "constitucionalizado". Por isto, não se pretende dizer que a partilha deve ter consagração constitucional..." Agora defendemos que a partilha deverá ser constitucionalizada, prevendo-se um mecanismo para que num período, não inferior a uma década, possa ser alterada essa partilha.

com estas alterações. Porém, os interesses associados às distritais partidárias são, porventura, fortes demais para permitir uma mudança.[319]

14.7. Os partidos políticos

14.7.1. *O que são e para que servem?*

A importância dos partidos políticos para o funcionamento da democracia é clara de modo que merecem mesmo consagração constitucional: "Os partidos políticos concorrem para a organização e para a expressão da vontade popular, no respeito pelos princípios da independência nacional, da unidade do Estado e da democracia representativa." (CRP n.º 2 art.º 10.º).

Este texto é propositadamente ambíguo e minimalista em relação às funções dos partidos clarificando, contudo, que eles contribuem para a "organização" e "expressão" da vontade popular. Isto sugere uma relação nos dois sentidos entre os partidos e os cidadãos; por um lado contribuem para clarificar e estruturar de forma coerente e organizada a "vontade popular" através das suas plataformas políticas programáticas, por outro estas devem reflectir de alguma forma a expressão dessa "vontade" em particular da base social de apoio de cada um dos partidos.

Com vista a perceber melhor o conceito de partido político e as suas funções é útil ver como alguns autores clássicos, de diferentes formações (economia, sociologia e ciência política), os abordaram.[320]

Na esteira da análise minimalista de democracia, descrita acima, o economista Joseph Schumpeter descreve o que um partido *não* é: "*grupo de pessoas que pretendem promover o bem estar social*", mas antes afirma que, "*Um partido é um grupo cujos membros se propõem actuar em concertação na luta*

[319] Permito-me referir aqui, pois é do conhecimento público (foi anunciado em sessão pública aberta à imprensa), que a Comissão Técnica do PRACE propôs a extinção dos distritos e, consequentemente, dos governadores civis. Essa proposta não foi, contudo, aceite pelo XVII Governo Constitucional. Paradoxalmente, a permanência dos governos civis é, assim argumentamos, um obstáculo não só à criação de regiões administrativas, mas sobretudo à reforma do sistema eleitoral.

[320] Schumpeter e Downs, que em certo sentido é um seu continuador, são os clássicos da análise económica da democracia. Duverger é sem dúvida um dos clássicos da ciência política e Max Weber da sociologia. A opção pelos clássicos deriva não só da solidez dos seus argumentos, mas também evita dispersar-mo-nos em centenas de artigos sobre o tema, alguns dos quais pouco relevantes.

competitiva pelo poder político. Se não fosse assim, seria impossível que diferentes partidos adoptassem exactamente ou quase exactamente o mesmo programa. Contudo, isto acontece como toda a gente sabe."[321] Anthony Downs, desenvolve a ideia afirmando que "*Um partido é um grupo (team) de indivíduos que pretende alcançar aparelho de Estado através do controlo do executivo via eleições. A sua função na divisão social do trabalho é formular e levar a cabo políticas governamentais quando é bem sucedido em alcançar o poder. Contudo os seus membros são motivados pelo desejo pessoal de rendimento, prestígio e poder que acompanham o estar no governo. Levar a cabo a sua função social é um meio para alcançar as suas ambições privadas. Embora este estado de coisas possa parecer estranho, é encontrado através da divisão do trabalho devido à prevalência do interesse privado na acção humana.*"[322] Note-se que Schumpeter e Downs, que deram origem à abordagem económica da democracia da *public choice,* consideram que os intervenientes no processo político são racionais *e* egoístas no sentido de querem sobretudo maximizar votos.

Por seu turno o sociólogo Max Weber descreve os partidos como "*associações que assentam num comprometimento (formalmente) livre tendo como objectivo atribuir aos seus chefes o poder no seio de um agrupamento, e aos seus militantes activos oportunidades – ideais ou materiais – de prosseguir fins objectivos, de obter vantagens pessoais ou de realizar as duas conjuntamente*".[323] A definição de Max Weber é mais abrangente num duplo sentido. Em primeiro lugar, os objectivos dos partidos podem ser vários: obter *poder* político e ocupar os lugares de topo da administração; servir os interesses de classes sociais ou ordens; servir interesses materiais ou mesmo tentar alcançar ideais. Em segundo lugar, os militantes podem ser motivados por interesses materiais ou ideais.

Finalmente, o cientista político Maurice Duverger (1946, 1975) tem uma extensa reflexão sobre o assunto, mas interessa aqui reter dois pontos essenciais quanto às funções dos partidos. Eles servem para enquadrar os *eleitores*, na sua dupla vertente de contribuírem para a sua consciencialização política e para

---

[321] *Cf.* Schumpeter (1943) pg. 283. E acrescenta "Os partidos e as máquinas políticas são simplesmente a resposta ao facto que a massa eleitoral é incapaz de acção..., e eles constituem uma tentativa de regular a competição política de uma forma exactamente semelhante às práticas correspondentes de uma câmara de comércio. As técnicas psicológicas da gestão e propaganda partidária, os *slogans* as marchas musicais, não são acessórios. Fazem parte da essência da política. Da mesma forma que o chefe (*boss*) partidário". Tradução nossa.

[322] Nossa tradução a partir do original, *cf.* Downs (1957).

[323] Tradução nossa a partir da tradução francesa de Weber (1971), vol I, p.371

clarificarem as escolhas políticas, e de seleccionar os candidatos que irão competir eleitoralmente. Servem também para enquadrar os *eleitos* após estes estarem em funções, nomeadamente ao nível dos grupos parlamentares. Curiosamente, no início da democracia liberal (em França antes de 1914, segundo Duverger) os grupos parlamentares eram proibidos, estando os deputados de forma independente no Parlamento. A inexistência de grupos parlamentares, efectivamente coordenados na acção, levou ao fracasso de várias experiências democráticas (por exemplo a nossa primeira República) e ao surgimento de regimes ditatoriais que suprimiram as liberdades individuais.

14.7.2 *Uma abordagem institucional dos partidos políticos*

A abordagem institucional dos partidos políticos, utilizando o quadro teórico desenvolvido ao longo deste livro, é a de que é possível distinguir uma análise positiva, do que os partidos *são*, de uma análise normativa do que *devem ser*. A passagem daquilo que são para o que devem ser só poderá ser feita através de reforma institucional, assumindo que, dentro dos próprios partidos, há um número significativo de militantes que querem servir o interesse público e que estão dispostos a ser os *empreendedores* dessa reforma.[324]

Os partidos são organizações de adesão voluntária, propondo-se alcançar objectivos de exercer o poder ou de o influenciar, e compostos por um conjunto de indivíduos com motivações diversas. Para alcançar esse objectivo os partidos têm que formular plataformas políticas que versam diferentes dimensões da vida social, e que em geral não se limitam a interesses sectoriais específicos.[325] Os líderes partidários têm também que, para além de possuir os seus próprios incentivos para participar na actividade política, desenvolver um conjunto de incentivos que mobilizem os seus militantes. Na realidade, como associações voluntárias que são, os partidos têm uma dupla tarefa: mobilizar eleitores e fazer com que os que apoiam a ideologia partidária e as plataformas políticas contribuam com quotas para o financiar; mobilizar os militantes para disponibilizarem o seu tempo nas campanhas eleitorais e para as actividades partidárias de todo o tipo (desde recolha de fundos e cartazes a preparação de actividade

---

[324] Um exemplo concreto do que estamos a referir é uma possível alteração ao financiamento público partidário que será abordada numa sub-secção a seguir.

[325] Note-se que estamos a falar implicitamente na pluri-dimensionalidade do espaço político (ver capítulo 10), bem como no que distingue um partido político de um grupo de interesse organizado que se limita a defender interesses sectoriais mais específicos (ver capítulo 7).

legislativa).[326] Como qualquer organização, um partido necessita de recursos, de uma estrutura para a acção, quer formal (escrita em estatutos e regulamentos) quer informal (regras não escritas mas consensuais), um conjunto de incentivos para todos os elementos da organização e uma estratégia (vertida em moções, documentos programáticos, programas de governo, etc.).

Uma das coisas que é interessante observar, num olhar a partir do institucionalismo económico para a estrutura dos partidos políticos, é que todos os partidos com dimensão significativa à escala nacional se tendem a estruturar em função da divisão político-administrativa do país, ou seja, em órgãos concelhios, distritais e nacionais. Visto que uma das funções essenciais dos partidos é escolher candidatos para Câmaras e Assembleias Municipais e outros organismos locais (empresas, etc.), candidatos a deputados (com base em círculos distritais) e definir estratégias nacionais, o facto de haver órgãos independentes com competências relativamente não sobrepostas minimiza a conflitualidade interna e torna a tomada de decisão mais eficaz.[327] Se esta adequação da estrutura partidária em relação à estrutura administrativa minimiza os custos da tomada de decisão política sobre a selecção de nomes para cargos, tem por outro lado um efeito não intencional muito importante, que é o de dificultar qualquer reforma de alargamento da dimensão dos círculos eleitorais mais pequenos, reforma indispensável como referimos no Capítulo 13. Sem essa reforma difícil será passar a pensar o desenvolvimento económico português a uma escala regional (com ou sem regionalização administrativa do continente).

No que toca aos incentivos, convém recordar que podemos identificar três tipos de incentivos potenciais em todas as organizações: incentivos materiais, ou facilmente convertíveis em tal, incentivos de sociabilidade (associados ao prazer de estar e fazer coisas com outros com quem se partilha algo) e incentivos teleológicos que tem a ver com contribuir para os objectivos da organização. Assim, embora todos os partidos forneçam todos os incentivos, é claramente possível fazer uma distinção entre os actuais os partidos que, no período Constitucional, têm exercido o poder político executivo em Portugal e têm assento

---

[326] Os partidos defrontam assim o dilema da acção colectiva concretizada nos problemas de *free rider* de tipo I e tipo II que analisámos na secção 7.5.1. e que são comuns a todas as organizações voluntárias. Os problemas serão maiores ou menores consoante a motivação dos agentes.

[327] Existe sempre alguma sobreposição de competências. Por exemplo a direcção nacional ou o secretário-geral (SG) dos partidos têm por vezes prorrogativas na escolha de candidatos a deputados feita pelas distritais. Tanto pode ser na forma de uma quota de candidatos do distrito cuja competência de escolha é do SG, como no poder de veto da direcção nacional a nomes indicados pelas distritais ou outras restrição às escolhas distritais ou das concelhias.

parlamentar (PS, PSD e CDS) e os que não têm exercido o poder e também têm assento parlamentar (PCP e Bloco de Esquerda). Visto que o acesso ao governo (nacional ou regional) dá acesso a cargos na administração directa e indirecta e no sector publico empresarial, é natural que os partidos do "arco do poder" dêem significativamente mais incentivos materiais, sobretudo para as elites partidárias. Em contrapartida, o que decorre da teoria aqui desenvolvida, é que partidos excluídos da governação forneçam aos seus militantes mais incentivos de natureza solidária e teleológica, isto é relacionada com os fins da organização. Embora desconheça investigação empírica sobre o tema, a informação casuística tende a corroborar esta hipótese.[328]

Para além da estrutura interna e dos incentivos, o problema dos recursos e da definição estratégica são suficientemente importantes para lhes dedicarmos um pouco mais de atenção.

14.7.3 *Os problemas do financiamento partidário*

Não é apenas a despesa em campanhas eleitorais que influencia os votos. As características dos candidatos, as suas propostas políticas, a táctica e a estratégia política influenciam, mas a visibilidade nos *media* e no restante *espaço público* é fundamental. E para isso os recursos financeiros devem existir.

A questão do financiamento partidário é, e será no futuro, um problema cada vez maior por duas ordens de razões, uma do lado da procura de fundos por parte dos partidos e outra de oferta por potenciais doadores. As campanhas estão-se a tornar cada vez mais caras, pelo simples facto, analisado por vários economistas, de que o que é relevante não é o montante *absoluto* da despesa na campanha eleitoral, mas o montante *relativo* em relação ao mais directo competidor. Se o Partido A gasta mais, o Partido B deverá subir a parada. O que é interessante assinalar é que se o efeito marginal no eleitorado, medido em aumento de votos, se dever ao *diferencial* de despesa e não ao seu montante absoluto, então aumentos de despesa sequenciais de ambos os partidos que não alterem esse

---

328 A maior festa partidária em Portugal é a organizada há largos anos pelo Partido Comunista Português (Festa de "O Avante"). Uma consulta ao sítio na Internet da Organização Regional de Lisboa do PCP, em Agosto 2008, dá conta de uma viagem de Cultura e Lazer à Tunísia. O Bloco de Esquerda organiza acampamentos/debate de jovens. De qualquer modo o facto do PCP estar implantado nos sindicatos e estes defenderem acréscimos salariais para os seus associados, e não só, faz com que, de acordo com a teoria de incentivos de Clark e Wilson (1961) se possa considerar que também sejam relevantes os incentivos materiais no PCP, mas em menor dimensão.

diferencial, tornam as campanhas cada vez mais caras *sem que isso tenha sequer algum efeito em termos de ganho de votos*. Por outras palavras, todos ficariam melhor se *todos* gastassem menos pois a sua situação eleitoral não se alteraria e as despesas seriam muito menores. Estamos novamente na presença do dilema do prisioneiro e uma solução possível seria "amarrar ao mastro" os Partidos para resistirem ao canto das "sereias" e não permitir a escalada permanente das despesas de campanhas eleitorais.

Os doadores potenciais querem também aumentar as suas ofertas e são de dois tipos: uns são aqueles que partilham das linhas programáticas do partido ou que pura e simplesmente confiam no seu líder;[329] outros, são os que procuram obter benesses em troco das suas contribuições (situações de monopólio, contratos de empreitadas, facilidades, subsídios, legislação favorável, empregos, etc.). Toda a teoria desenvolvida no capítulo 8, mostra as potenciais benesses quer de restrições à competição, quer de direitos de monopólio. Por seu turno, a análise no capítulo 4, em torno das alterações aos direitos de propriedade privada ou pública que pode ser realizada através do processo político, mostrou que é possível que haja alterações imediatas de elevadíssimo montante no valor de activos (por exemplo de bens imóveis reclassificados num PDM), gerando desta forma rendas que poderão ser apropriadas por privados.

Para evitar este segundo tipo de doadores, permitir a transparência das contas dos partidos e das campanhas, clarificar a identidade dos doadores, fiscalizar as contas e para controlar os gastos máximos em campanhas existem um conjunto de instituições: a lei de financiamento dos partidos políticos, a Entidade das Contas e Financiamentos Políticos[330] e o próprio Tribunal Constitucional. A lei permite o financiamento por particulares, desde que não anónimos, até um determinado limite e proíbe o financiamento por pessoas colectivas (empresas) nacionais ou estrangeiras quer directo (donativos) quer indirecto (pelo pagamento de despesas partidárias por terceiros). Por seu turno a lei de financiamento dos partidos prevê subvenções estatais aos partidos em certas condições e limita os gastos de campanha eleitoral tendo em conta o tipo de campanha e a dimensão do município no caso das autárquicas. Aqui, dada a possibilidade de haver candidaturas de cidadãos a lei prevê subvenções a partidos, coligações e grupos de cidadãos eleitores.

---

[329] É sabido que a maioria das pessoas não lê os programas partidários. Conhece, contudo, a posição do partido em relação a conjunto de temas-chave.

[330] "A Entidade das Contas e Financiamentos Políticos é um órgão independente que funciona junto do Tribunal Constitucional e tem como funções coadjuvá-lo tecnicamente na apreciação e fiscalização das contas dos partidos políticos e das campanhas eleitorais." Art.º 24.º da Lei 19/2003 de 20 de Junho.

Pela primeira vez em 2008 o Tribunal de Contas multou um partido político por financiamento ilegal, o que mostra que as questões levantadas têm razão de ser.[331] Coimas por irregularidades menores de Contas têm sido aplicadas com frequência a todos os partidos políticos.

Assegurar uma deliberação pública ideal, no sentido de Habermas, exige que a todos os pontos de vista seja dada uma oportunidade de expressão, e de confronto de argumentos em condições que permitam que terceiros possam apreciar as forças e fraquezas das propostas de partidos, coligações ou grupos de cidadãos eleitores. O tratamento justo das candidaturas passa pois, não só por uma ocupação equitativa do espaço dos *media*, públicos e privados, como por restrições ao financiamento que, sem colocar todos na mesma situação, pelo menos garanta que não há excessivas desigualdades de tratamento.

14.7.4 *A definição da estratégia política e os grupos de estudos*

Aquilo que mais surpreende quem observa de fora a realidade da actividade política em Portugal, quando comparada com a de outros países, por exemplo o Reino Unido, a Alemanha, a França ou mesmo a Finlândia, é a inexistência nas últimas duas décadas, de *think tanks* activos, ou seja grupos de estudos *permanentes,* mais ou menos institucionalizados, dentro ou fora dos partidos, que sirvam de fonte de reflexão programática quer para partidos de governo quer para partidos de oposição. É surpreendente esta inexistência, pois uma das funções primordiais dos partidos políticos é precisamente o de fornecerem propostas conducentes ao que, na sua perspectiva, entendem ser a promoção do *bem comum* ou do *interesse público.* E para que elas sejam consistentes é necessário serem bem amadurecidas, reflectidas e discutidas. Caso contrário os partidos, quando assumem funções governativas, não estão preparados para tais tarefas e cometem erros que seriam claramente dispensáveis. A responsabilidade é semelhante, embora menor, quando exercem funções na oposição.

O que tem existido entre nós são grupos de reflexão *esporádicos*, que geralmente se criam perto dos actos eleitorais para escreverem as propostas de programas com que se apresentarão nos actos legislativos. Durante a acção governativa, os partidos no governo fazem encomendas de estudos sobre temas

---

[331] O Tribunal Constitucional multou o PSD numa coima de 35 mil euros, a acrescer ao valor de 233.415 euros que recebeu da Somague aquando das eleições autárquicas de 2001. Por sua vez a Somague foi condenada a pagar 600 mil euros. Tratou-se no essencial de uma factura apresentada pela empresa Novodesign por serviços prestados ao PSD/JSD ter sido paga não pelo partido, mas pela Somague.

pontuais a empresas privadas, a centros de investigação universitários ou a "personalidades".

Do ponto de vista da economia institucional, que consequências tem esta situação e qual a sua razão de ser?

A consequência de haver pouca reflexão teórica interna é que os partidos não cativam as pessoas que valorizam esse tipo de incentivos não materiais para serem seus membros. Por outro lado, o recurso ao *outsourcing* de ideias no mercado de consultores da mais variada orientação (mesmo ideológica) faz com que a consistência de propostas e projectos que um *think tank* poderia e deveria alimentar se perde.

Qual a resposta que a economia institucional pode dar a este problema? Não há uma mas várias. Não queremos deixar de introduzir uma, assumidamente polémica, mas que deixamos para debate público. Que a lei de financiamento dos partidos políticos passe a considerar que uma parcela da subvenção pública estatal aos partidos seja destinada a grupos de estudos internos. A racionalidade económica de tal medida de consignação de receitas é clara. Se uma das razões de existir a subvenção pública é o benefício social externo que a actividade partidária gera ao formular propostas de políticas e contribuir, como dizia Duverger, para clarificar as opções políticas dos eleitores, então deverá incentivar-se através de subsídios a esta consignados. Esta proposta ilustra como a alteração de uma instituição, neste caso uma lei, alteraria necessariamente uma situação em que não há financiamento destinado a estudos, e em que nada impede que todo o financiamento público seja gasto em propaganda eleitoral.

14.8. Instituições para um ideal democrático razoável.

Em certo sentido todas as democracias se situam ou mais próximas do modelo minimalista Schumpeteriano, de competição pelo poder, ou do modelo deliberativo de Rawls e Habermas. A nossa definição provisória do *ideal democrático razoável* é pois: "a democracia deve ser o arranjo institucional que regule a competição política, pelo acesso ao poder de governar ou de influenciar as decisões colectivas, e que deve ser desenhado de forma a promover a deliberação acerca do interesse público, a partir de um pluralismo de concepções diversas".

É uma definição normativa do que deve ser a democracia e não daquilo que ela é efectivamente, pois a realidade de cada país é muito diversificada. Em primeiro lugar, tem-se a ideia que a competição política é regulada, pode ser maior ou menor, e são as instituições concretas do sistema eleitoral, do estatuto dos deputados, da lei de financiamento dos partidos políticos, dos estatutos internos de cada um dos partidos, que determina a natureza dessa competição.

Em segundo lugar, concretiza-se os *objectivos* dos agentes envolvidos na competição política com os de participar na actividade de governação, ou meramente influenciar as decisões colectivas o que pode ser feito quer se tenha assento no parlamento, ou não. Terceiro, especifica-se a forma que deve assumir essa competição, que é a forma *deliberativa,* no sentido que démos a este conceito neste capítulo. A deliberação envolve argumentação, negociação e eventualmente votação, não se resumindo pois apenas à votação. É necessário dar a cada uma das partes as oportunidades justas de desenvolverem os seus argumentos. O que pressupõe, por exemplo, pluralidade de opiniões nos *media*. Finalmente, dá-se uma ideia clara que há visões distintas na sociedade sobre o que é o interesse público e que é do diálogo e confronto dessas concepções que deverá a noção prevalecente de interesse público.

Caminhar em direcção a este ideal democrático razoável, pressupõe reformas institucionais, muito discutidas ao longo deste livro. Será a única forma de evitar o crescente distanciamento entre o que a democracia é e o que deveria ser, e desta forma, evitar o alheamento dos cidadãos da *coisa pública.*

ANEXO

Uma Entrevista com Mancur Olson

Em 1996, durante uma licença sabática, tive ocasião de visitar a Universidade de Maryland e estar com Mancur Olson. Na altura nenhum livro deste excepcional economista pluridisciplinar estava traduzido em Portugal. Propuz-me organizar a tradução da *Lógica da Acção Colectiva* e escrevi o Prefácio. Rui Pena Pires, o mentor da então Editora Celta, rapidamente se prontificou a publicá-lo. Mancur ficou de vir a Portugal para o seu lançamento em 1998. Estava tudo organizado quando, uma semana antes, recebo uma chamada da Universidade dizendo que tinha falecido subitamente na própria Universidade. Uma entrevista que realizei a Olson foi entretanto publicada nos *Estudos de Economia,* revista do ISEG. Tendo esta terminado, e sendo de difícil acesso, justifica-se a sua republicação aqui dada a temática estar relacionada com este livro e dada a sua contínua actualidade.

Para além de significar uma homenagem pública a este economista gostaria de salientar duas facetas de Olson que mostram a sua grande dimensão pessoal e humana. Em primeiro lugar a sua humildade, característica das grandes pessoas. Em segundo lugar o projecto que alimentava e em que trabalhava, o *IRIS: Institutional Reform for the Informal Sector,* um instituto de investigação dedicado à reforma institucional nos países em desenvolvimento, que aliava a excelência da investigação teórica, com o desejo de melhorar as condições das pessoas e dos povos destes países através da mudança institucional. Um exemplo que merece reflexão e que poderia ter continuade noutros espaços. Porque não nos países de língua oficial portuguesa?...

Paulo Trigo Pereira, 21 de Agosto de 2008

Mancur Olson: um ilustre desconhecido (em Portugal)[332]
Paulo Trigo Pereira

No que respeita à produção teórica os economistas podem-se dividir em (pelo menos) dois grupos. Aqueles que vão produzindo continuamente artigos dedicados aos mais diversos assuntos e aqueles que são mais selectivos nas suas inclinações, se dedicam a poucos pequenos/grandes problemas e os estudam afincadamente até encontrarem uma solução ou (como diria K. Popper) até que a morte os separe. Mancur Olson a par de Ronald Coase e poucos outros pertencem a este segundo grupo de economistas que se dedicam a problemas aparentemente pequenos e simples mas cuja análise e compreensão

332 Esta entrevista foi inicialmente publicada na *Revista Estudos de Economia* do ISEG, XV, 3, p. 311-316.

tem usualmente repercussões consideráveis. Tal foi o caso de Olson que escreveu à trinta (e um) anos *The Logic of Collection Action (LCO)* baseado na sua tese de doutoramento. Este livro teve uma enorme influência em três disciplinas distintas: a economia, a sociologia e a ciência política e foi rapidamente traduzido em várias linguas dando origem a numerosos artigos e livros. Raymon Boudon prefaciou a edição francesa e Friedrich Hayek a edição alemã. O problema equacionado por Olson neste pequeno livro é simplesmente o de saber em que condições se espera que um grupo de pessoas, empresas ou nações se organize para prosseguir um interesse comum e em que condições se espera que tal não aconteça. O problema é de grande relevância em Economia pois esses grupos podem fornecer voluntariamente bens ou serviços públicos (provisão voluntária de bens públicos). Alternativamente esses grupos podem funcionar como grupos de interesse (ou de pressão) com objectivos redistributivos para os seus membros (*distributional coalitions*). A aplicação desta teoria abrange pois desde pequenos grupos como associações voluntárias, grupos ambientalistas, um pequeno cartel de empresas, *lobbies* , ou uma pequena aliança de nações, até grupos mais vastos como sejam os sindicatos, os partidos políticos, as classes sociais, grupo dos consumidores, ou dos desempregados.

Depois de dar a sua solução para o problema Olson irá dezassete anos depois (1982) analisar as implicações da lógica da acção colectiva e em particular da actuação das coligações distributivas (*distributional coalitions*) em termos do crescimento e desenvolvimento das sociedades contemporâneas. Deste seu segundo livro intitulado *The Rise and Decline of Nations,* disse Samuelson "Schumpeter and Keynes would have hailed the insights Olson gives into the sicknesses of the modern mixed economy."

A actualidade da obra de Olson é essencial nos tempos que correm como pode ser compreendido pelos livros que Russel Hardin (1982) e Todd Sandler (1992) escreveram recentemente e ainda por um artigo que escrevi acerca desta temática e que equaciona o novo papel do Estado na economia (Paulo Pereira (1996). Infelizmente o livro original de Olson não tem ainda a merecida tradução portuguesa (nem mesmo brasileira embora esta esteja em curso) e por isso no contexto de uma visita à Universidade de Maryland considerei oportuno a realização da entrevista que se segue que espero sirva para abrir o apetite intelectual de economistas, sociólogos e cientistas políticos para estas obras indispensáveis.

Referências:

HARDIN, R. (1982), *Collective Action,* Baltimore, John Hopkins University Press.

OLSON, M. (1971), *The Logic of Collective Action (Public Goods and the Theory of Groups),* Cambridge Ma., Harvard University Press (1ª ed. 1965).

OLSON, M. (1982), *The Rise and Decline of Nations,* New Haven, Yale University Press.

PEREIRA, P. T. (1996) "A Acção Colectiva Voluntária e o Papel do Estado", in Carvalho Ferreira et al., *Entre a Economia e a Sociologia,* Oeiras, Edições Celta

SANDLER, T. (1992), *Collective Action (Theory and Applications),* Nova Iorque, Harvester Wheatsheaf.

On the 30th Anniversary of *The Logic of Collective Action:* an Interview with Mancur Olson[333]

Paulo Trigo Pereira[334] – *The Logic of Collective Action*[335] had a significant impact in Economics, Sociology and Political Science. During the last thirty years, was there a move towards a unified approach in the social sciences or, on the contrary, towards increased specialisation?

Mancur Olson – Simultaneously there has been an increase in the amount of specialisation in Economics and in the other Social Sciences, at least in the USA, and also an increase in the amount of work by economists that looks at problems that were once thought to be exclusively in the province of sociology and political science. The reason, I think, is that we are developing specialities that have a different basis, a different rationale, than other specialities. Some of these specialities cut across Economics and Political Science or Economics and Sociology. In other words, there are emerging specialities that are going at an angle.
There is coming to be some appreciation that specialisation brings losses as well as gains. Specialisation surely brings net gains, but the losses, even if smaller than the gains, are still significant. So, there is some demand for people who specialise less and that demand may paradoxically grow as specialisation increases. That's why I think we will have more specialisation but also more work that is different from the old specialities.

PTP Could you give some examples of the fruitful topics where these cross research arises?

MO One of these is of course the field of collective choice, sometimes called social choice or public choice or neoclassical political economy or the new institutionalism. This is one new type of specialisation that goes beyond the boundaries of traditional economics. Another example, less widely recognised as an example, is in moral philosophy. The single most influential work in moral philosophy in recent decades is John Rawls' *Theory of Justice*, but John Rawls and the literature that emerges from his work, and the related work of John Harsanyi, really brings a theory of rational behaviour from Economics into Moral Philosophy, I believe this has been very useful.

---

333 Mancur Olson is Professor at the University of Maryland at College Park and Principal Investigator and Chair of the *Institutional Reform and Informal Sector (IRIS) Centre*. The interview was conducted in June 1995 and I would like to thank Professor Olson for the corrections to the manuscript.

334 Assistant Professor at the Instituto Superior de Economia e Gestão (ISEG). I would like to acknowledge the financial support from the *Fundação Luso-Americana para o Desenvolvimento* and from the Economics Department of ISEG.

335 *The Logic of Collective Action (Public Goods and the Theory of Groups)*, Cambridge MA, Harvard University Press, 1965

PTP In the *Logic* you argue that the failure of collective action is a consequence of rational behaviour in a Prisoner's Dilemma setting and that we do not need to assume self-interest. However don't you think that shared moral values of cooperation and altruism will increase the probability that collective action will succeed ?

MO Yes, they do. There is no doubt that moral motives do account for some collective action. Perhaps specially at moments of what we might call extraordinary politics — moments when people think the issues at stake are of a momentous importance and when key decisions are thought to be made. Note, however, that it is not enough to have morally motivated behaviour to get collective action. The individual who is anxious to work against a flood is not going to take a pail and try to lower the level of the flooding river, no matter how altruistic he is. The moral motive that is defined in terms of *outcomes* will *not* lead to collective actions. In a large group, the individual has no perceptible impact on the outcome. It is only moral motives that lead people to want to obtain satisfaction from *participation* that account for collective action. It is the moral desire to participate in the worthy cause that tends, sometimes briefly, to overcome the difficulties of collective action.

PTP The *Logic* develops mainly a positive analysis of the conditions where we might expect collective action to succeed. I would like you to consider some normative implications of the analysis. In particular, what should be the role of the State with respect to voluntary collective organisations that provide public goods not only for their members but for society as a whole?

MO The logic of collective action shows that the anarco-capitalist ideal of a society where everything is done entirely voluntarily can't be achieved for any populous society. So there is a need for the State and that is one normative implication. A second normative implication is that we should not expect the State to operate ideally in the long run. The behaviour of the State will be disproportionately influenced by those groups that are well placed to overcome the difficulties of collective action. Small groups of large firms in concentrated industries will be able to engage in collective action much more easily then the consumers of their products will. Sometimes labour or firms can organise for collective action but the taxpayers, the consumers, the poor, will never organise for collective action. That means that the State that is necessary according to the *Logic of Collective Action* also will not work as well as might have been supposed. In the long run, the government will be subject to asymmetric pressures because of the uneven degrees of collective action within society. This means that one needs a society with a *high* level of understanding of these problems to obtain policies that work well.

PTP I am thinking mainly on voluntary groups that provide public goods and not in what you have called distributional coalitions. So, in this first type of groups we can say that they have some comparative advantage in revealing preferences for public goods. On the other hand the State has a "comparative advantage" in getting revenues because he can coerce individuals to pay taxes although he faces the problem of knowing preferences concerning public goods. How would it be possible to get the most of both, to use or stimulate voluntary groups that want to provide public goods and on the other hand should the State have an enhancing role towards them?

MO Yes, there is a lot to be said for avoiding monopoly, whenever one can, even in the provision of public goods. As large a set as possible of organisations that provide public goods is desirable, and here it seems to me that private organisations are useful. They have to overcome the collective action problem in order to get funds, but they nevertheless are an alternative in making society more competitive.
There is also something to be said for some measure of subsidisation of such organisations. Of course, these organisations in turn can also become lobbies that lobby the government for subsidies in their own institutional interest. So this is no *panacea* or perfect solution. But yes, I think the case for pluralism and competition is so great that private as well as public organisations should be used to provide public goods. I think fiscal federalism is useful for the same reason. Not all of the public good providers will be equally efficient, and if there are some local governments that are more efficient than others, there will be some tendency for more of the societies' activities to move towards the localities with more efficient local governments. Similarly, if there are non governmental organisations that are supplementing a governmental organisation and the private organisations do much better, their example may have also a wholesome effect on government.

PTP There are some politicians, including in the United States that are saying that if the State pulls out in terms of providing some welfare services that civil society will come in and fill the gap. Do you agree with this approach ?

MO Because of the *LCO,* there will be no tendency for private charity and private action wholly to make up for a cut back of State action. So I think this is a mistaken argument. At the same time, it would go too far to say that there will be no increase in private collective action if government programs and resources were eliminated.

PTP The first implication of the *Logic* developed in *The Rise and Decline of Nations* is that "There will be no countries that attain symmetrical organisation of all groups with a common interest and thereby attain optimal outcomes through comprehensive bargaining." I read this as a criticism to Chicago Political Economy (CPE) when they argue that the environment where interest groups behave is competitive and therefore efficiency in the "political market" is guaranteed. Of course the intent was not to criticise CPE, but it is a different position, isn't it ?

MO Yes, it is a different position. It is important to see all the merit in an opposing argument even if one is not persuaded by it. There is one element of merit in the Chicago Political Economy view that competition among pressure groups will lead to a more or less efficient outcome. The one merit in it is the idea that, other things are equal, the less costly redistribution — that is to say the redistribution that has the lowest excess burden or dead-weight loss — will always have some political advantage. This is the idea that drives the work of Gary Becker on this topic. There is no question that the idea is correct. Yet, it implies that, if there is a redistribution of income due to pressure group activity, it will always take place in a Pareto efficient form — that is with the least excess burden. If this Becker argument is the whole story, the kind of redistributions that we will see are only efficient redistributions. We will see things like the government sending cheques to the people in the groups with the most political power, and these cheques, will be unconditional. The government won't give money to a group provided it stays in the industry but it will instead let them do whatever they wish, because that is more efficient from the society's point of view ! Another kind of efficient redistribution in some cases would be to allow a monopoly, but then auction off the places in the monopoly, and the receipts of the auction would go to the group that obtains the redistribution. This would, in some cases, be the way to redistribute to a given group that has the least dead-weight loss or waste from the point of view of society, but we *don't* observe unconditional cash distributions, and we don't observe monopolies being set up with the rights to produce under the monopoly being auctioned off and the proceeds of the auction given to the lobby that has obtained this redistribution in the first place. The reason we don't observe it shows why the Chicago Political Economy is not finally satisfactory. It overlooks the fact that redistributions to groups that have overcome the difficulties of collective action must be accepted by the rest of society. The rest of society does not accept unconditional cash redistributions to organized special interests. If a redistribution to an organized interest group were explicit and efficient it would not be allowed by the rest of society. Redistribution to the very poorest is explicit, but not redistribution to special interests. So therefore, what the organisations for collective action do is seek redistributions to themselves that are inconspicuous or easily misrepresented as measures that are in the public interest. They seek redistributions that can be sold to a *rationally ignorant* public that does not know it is being ripped off. Thus we tend to get socially inefficient redistribution in contrast to what Gary Becker's theory would suggest.

PTP Your thesis in *The Rise and Decline of Nations* is that society with unchanged boundaries and freedom of association tend to create special interest groups and collusions which will impair economic growth. This might suggest that we can face the decline of western democratic countries which are precisely the more stable and where these interest groups are created more easily. What do you think about this? Are we facing the decline of democracies in the XXI century ?

MO It seems to me that the destiny of the western democracies is determined by two forces that pull in opposite directions. The one force is the accumulation of distributional coalitions. As time goes on more groups overcome the difficulties of collective action , more lobbies and cartels and collusions are formed and that makes these societies less efficient as time goes on. And that force by itself would in the long run destroy them if there were no countervailing forces. But there is a countervailing force and that is the process of social learning. Societies are slow learners but they *do,* to some degree , learn. So as time goes on there is an increasing awareness of the problems I am talking about. People become more and more aware of lobbying and special interests, so they become more and more resistant to lobbying activities. Thus you see in some countries, sometimes, that there are efforts to repeal special interest legislation. In the US, for example, in the time of President Carter, there was deregulation of some industries that under regulation had come to be controlled almost exclusively by the firms that were regulated and by the labour unions of the workers in the regulated firms. This regulation come to work so badly that there come to be an awareness in both political parties in the United States that things had to be changed. Then there were some changes for the better.

Two of the most sclerotic societies in the West until recently were New Zealand and Australia. The special interests had hurt these countries and given them the highest levels of protectionism of the advanced developed countries. But Australia and New Zealand could see that they were falling fast in the rank order of the economies in the West. Whereas they were the 3rd, 4th, or 5th in per capita income at the end of World War II, New Zealand ten years ago was well below the norm in West countries.

So, there were, especially in New Zealand, efforts to reform. This showed up first under a Labour government, and then was carried on by a Conservative government. So now, New Zealand has definitely improved himself. Social learning for a period in N.Z. after things have gotten too bad, led to some improvement.

So I don't know what is going to happen in the West, but I know that if an historical process is understood, it is *not* inevitable: the society can act to change the process. I hope that this will be the case and that the western nations learn about this problem fast enough to deal with it.

PTP This leads to another issue that you have faced in one of your papers which is the comparison between autocracies and democracies. From the *strict* point of view of economic growth, autocracies have several comparative advantages with respect to democracies. Can you qualify what are the major advantages and shortcomings of both systems ?

MO If you look around the world, you find more dictatorial than democratic countries, and most of the dictatorial governments are performing very badly. By and large, the dictatorships in Latin America and Africa have worked badly. A few dictatorships, such as the dictatorship of Chiang Kai-shek after about 1960 in Taiwan, worked well. In South Korea after about 1960 the dictatorship also worked well. So, one thing is clear is that dictatorships do not necessarily improve economic growth and that in fact most dictatorships work badly. It is a minority of them that choose the good policies and work well.

When you have a dictatorship with the right policies and it is a fresh new dictatorship, that dictatorship will not be subordinated to special interests, and that it is one reason it can work well. One reason why Taiwan and South Korea worked well is that the dictators had no need to submit to special interests and in general they did not. That is one reason that activitism in government economic policies worked better than it generally does. The activism was not guided by special interests. It is true that democracy is more open to special interest pressures than dictatorships. However, even when you have a dictator that has excellent economic policies, there is no mechanism for that dictatorship to continue in any predictable way. If you have a dictatorship you can not have another institution who determines what the next dictator is going to be. So, therefore, there is uncertainty of succession. When any dictator, out of insecurity or any other reason, has a short time horizon , that dictator will gain from confiscating assets, and thereby bring about bad conditions for capital formation. It turns out that the only countries that have, across generations, accumulated a lot of capital and secured property rights over the long run are the stable Western democracies. Thus it is no accident that in general these are the richest countries in the world.

PTP Changing now to the European Union, I am trying to see the application of the *Rise and Decline of Nations* to this context. In the present context of the European Union there is almost no mobility of labour between countries. According to your theory this would mean that the benefits of the Union in terms of decreasing the power of special interest groups within each country is not achieved. What are the main consequences of keeping the non-mobility of labour and should we need a sort of *affirmative action* policy towards no discrimination of people from different countries?

MO I am not a specialist of the European Union, but as I understand it, it is legal from a person to go from one common member country to another and practice his skill or profession in that second country, but it tends not to happen very often even though that sort of thing happened a lot before the common market was created. It happened a lot in the 50's when huge numbers of guest workers worked in Northern Europe. Strangely, there seems to be less of this migration now. My hypothesis is that there is an increasing degree of cartelization of firms and of professions and occupations. This cartelization pushes the wages to the point where the firms don't want to add more workers. The cartels and lobbies of the professions and the occupational groups press the government to pass laws against laying off people so therefore the rational firm is going to be very wary about taking on a new worker. If it is difficult to dismis a worker, it is risky to add a new employee. The firm that might have taken on a new worker from a lower wage country in the common market often does not do so because of labor cartelization and lobbying in the interest of the established emplyees. Thus I see a reduction in effective labour mobility in the EU at the very time that the laws say mobility should be increasing. This is evidence that the process I have described in the *Rise and Decline of Nations* is really happening.

PTP Following a bit this subject, the fact that we have different idioms and different cultures and most of the countries are very old countries suggests that the experience of the E.U. might be considerably different from the United States experience, as far as integration and development of backward regions is concerned , and this relates also to the absence of labour mobility. The EU is a unique case, but can we learn from the American Experience?

MO Yes, I would say that there is a valuable lesson for each member country of the EU in the experience of the US . Before the 1950's almost all the manufacture of the United States was Northeast of a line that can be drawn from Washington to St. Louis to Milwaukee. Now, what is happened since the 50's and specially since the 60's is that this area that used to be the heartland of the American manufacturing economy has declined enormously, and industry has gone to the recently settled West and to the South specially after the South came to have its old institutions replaced by new institutions. In general the States of the West and the States of the South have had institutions and policies that were less sclerotic than the North-eastern and the older Midwestern States and that is the reason why there has been a movement of industry to these States. The Southern States, were relatively poor States; The per capita income in the South used to be half of the per capita income in the rest of the country. Now the South is a dynamic part of the United States and has essentially the same living standards as other parts of the US . Industry migrates to the political jurisdictions which have the better policies.
Now, the same thing happens in the European Union. If it is the case that Ireland, Portugal and Greece, make their environment more suitable to efficient industry than the environment in Germany and France, industry will locate in Ireland, in Portugal, and in Greece rather than in Germany or France. This is true not only of industry that comes from third countries like America or Japan — it is also true of German and French and other firms. So I believe that the below average income countries of the European Union have it within their own power to move ahead of the European average.

PTP But this supposes full mobility of capital, which exists now and full mobility of labour which does not exist.

MO But, you see, below wage countries don't need to have that much labour movement. If the wage in Ireland is below the wage in West Germany, than capital can move from West Germany to Ireland. There might be particular skills that are missing in Ireland so you would have to have some people moving with the capital, but you don't have to have many people moving. Therefore, if the low income countries are hospitable to capital and to enterprises and if they are hospitable to those specialised technicians and managers that would be needed, than I believe that this migration of capital will take place. Indeed some such migration has already taken place . If you look at Ireland, for example, you will find that all sorts of US enterprises have chosen to set up there in order to sell to the common market as a whole. If the Irish had arranged their economic policies and institutions better they would have even more of this foreign investment.

PTP The main problem, as I see it, is the sclerosis of these societies and the power that interest groups still have in these peripheral countries, and this is the more difficult issue to overcome.

MO I completely agree. Let us take again the case of Ireland. Why is it that wages in Ireland and per capita income in Ireland is only 3/5 of the level in Great Britain, which is itself below that of the more prosperous countries on the common market and the United States. Well, it is because Ireland has had all series of inefficient policies. These bad policies came partly out of the early period of Irish independence, when nationalistic parties would adopted very protectionist policies, and partly out of a dense network of cartels of firms and of workers. This network goes way back to when Ireland was a part of the United Kingdom.

So therefore the low income countries of the common market, in order to grow more rapidly than the other countries and to catch up, need to choose smarter economic policies than the high income countries. If they do this, they will become the leaders.

Bibliografia

Ackerman, B. 1991, *We the People: Foundations*, Cambridge, Harvard University Press.

Aguiar-Conraria, L. e Magalhães, P. 2008, "Referendum Design, Quórum Rules and Turnout" WP, NIPE, Universidade do Minho, WP 05/2008

Akerlof, G. 1970, "The market for lemons: quality uncertainty and the market mechanism", Quarterly Journal of Economics" 84:488-500

Alves, A, e Moreira, J. M. 2004, *O que é a escolha pública? Para uma análise económica da política*, Principia, Cascais

Amaral, D. F. 1999, *Curso de Direito Administrativo*, vol I (2.ª ed.), Coimbra, Livraria Almedina,.

Ambrose, M. E Kulik, C. "Old Friends, New faces: Motivation Research in the 1990s" *in Journal of Management*, 25(3): 231-292

Araújo, F. 2008, *A Tragédia dos baldios e Anti-Baldios. O Problema Económico do Nível Óptimo de Apropriação,* Coimbra, Almedina

Arnold, R. D. 1990, *The Logic of Congressional Action*, New Haven, Yale University Press.

Arrow, K. J. 1951, *Social Choice and Individual Values*, New York, John Wiley and Sons.

Arrow, K. J. 1998, "The external costs of voting rules: A note on Guttman, Buchanan and Tullock", *in European Journal of Political Economy*: 14 (2): 219-222.

Austen-Smith, D. 1997, "Interest groups: Money, Information, and influence", *in* Mueller, Dennis (ed.), *Perspectives on Public Choice*, Cambridge, Cambridge University Press, 296-321.

Axelrod, R. 1984, *The Evolution of Cooperation,* New York, Basic Books.

Barbosa, A. P. 1997, *Economia Pública*, Lisboa, McGraw-Hill.

Baron, D. 1995, "The Economics and Politics of Regulation: Perspectives, Agenda and Approaches" *in* Banks, J. and Hanushek, E. (eds.) 1995, *Modern Political Economy*, Cambridge, Cambridge University Press.

Batley, R. e larbi, G. 2004, *The Changing Role of Government: The Reform of Public Services in Developing Countries*, basingstone, Palgrave MacMillan

Baumgartner, F. e Leech, B. 1998, *Basic interests, The Importance of Groups in Politics and Society*, Princeton, Princeton University Press.

Becht, M. Bolton, P. e Roell, A. 2005, Corporate Governance and Control, Finance WP 02/2002, European Corporate Governance Institute (updated August 2005)

Becker, G. 1983, "A theory of competition among pressure groups for political influence", Quarterly Journal of Economics: 98:371-400.

Ben-Ner, A. e Putterman, L. (ed.)1998, *Economics, Values and Organization*, Cambridge, Cambridge University Press.

Bentley, A. F. 1949, *The process of government: A study of social pressures*, Bloomington, The Principia Press, Inc.

Berlin, I. 1969, *Four Essays on Liberty*, Oxford, Oxford University Press.

Besley, T. 2004, "Paying Politicians: Theory and Evidence", *in Journal of the European Economic Association*, 2:193-215.

Besley, T. and Coate, S. 2003, "Centralized versus Decentralized Provision of Local Public Goods: A Political Economy Approach" *Journal of Public Economics* 87, 2611-2637.

Black, D. 1958, *The Theory of Committees and Elections*, Cambridge, Cambridge University Press.

Bobbio, N. 1988, *O Futuro da Democracia,* Publicações D. Quixote, Lisboa

Bohman, J. and Regh, W. (eds.). 1997, *Deliberative Democracy, Essays in Reason and Politics*, Cambridge MA, The MIT Press.

Boix, C., 1999. "Setting the Rules of the Game: the Choice of Electoral Systems in Advanced Democracies", *in American Political Science Review*, 93 (3): 609-624.

Bourdieu, P. 1979, *La Distinction: Critique Sociale du Jegement,* Les Éditins de Minuit,

Bowler, S. and Grofman, B. (eds.), 2000, *Elections in Australia, Ireland and Malta under the Single Transferable Vote: Reflections on an Embedded Institution*, Ann Arbor MI, University of Michigan Press.

Brams, S. 1993, "Approval Voting and the Good Society", *in Political Economy of the Good Society,* newletter 3 (1): 10-14

Brams, S. e Fishburn, P. 1983, *Approval Voting*, Cambridge MA, Birkhauser Boston.

Brams, S. e Herschbach, D. 2001, "The Science of Elections" *in Science,* 292 (5521): 1449

Brennan, G. 1993, "The Contribution of Economics." *in* Goodin, R. E. and Pettit, P. (eds.) *A Companion to Contemporary Political Philosophy*, Oxford, Basil Blackwell.

Brennan, G., e Buchanan, J. M. 1980, *The Power to Tax: Analytical Foundations of a Fiscal Constitution*, Cambridge, Cambridge University Press.

Brito, J. M. 1987, *O Condicionamento Industrial e o processo português de industrialização após a segunda grande guerra*, vol I, *mimeo,* dissertação de doutoramento em Economia, Instituto Superior de Economia e Gestão, Lisboa.

Brittan, S. 1975, "The economic contradictions of democracy", *in British Journal of Political Science,* 5: 129-59.

Brittan, S. 1987, "The economic contradictions of democracy: revisited", *in Political Quarterly*, 60(2): 190-203.

Buchanan, J. 1954, "Individual Choice in Voting and the Market.", *in Journal of Political Economy*, 62(4): 334-343.

Buchanan, J. 1975, *The Limits of Liberty: Between Anarchy and Leviathan*. Chicago, University of Chicago Press.

Buchanan, J. 1980, "Rent-seeking and Profit Seeking", *in* Buchanan, J., Tollison, R., e Tullock, G. (eds) *Toward a Theory of the Rent Seeking Society,* College Station, Texas A & M University Press, 3-15.

Buchanan, J. 1984, "Politics without romance: a sketch of positive public choice theory and its normative implications" *in* Buchanan, J., e Tollison, R. (eds), *The Theory of Public Choice II*, Ann Arbor MI, The University of Michigan Press.

Buchanan, J. 1990, "The Domain of Constitutional Economics" in Constitutional Political Economy, vol 1 n.º 1, pg 1-18

Buchanan, J. 1993, "How can Constitutions be Designed so that Politicians who seek to serve 'public interest' can survive?" *in Constitutional Political Economy* 4: 1-6.

Buchanan, J. 1998 "Majoritarian Logic" *in Public Choice* , 97: 13-21.

Buchanan, J. e Tullock, G. 1962, *The Calculus of Consent*, Ann Arbor MI, The University of Michigan Press.

Buchanan, J., e Congleton, R. 1998, *Politics by Principle not Interest: Toward Nondiscriminatory Democracy*, Cambridge, Cambridge University Press.

Buchanan, J., Tollison, R. e Tullock, G. (eds.) 1980, *Toward a Theory of the Rent-seeking Society*, College Station, Texas A&M Press.

Buelens, M. e Van den Broeck, H. 2007, "An analysis of Differences in Work Motivation between Public and Private Sector Organizations", *in Public Administration Review*, 67(1): 65-74.

Cabral, M. V. 1997, *Cidadania Política e Equidade Social em Portugal*, Oeiras, Celta.

Canotilho, J. J. e Moreira, V. 1984, *Constituição da República Portuguesa: Anotada*, vol. I (2.ª ed.), Coimbra, Coimbra Editora.

Canotilho, J. J. e Moreira, V. 1985, *Constituição da República Portuguesa*: *Anotada*, vol. II (2.ª ed.) Coimbra, Coimbra Editora.

Cardoso, A. L. 1993, *Os Sistemas Eleitorais*, Edições Salamandra, Lisboa

Carey, J. e Shugart, M., 1995, "Incentives to Cultivate a Personal Vote: a Rank-ordering of Electoral Formulas". *in Electoral Studies*, 14: 417-439.

Carvalho, N. 2000, *O Direito ao Lobbying: Teoria, Meios e Técnicas*, Lisboa, Cosmos.

Chin, M. e Taylor-Robinson, M. 2005, "The rules matter: an experimental study of the effects of electoral systems on shifts in voters' attention", *in Electoral Studies*, 24: 465-483.

Christensen, T. , Laegreid, P. (eds.) 2007, *Transcending New Public Management: the transformation of public sector reforms*, Hampshire, Ashgate Publishing.

Clark, P. e Wilson, J. 1961, "Incentive Systems: a Theory of Organizations", Administrative Science quarterly, 6 (2), 129-166.

Coase, R. 1937, "The nature of the firm", *in Economica*, 4(16): 386-405.

Coase, R. 1960 "The Problem of Social Cost", *Journal of Law and Economics*, 3, p. 1-44

Coase, R. 1988, *The firm, the market and the law*, Chicago, The University of Chicago Press.

Coleman, J. 1988, "Social Capital in the Creation of Human Capital", *American Journal of Sociology*, 94, S95-S120

Colomer, J. (ed), 2004, *The Handbook of Electoral System Choice*, New York, Palgrave- Macmillan.

Comunidades Europeias 2003, *Projecto de Tratado que estabelece uma Constituição para a Europa*, Serviço das Publicações Oficiais das Comunidades Europeias

Cooter, R e Ulen, T. 2004, *Law and Economics*, Boston, Pearson Addison Wesley.

Copp D., Hampton J. e Roemer, J. (eds.) 1995, *The Idea of Democracy*, Cambridge, Cambridge University Press.

Corte-Real, P. e Pereira, P. T. 2004, "The voter who wasn't there: referenda, representation and abstention", *in Social Choice and Welfare*, 22 (2): 349-369.

Costa, J, da S. (coord.) 2002, *Compêndio de Economia Regional*, Coimbra, edição da APDR.

Costa, L. F. 2002, *Império e Grupos Mercantis: Entre o Oriente e o Atlântico (séc. XVII)*, Livros Horizonte, Lisboa.

Cox, G. 1987, "The Uncovered Set and the Core", *in American Journal of Political Science*, 31: 408-22.

Cruz, M.B. 1995, *Instituições Políticas e Processos Sociais*, Bertrand Editora, Venda Nova

Cruz, M.B. 1998, *Os Sistemas Eleitorais: o Debate Científico*, ICS, Lisboa

Dahl, R. 1989, *Democracy and its Critics*, New Haven, Yale University Press.

Dixit, A. K. 2000, *The Making of Economic Policy: a Transaction Cost Politics Perspective*, Cambridge MA, MIT Press.

De Condorcet, Marquis, 1785 *Essai sur l'Application de l'Analyse à la Probabilité des Décisions Rendue à la Pluralité des voix*, Paris

Dent, M., Chandler, J. e Barry, J. (eds.) 2004, *Questioning the New Public Management*, Aldershot, Ashgate

Dibben, P., Wood, G. e Roper, I. (eds.) 2004, *Contesting Public Sector Reforms: Critical Perspectives, International Debates,*Basingstoke, Palgrave MacMillan

Downs, A. 1957, *An Economic Theory of Democracy*, New York, Harper and Row.

Duverger, M. 1946, *Les Partis Politiques*, Bordeaux, Université de Bordeaux.

Eggertson, T. 1990, *Economic Behavior and Institutions*, Cambridge University Press, Cambridge

Elster, J. 1997, "The Market and the Forum: Three Varieties of Political Theory" *in* Bohman, J e Regh, W. (eds.), *Deliberative Democracy, Essays in Reason and Politics*, Cambridge MA, The MIT Press, 3-34.

Elster, J. (ed.) 1998, *Deliberative Democracy*, Cambridge University Press, Cambridge.

Enelow, J. 1997, "Cycling and Majority Rule", *in* Mueller, D. C. (ed.) *Perspectives on Public Choice*, Cambridge: Cambridge University Press, 149-62.

Farrell, D. e McAllister, I. 2006, "Voter Satisfaction and Electoral Systems: Does Preferential Voting in Candidate-Centered Systems Make a Difference?", *European Journal of Political Research*, 45: 723-749

Felsenthal, D. e Machover, M. 2001, "The Treaty of Nice and qualified majority voting", *in Social Choice and Welfare*, 18: 431-464.

Felsenthal, D. e Machover, M. 2004, "Analysis of QM rules in the Draft Constitution for Europe Proposed by the European Convention, 2003", *in Social choice and welfare*, 23(1): 1-20.

Fonseca, C., Kamphuis, P. e Pereira, P.T. 1998, "Porque e como sobrevivem os grupos de interesse público: o caso do Geota?", *mimeo,* artigo apresentado no 1.º Congresso de Sociologia Económica, Fundação Calouste Gulbenkian, Lisboa

Friedman, J.(ed.) 1995, *The Rational Choice Controversy*, New Haven, Yale University Press

Fukuyama, F. 1996 [1995] *Confiança: Valores Sociais e Criação de Prosperidade,* Lisboa, Gradiva.

Fukuyama, F. 2000"Social Capital and Civil Society" *in IMF Working Paper* WP/00/74, 1-18, reimpresso em E. Ostrom e Ahn, T. (eds.) 2003.

Gallagher, M. 1991, "Proportionality, Disproportionality and Electoral Systems", *in Electoral Studies*, 10: 52-59.

Garoupa, N. e Tavares, J. 2007, "Institutions and Portuguese Economic History: Implications and (Brief) Applications", *mimeo*, artigo apresentado na conferência em memória do Prof. Jorge Borges de Macedo.

Gintis, H., Bowles, S., Boyd, R. e Fehr, E. (eds.) 2005 *Moral Sentiments and Material Interests*, Cambridge, The MIT Press

Gouldner, A. W. 1960, "The Norm of Reciprocity: a Preliminary Statement", *American Sociological Review*, 25: 161-178

Grant, W. 1995, *Pressure Groups, Politics and Democracy in Britain* (2.ª ed.), New York, Harvester Wheatsheaf .

Granovetter, M. 1985, "Economic Action and Social Structure: The Problem of Embeddedness" *American Journal of Sociology*, 91: 481-510

Grossman, G. e Helpman, E. 1996, "Electoral competition and special interest politics", *in Review of Economic Studies*, 63: 265-87.

Groves, T., e Ledyard, J. 1977, "Optimal Allocation of Public Goods: a Solution to the Free Rider Problem", *in Econometrica*, 45: 783-809.

Guarinieri, C., Kaminis, Y. e Magalhães , P. 2006, "Democratic Consolidation, Judicial Reform, and the Judicialization of Politics in Southern Europe" in R. Gunther; P. Diamandouros; e D. Sotiropoulos, (Eds.), *Democracy and the State in the New Southern Europe*. (pp. 138--196). Oxford: Oxford University Press.

Guttman, A. 1993, "Democracy", *in* Goodin, R. E. e Pettit, P. (eds.) *A Companion to Contemporary Political Philosophy*, Oxford, Basil Blackwell, 411-21.

Hamilton, A., *et al.* 1961 [1788], *The Federalist Papers*, New York, Penguin Books.

Hanushek,E.; Heckman, J. e Neal, D. 2002, "Introduction to the JHR's Special Issue on Designing Incentives to Promote Human Capital", *in The Journal of Human Resources*, 37(4): 693-695

Haque, M. S. 2007 "Revisiting the New Public Management", *in Public Administration Review*, 67(1):179-182

Hardin, G. 1968, "The Tragedy of the Commons", Science, 162, p.1243-1248

Hardin, R. 1982, *Collective Action*, Baltimore, John Hopkins University Press.

Hardin, R. 1995, "Public Choice versus Democracy." *in* Copp D., Hampton J. e Roemer, J. (eds.) *The Idea of Democracy*, Cambridge, Cambridge University Press

Hardin, R. 1997, "Economic Theories of the State", *in* Mueller, D.C. (ed.) *Perspectives on Public Choice*, Cambridge, Cambridge University Press, 21-34.

Hare, T., 1859, *The Election of Representatives: Parliamentary and Municipal*, London, Longmans Green.

Hayek, F. 1960, *The Constitution of Liberty*, London, Routledge.

Hodgson, G. 1994 [1988], *Economia das Instituições*, Oeiras, Celta.

Holler, M. J., 2007. "Freedom of Choice, Power, and Respondability of Decision Makers", *in* Josselin, J-M., e Marciano, A. (eds.), *Democracy, Freedom and Coercion: A Law and Economics Approach*, Cheltenham, Edward Elgar, 22-45.

Karvonen, L. 2004, "Preferencial Voting: Incidence and Effects", *in International Political Science Review*, 25(2): 203–226.

Kasper, W. e Streit, M. 1999, *Institutional Economics: Social Order and Public Policy*, Cheltenham, The Locke Institute.

Katakorpi, K. e Poutvaara, P. 2008, "Pay for Politicians and Candidate Selection: An Empirical Analysis", *mimeo*, Paper presented at the Annual Meeting of the European Public Choice Society, Jena.

Kettl, D. 2002, *The Transformation of Governance: Public Administration for Twenty-First Century America*, Baltimore, The Johns Hopkins University Press.

Knocke, D. 1988, "Incentives in Collective Action Organizations", in *American Sociological Review* 53: 311-329

Krueger, A. 1974, "The political economy of the rent-seeking society", *in American Economic Review,* 64: 291-303.

Kuniková, J. e Rose-Ackerman, S. 2005, "Electoral Rules and Constitutional Structures as Constraints on Corruption", *in British Journal of Political Science*, 35: 573-606.

Laakso, M. e Taagepera, R. 1979, "Effective Number of Parties: a Measure With Application to West Europe", *in Comparative Political Studies,* 12: 3-7.

Lains, P. 1987, "O proteccionismo em Portugal (1842-1913): um caso mal sucedido de industrialização 'concorrencial'", *in Análise Social* XXXIII: 481-503.

Lane, J.-E. 2000, *New Public Management*, London, Routledge.

Lawrence, D. H. 1960 [1928] *Lady Chatterley's Lover*, The Penguin Books, London.

Le Grand, J. 2003, Motivation, Agency and Public Policy (Of Knights and Knaves, Pawns and Queens), Oxford University Press, Oxford.

Liebenstein, H. 1966, "Allocative Efficiency vs. X-Efficiency" *American Economic Review* 56, p. 392-415.

Lijphart, A. 1990, "The Political Consequences of Electoral Laws, 1945-85", *in American Political Science Review*, 84(2): 481-96.

Lijphart, A. 1994, *Electoral Systems and Party Systems: a study of twenty seven democracies*, Oxford, Oxford University Press.

Lijphart, A. 1997, "Unequal Participation: Democracy's Unresolved Dilemma", *in American Political Science Review*, 91: 1-14.

Lindahl, E. 1958 [1919], "Just Taxation – a Positive Solution", *in* Musgrave, R. e Peacock, A. (eds.), *Classics in the Theory of Public Finance*, London, Macmillan, 168-176.

Lohmann, S. 1998, "An information rationale for the power of special interests", *in American Political Science Review*, 92(4): 809-827.

Loosemore, J. e Hanby, V. 1971, "The Theoretical Limits of Maximum Distortion: Some Analytical Expressions for Electoral Systems", *in British Journal of Political Science*, 1: 467-477.

Lopes, F.F. e Freire, A. 2002, *Partidos Políticos e Sistemas Eleitorais: uma introdução*, Oeiras, Celta.

Lucena, M. 1985, "Neocorporativismo?- Conceito, interesses e aplicação ao caso português", *in Análise Social* , XXI (87-88-89): 819-865.

Lucena, M. e Gaspar, C. 1992, "Metamorfoses corporativas? Associações de Interesses Económicos e Institucionalização da democracia em Portugal", *in Análise Social*, XXVII (115): 135-187.

Madureira, N. 1997, "A sociedade civil do Estado. Instituições e grupos de interesse em Portugal (1750-1847)", *in Análise Social*, XXXII: 603-624.

Madureira, N. 2002, *A Economia dos Interesses: Portugal entre as Guerras*, Livros Horizonte, Lisboa

Magalhães, P. 2005, "Eleições, Partidos e Instituições Políticas no Portugal Democrático". *in* A. Costa Pinto (Ed.), *Portugal Contemporâneo*. (pp. 173-192). Lisboa: D. Quixote.

Magalhães , P. 2006, "The Institutional Framework of the Transition to Democracy in Portugal." *in* M. Minotos (Ed.), *The Transition to Democracy in Spain, Portugal and Greece Thirty Years After*. (pp. 99-120). Atenas: Konstantinos G. Karamanlis Foundation.

Magalhães , P. 2007, "Voting and Intermediation: Informational Biases and Electoral Choices in Comparative Perspective", *in* R. Gunther *et al.* (Eds.), *Democracy, Intermediation, and Voting on Four Continents*. (pp. 208-254), Oxford, Oxford University Press.

Maquiavel, 1976 [1532], *O Príncipe*, Edições Europa América, Mem Martins, (com comentários de Napoleão Bonaparte).

Marques, M. M., Santos, A. I. e Nogueira, S. 1996, *A Administração Consultiva em Portugal*, Lisboa, Conselho Económico e Social

Marques, R. 2001, "Economia Experimental e Reciprocidade: uma Meta-análise", working paper 2/2001, Socius/ISEG

Marques, R. 2002, *As Dádivas de Medeia: Por uma Teoria das Formas de Reciprocidade*, Dissertação de doutoramento, Lisboa, mimeo.

Marx, K. 2004 [1867] *Capital: a Critique of Political Economy,* vol.I, Penguin Classics

Matos, A. M. 1996, "Sociedade e associações industriais oitocentistas: projectos e acções de divulgação técnica e incentivos à actividade empresarial", *in Análise Social*, XXXI: 397-412.

May, K. 1952, "A Set of Independent, Necessary and Sufficient Conditions for Simple Majority Decision", *in Econometrica*, 21: 680-84.

McKelvey, R. 1976, "Symmetric Spatial Games without Majority Rule Equilibria", *in American Political Science Review*, 70: 1172-84.

McKelvey, R. 1979, "General Conditions for Global Intransitivities in Formal Voting Models", *in Econometrica*, 47: 1085-1112.

McKelvey, R., e Schofield, N. 1986, "Structural Instability of the Core", *in Journal of Mathematical Economics*, 15: 179-98.

Meltzer, A., e Richard, S. 1981, "A Rational Theory of the Size of Government", *in Journal of Political Economy*, 89: 914-27.

Menard, C. e Shirley, 2007, eds. Handbook of New institutional Economics, Springer, Berlin

Merrill, S. 1988, *Making Multicandidate Elections More Democratic,* Princeton University Press

Mikesell, J. L. 2003, *Fiscal Administration Analysis and Application for the Public Sector*, Belmont, Thomson.

Mill, J, S. 1861, *Considerations on Representative Government in Utilitarianism, Liberty and Representative Government*, London, L. M. Dent (Everyman ed. 1910).

Miranda, J. 1986, "As Associações públicas no direito português", *in Revista da Faculdade de Direito da Universidade de Lisboa*, 27: 57-90.

Mitchell, W. 1984b, "Schumpeter and Public Choice, Part II: The Missing Chapter in Schumpeter", *in Public Choice*, 42:73-88.

Monroe, B. e Rose, A. 2002, "Electoral Systems and Unimagined Consequences: Partisan Effects of Districted Proportional Representation", *in American Journal of Political Science*, 46(1): 67-89.

Moreira, A. 1993, *Ciência Política*, Almedina, Coimbra

Moreira, V. 1997, *Auto-regulação profissional e Administração Autónoma – A Organização Institucional do Vinho do Porto*, Coimbra, ed aut.

Mota, G. e Pereira, P.T. 2008, "Happiness, Economic Well-being, Social Capital and the Quality of Institutions", *Working Paper*, ISEG/DE/UECE

Moynihan, D. e Pandey, S. 2007, "The role of Organizations in Fostering Public Service Motivation", *in Public Administration Review*, 67(1): 40-53.

Mueller, D. C. (ed.) 1997, *Perspectives on Public Choice: a Handbook*, Cambridge, Cambridge University Press.

Mueller, D. C. 1978, "Voting by Veto", *in Journal of Public Economics*, 10:57-75.

Mueller, D. C., 1996. *Constitutional Democracy*, Oxford, Oxford University Press.

Mueller, D. C. 1995, *Public Choice II*, Cambridge, Cambridge University Press.

Mueller, D. C. 2003, *Public Choice III*, Cambridge, Cambridge University Press.

Musgrave, R. e Musgrave, P. 1989, *Public Finance in Theory and Practice*, New York, McGraw-Hill (5th ed.)

Niskanen, W. 1971, *Bureaucracy and Representative Government*, New York, Aldine-Atherton.

Norris, P., 2004., *Electoral Engineering, Voting Rules and Political Behavior*, Cambridge, Cambridge University Press.

North, D. 1981, *Structure and Change in Economic History*, New York: Norton

North, D. 1990a, *Institutions, Institutional Change and Economic Performance*, New York, Cambridge University Press.

North, D. 1990b, "A Transaction Cost Theory of Politics", *Journal of Theoretical Politics*, 2, p 355-367

North, D. e Thomas, R. 1973, *The Rise of the Western World: a New Economic History*, Cambridge, Cambridge University Press

Nozick, R 1974, *Anarchy, Sate and Utopia*, New York, Basic Books

Oates, W. 1972, *Fiscal Federalism*, New York, Harcourt Brace Jovanovich

Oates, W. 1999, "An Essay on Fiscal Federalism", *Journal of Economic Literature*, 1120-1149

Oates, W. 2005, "Toward a Second Generation Theory of Fiscal Federalism", *International Tax and Public Finance*, 12, 349-373

OECD 2004, *Corporate Governance: A survey of OECD countries*, Paris, OECD.

OECD, 2005 *Modernizing Government: The Way Forward*, Paris, OECD.

Olson, M. 1982, *The Rise and Decline of Nations: Economic Growth, Stagflation and Social Rigidities*, New Haven, Yale University Press.

Olson, M. 1998 [1965], *A Lógica da Acção Colectiva: Bens Públicos e Teoria dos Grupos, Oeiras, Celta Editora* (1.ª ed. 1965, *The Logic of Collective Action: Public Goods and the Theory of Club* Cambridge, Harvard University Press).

Ordeshook, P. 1980, "Political Disequilibrium and Scientific Inquiry: a Comment on William Riker's 'Implications from the Disequilibrium of Majority Rule for the Study of Institutions'", *in American Political Science Review*, 74 (2): 447-50.

Ordeshook, P. 1990, "The Emerging discipline of political economy" *in* Alt, J. e Shepsle, K. (eds.), *Perspectives on Positive Political Economy*, Cambridge, Cambridge University Press.

Ordeshook, P. 1992, "Constitutional Stability", *in Constitutional Political Economy*, 3(2): 137-75.

Ostrom, E. e Ahn, T. K. (eds.) 2003, *Foundations of Social Capital*, Cheltenham, Edward Elgar

Ostrom, E. e Walker, J. 1997, "Neither Markets nor States: Linking Transformation Processes in Collective Action Arenas", *in* Mueller, D. C. (ed.), *Perspectives on Public Choice: a Handbook*, Cambridge, Cambridge University Press

Oxford University Press.

Pattanaik, P. e Xu, Y. 1990, "On Ranking Opportunity Sets in Terms of Freedom of Choice", *in Recherches Economiques de Louvain*, 56: 383-390.

Peltzman, S. 1976, "Towards a More General Theory of Regulation", *in Journal of Law and Economics*, 19: 211-40.

Pereira, P.T. 1993, *"Intergovernmental Grants, Urban Congestion and the Provision of Local Public Goods"*, dissertação de doutoramento, Leicester University, Leicester

Pereira, P.T. 1996*a*, "A politico-economic approach to intergovernmental grants", *in Public Choice*, 88: 185-201.

Pereira, P. T. 1996*b*, "A Acção Colectiva Voluntária e o Papel do Estado", *in* Carvalho Ferreira, J. M., *et al.*, *Entre a Economia e a Sociologia,* Oeiras, Edições Celta.

Pereira, P. T. ,1997, " A teoria da escolha pública (*public choice*): uma abordagem neo-liberal?", *in Análise Social*, XXII (141), 419-442.

Pereira, P.T 1998a, "Constitutional Change and the Minimum Connected Winning Coalition", *mimeo*, artigo apresentado no 1998 *European Public Choice Society Meeting*, Goteborg

Pereira, P.T. 1998b, "Prefácio à edição Portuguesa" *in* Olson, M, *A Lógica da Acção Colectiva: Bens Públicos e Teoria dos Grupos,* Oeiras, Celta Editora.

Pereira, P. 1998c, *Regionalização, Finanças Locais e Desenvolvimento*, CAREAT/MEPAT, Lisboa

Pereira, P.T. 2000, "From Schumpeterian Democracy to Constitutional Democracy", *in Constitutional Political Economy*, 11: 69-86.

Pereira, P.T. 2001, "Governabilidade, grupos de pressão e o papel do Estado", *in* Cruz, M. B., *A reforma do Estado em Portugal: Problemas e perspectivas*, Lisboa, Editorial Bizâncio.

Pereira, P.T. 2003, "Algumas perplexidades sobre finanças regionais" *in* Jornal "O Público" de 7 de Abril de 2003.

Pereira, P.T. 2008, *Economia e Finanças Públicas: da Teoria à Prática*, Coimbra, Almedina.

Pereira, P.T. (*no prelo*) "A economia, a política e as finanças da descentralização" *in* Castro, A. e Cadilhe, M. (eds.), *Economia e Finanças da Descentralização,* Universidade Católica Portuguesa.

Pereira, P.T., Afonso, A., Arcanjo, M. E Santos, J. G. 2007, *Economia e Finanças Públicas* (2.ª ed.), Lisboa , Escolar Editora.

Pereira, P. T. e Pontes, J. P. 1999 "Kantians, selfish and 'nice' agents: some implications to normative public choice", Working Paper WP 2/1999/ DE/CISEP/ISEG

Pereira, P.T. e Silva, J.A. (*no prelo*) "Citizens' Freedom to Choose Representatives: Ballot Structure, Proportionality and 'Fragmented' Parliaments", aceite para publicação *in Electoral Studies.*

Pereira, P.T., et. al. 2007, *Economia e Finanças Públicas* (2.ª ed.), Lisboa, Escolar Editora.

Pereira, P.T., Silva, N. e Silva, J.A. 2006, "Positive and Negative Reciprocity in the Labor Market", *in Journal of Economic Behavior and Organization*, 59(3): 406-422.

Persson, T. e Tabellini, G. 2003, *The Economic Effects of Constitutions*, Cambridge MA, MIT Press.

Pinto, A. C e Freire, A. (org.) 2003, *Elites, Sociedade e Mudança Política*, Oeiras, Celta.

Pollit, C. E Bouchaert, G. 2004, *Public Management Reform, a comparative analysis*, New York,

Poutvaara, P. e Takalo, T., 2007. "Candidate Quality", *in International Tax and Public Finance*, 14(1): 7-27.

Presidência do Conselho de Ministros 1997, *Revisão da Lei Eleitoral para a Assembleia da República*- Anteprojecto de Articulado e Relatório.

Przeworski, A. 1999, "Minimalist Conception of Democracy: a Defense" *in* Shapiro, E. Hacker-Cordón, C. (eds.), *Democracy's Value*, Cambridge, Cambridge University Press.

Putnam, R. 1995, "Tuning in, Tuning Out: the Strange Disappearance of Social Capital in America": PS, Political Science and Politics, XXVIII (4), p.664-83

Putnam, R. com Leonardy, R. e Nanetti, Y., 1993, *Making democracy Work: Civic traditions in Modern Italy*, Princeton, Princeton University Press

Rae, D. 1967, *The Political Consequences of Electoral Laws*, New Haven, Yale University Press.

Rae, D. 1971, *The Political Consequences of Electoral Laws* (2.ª ed.), New Haven, Yale University Press.

Rae, D., 1995, "Using District Magnitude to Regulate Political Party Competition", *in Journal of Economic Perspectives*, 9 (1): 65-75.

Rae, D., e Schickler, E. 1997, "Majority Rule", *in* Mueller, D. C. (ed.), *Perspectives on Public Choice*, Cambridge, Cambridge University Press, 181-200.

Rainey, H.G. e Bozeman, B. 2000, "Comparing public and private organizations: empirical research and the power of the a priori", *Journal of Public Administration Research and Theory*, 10 (2): 447-69.

Rawls, J. 1971, *A Theory of Justice*. Cambridge, MA, Harvard University Press.

Rawls, J. 1997 [1993], *O Liberalismo Político*, Lisboa, Editorial Presença.

Rawls, J. 1997, "The Idea of Public Reason." *in* Bohman, J. e Regh, W. (eds.), *Deliberative Democracy, Essays in Reason and Politics*, Cambridge MA, The MIT Press, 93-141.

Reis, J. 1995 "A economia constitucional, o Estado e instituições", *Notas Económicas,* vol. 6 (Dez.) pg- 77-94

Reis, J. 2007, *Ensaios de Economia Impura,* Almedina, Coimbra

Riker, W. 1980, "Implications from the Disequilibrium of Majority Rule for the Study of Institutions", *in American Political Science Review*, 74 (2): 432-45.

Riker, W. 1982, "The Two-Party System and Duverger's Law: An Essay on the History of Political Science." American Political Science Review 76 (4) :753-766.

Riker, W. 1982, *Liberalism against Populism: A Confrontation Between the Theory of Democracy and the Theory of Social Choice*, San Francisco, Freeman.

Riker, W. 1986, *The Art of Political Manipulation*,

Rodrigues, V. 2007, *Análise Económica do Direito*, Almedina, Coimbra

Rogoff, K. 1990, "Equilibrium political budget cycles", *in American Economic Review*, 80: 21-36.

Rogoff, K. e Sibert, A. 1988, "Elections and macroeconomic policy cyles", *in Review of Economic Studies*, 55: 1-16.

Romer, T., e Rosenthal, H. 1978, "Political Resource Allocation, Controlled Agendas and the Status Quo", *in Public Choice* 33(4): 27-43.

Romer, T., e Rosenthal, H. 1979, "Bureaucrats versus Voters: On the Political Economy of Resource Allocation by Direct Democracy", *in Quarterly Journal of Economics*, 93: 563-87.

Rose-Ackerman, S. 1999 *Corruption and Government: Causes, Consequences and*

Rothstein, B. 1998, *Just Institutions Matter: the Moral and Political Logic of the Universal Welfare State*, Cambridge, Cambridge University Press.

Rutherford, M. 1994, *Institutions in Economics: the Old and the New Institutionalism,* Cambridge University Press, Cambridge

Rutherford, M. 2007, "American Institutionalism and its British Connections" *in European Journal of the History of Economic Thought*, 14: 291-323.

Samuelson, P. 1954, "The Pure Theory of Public Expenditure", *in Review of Economics and Statistics*, 36: 387-89.

Sandler, T. 1992, *Collective Action: Theory and Applications*, Ann Arbor, University of Michigan Press

Sandler, T. 2004, *Global Colllective Action*, Cambridge, Cambridge University Press

Santos, B. S. 2002, *Democracia e Participação: o caso do Orçamento Participativo de Porto Alegre*, Porto, Ed. Afrontamento.

Schmitter, P. 1974, "Still the century of corporatism?", *in Review of Politics*, 36: 85-121 (reimp. *in* P. C. Schmitter e G. Lehmbruch *Trends Towards Corporatist Intermediation,* London, Sage)

Schofield, N. 1978, "Instability of Simple Dynamic Games", *in Review of Economic Studies* 45: 575-94.

Schofield, N. 1995, "Democratic Stability", *in* Knight, J. e Sened, I. (eds.) *Explaining Social Institutions,* 189-215, Ann Arbor, University of Michigan Press.

Schofield, N. 1997, "Multiparty Electoral Politics", *in* Mueller, D.C. (ed*.) Perspectives on Public Choice*, Cambridge, Cambridge University Press, 271-95.

Schugart, M. 2001, "Electoral Efficiency and the Move to Mixed Member Systems", *in Electoral Studies*, 20: 173-193.

Schumpeter, J. 1943, *Capitalism, Socialism and Democracy*, London, George Allen and Unwin.

Sen, A. 1970a, "The Impossibility of a Paretian Liberal", *in Journal of Political Economy*, 78:152--157.

Sen, A. 1970b, *Collective Choice and Social Welfare*, San Francisco, Holden-Day.

Sen, A. 1976 "Liberty, Unanimity and Rights" , *Economica* 43: 217-245

Sen, A. 1987, *On Ethics and Economics*, Oxford, Basil Blackwell.

Sen, A. 1988, "Freedom of Choice: Concept and Content", *in European Economic Review*, 32: 269-294.

Sen, A. 1991, "Welfare, Preference and Freedom", *in Journal of Econometrics*, 50: 15-29.

Sen, A. 1996, "Welfare Economics and Two Approaches to Rights", *in* Pardo, J.C. e Schneider, F. (eds.), *Current Issues in Public Choice*, Cheltenham, Edward Elgar.

Sen, A., 1995, "How to Judge Voting Systems", *in Journal of Economic Perspectives*, 9 (1): 91-98.

Shapiro, E. Hacker-Cordón, C. (eds.) 1999, *Democracy's Value*, Cambridge, Cambridge University Press.

Shepsle, K. 1979, "Institutional Arrangements and Equilibrium in Multidimensional Voting Models", *in American Journal of Political Science*, 23: 27-59.

Shepsle, K. e Weingast, B. 1981, "Structure-Induced Equilibrium and Legislative Choice", *in Public Choice*, 37: 503-19.

Shepsle, K., e Weingast, B. 1987, "The Institutional Foundations of Committee Power", *in American Political Science Review*, 81: 86-108.

Shepsle, K. 1989, "Studying Institutions: Some lessons from the Rational Choice Approach", *in Journal of Theoretical Politics*, 1: 131-49.

Shleifer, A. e Vishny, R. 1997, "A Survey of Corporate Governance", *in The Journal of Finance* 52: 737-783

Simon, H. 1997, *Administrative Behavior: a Study of Decision-Making Processes in Administrative Organizations,* 4.ª ed. The Free Press, New York.

Smith, A. 1967 [1790], *The Theory of Moral Sentiments*, Indianapolis, Liberty Fund [6.ª ed. po Raphael, D.D. e MacFie, A.L.].

Spiller, P. e Tommasi, M. 2007, *The Institutional Foundations of Public Policy in Argentina. A Transactions Cost Approach*, Cambridge, Cambridge University Press.

Srinivasan and Wallack (eds.) 2006, *Federalism and Economic Reform: International Perspectives*, Cambridge University Press, Cambridge.

Stevens, J. B. 1993, *The Economics of Collective Choice*, San Francisco, Westview Press.

Stigler, J. 1971, "The Theory of Economic Regulation", *in Bell Journal of Economics and Management Science*, 2: 137-46.

Stiglitz, J. 2000, *Economics of the Public Sector*, W.W. Norton & Co., New York, (3rd. ed.)

Svendsen, G. e Svendsen, G. 2004, *The Creation and Destruction of Social Capital: Entrepreneurship, Co-operative Movements and Institutions*, Edward Elgar, Cheltenham

Taagepera, R. 2002, "Nationwide Threshold of Representation", *in Electoral Studies*, 21: 383-401.

Taagepera, R. e Shugart, M. 1989, *Seats and Votes: The Effects and Determinants of Electoral Systems.* New Haven, Yale University Press.

Taagepera, R. e Shugart, M. 1993, "Predicting the Number of Parties: a Quantitative Model of Duverger's Mechanical Effect", *in American Political Science Review*, 87 (2): 455-464.

Tavares, J. 2004, "Institutions and Economic Growth in Portugal: A Quantitative Approach" Portuguese Economic Journal 3 (1), 49-79

Tavares, A. F. e Camões, P. 2007. "Local Service Delivery Choices in Portugal: A Political Transaction-Costs Framework". *Local Government Studies* 33 (4): 535-553.

Tirole, J. 2006, *The Theory of Corporate Finance*, Princeton University Press, Princeton, Oxford

Tocqueville, A. 1981 [1835], *De la Démocratie en Amérique*, Paris, Garnier- Flammarion.

Truman, D. 1958, *The governmental process*, New York, Alfred Knopf.

Tullock, G. 1965, "Entry Barriers in Politics", *in American Economic Review*, 55: 458-66.

Tullock, G. 1967, "The welfare costs of monopoly, of tariffs, monopolies and theft", *in Western Economic Journal,* 5: 224-232.

Tullock, G. 1981, "Why so Much Stability?", *in Public Choice*, 37: 189-202.

Vargas, A, e Valente, P. 2008, *O Parlamento na Prática,* Assembleia da República – Divisão de Edições, Lisboa

Veljanovski, C. (ed.) 1991, *Regulators and the Market*, London, Institute of Economic Affairs.

Voigt, S. 1997, "Positive Constitutional Economics: a Survey", *Public Choice*, 90: 11-53

Warren, M.E. 1999, *Democracy and Trust*, Cambridge, Cambridge University Press.

Weber, M. 1971, *Économie et Société,* Librairie Plon, Paris

Weber, R. 1995, "Aproval Voting", *in Journal of Economic Perspectives,* 9 (1)

Weingast, B. e Marshall, W. 1988, "The Industrial Organization of Congress; or Why Legislatures, Like Firms, are not Organized as Markets", *in Journal of Political Economy* 96(1): 132-63.

Wicksell, K. 1958 [1896], "A New Principle of Just Taxation", *in* Musgrave, R. e Peacock, A. (eds.), *Classics in the Theory of Public Finance*, London, Macmillan, 72-118.

Williamson, O. 1981, "The Economics of Organization: The Transaction Cost Approach" *in The American Journal of Sociology,* 87: 548-577

Williamson, O. 1985, *The Economic Institutions of Capitalism*, New York, Free Press.

Williamson, O. 1988, "Corporate Finance and Corporate Governance" in *Journal of Finance* 43: 567-592

Williamson, O. 2000, "The New Institutional Economics: Taking Stock Looking Ahead", *in Journal of Economic Literature*, 38:595-613.

Williamson, O. 2002, "The Theory of the Firm as Governance Structure: From Choice to Contract", *in Journal of Economic Perpectives,* 16: 171-195.

Wittman, D. 1996, *The Myth of Democratic Failure: Why Political Institutions are Efficient?* Chicago, University of Chicago Press.

Wittmer, D. (1991). "Serving the People or Serving For Pay: A Comparative Study of Values and Reward Preferences Among Managers in Government, Business and Hybrid Organizations," *in Public Productivity and Management Review*, 14: 369-383

World Bank, 2002, *World Development Report 2002, Building Institutions for Markets,* Washington DC, Oxford University Press